بسم اللـه الرحمن الرحيم

آثار عقد الزواج
في الفقه والقانون

آثار عقد الزواج
في الفقه والقانون

الدكتور جميل فخري محمد جانم

الطبعة الأولى
2009م

المملكة الأردنية الهاشمية
رقم الإيداع لدى دائرة المكتبة الوطنية
(2008 / 1 / 158)

346.016

جانم ، جميل فخري
آثار عقد الزواج في الفقه والقانون / جميل فخري جانم .
_ عمان : دار الحامد ، 2008 .
( ) ص .
ر. أ. : (158 / 1 / 2008) .
الواصفات : /الزواج// الفقه الإسلامي// الحقوق الأسرية // الأسرة /

❖ أعدت دائرة المكتبة الوطنية بيانات الفهرسة والتصنيف الأولية .

* (ردمك) ISBN 978-9957-32-381-3

دار الحامد للنشر والتوزيع

شفا بدران - شارع العرب مقابل جامعة العلوم التطبيقية
هاتف: 5231081 -00962 فاكس : 5235594 -00962
ص.ب . (366) الرمز البريدي : (11941) عمان - الأردن

Site : www.daralhamed.net
E-mail : info@daralhamed.net
E-mail : daralhamed@yahoo.com
E-mail : dar_alhamed@hotmail.com

بسم اللـه الرحمن الرحيم

قال اللـه تعالى ﴿**ولهن مثل الذي عليهن بالمعروف**﴾

سورة البقرة (الآية 228)

قال رسول اللـه صلى اللـه عليه وسلم: (لا يفر ك مؤمن مؤمنـة إن كـره منهـا خلقاً رضي منها آخر)

صحيح مسلم: مسلم

قال الإمام علي بن أبي طالب : "لا تكثر من الغيرة على أهلك فترمى بالسوء مـن أجلك"

إحياء علوم الدين : الغزالي

الإهداء

إلى أجمل بسمة　　　إلى أغلى همسة
إلى أعطر نسمة　　　إلى أحلى رسمة

ابنتي الزهراء

المحتويات

الفصل الأول

حكم عقد الزواج وأنواعه

المبحث الأول: حكم عقد الزواج

المبحث الثاني: أنواع عقد الزواج

الفصل الأول

حكم عقد الزواج وأنواعه

المبحث الأول

حكم عقد الزواج

يقصد بالحكم الشرعي للعقد:

الأثر الذي يقتضيه خطاب الشارع في الفعل، كالوجوب والحرمة والإباحة[1]، فالأثر الذي يقتضيه خطاب الشارع بالنسبة لعقد الزواج حكمان:

الأول: أخروي من ندب أو وجوب أو كراهة أو حرمة.

والثاني: دنيوي وهو إباحة استمتاع كل من الزوجين بالآخر وما يتبع ذلك من حقوق دنيوية[2].

وقد يقصد به الحكم التكليفي:

وهو ما يعتري عقد الزواج من أحكام الإباحة والندب والوجوب والحرمة والكراهة[3].

وقد يقصد به الوصف الشرعي:

وهو صفة العقد من حيث الصحة والبطلان والفساد، فإن مرجعه إلى جعل استيفاء الشروط الشرعية سبباً لصحة ما شرطت له، وعدم استيفائها سبباً لبطلانه[4].

وقد يقصد به الحكم الوضعي:

وهو ما يقتضي جعل شيء سبباً لآخر أو شرطاً له أو مانعاً منه[5]، ويقصد به هنا الأثر المترتب على العقد بمجرد انعقاده، ـ أي ماذا يترتب على انعقاد العقد من أحكام على كل من العاقدين، فالعقد المستوفي لأركانه وأسبابه وشروطه، وانتفت موانعه ترتبت عليه كل أحكامه، ولو لم يرد العاقد تلك الأحكام مثل التوارث بين الزوجين وتحريم المصاهرة وغيرها، والذي

---

[1] خلاف: علم أصول الفقه: خلاف ص 100.

[2] أصول التشريع الإسلامي:حسب الله ص 367.

[3] انظر المراجع السابقة.

[4] أصول الفقه: أبو زهرة ص 64، أصول التشريع الإسلامي: حسب الله ص 387.

[5] أصول التشريع الإسلامي: حسب الله ص 367، علم أصول الفقه: خلاف ص 102.

فقد أحد أركانه أو أسبابه أو شروطه أو وجد أحد موانعه له أحكام تختلف عن أحكام العقد المستوفي لكل ذلك، وقد لا يترتب عليه شيء من الأحكام، فالعقد الذي فقد شرط وجود شاهدين مثلاً، يختلف عن العقد المستوفي لكل شروطه من حيث ترتب الأحكام عليه.

إن ما يهمنا هنا هو الحكم الوضعي: أي الآثار المترتبة على العقد، وهي الحقوق والواجبات التي تثبت لكلا المتعاقدين للآخر إذا ما نشأ العقد صحيحاً، حيث أن من المعروف في الفقه الإسلامي أن الشارع لا يرتب آثاراً - حقوقاً شرعية - على العقد إلا إذا كان العقد قد استوفى شروط انعقاده، وشروط صحته، أما العقد غير المستوفي شروطه، فإنه قد تنشأ بسببه علاقة بين العاقدين، فيعمل الشارع الحكيم على تنظيمها ووضع أحكام لها من حيث إنها أمر واقع، وذلك لحل الخلاف والنزاع بين المتعاقدين.

ومنها العقود غير الصحيحة في الأنكحة، إذ جعل الشارع لبعضها أحكاماً وآثاراً خاصة ترتبت عن أمور نشأت مع وجود هذه العقود غر الصحيحة التي لا يعترف بها الشارع.

والسؤال الذي يطرح نفسه: هل آثار العقود ومنها عقد الزواج من عمل الشارع والعاقدين أم من عمل الشارع فقط ؟

بمعنى أن آثار العقد هل هي الآثار التي حددها ورتبها الشارع على كل نوع من أنواع العقود، أم أن لكل من العاقدين أن يشترط من الشروط بحيث تترتب آثار العقود بموجب هذه الشروط فضلاً عن الآثار التي رتبها الشارع.

ومثال ذلك: عقد البيع فإن آثار عقد البيع التي رتبها الشارع هي نقل ملكية المبيع من البائع إلى المشتري، واستحقاق البائع الثمن، فهل يجوز لأحد العاقدين أن يشترط شرطاً في العقد يترتب عليه أثر، كأن يشترط المشتري تسليم المبيع في مكان معين، أم لا يجوز له ذلك ؟

وفي عقد الزواج هناك آثاراً رتبها الشارع على عقد الزواج كالنفقة والمهر وغيرها - سوف نبحثها بالتفصيل - فهل يجوز لأحد الزوجين أن يشترط شرطاً فيترتب عليه أثر جديد كأن تشترط الزوجة على زوجها أن لا تسافر معه ؟

للإجابة على هذا السؤال نقول: بأن الأصل في العقود أن تكون الآثار المترتبة عنها بحكم الشرع، فما رتبه الشارع على العقد من أحكام وآثار كانت ملزمة للطرفين، إلا أنه يجوز لأحد الطرفين أن يشترط شرطاً في العقد من مقتضيات العقد، فكل شرط يقتضيه العقد فهو شرط ملزم، **ومن هنا نلاحظ بأن الفقهاء قسموا الشروط إلى قسمين:**

القسم الأول: شروط شرعية

القسم الثاني: شروط جعلية

القسم الأول: شروط شرعية

وهي الشروط التي اشترطها الشارع لتحقق السبب أو المسبب. بمعنى أن هناك شروطاً شرعية لا بد من تحققها لانعقاد العقد وصحته، ومن هنا فإن كل نوع من العقود إذا نشأ صحيحاً مستوفياً لأركانه وشروطه رتب الشارع عليه آثاراً وأحكاماً معينة تنطبق على جميع المعاملات من هذا النوع من العقود، لأن الآثار محددة سلفاً من قبل الشارع، ولا دخل لشخصية العاقد فيها.

القسم الثاني: شروط جعلية

وهي الشروط التي أباحها الشارع للعاقدين لتترتب آثارها عليها، وهي شروط تثبت لتحقق الأحكام التي أنيطت بالعقود، كاشتراط تقديم معجل المهر في الزواج. فإذا اشترط أحد العاقدين شرطاً في العقد مما يقتضيه العقد أو جاء به الشرع أو جرى به العرف، فهو شرط صحيح ملزم تترتب عليه آثاره، أما إذا كان الشرط منافياً لما يقتضيه العقد أو ما جاء به الشرع أو جرى به العرف، كان الشرط باطلاً والعقد صحيحاً ـ مع مراعاة الخلاف في ذلك بين الفقهاء[1] ـ وبناء على ذلك فإن آثار العقد هي الحقوق التي تثبت بمجرد العقد، وهي نوعان:

النوع الأول: حقوق تكون من عمل العاقدين أي بموجب الشروط الصحيحة الملزمة.

النوع الثاني: حقوق تكون من عمل الشارع دون اشتراط أي تثبت بموجب الشرع.

النوع الأول: الحقوق التي تترتب لأحد العاقدين بموجب الشروط الصحيحة الملزمة المقترنة بعقد الزواج:

أما بالنسبة للشروط المقترنة بعقد الزواج، فقد تم بحثها في كتابنا مقومات عقد الزواج عند الحديث عن صيغة العقد من حيث الإطلاق والتقييد في المطلب الأول: صيغة العقد من المبحث الأول: أركان عقد الزواج بالفصل الثاني: أركان وشروط عقد النكاح التي لا يقوم إلا بها، أما بالنسبة للآثار المترتبة عن هذه الشروط فسوف يتم بحثها تحت عنوان الآثار المترتبة عن الشروط المقترنة بعقد الزواج.

[1] انظر تفصيل ذلك في كتابنا مقومات عقد الزواج تحت عنوان اقتران العقد بالشرط عند الحديث عن صيغة عقد الزواج من حيث الإطلاق والتقييد في المطلب الأول من الفصل الثاني.

أما الشروط المقترنة بصيغة العقد والتي تبطل العقد فقد تم بحثها في كتابنا مقومات عقد الزواج في نفس المطلب، كما بحثت في نفس الكتاب: تحت عنوان أن تكون صيغة العقد مؤبدة لا مؤقتة في المطلب الأول: شرائط الصحة من المبحث الثاني شرائط النكاح التي لا يقوم العقد إلا بها بالفصل الثاني: أركان وشروط عقد النكاح التي لا يقوم إلا بها.

النوع الثاني: الحقوق التي تترتب لأحد العاقدين دون اشتراط: أي الآثار التي رتبها الشارع على عقد الزواج الصحيح نلخصها فيما يلي:

أولاً: حقوق مشتركة بين الزوجين:

الحق الأول: حل استمتاع كل من الزوجين بالآخر

الحق الثاني: التوارث بين الزوجين إلا إذا قام مانع شرعي يمنع من الميراث

الحق الثالث: حرمة المصاهرة

الحق الرابع: ثبوت نسب الولد للزوج

الحق الخامس: حسن المعاملة

الحق السادس: احترام كل من الزوجين أهل الآخر

الحق السابع: المساكنة الشرعية

الحق الثامن: العناية بالأولاد ورعايتهم وتربيتهم

ثانياً: حقوق الزوج على الزوجة:

الحق الأول: القوامة

الحق الثاني: الطاعة

الحق الثالث: القرار في البيت

الحق الرابع:. المحافظة على مال الزوج وبيته

الحق الخامس: تربية الأولاد والإشراف على شؤون البيت

ثالثاً: حقوق الزوجة على الزوج

الحق الأول: السماح لها بزيارة أهلها واستزارتهم

الحق الثاني: حرية الزوجة في التصرف بمالها

الحق الثالث: المحافظة على اسمها

الحق الرابع: العدل

الحق الخامس: المهر

الحق السادس: النفقة

ولما كانت آثار عقد الزواج تختلف من عقد لأخر باختلاف طبيعته هل هو عقد صحيح أم غير صحيح كان لابد من تحديد الوصف الشرعي لكل عقد وبيان أنواع الزواج.

المبحث الثاني

أنواع عقد الزواج

المطلب الأول

أنواع العقود والتصرفات

قبل أن نتحدث عن أنواع الزواج لا بد من الحديث عن أنواع العقود والتصرفات -والتي منها عقود الـزواج- فقـد اتفق الفقهاء[1] على أن العقود في المعاملات والتصرفات تنقسم إلى قسمين:

القسم الأول: العقود الصحيحة: هي العقود التي استوفت أركانها وشروطها، ولم توجـد الموانـع التـي تمنـع مـن انعقادها، وترتبت عليها آثارها.

القسم الثاني: العقود غير الصحيحة: هي العقود التي لم تستوف أركانها وشروطها، ولكنهم اختلفوا في بيان أنواع العقود غير الصحيحة على مذهبين:

المذهب الأول: ذهب جمهور الفقهاء إلى القول بأن العقود غير الصحيحة قسم واحد، لا فرق بين العقـد الباطـل والفاسد، ولا فرق بأن يكون الخلل في ركن العقد أو في أوصافه وشروطه ـ فالبيع الباطل كالبيع الفاسد لا يقيد نقل الملـك في البدلين ولا يترتب عليه أثره، والزواج الباطل كالزواج الفاسد ـ لا يفيد ملك المتعة ولا يترتب عليه أثره.

ومن هنا فإن العقود غير الصحيحة عند الجمهور قسم واحد هي:

العقود الباطلة: وهي العقود التي يكون الخلل في أركانها أو شروطها وأوصافها ـ كبيع الحر وتزوج المحارم مـع العلم بالحرمة ـ ولا يترتب عليها أي أثر شرعي.

المذهب الثاني: ذهب الحنفية إلى القول بأن العقود تنقسم إلى قسمين:

القسم الأول: العقود الباطلة: هي العقود التي وقع الخلل في أركانها - كبيع المجنـون وبيـع المعـدوم وزواج غـير المميز وزواج إحدى المحرمات مع العلم بالحرمة- ولا يترتب عليها أي أثر شرعي.

[1] أصول الفقه: أبو زهرة ص 65ـ68، أصول التشريع الإسلامي: حسب اللـه 387ـ388، علم أصول الفقه خلاف ص 125ـ127.

القسم الثاني: العقود الفاسدة: هي العقود التي وقع الخلل في شروطها وأوصافها-كالبيع إلى أجل غير معلوم والزواج بغير شهود- فإذا زال سبب الفساد انقلبت عقوداً صحيحة ترتبت عليها آثار العقد الصحيح، أما إذا بقي سبب الفساد ترتبت عليها الآثار الشرعية أو بعضها.

مسألة: ما سبب الخلاف بين الفقهاء في بيان أنواع العقود ؟

يعود سبب الخلاف إلى أحد أمرين[1]**:**

الأول: إن النهي عند الجمهور يمنع ترتب آثار العقد.

الثاني: إن فقد الشروط التي أمر بها الشارع لترتيب الأحكام يمنع ذلك الترتيب.

وحجة الجمهور في ذلك:

أن العقد مع وجود النهي عنه عصيان لأمر الشارع، فلا يرتب الشارع أي أثر من الآثار، إذ إن النهي لا يرد من الشارع على تصرف إلا لبيان أن ذلك التصرف قد خرج عن شرعيته، ولا ينظر إليه إلا لفرض عقوبة عليه إن أدى السكوت عنه إلى فساد، ولذلك روت أم المؤمنين عائشة ـ رضي الله عنها ـ أن رسول الله صلى الله عليه وسلم قال: **﴿ من عمل عملاً ليس عليه أمرنا فهو رد﴾**[2]، وترتيب آثار على سبب نهى عنه الشارع أخذ بعمل ليس فيه أمر النبي صلى الله عليه وسلم وأمر الشارع، بل فيه نهيه، وإن سلف الأمة أجمعوا على الاستدلال بالنهي عن بطلان عقود الربا للنهي عنها، وبطلان عقود زواج المشركات بالنهي عنها في قول الله تعالى: ﴿ **ولا تنكحوا المشركين حتى يؤمنوا ولعبد مؤمن خير من مشرك ولو أعجبكم** ﴾[3].

أما حجة الحنفية:

اعتبر الحنفية الإيجاب والقبول ومحل العقد أركان للعقد، واعتبروها السبب المنشئ للعقد، فكل خلل يحدث في هذه الأركان، سواء أكان الخلل في ركن العقد أم في شرط مكمل لهذا الركن فإن العقد يكون باطلاً، لأن السببية لم تنعقد، إذ ركن العقد هو السبب الذي جعله الشارع أمارة على وجود الأحكام وإذا كان الخلل قد حدث في شرط من الشروط المكملة للحكم، وهو الأثر المترتب على العقد، فإن العقد لا يكون باطلاً لا وجود له، بل يكون العقد موجوداً، ولكنه فاسد.

---

[1] أصول الفقه: أبو زهرة ص 67ـ68.

[2] صحيح مسلم: مسلم 257/6.

[3] سورة البقرة: آية 221.

المطلب الثاني

أنواع عقد الزواج

إن عقود الزواج كغيرها من أنواع العقود والتصرفات، ولكنها تختلف عن العقود المالية في بعض الأحكام والآثار المترتبة عليها خاصة العقود الفاسدة منها. لذلك اتفق الفقهاء على أن عقود الزواج تنقسم إلى قسمين هما:

القسم الأول: عقود صحيحة: هي العقود التي استوفت أركانها وشروطها، ولم توجد الموانع التي تمنع من انعقادها، فهي عقود صحيحة تترتب عليها آثارها.

القسم الثاني: عقود غير صحيحة: هي العقود التي لم تستوف أركانها وشروطها. ولكنهم **اختلفوا في بيان أنواع العقود غير الصحيحة على مذهبين:**

المذهب الأول: ذهب جمهور الفقهاء إلى القول بأن العقود غير الصحيحة نوع واحد لا فرق بين أن يكون الخلل في ركن العقد أو في شرط من شرائطه، فليس هناك عقد باطل وعقد فاسد، بل إن العقود غير الصحيحة قسم واحد هي: العقود الباطلة.

العقود الباطلة عند الجمهور: هي العقود التي يكون الخلل في أركانها أو شروطها وأوصافها كالعقد على إحدى المحارم أو الزواج من غير شهود، فهذه العقود لا وجود لها ولا يترتب عليها آثارها.

المذهب الثاني: ذهب الحنفية إلى القول بأن العقود غير الصحيحة تنقسم إلى قسمين هما:

القسم الأول: العقود الباطلة: هي العقود التي يكون الخلل في أركانها ـ كأن يكون أحد العاقدين فاقد الأهلية أو لا يكون الإيجاب والقبول في مجلس العقد، فهذه العقود لا وجود لها ولا تترتب عليها آثارها.

القسم الثاني: العقود الفاسدة: هي العقود التي توافرت فيها الأركان وشرائط الانعقاد، ولكنها فقدت شرطاً من شروط الصحة كالنكاح بلا شهود، فهذه العقود لا يترتب عليها أي أثر شرعي قبل الدخول، أما إذا حصل دخول ترتبت عليها بعض الآثار، كثبوت النسب وحرمة المصاهرة والعدة والمهر.

ومع ذلك فإننا نجد بأن المحققين من الحنفية لا يفرقون بين العقد الباطل والعقد الفاسد حيث يقول كمال الدين بن الهمام في فتح القدير: " إن العقد الباطل والفاسد في النكاح سواء ".

فالحكم واحد سواء كان الخلل في ركن العقد وهو العقد الباطل، أم كان الخلل في شروطه وأوصافه وهو العقد الفاسد، فلا يترتب على العقد الباطل والفاسد أي أثر من آثار عقد الزواج الصحيح ما لم يحصل دخول، فإذا حصل دخول ترتبت بعض آثار عقد الزواج كالعدة والمهر وثبوت النسب وحرمة المصاهرة.

وقد جرى كثير من العلماء[1] على تسمية عقد النكاح الذي لم يستوف مقومات العقد، وتترتب عليه بعض الآثار إن حصل دخول بالعقد الفاسد، والذي لا يترتب عليه أي أثر من آثار عقد الزواج الصحيح بالعقد الباطل.

وهذه التفرقة في التسمية أوقعت الكثير من الدارسين في الخلط بين والعقود الباطلة والفاسدة في المعاملات والعقود الباطلة والفاسدة في الزواج، فظنوا الاشتراك في الحكم للاشتراك في التسمية، وهذا غير صحيح.

وذلك لأن العقد الفاسد في العقود المالية عند الحنفية لا يفسخ إذا تسلم المشتري المبيع أو استهلكه أو تصرف فيه، وتنتقل ملكية المبيع من البائع إلى المشتري، أما في الزواج فإن العقد الفاسد عند الحنفية الدخول فيه حرام ويجب فسخه قبل الدخول وبعده، ولا تترتب عليه كل آثاره، ولا يوجب حد الزنا للشبهة، فاستوى في الحرمة ووجوب الفسخ مع العقد الباطل عند الحنفية.

هذا وإني أميل إلى ما ذهب إليه أستاذنا العلامة مصطفى الزرقا ـ رحمه الله ـ وأستاذنا الدكتور محمود السرطاوي[2] من تسمية العقد الذي فقد أحد مقوماته بالعقد الباطل، وأن نفرق بين العقد الذي لا يترتب عليه أي أثر، والعقد الذي يترتب عليه بعض الآثار، فنسمي الأول: بالعقد الباطل غير المشتبه، ونسمي الثاني: بالعقد الباطل المشتبه، وذلك لأن سبب ترتب بعض الآثار عليه قيام الشبهة كشبهة الحل مثل النكاح بلا شهود أو شبهة الاشتباه مثل من اعتقد أن أخته من الرضاع حلالاً وهو يجهل الحكم أو شبهة العقد مثل صدور الإيجاب والقبول من العاقدين مع كون أحدهما فاقد الأهلية عند أبي حنيفة خلافاً للصاحبين[3].

---

[1] من هؤلاء العلماء الدكتور عبد الرحمن الصابوني في كتابه شرح قانون الأحوال الشخصية السوري ـ الزواج وآثاره ـ والدكتور مصطفى السباعي في كتابه شرح قانون الأحوال الشخصية ـ الزواج وانحلاله ـ

[2] شرح قانون الأحوال الشخصية الأردني ـ عقد الزواج وآثاره ـ السرطاوي ص 120.

[3] انظر أقسام الشبهة عند الحنفية في بدائع الصنائع للكاساني باب الحدود عند الحديث عن حد الزنى والشبهات الدائرة له، وقد لخصها ورتبها الإمام محمد أبو زهرة في كتابه الأحوال الشخصية ص 171ـ176.

بعد التفصيل السابق نقول بأن عقود الزواج تنقسم بحسب استيفائها لمقومات العقد وشرائطه الشرعية - شرائط الصحة والانعقاد واللزوم والنفاذ - أو عدم استيفائها لذلك إلى الأقسام التالية:

القسم الأول: العقد الصحيح: هو كل عقد استوفى مقومات عقد الزواج وهي أركان عقد الزواج وشرائط الصحة والانعقاد.

والعقد الصحيح إما أن يكون عقداً صحيحاً نافذاً أو موقوفاً، والعقد الصحيح النافذ إما أن يكون لازماً أو غير لازم. ولذلك فهو يقسم إلى ثلاثة أقسام هي:

الأول: العقد الصحيح النافذ اللازم: هو كل عقد استوفى مقومات عقد الزوج والشرائط الشرعية المتممة له - أركان عقد الزواج وشرائط الصحة وشرائط الانعقاد وشرائط النفاذ وشرائط اللزوم - ويترتب عليه جميع آثار عقد الزواج.

الثاني: العقد الصحيح الموقوف: هو العقد الذي يقوم به من ليس له الولاية الشرعية في إنشاء عقد الزواج، وإن كان كامل الأهلية كالفضولي أو تزويج الولي الأبعد مع وجود الولي الأقرب، أو ينشؤه ناقص الأهلية، فيزوج نفسه من كفء وبمهر المثل، فيكون عقده موقوفاً على إجازة صاحب الشأن.

الثالث: العقد الصحيح غير اللازم: هو العقد الذي استوفى مقومات عقد الزواج، وشرائط النفاذ، ولكنه لم يستوفى شرائط اللزوم.

القسم الثاني: العقد الباطل: هو كل عقد فقد أحد مقومات عقد الزواج أو شرطاً من شرائط هذه المقومات، ويقسم إلى قسمين:

الأول: العقد الباطل غير المشتبه ـ العقد الباطل عند الحنفية ـ: هو كل عقد فقد أحد أركان عقد الزواج أو شرطاً من شرائط هذه الأركان كالزواج من امرأة مجوسية.

الثاني: العقد الباطل المشتبه ـ العقد الفاسد عند الحنفية ـ: هو كل عقد توافرت فيه أركانه وشرائط انعقاده، ولكنه فقد شرطاً من شرائط الصحة كالنكاح بلا شهود.

رأي القانون:

أخذت قوانين الأحوال الشخصية بمذهب الحنفية في تقسيم الزواج ومنها: القانون الأردني[1] حيث قسم الزواج في المواد (32) و (33) و (34) إلى ثلاثة أقسام هي الزواج

---

[1] مجموعة التشريعات: الظاهر ص 109ـ110، القرارات القضائية: عمرو ص 364.

الصحيح والزواج الباطل والزواج الفاسد، وقد عرف الزواج الصحيح في المادة (32) بما نصه: " يكون عقد الزواج صحيحاً وتترتب عليه آثاره إذا توفرت فيه أركانه وسائر شروطه ". وهذا تعريف عقد الزواج الصحيح النافذ اللازم.

وقد تجنب القانون وضع تعريف للعقد الباطل، واكتفى بذكر الحالات التي يكون فيها عقد الزواج باطلاً حيث جاء في المادة (33) ما نصه: " يكون العقد باطلاً في الحالات التالية:

1. تزوج المسلمة بغير المسلم.
2. تزوج المسلم بامرأة غير كتابية والحالات التي يكون فيها الزواج فاسداً.
3. تزوج الرجل بامرأة ذات رحم محرم منه، وهن الأصناف المبينة في المواد 24 و 25 و 26 من هذا القانون.

الملاحظات على هذه المادة: هناك ملاحظتان على هذه المادة:

الأولى: اعتبرت هذه المادة عقد الزواج على امرأة محرمة عليه بسبب الرضاع من العقود الباطلة التي لا يترتب عليها أي أثر، ولو حصل دخول بين الزوجين، وقد رتب الفقهاء على هذا العقد أحكام عقد الزواج الباطل المشتبه ـ أي الفاسد ـ حيث قالوا: بثبوت النسب ووجوب المهر والعدة وحرمة المصاهرة بالوطء فيه.، وذلك لكثرة اختلاف الفقهاء في المحرمات بالرضاع من حيث عدد الرضعات والسن الذي يحرم فيه الرضاع، واشتراط مص الثدي عند بعضهم، وخلافهم في التحريم إذا خلط اللبن بمائع أو طعام وغير ذلك مما يصلح أن يكون شبهة في الجملة، فأخذ حكم عقد الزواج الباطل المشتبه[1]*.

الثانية: وقعت هذه المادة في خطأ عندما نصت على أن الزواج يكون باطلاً إذا تزوج الرجل بامرأة ذات رحم محرم منه، وهن الأصناف المبينة في المواد (24)و(25)و(26) من هذا القانون وقد شملت بذلك الحرمات بسبب المصاهرة والمحرمات بسبب الرضاع، وهن لسن ذوات رحم كما جاء في الفقرة الثالثة، وإنما كان تحريمهن بسبب المصاهرة أو الرضاع، ولا يشمل هذا النص إلا المحرمات بسبب القرابة، وفي إحالة هذه الفقرة على المواد (24) و(25) و(26) تناقض مع منطوق الفقرة الثالثة التي تفيد حصر العقد الباطل فيما إذا كان على المحرمات بسبب القرابة.

---

[1] البحر الرائق: ابن نجيم 250/3، جواهر الإكليل: الأزهري 289/1.

* يرى المالكية والشافعية في قول أنه إذا تزوج الرجل المرأة وهو يعلم أنها أخته من الرضاعة أن العقد يكون باطلاً، ولا يترتب عليه أي أثر، ويجب عليه حد الزنا.

كما تجنب القانون الأردني وضع تعريف للعقد الفاسد، واكتفى بذكر الحالات التي يكون فيها العقد فاسداً حيث نص في المادة (34) على أنه: " يكون عقد الزواج فاسداً في الحالات التالية:

1. إذا كان الطرفان أو أحدهما غير حائز على شروط الأهلية حين العقد.
2. إذا عقد الزواج بلا شهود.
3. إذا عقد الزواج بالإكراه.
4. إذا كان شهود العقد غير حائزين للأوصاف المطلوبة شرعاً.
5. إذا عقد الزواج على إحدى المرأتين الممنوع الجمع بينهما بسبب حرمة المصاهرة أو النسب أو الرضاع.
6. زواج المتعة والزواج المؤقت.

ومما تجدر الإشارة إليه أن القانون ذكر هذه الحالات على سبيل الحصر لا المثال، وبذلك يكون قد أخطأ حيث لم ينص على حكم زواج الرجل من خامسة وفي عصمته أربع نساء، كما لم ينص على حكم زواج الرجل من مطلقته البائنة منه بينونة كبرى قبل أن تتزوج من آخر، فكان عليه أن يذكر هذه الحالات على سبيل المثال لا الحصر، ويرجع في باقي الأنواع من الزواج الفاسد إلى الراجح من المذهب الحنفي عملاً بالمادة (183) من هذا القانون.

والقانون السوري[1] حيث عرف الزواج الصحيح في المادة (47) بأنه: " إذا توافرت في عقد الزواج أركانه وسائر شرائط انعقاده كان صحيحاً " وعرف الزواج الفاسد في الفقرة أ من المادة (48) على أن: " كل زواج تم ركنه بالإيجاب واختل بعض شرائطه فهو فاسد.

ولكنه لم يعرف الزواج الباطل، وإنما حدد الزواج الباطل بحالة واحدة، حيث جاء في الفقرة ب من المادة ما نصه (48): " زواج المسلمة بغير المسلم باطل ".

يؤخذ على القانون السوري أنه حصر حالات العقد الباطل بحالة واحدة هي: زواج المسلمة بغير مسلم، مع أن هناك حالات أخرى، كالعقد على المحارم، حيث يلاحظ أن القانون

---

[1] قانون الأحوال الشخصية المعدل: وزارة العدل ص 30، قانون الأحوال الشخصية: الكويفي ص 34ـ35.

* يرى الإمام أبو حنيفة أن زواج المحرمات بالرغم من تحريمه الشديد إلا أنه لا يوجب الحد لشبهة العقد فيه، بينما يرى الصاحبان وجمهور الفقهاء أنه يوجب الحد، والذي أراه ترجيح رأي الجمهور لاعتبار مثل هذا العقد باطلاً.

اعتبرها عقوداً فاسدة، أخذاً برأي الإمام أبي حنيفة خلافاً لرأي جمهور الفقهاء والصاحبين من الحنفية.

وقد كان كل من القانون السوداني[1] ومشروع القانون الإماراتي[2] ومشروع القانون الكويتي[3]، أوضح هذه القوانين في بيان أنواع الزواج حيث نص في المادة (53) والفقرة 1 من المادة (35) والفقرة أ من المادة (43) على أن: "الزواج صحيح وغير صحيح ".

وعرف الزواج الصحيح في المادة (54) والفقرة 2 من المادة (35) والفقرة ب من المادة (43) بأنه: " الزواج الصحيح هو ما توافرت أركانه، وجميع شرائط صحته، وفقاً لأحكام هذا القانون ".

وبين أنواع الزواج الصحيح حيث نص في المادة (55) والمادة (36) والمادة (44) على أن: " الزواج الصحيح نافذ لازم، أو نافذ غير لازم، أو غير نافذ "

وعرف أنواع الزواج الصحيح في المادة (56) والمادة (37) والمادة (45) بالآتي: "الزواج:

أ.النافذ اللازم هو ما لا يكون موقوفاً على إجازة أحد، ولا قابلاً للفسخ، طبقاً لأحكام هذا القانون.

ب.النافذ غير اللازم، هو الذي يقبل الفسخ، بسبب يسوغه القانون.

ج.غير النافذ، هو ما انعقد موقوفاً على إجازة من له حق الإجازة ".

كما بين القانون السوداني أنواع الزواج غير الصحيح حيث نص في المادة (59) على أن: " الزواج غير الصحيح، باطل أو فاسد ".

وعرف الزواج الباطل في المادة (60) حيث جاء فيها: " الزواج الباطل هو الذي اختل ركن من أركانه، أو شرط من شروط صحة الركن ".

كما عرف الزواج الفاسد في المادة (62) حيث جاء فيها: " الزواج الفاسد، هو ما توفرت أركانه، واختل شرط من شروط صحته ".

أما مشروع القانون الإماراتي ومشروع القانون الخليجي، فقد بينا متى يكون الزواج باطلاً في المادة (40) والمادة (49) حيث جاء فيهما ما نصه: " يكون الزواج باطلاً:

---

[1] قانون الأحوال الشخصية السوداني لسنة 1991م ص 22ـ23.

[2] مشروع القانون الإماراتي: وزارة العدل والأوقاف ص 12ـ13.

[3] مشروع القانون الكويتي.

أ. إذا حصل خلل في الصيغة أو في أهلية العاقد يمنع من انعقاد العقد.

ب. إذا كانت الزوجة من المحارم قرابة أو رضاعاً أو مصاهرة، أو كانت وزوجة الغير أو معتدته، أو مطلقة الزوج طلقة ثالثة، أو لا يحل الجمع بينها وبين من في عصمته، أو كان الزوج غير مسلم والمرأة مسلمة، أو لا تدين بدين سماوي، أو كان أحد الزوجين مرتداً، مع علم الطرفين بالتحريم وسببه في كل ما ذكر ـ وأضاف القانون الكويتي قوله: ولا يعتبر الجهل عذراً إذا كان ادعاؤه لا يقبل من مثل مدعيه ".

كما بينا متى يكون العقد فاسداً حيث نصت المادة (41) و المادة (50) على أن: " كل زواج سوى الموجود في المادة السابقة يعتبر فاسداً ".

وقد ذهب قريباً من ذلك مشروع قانون مجلس التعاون الخليجي[1] حيث قسم الزواج إلى قسمين صحيح وغير صحيح وقسم غير الصحيح إلى باطل وفاسد، ولم يتطرق لبيان أقسام الزواج غير الصحيح فقد نص في المادة (40) على أن: " الزواج صحيح أو غير صحيح، وغير الصحيح يشمل الفاسد والباطل ".

وفي الفقرة أ من المادة (41) على أن: " الزواج الصحيح ما توفرت أركانه وشروطه وانتفت موانعه ".

وفي الفقرة أ من المادة (42) على أن: " الزواج الفاسد ما اختلت بعض شروطه ".

وفي الفقرة أ من المادة (42) على أن: " الزواج الباطل ما اختلت بعض أركانه ".

أما القانون المغربي[2] ومشروع القانون العربي الموحد[3] فقد قسما عقد الزواج إلى قسمين وهما العقد الصحيح والعقد الفاسد، ولم يتطرقا للعقد الباطل في موادهما وبذلك يكونا قد أغفلا قسماً مهماً وهو العقد الباطل، بل جعلاه جزءاً من العقد الفاسد كما يتبين من نصوص المواد وهذا خلط وخطأ كبير حيث أن هناك فرقاً كبيراً بين العقد الباطل والعقد الفاسد من حيث ترتب الآثار على كل منهما، فقد نص القانون المغربي في الفصل (32) على أنه:

"1. إذا توافرت في عقد الزواج أركانه وسائر شروطه كان صحيحاً ".

2.كل زواج تم ركنه بالإيجاب والقبول، واختلت بعض شروطه فهو فاسد ".

---

[1] جريدة الخليج: العدد6378 ص 11.

[2] أحكام الأسرة: ابن معجوز ص 357، الوثائق العدلية: العراقي ص 126.

[3] المجلة العربية: الأمانة العامة ص 22.

ونص مشروع القانون العربي في المادة (44) على أن:

"أ. الزواج صحيح أو فاسد.

ب. الزواج الصحيح ما توفرت أركانه وشروطه "

والفقرة أ من المادة (45) على أن: " الزواج الفاسد ما اختلت بعض أركانه وشروطه ".

وأما القانون التونسي[1] فقد أطلق على العقد الباطل اسم العقد الفاسد، ورتب عليه آثار العقد الفاسد، وهذا خطأ كبير يجب العمل على تعديله حيث أن هناك فرقاً كبيراً بين العقد الباطل والعقد الفاسد، وكذلك بين الآثار المترتبة على كل منهما، فالعقد الباطل لا يترتب عليه أي أثر، بينما يترتب بعد الدخول في العقد الفاسد بعض الآثار*1 حيث نص في الفصل (21) من مجلة الأحوال الشخصية التونسية على أن: " الزواج الفاسد هو الذي اقترن بشرط يتنافى مع جوهر العقد أو انعقد بدون مراعاة أحكام الفقرة الأولى من الفصل الثالث، والفقرة الأولى من الفصل الخامس والفصول 15 و 16 و 17 و18 و19 و20 من هذه المجلة*2 ".

---

[1] موسوعة التشريعات العربية: تونس، مجلة الأحوال الشخصية التونسية لسنة 1956م / 1376هـ وتعديلاته.

*1سوف يتم بحثها عند الحديث عن آثار عقد الزواج غير المستوفي لأركانه وشروطه.

*2نصت الفقرة الأولى من الفصل الثالث على أنه: " لا ينعقد الزواج إلا برضا الزوجين ـ وأضاف القانون ـ ويشترط لصحة الزواج إشهاد شاهدين من أهل الثقة وتسمية مهر للزوجة ". ونصت الفقرة أ من الفصل الخامس: " يجب أن يكون كل من الزوجين خلواً من الموانع الشرعية ـ وأضاف القانون ـ وزيادة على ذلك فإن كل منهما لم يبلغ عشرين سنة كاملة من الرجال وسبع عشرة سنة كاملة من النساء لا يمكنه أن يبرم عقد زواج، وإبرام عقد الزواج دون السن المقرر يتوقف على إذن خاص من المحاكم، ولا يعطى الإذن إلا لأسباب خطيرة وللمصلحة الواضحة للزوجين ". ونص الفصل (15) على أن: " المحرمات بالقرابة أصول الرجل وفصوله وفصول أول أصوله وأول فصل من كل أصل وإن علا ". والفصل (16) على أن: " المحرمات بالمصاهرة أصول الزوجات بمجرد العقد وفصولهن بشرط الدخول بالأم وزوجات الآباء وإن علو وزوجات الأولاد وإن سفلوا بمجرد العقد ". والفصل (17) على أن: " يحرم من الرضاع ما يحرم من النسب والمصاهرة ويقدر الطفل الرضيع خاصة ـ دون اخوته وأخواته ـ ولداً للمرضعة وزوجها، ولا يمنع الرضاع من النكاح إلا إذا حصل في الحولين الأولين ". والفصل (18): " 1. تعدد الزوجات ممنوع، كل من تزوج وهو في حالة الزوجية وقبل فك عصمة الزواج يعاقب السابق يعاقب بالسجن لمدة عام وبخطية قدرها مائتان وأربعون فرنك أو بإحدى العقوبتين، ولو أن الزواج لم يبرم طبق أحكام القانون. 2. ويعاقب بنفس العقوبات كل من كان متزوجاً على خلاف الصيغ الواردة بالقانون عدد 3 لسنة 1957 المؤرخ في 4 محرم 1377(أول أوت 1957) والمتعلق بتنظيم الحالة المدنية، ويبرم عقد زواج ثان ويستمر على معاشرة زوجه الأول ويعاقب بنفس العقوبات الزوج الذي يتعمد إبرام عقد زواج مع شخص مستهدف للعقوبات بالفقرتين السابقتين، ولا ينطبق الفصل 53 من القانون الجنائي على الجرائم المقررة بهذا الفصل.". والفصل (19) على أنه: " يحجر على الرجل أن يتزوج مطلقته ثلاثاً ". والفصل (20) على أنه: " يحجر التزوج بزوجة الغير أو معتدته قبل انقضاء عدتها ".

الفصل الثاني

آثار عقد الزواج غير المستوفي لأحد المقومات أو الشرائط الشرعية

المبحث الأول: آثار عقد الزواج غير المستوفي لأحد مقومات عقد الزواج

المبحث الثاني: آثار عقد الزواج غير المستوفي لأحد الشرائط الشرعية المتممة

الفصل الثاني

آثار عقد الزواج غير المستوفي

لأحد المقومات أو الشرائط الشرعية

المبحث الأول

آثار عقد الزواج غير المستوفي لأحد المقومات

المطلب الأول

آثار عقد الزواج غير المستوفي لأركان عقد الزواج

بينا سابقاً أن عقد الزواج غير المستوفي لمقومات عقد الزواج يطلق عليه العقد الباطل، ويقسم هذا العقد إلى قسمين: الأول: عقد الزواج غير المستوفي لأركان عقد الزواج أو شرطاً من شرائطها، والثاني: عقد الزواج المستوفي لأركان عقد الزواج وشرائط هذه الأركان، لكنه فقد شرطاً من شرائط الصحة. وقد أطلقنا على النوع الأول: العقد الباطل غير المشتبه، وعلى النوع الثاني العقد الباطل المشتبه، لذلك سنبحث في هذا المطلب النوع الأول وهو العقد الباطل المشتبه، وفي المطلب الثاني النوع الثاني وهو العقد الباطل غير المشتبه.

مسألة: ما آثار عقد الزواج الباطل غير المشتبه ـ العقد الباطل عند الحنفية ـ ؟

عرفنا عقد الزواج الباطل غير المشتبه بأنه: كل عقد فقد أحد أركان عقد الزواج أو شرطاً من شرائط هذه الأركان كالزواج من امرأة مجوسية.

بعد أن بينا عقد الزواج الباطل غير المشتبه لا بد من معرفة ما إذا كانت هناك آثاراً مترتبة على هذا العقد ـ عقد الزواج الباطل غير المشتبه ـ أم لا ؟.

والجواب على ذلك: إن عقد الزواج الباطل غير المشتبه لا يترتب عليه أي أثر من آثار عقد الزواج الصحيح، ولا ينشأ عنه أي التزام من قبل أحد الطرفين نحو الآخر، بل يعتبره الشارع كأنه غير موجود سواء كان ذلك قبل الدخول أو بعده حتى إن تسميته بالعقد فيه شيء من التجاوز إذ أن كل صلة تمت بين رجل وامرأة محرمة عليه شرعاً أو لم تتوافر فيها شرائط الانعقاد لا يعتبر عقداً بحيث تستطيع المرأة أن تعقد على شخص آخر وتتزوج زواجاً شرعياً،

لأنها لم ترتبط بأي رباط شرعي في العقد الباطل، وتعتبر الصلة بين الرجل والمرأة في العقد الباطل صلة غير مشروعة، ولا يقرها الشرع، ولا يعترف بأي صلة تنشأ عن هذه الصلة غير المشروعة، وللدخول في عقد الزواج الباطل أبحاث بالفقه الإسلامي حول اعتبار ذلك زنى يوجب الحد أم لا.

رأي القانون:

أخذت القوانين العربية بما ذهب إليه الفقه الإسلامي من حيث عدم ترتب أي أثر من آثار عقد الزواج الصحيح على العقد الباطل المشتبه ـ العقد الباطل عند الحنفية ـ ومن ذلك القانون الأردني[1] حيث نص على وجوب التفريق بين الزوجين في العقد الباطل، فإذا لم يفترقا يفرق القاضي بينهما عند ثبوت ذلك بالمحاكمة باسم الحق العام الشرعي، ولم يرتب عليه أي أثر من آثار عقد الزواج الصحيح، حيث نصت المادة (43) منه على أن: " بقاء الزوجين على الزواج الباطل أو الفاسد ممنوع، فإذا لم يفترقا يفرق القاضي بينهما عند ثبوت ذلك بالمحاكمة باسم الحق العام الشرعي ".

كما نصت المادة (41) على أن: " الزواج الباطل سواء وقع به دخول أو لم يقع به دخول لا يفيد حكماً أصلاً، وبناءً على ذلك تثبت به بين الزوجين أحكام الزواج الصحيح كالنفقة والعدة وحرمة المصاهرة والإرث ".

والقانون السوداني[2] والقانون السوري[3] ومشروع القانون الكويتي[4] ومشروع قانون مجلس التعاون الخليجي[5]، حيت نص في المادة (61) والمادة (50) والمادة (48) والفقرة ب من المادة (44) على أن: " الزواج الباطل لا يترتب عليه شيء من آثار الزواج الصحيح " وقد أضاف القانون السوري قوله: " ولو حصل فيه دخول ".

---

[1] مجموعة التشريعات: الظاهر ص 111ـ112، القرارات القضائية: عمرو ص 366.

[2] قانون الأحوال الشخصية السوداني: ص 23.

[3] قانون الأحوال الشخصية السوري: وزارة العدل ص 30، قانون الأحوال الشخصية السوري: الكويفي ص 36

[4] مشروع قانون الأحوال الشخصية الكويتي.

[5] جريدة الخليج: ص 11.

ومشروع القانون الإماراتي[1] حيث نص في المادة (40) على أنه: " يعتبر الزواج باطلاً فيما يأتي: ...... ولا يثبت بذلك العقد نسب ولا حرمة مصاهرة ولا تجب عدة ولا مهر ولا غير ذلك من أحكام الزواج ".

المطلب الثاني

آثار عقد الزواج غير المستوفي لشرائط الصحة

عقد الزواج غير المستوفي لشرائط الصحة هو ما سميناه بالعقد الباطل المشتبه ـ العقد الفاسد عند الحنفية ـ

آثار عقد الزواج الباطل المشتبه ـ العقد الفاسد عند الحنفية ـ:

عرفنا عقد الزواج الباطل المشتبه بأنه: كل عقد توافرت فيه أركانه وشرائط انعقاده، ولكنه فقد شرطاً من شرائط الصحة كالنكاح بلا شهود.

بعد أن وضحنا عقد الزواج المشتبه، لا بد من معرفة ما إذا كانت هناك آثاراً ترتبت على هذا العقد أم لا ؟ وما هي هذه الآثار المترتبة ؟

والجواب على ذلك نقول: بأنه يجب عند الفقهاء التفريق بين الزوجين في العقد الباطل المشتبه ـ الفاسد ـ فوراً، ثم لا يخلو الأمر من أن يقترن به دخول أم لا.

فإن لم يقترن بالعقد الباطل المشتبه دخول كان كالباطل في عدم ترتب أي أثر من آثار عقد الزواج عليه، ووجوب التفريق بين الزوجين.

أما إذا اقترن العقد الباطل المشتبه بالدخول، فإنه يجب التفريق بينهما أيضاً مع ترتب بعض الآثار عليه.

هذا وقد وضع المالكية[2] ضابطاً للعقد الباطل المشتبه ـ الفاسد ـ الذي تترتب عليه بعض الآثار إذا حصل دخول، كالمهر وحرمة المصاهرة ووجوب العدة وثبوت النسب حيث قالوا: ما اختلف فيه العلماء، فالفسخ فيه يعتبر طلاقاً، وتترتب عليه الآثار السابقة، وما اتفق على فساده، فلا يعتبر الفسخ فيه طلاقاً، ولا يترتب عليه أي أثر من الآثار لا قبل الدخول ولا بعده.

---

[1] مشروع القانون الإماراتي وزارة العدل والأوقاف ص 40.

[2] الشرح الصغير: الدردير 2/387ـ388، الخرشي: الخرشي 3/197.

أما الآثار التي تترتب على عقد الزواج الباطل المشتبه فهي:

أولاً: المهر

اختلف الفقهاء في مقدار المهر الواجب بالعقد الباطل المشتبه على النحو التالي:

المذهب الأول: ذهب الحنفية[1] إلى أن للمرأة الأقل من المسمى أو مهر المثل، لأنها إن رضيت بدون مهر المثل، فليس لها أكثر منه كالعقد الصحيح، وإن كان المسمى أكثر من مهر المثل، فلا يجب لها الزائد عن مهر المثل لأنه عقد غير صحيح.

المذهب الثاني: ذهب الشافعية والحنابلة وزفر من الحنفية[2] إلى أن للمرأة مهر المثل، وهو مهر المثل يوم الوطء لا يوم العقد وقد استدلوا على ذلك بما روته السيدة عائشة ـ رضي الله عن الرسول صلى الله عليه وسلم أنه قال: **﴿ أيما امرأة نكحت نفسها بغير إذن وليها فنكاحها باطل باطل باطل فإن أصابها، فلها المهر بما استحل من فرجها﴾**[3]، فجعل لها المهر المميز بالإصابة، والإصابة إنما توجب مهر المثل، ولأن العقد ليس بموجب مهر المثل بدليل الخبر، وأنه لو طلقها قبل مسها لم يكن لها شيء، ولأن التسمية لو فسدت لوجب مهر المثل، فإذا فسد العقد من أصله كان أولى.

المذهب الثالث: ذهب المالكية[4] إلى أنه إن دخل بها وكان المهر مسمى، فلها المهر المسمى، وإن لم يكن لها مهراً مسمى وجب مهر المثل، وسقط المهر بالفسخ قبل الدخول الصحيح، وإذا تلذذ بها دون دخول، ثم فسخ النكاح لفساده تُعاض المرأة نظير ذلك باجتهاد الحاكم والناس، وسواء في هذا المرأة المعقود عليها بعقد فاسد فساداً متفقاً عليه أو غير متفق عليه.

---

[1] البحر الرائق: ابن عابدين 181/3ـ184، رد المحتار: ابن عابدين 131/3ـ132، منحة الخالق: ابن عابدين 184/3، المغني: ابن قدامه 341/7ـ342.

[2] الهداية: المرغيناني 210/1، مغني المحتاج: الشربيني 204/3، نهاية المحتاج: الرملي 353/6، المغني: ابن قدامه 341/7ـ342.

[3] سنن أبي داود: أبي داود 229/2، سنن الترمذي: الترمذي 352/2.

[4] جواهر الإكليل: الأزهري 285/1، الشرح الصغير: الدردير: 390/2ـ391، الخرشي: الخرشي 197/3ـ198.

ولا يجب لها بالخلوة الصحيحة شيء من المهر عند أكثر أهل العلم[1]، لأن النبي صلى الله عليه وسلم جعل لها المهر بما استحل من فرجها ـ أي بما أصاب ـ ولم يصبها.

وذهب الإمام أحمد في رواية[2] إلى أن المهر يستقر بالخلوة قياساً على العقد الصحيح.

ثانياً: ثبوت النسب

يثبت نسب الولد بأبيه وأمه لأن النسب مما يحتاط في إثباته إحياءً للولد وتحقيقاً لمصلحته، وقال زفر وأبو يوسف في رواية: لا يثبت النسب.

ويثبت نسب الولد لأبيه في الدخول بالعقد الفاسد إذا جاءت به أمه في مدة الحمل، وأقلها ستة أشهر من وقت الدخول عند محمد بن الحسن، ومن وقت العقد عند أبي حنيفة وأبي يوسف، وأكثرها سنة شمسية من وقت التفريق[3].

ثالثاً: حرمة المصاهرة:

يحرم على الرجل بالزواج الفاسد بعد الدخول المحرمات بالمصاهرة كالزواج الصحيح، فلا يحل له أن يتزوج أمها أو ابنتها ...، كما يحرم على الزوجة المحرمات بالمصاهرة، فلا يحل لها أن تتزوج أباه أو ابنه ...[4].

رابعاً: وجوب العدة

تجب العدة على الزوجة بالتفريق، لأن وجوب العدة يراعى فيه معرفة براءة الرحم، فقد تكون الزوجة حاملاً، وحق النسب ـ كما بينا ـ يثبت للولد، فكان من الضروري معرفة هل الزوجة حامل أم لا ؟. وقال زفر وأبو يوسف في رواية: لا تجب العدة.

أما إذا مات الزوج بعد أن دخل بالزوجة في نكاح فاسد، فإنه يجب عليها عدة الطلاق لا عدة الوفاة، كما لا تجب العدة بالخلوة الصحيحة في النكاح الفاسد[5].

---

[1] المغني: ابن قدامه 344/7.

[2] المغني: ابن قدامه 344/7.

[3] البحر الرائق: ابن نجيم 183/3ـ184، رد المحتار: ابن عابدين 134/3، منحة الخالق: ابن عابدين 184/3.

[4] الشرح الصغير: الدردير 388/2، الخرشي: الخرشي 197/2.

[5] البحر الرائق: ابن نجيم 181،184/3، رد المحتار: ابن عابدين 133/3.

أما الآثار التي لا تترتب على عقد الزواج الباطل المشتبه فهي[1]:

أولاً: حد الزنا

لا يجب حد الزنا بالنكاح الفاسد، لأن النكاح الفاسد مختلف فيه، والاختلاف شبهة تدرأ الحدود، كما أن العقد قام شبهة لدرء الحد عند أبي حنيفة.

ثانياً: التوارث

لا يثبت التوارث بين الزوجين إذا توفي أحدهما قبل التفريق بينهما أو بعده، وقال المالكية[2]: يثبت التوارث بين الزوجين إذا مات أحدهما قبل الفسخ، واستثنى المالكية من ثبوت الإرث مسألة زواج المريض فقط.

رابعاً: النفقة

لا تستحق الزوجة النفقة الزوجية بالزواج الباطل المشتبه، ولو تم الدخول، لأن النفقة الزوجية أثر من آثار عقد الزواج الصحيح.

كما أنها لا تستحق نفقة العدة، لأن نفقة العدة تجب على الزوج في الزواج الصحيح.

خامساً: الطلاق في زمن الحيض

لا يحرم الطلاق بالزواج الباطل المشتبه زمن الحيض.

سادساً: الإحصان

لا يتحقق بالزواج الباطل المشتبه الإحصان الذي يوجب حد الرجم.

سابعاً: حل الزوجة المطلقة ثلاثاً لزوجها المطلق

لا تحل الزوجة المطلقة ثلاثاً لزوجها المطلق بالوطء في الزواج الباطل المشتبه.

رأي القانون

أخذ قانون الأحوال الشخصية الأردني[3] برأي الحنفية حيث نصت المادة (42) على أن: "الزواج الفاسد الذي لم يقع به دخول لا يفيد حكماً أصلاً، أما إذا وقع به دخول فيلزم به المهر

---

[1] البحر الرائق: ابن نجيم 181/3ـ184، رد المحتار: ابن عابدين 131/3ـ134، المغني: ابن قدامه 345/7.
[2] الشرح الصغير: الدردير 388/2ـ389، الخرشي: الخرشي 197/2.
[3] مجموعة التشريعات: الظاهر ص 112،115، القرارات القضائية: عمرو ص 366،369.
* انظر تفصيل ذلك في كتابنا الثاني مقومات عقد الزواج.

والعدة ويثبت النسب وحرمة المصاهرة، ولا تلزم بقية الأحكام كالإرث والنفقة قبل التفريق أو بعده ".

كما أخذ القانون برأي عامة الفقهاء في مسألة وجوب التفريق بين الزوجين في النكاح الباطل المشتبه ـ الفاسد ـ ولو بعد الدخول، إلا في حالة فساد الزواج بسبب صغر السن، فلا يفرق بينهما إذا ولدت الزوجة أو كانت حاملاً أو كان الزوجان حين إقامة الدعوى بالغين عاقلين أخذاً برأي جمهور الفقهاء القائل بجواز زواج الصغير والصغيرة*. وبناء على هذا فإنه إذا رفعت الدعوى لفسخ عقد الزواج بين الزوجين بسبب صغر السن، وكان الزوجان قد بلغا السن القانونية، فإنه لا ينظر في الدعوى ويكون عقد الزواج صحيحاً. فقد نص في المادة (43) على أن: " بقاء الزوجين في العقد الباطل أو الفاسد ممنوع، فإذا لم يفترقا يفرق القاضي بينهما عند ثبوت ذلك باسم الحق العام الشرعي، ولا تسمع دعوى فساد الزواج بسبب صغر السن إذا ولدت الزوجة أو كانت حاملاً أو كان الطرفان حين إقامة الدعوى حائزين على شروط الأهلية".

ونص على وجوب الأقل من المسمى أو مهر المثل، إذا حصل التفريق بين الزوجين بعد الدخول في عقد باطل مشتبه - وقد أطلق القانون عليه العقد الفاسد - حيث جاء في المادة (56) على أنه: " إذا وقع الافتراق بعد الدخول في العقد الفاسد، ينظر فإن كان المهر سمي يلزم الأقل من المهرين المسمى والمثل، وإن كان المهر لم يسم أو كانت التسمية فاسدة يلزم مهر المثل بالغاً ما بلغ، أما إذا وقع الافتراق قبل الدخول فلا يلزم المهر أصلاً.

والقانون السوداني[1] حيث نص في المادة (63) على أن: " الزواج الفاسد لا يترتب عليه أي أثر قبل الدخول ".

والمادة (64) على أنه: " يترتب على الزواج الفاسد بعد الدخول الآثار الآتية وهي:

أ. وجوب الأقل من المسمى أو مهر المثل.

ب. ثبوت النسب.

ج. حرمة المصاهرة.

د. وجوب العدة.

والقانون السوري[2] حيث نص في المادة (51) على أن:

" 1. الزواج الفاسد قبل الدخول في حكم الباطل.

---

[1] قانون الأحوال الشخصية السوداني: ص 23ـ24.

[2] قانون الأحوال الشخصية السوري: وزارة العدل ص 30، قانون الأحوال الشخصية: الكويفي ص 35ـ36.

2. ويترتب على الوطء فيه النتائج التالية:

أ. المهر في الحد الأدنى من مهر المثل والمسمى.

ب. نسب الأولاد بنتائجه المبينة في المادة 133 من هذا القانون.

ج. حرمة المصاهرة.

د. عدة الفراق في حالتي المفارقة أو الموت الزوج، ونفقة العدة دون التوارث بين الزوجين.

3. تستحق الزوجة النفقة الزوجية ما دامت جاهلة فساد النكاح ".

يلاحظ على هذا القانون أنه أعطى للمعتدة من زواج فاسد نفقة العدة مع أن الفقهاء أعطوا النفقة للمعتدة من نكاح صحيح فقط، أما المعتدة من نكاح فاسد فلا نفقة لها إلا إذا كانت حاملاً.

أما القانون المغربي[1] فقد قسم الزواج الفاسد إلى قسمين هما: الأول: الزواج الفاسد لصداقه: وهو الذي فقد شرطا من الشروط التي يجب أن تتوفر فيه كأن يكون الصداق خمرا.

والثاني: الزواج الفاسد لعقده: وهو ما اختل شرط من شروط صحته كالزواج بامرأة خامسة، أو عدم وجود الشهود.

والزواج الفاسد لعقده إما أن يكون مجمعا على فساده أو مختلفا في فساده، ويكون الزواج مجمعا على فساده عندما يتفق الفقهاء على عدم صحته كالزواج من المحرمات بالمصاهرة أو النسب أو الرضاع.

أما الزواج المختلف في فساده فهو الزواج الذي يقول بعض الفقهاء بصحته، بينما يقول البعض الآخر بفساده، وبالرغم من فساد العقد، فإنه تترتب بعض الآثار على فساده، وهذه الآثار تختلف باختلاف نوع الزواج الفاسد في القانون على النحو التالي:

أولاً: الزواج الفاسد لصداقه:

يفسخ هذا الزواج قبل الدخول ولا صداق فيه للزوجة، أما إذا لم يطلع عليه إلا بعد الدخول، فلا يفسخ، ويكون للزوجة حينئذ صداق المثل، كما جاء الفقرة 1 من الفصل (37) حيت نصت على أن: " ....والفاسد لصداقه يفسخ قبل الدخول، ولا صداق فيه ويثبت بعد الدخول بصداق لمثل ".

---

[1] مدونة الأحوال الشخصية: ص 16، الوثائق العدلية: العراقي ص 130، أحكام الأسرة: ابن معجوز ص 350.

ثانياً: الزواج الفاسد لعقده:

يفسخ هذا الزواج قبل الدخول وبعده، ويجب فيه للزوجة الصداق المسمى بعد الدخول، كما جاء في الفقرة 1 من الفصل (37) حيت نصت على أن: "النكاح الفاسد لعقده يفسخ قبل الدخول وبعده، وفيه المسمى بعد الدخول ". وهو قسمان:

أولاً: الزواج المجمع على فساده: يفسخ هذا الزواج قبل الدخول وبعده، وتستحق فيه الصداق المسمى بعد الدخول كما جاء في الفقرة 1من الفصل (37) السابق ذكره، وتترتب عليه الآثار المنصوص عليها في الفقرة 2من الفصل (37) وهي: " كل زواج مجمع على فساده كالمحرمة بالصهر منفسخ بدون طلاق قبل الدخول وبعده، ويترتب عليه تعين الاستبراء وثبوت النسب إن كان حسن القصد " ويترتب على النسب كافة الآثار المتعلقة بالقرابة*1.

يلاحظ من نص هذه العبارة أن العقد المجمع على فساده هو العقد الباطل غير المشتبه، والذي أوجب الفقهاء فيه فسخ العقد قبل الدخول وبعده، ولم يرتب عليه أي أثر منة آثار عقد الزواج الصحيح، وبذلك يكون القانون قد خرج عن رأي الفقهاء عندما رتب بعض الآثار.

الثاني: الزواج المختلف في فساده: يفسخ هذا الزواج قبل الدخول وبعده بطلاق، ويحسب طلقة، أما إذا حصل دخول بهذا الزواج المختلف في فساده، فإنه تترتب عليه الآثار التي نصت عليها الفقرة 2 من الفصل (37) وهي: " .... أما إذا كان مختلفا في فساده فيفسخ قبل الدخول وبعده بطلاق ويترتب عليه وجوب العدة، وثبوت النسب، ويتوارثان قبل وقوع الفسخ "، ويترتب على النسب كافة الآثار المتعلقة بالقرابة*2.

ويستثنى من ذلك بعض الحالات التي يفسخ فيها الزواج بطلاق، ومع ذلك لا توارث فيه بين الزوجين، ولو مات أحدهما أثناء العدة، لأن هذا الطلاق يعتبر بائناً وذلك أخذا بالمذهب المالكي وهي:

1. إذا تزوج المريض في مرض الموت، ومات أحد الزوجين قبل الفسخ، فلا يرثه الآخر، ولو حصل الدخول.
2. إذا اشترط أحد الزوجين أو ولي الزوجة في الزواج أن له الخيار في قبوله أو عدم قبوله خلال مدة، فإنه يعتبر فاسدا يفسخ إذا اطلع عليه قبل الدخول، فإن مات أحد الزوجين قبل الفسخ لم يرثه الآخر. أما إذا حصل الدخول، فيصبح الزواج صحيحا، لأن الدخول يدل على قبول من كان له شرط الخيار.

أما مشروع القانون الكويتي[1]، ومشروع القانون الإماراتي[2]، فلم يرتبا أي أثر على العقد الفاسد قبل الدخول، حيث جاء في المادة (51) والفقرة 2 من المادة (41): " الزواج الفاسد لا يترتب عليه أي أثر قبل الدخول ".

أما بعد الدخول فقد رتب الآثار المنصوص عليها في المادة (50) والفقرة 1 من المادة(41) وهي: " كل زواج غير صحيح سوى المذكور في المادة السابقة يعتبر فاسداً، ويترتب على الدخول فيه:

أ.وجوب الأقل من المهر المسمى ومهر المثل عند التسمية، ومهر المثل عند عدمها.

ب.ثبوت نسب الأولاد بشرائطه، ونتائجه المبينة في هذا القانون.

ج.وجوب العدة عقب المفارقة، رضاءً أو قضاءً، وبعد الوفاة.

د.حرمة المصاهرة ".

كما نص مشروع القانون العربي الموحد[3]، ومشروع القانون الخليجي[4] في الفقرة ب من المادة (45) والفقرة ب من المادة (42) على أنه: " لا يترتب على الزواج الفاسد أي أثر قبل الدخول ".

والمادة (46)، والمادة (43) على أنه: " يترتب على الزواج الفاسد بعد الدخول الآثار التالية:

" أ. الأقل من المهر المسمى، ومهر المثل.

ب. النسب، وحرمة المصاهرة.

ج. العدة.

د. النفقة ما دامت المرأة جاهلة فساد العقد ".

---

*1،2 نص الفصل (88) من مدونة الأحوال الشخصية المغربية على أنه: " متى ثبت النسب ولو بنكاح فاسد أو بشبهة ترتب عليه جميع نتائج القرابة فيمنع النكاح في الدرجات الممنوعة وتستحق به نفقة القرابة والإرث ".

[1] مشروع القانون الكويتي.

[2] مشروع القانون الإماراتي: وزارة العدل والأوقاف ص14.

[3] المجلة العربية: الأمانة العامة ص 22.

[4] جريدة الخليج: ص 11.

يؤخذ على هذين القانونين أنهما أعطيا المعتدة من زواج فاسد نفقة العدة إذا جهلت سبب الفساد مع أن الفقه الإسلامي لم يعط نفقة العدة إلا للمعتدة من زواج صحيح، أما المعتدة من زواج فاسد لا يوجد لها نفقة عدة.

أما القانون التونسي[1]، والذي خلط بين العقد الباطل والعقد الفاسد، واعتبرهما قسماً واحداً هو العقد الفاسد فقد نص في الفصل (22) على أنه: " يبطل الزواج الفاسد وجوباً بدون طلاق، ولا يترتب على مجرد العقد أي أثر، ويترتب على الدخول الآثار التالية فقط:

أ. استحقاق المرأة المهر المسمى أو تعيين مهر لها من طرف الحاكم.

ب. ثبوت النسب.

ج. وجوب العدة على الزوجة، وتبتدئ هذه العدة من يوم التفريق.

د. حرمة المصاهرة ".

يلاحظ على معظم هذه القوانين أنها لم تنص على أنه إذا لم يتفرق الزوجان في العقد الفاسد، فإنه يجب على القاضي أن يفرق بينهما عند ثبوت ذلك بالمحاكمة باسم الحق العام الشرعي. وأن للمحكمة الحق في مواجهة الزوجين والعمل على فسخ هذا العقد الفاسد، لذا نوصي القوانين العربية بأن تنص على ذلك في موادها.

---

[1] مجلة الأحوال الشخصية التونسية، موسوعة التشريعات العربية: تونس.

المبحث الثاني

آثار عقد الزواج غير المستوفى لشرائطه الشرعية المتممة

بينا سابقاً أن عقد الزواج الصحيح، إما أن يكون عقد زواج مستوفياً لمقومات عقد الزواج والشرائط الشرعية المتممة له وهو ما يسمى بعقد الزواج الصحيح النافذ اللازم، وإما أن يكون مستوفياً لمقومات عقد الزواج وشرائطها، لكنه غير مستوفٍ لشرائط عقد الزواج الشرعية المتممة وهو على قسمين هما: القسم الأول: عقد الزواج الموقوف، والقسم الثاني: عقد الزواج الصحيح النافذ اللازم، وسوف نؤجل الحديث عن آثار عقد الزواج المستوفي لأركان عقد الزواج والشرائط الشرعية المتممة له ـ عقد الزواج الصحيح النافذ اللازم ـ إلى الفصل القادم، ونتحدث في هذا المبحث عن آثار عقد الزواج غير المستوفي لشرائطه الشرعية.

المطلب الأول

عقد الزواج غير المستوفي لشرائط النفاذ

يطلق على عقد الزواج غير المستوفي لشرائط النفاذ بالعقد الصحيح الموقوف.

تعريف عقد الزواج الصحيح الموقوف:

هو عقد الزواج الصحيح الذي تتوقف آثاره على إجازة من له الولاية بإجازة هذا العقد، كأن يكون العاقد كامل الأهلية، لكنه ليس بصاحب الشأن في هذا العقد كالفضولي، وتزويج الولي البعيد مع وجود الولي القريب، أو أن يكون ناقص الأهلية، فيزوج نفسه من كفء وبمهر المثل كالصغير المميز، فيكون عقده موقوفاً على إجازة صاحب الشأن.

مسألة: ما آثار عقد الزواج الصحيح الموقوف ؟

إن عقد الزواج الموقوف عقد صحيح إلا أنه لا ينفذ إلا بإجازة صاحب الشأن، فإن أجيز نفذ من تاريخ إنشائه لا من تاريخ إجازته، ويجب التفريق بين حالتين عند ذكر آثار عقد الزواج الموقوف هما:

الحالة الأولى: آثار عقد الزواج الصحيح الموقوف قبل الدخول:

إن عقد الزواج الموقوف عقد صحيح إلا أنه يبقى موقوفاً على إجازة من له الإجازة، فإن أجيز العقد الصحيح الموقوف من قبل صاحب الشأن قبل الدخول نفذ العقد، واعتبر عقداً صحيحاً له آثار العقد الصحيح النافذ اللازم.

وأما إذا رد صاحب الشأن العقد، ولم يجزه، بطل العقد، واعتبر ملغى لا يترتب عليه أي آثر وإن حصل فيه دخول.

الحالة الثانية: آثار عقد الزواج الصحيح الموقوف بعد الدخول:

قلنا بأن عقد الزواج الصحيح الموقوف عقد صحيح، لكنه يتوقف على إجازة من له الإجازة، فإن لم يجزه صاحب الشأن، بل حصل الرفض منه، أصبح العقد باطلاً، وإن حصل دخول بعد رفض العقد والعلم به، كان الفعل زناً يوجب الحد، ولا يترتب عليه أي أثر من آثار عقد الزواج الصحيح كالمهر والعدة والنسب وحرمة المصاهرة.

أما إذا حصل الدخول قبل أن يعلم صاحب الشأن بذلك، ولم يجب عليه بالرفض أو القبول، ثم علم صاحب الشأن بذلك، فإن لم يجزه، فإنه يجب التفريق بين الزوجين، وتترتب عليه في هذه الحالة آثار العقد الفاسد -التي سبق ذكرها- كوجوب المهر وثبوت النسب ووجوب العدة وحرمة المصاهرة.

وأما إن أجازه بعد الدخول صح العقد وأخذ حكم العقد الصحيح النافذ، وترتبت عليه جميع آثار العقد الصحيح النافذ، وتعتبر الإجازة بعد العقد كوجود الإذن بإجرائه من قبل للقاعدة " الإجازة اللاحقة كالوكالة السابقة ".

رأي القانون

ذكر قانون الأحوال الشخصية السوداني[1] أحكام العقد الموقوف حيث نص في المادة(58) على أنه:

" 1. الزواج الصحيح غير النافذ لا يترتب عليه أي شيء من الآثار قبل الإجازة، وإذا أجيز، فيعتبر نافذاً من وقت العقد.

2. إذا طرأ دخول على الزواج غير النافذ، فيأخذ حكم الزواج الفاسد بعد الدخول ".

---

[1] قانون الأحوال الشخصية السوداني: ص 22.

وقد بين إبراهيم أحمد عثمان أثناء شرحه لهذه المادة أنه: " إذا كان الدخول بعد الرفض وعدم الإجازة انقلب العقد باطلاً، يقام الحد عليه، ولا يترتب أي أثر من آثار الزواج الصحيح"[1].

وتطرق القانون السوري[2] للعقد الصحيح الموقوف في المادة (52) حيث جاء فيها ما نصه: " العقد الموقوف حكمه قبل الإجازة كالفاسد ".

يؤخذ على هذا القانون أنه اعتبر الزواج الموقوف قبل الإجازة كالفاسد من حيث الحكم، ويجب التنبيه إلى أن العقد الفاسد عقد غير صحيح بينما العقد الموقوف عقد صحيح لكنه غير نافذ، وأن العقد الوقوف يأخذ حكم الفاسد قبل الإجازة، كما يأخذ حكمه بعد الرفض، فيجب التفريق بينهما قبل الدخول ولا يترتب عليه أي أثر، أما إذا حصل الرفض بعد الدخول فيأخذ حكم الفاسد من حيث ترتب الآثار عليه، وإن حصل الرفض قبل الدخول فإنه يأخذ حكم العقد الباطل.

كما نص مشروع القانون الكويتي[3] على أن العقد الموقوف، لا يترتب عليه شيء من الآثار قبل الإجازة أو الدخول، وإذا أجيز اعتبر نافذاً من تاريخ العقد، ويأخذ حكم الزواج الفاسد بعد الدخول حيث نص في المادة (47) على أن:

" أ. الزواج الصحيح غير النافذ لا يترتب عليه شيء من الآثار قبل الإجازة أو الدخول.

ب. وإذا أجيز اعتبر نافذاً من وقت العقد.

ج. وبالدخول فيه يأخذ حكم الزواج الفاسد بعد الدخول ".

أما بقية القوانين فلم تنص في موادها على آثار العقد الصحيح الموقوف، وبناء على ذلك يعمل بالراجح من المذهب المعتمد في هذه القوانين، فمثلاً بالنسبة للقانون الأردني يرجع إلى الراجح من مذهب الإمام أبي حنيفة عملاً بالمادة (183) والتي تنص على أنه: " ما لا ذكر له في هذا القانون يرجع فيه إلى الراجح من مذهب أبي حنيفة ".

---

[1] قانون الأحوال الشخصية السوداني: عثمان 18/1.

[2] قانون الأحوال الشخصية: وزارة العدل ص 30، قانون الأحوال الشخصية: الكويفي: ص 36.

[3] مشروع قانون الأحوال الشخصية.

المطلب الثاني

آثار عقد الزواج غير المستوفي لشرائط اللزوم

يطلق على العقد الصحيح غير المستوفي لشرائط اللزوم بالعقد الصحيح غير اللازم.

تعريف عقد الزواج الصحيح غير اللازم:

عرفنا عقد الزواج الصحيح غير اللازم بأنه: العقد الذي استوفى مقومات عقد الزواج، وشرائط النفاذ، ولكنه لم يستوف شرائط اللزوم.

مسألة: ما آثار عقد الزواج الصحيح غير اللازم ؟

إن عقد الزواج الصحيح غير اللازم، عقد صحيح يترتب عليه ما يترتب على العقد الصحيح النافذ اللازم ما لم يتم فسخه ممن له الحق بفسخه، ولذلك يجب أن نفرق في ذكر آثار العقد الصحيح غير اللازم بين حالتين:

الحالة الأولى: آثار عقد الزواج الصحيح غير اللازم قبل الدخول:

إذا رضي بعقد الزواج الصحيح غير اللازم من له حق الفسخ، فإنه يأخذ حكم العقد الصحيح من حيث ترتب الآثار عليه، كالمهر والعدة وثبوت النسب وحرمة المصاهرة وغيرها.

أما إذا لم يقبل به من له حق الفسخ، وتم فسخ العقد قبل الدخول والخلوة الصحيحة، فإنه لا يترتب عليه أي أثر من آثار عقد الزواج الصحيح النافذ اللازم، لأن الفسخ يكون كنقض للعقد من أصله، وإن لم ينف أنه وجد ووقع، لأن الفرقة جاءت من قبل الزوجة لا من قبل الزوج قبل الدخول أو الخلوة الصحيحة.

الحالة الثانية: آثار عقد الزواج غير اللازم بعد الدخول:

إذا رضي بعقد الزواج الصحيح غير اللازم من له حق الفسخ، ولو بعد الدخول، فإنه يأخذ حكم العقد الصحيح من حيث ترتب الآثار عليه، كالمهر والعدة وثبوت النسب وحرمة المصاهرة وغيرها.

وكذلك إذا فسخ العقد ممن له حق الفسخ بعد الدخول أو الخلوة الصحيحة، فإنه يترتب عليه ما يترتب على العقد الصحيح من أحكام كوجوب المهر والعدة وثبوت النسب وحرمة المصاهرة وغيرها.

مسألة: ما الفرق بين العقد الصحيح الموقوف والعقد الصحيح غير اللازم ؟

الفرق بين العقد الصحيح الموقوف والعقد الصحيح غير اللازم هو أن رفض العقد الصحيح الموقوف وعدم إجازته يقضي برفع العقد ويلغي وجوده، أما فسخ العقد الصحيح غير اللازم لا يقضي برفع العقد، ولا يلغي وجوده.

ومن هنا فإن العقد الموقوف لا يثبت به حق التوارث، فلو مات أحد الزوجين في العقد الموقوف قبل إجازته، فليس للآخر حق الميراث، أما عقد الزواج الصحيح غير اللازم، فإنه يثبت حق التوارث، فلو مات أحد الزوجين قبل فسخ العقد، فللآخر حق الميراث، لأن الزوجية قائمة.

ولا يثبت العقد الموقوف حرمة المصاهرة عند عدم إجازته، لأن البطلان أزاله من أصله، بينما تثبت حرمة المصاهرة بمجرد العقد الصحيح غير اللازم، إذا كان مجرد العقد موجباً الحرمة، فإذا زوجت البنت زواجاً غير لازم ثم حصل الفسخ ممن له حق الفسخ فإنه يحرم على الأم أن تتزوج من كان زوج ابنتها، لأن العقد قد وجد.

وكذلك إذا رفض صاحب الشأن عقد الزواج الصحيح الموقوف بعد الدخول، فإنه يأخذ حكم العقد الفاسد وما يترتب عليه من آثار، أما إذا فسخ من له حق الفسخ عقد الزواج الصحيح غير اللازم بعد الدخول، فإنه يترتب عليه ما يترتب على العقد الصحيح النافذ اللازم من آثار كوجوب المهر والعدة وثبوت النسب وحرمة المصاهرة وغيرها.

رأي القانون

لم تتطرق القوانين العربية لذكر الآثار المترتبة على عقد الزواج الصحيح غير اللازم، ولذلك فإنها تأخذ بالراجح من المذهب الذي اعتمدته هذه القوانين، وإن تعرضت لذكر بعض حالات عقد الزواج الصحيح غير اللازم في بحث الكفاءة: ومن ذلك القانون الأردني والقانون السوداني والقانون السوري التي أخذت بالراجح من مذهب الحنفية، والتي ذهبت إلى أنه إذا زوجت المرأة نفسها من غير كفء بغير رضا الولي، فإنه يحرم على الزوج الوطء قبل أن يرضى الولي بالزواج، ولا يقام عليه حد الزنا لانعقاد العقد، وللولي فسخ العقد[1].

[1] الاختيار: الموصلي 100/3، البحر الرائق: ابن نجيم 138/3.

وقد أشار القانون الأردني[1] في المادة (23) إلى الحالة التي لا يصح فيها فسخ عقد النكاح غير اللازم بسبب عدم كفاءة الزوج حيث جاء فيها ما نصه: " للقاضي عند طلب فسخ الزواج بسبب عدم كفاءة الزوج ما لم تحمل الزوجة من فراشه، أما بعد الحمل فلا يفسخ الزواج ".

والقانون السوداني[2] في المادة (24): " يجوز للولي الأقرب طلب فسخ العقد، إذا زوجت البالغة العاقلة، بغير رضائه، من غير كفء، فإن ظهر بها حمل أو ولدت، فيسقط حقه ".

والقانون السوري[3] في المادة (30): " يسقط حق الفسخ لعدم الكفاءة إذا حملت المرأة ".

وقد استثنى مشروع القانون الكويتي[4] ومشروع القانون الإماراتي عدة[5] حالات يسقط فيها حق الفسخ حيث نص في المادة (39) والمادة (33) على أنه: " يسقط حق الفسخ بحمل الزوجة، أو بسبق الرضا، أو بانقضاء سنة بعد العلم بالزواج ".

---

[1] القرارات القضائية: عمرو ص 362.

[2] قانون الأحوال الشخصية السوداني: ص

[3] قانون الأحوال الشخصية: وزارة العدل ص 26، قانون الأحوال الشخصية: الكويفي ص 29.

[4] مشروع القانون الكويتي.

[5] مشروع القانون الإماراتي: وزارة العدل والأوقاف ص 12.

الفصل الثالث

آثار عقد الزواج المستوفي لمقومات العقد وشرائطه الشرعية

المبحث الأول: الحقوق المشتركة بين الزوجين

المبحث الثاني: حقوق الزوج على الزوجة

المبحث الثالث: حقوق الزوجة على الزوج

الفصل الثالث

آثار عقد الزواج المستوفي لمقومات

العقد وشرائطه الشرعية

" عقد الزواج الصحيح النافذ اللازم "

عرفنا عقد الزواج الصحيح النافذ اللازم بأنه

كل عقد استوفى مقومات عقد الزوج وشرائطه الشرعية المتممة له ـ أركان عقد الزواج وشرائط الصحة وشرائط الانعقاد وشرائط النفاذ وشرائط اللزوم- ويترتب عليه جميع آثار عقد الزواج الصحيح.

إن عقد الزواج رباط مقدس وميثاق غليظ بين الرجل والمرأة يهدف إلى إقامة حياة زوجية مشتركة بينهما مستمرة دائمة، وتنشأ عنه المودة والرحمة لبناء أسرة، وتوفير الطمأنينة والسكينة لها، والتعاون على إيجاد حياة كريمة لأفرادها، ولا يتحقق ذلك إلا بقيام كل واحد من الزوجين بحقوق الآخر، وقد وضحت الشريعة الإسلامية هذه الحقوق والواجبات توضيحاً كاملاً، بحيث لو قام كل واحد من الزوجين بما عليه من حقوق تجاه الآخر في السر والعلن، لأدى إلى توثيق روابط الأسرة واستقامتها واستقرارها وشيوع روابط المحبة والمودة والتراحم بين أفرادها وسعدت في حياتها، وأدت إلى قيام مجتمع صالح متماسك قوي، قال اللـه تعالى:

﴿ ولهن مثل الذي عليهن بالمعروف ﴾[1].

وهذه الآثار التي رتبتها الشريعة الإسلامية على عقد الزواج هي

أولاً: حقوق للزوجين مشتركة

1. حل استمتاع كل من الزوجين بالآخر
2. التوارث بين الزوجين.
3. حرمة المصاهرة.
4. ثبوت النسب.
5. حسن المعاشرة.

---

[1] سورة البقرة: آية 228.

6. احترام كل من الزوجين أهل الآخر.

7. المساكنة الشرعية.

8. العناية بالأولاد وتربيتهم التربية الصالحة.

ثانياً: حقوق الزوج على الزوجة

1. القوامة.

2. الطاعة.

3. القرار في البيت.

4. خدمة الزوج والأولاد.

ثالثاً: حقوق الزوجة على الزوج

1. السماح لها بزيارة أهلها واستزارتهم.

2. حرية الزوجة في التصرف بمالها.

3. المحافظة على اسمها.

4. العدل.

5. المهر.

6. النفقة.

رأي القانون

نصت قوانين الأحوال الشخصية على أن عقد الزواج الصحيح النافذ اللازم تترتب عليه جميع آثاره من حقوق الزوجية وواجباتها، ومن ذلك القانون الأردني[1] حيث نص في المادة(32) على أنه: " يكون عقد الزواج صحيحاً وتترتب عليه آثاره إذا توفرت فيه أركانه وسائر شروطه ".

والقانون السوداني[2] ومشروع القانون الكويتي[3] في المادة (57) والمادة (46) على أن: "الزواج الصحيح النافذ اللازم تترتب عليه منذ انعقاده آثاره الشرعية ".

[1] مجموعة التشريعات: الظاهر ص 109، القرارات القضائية: عمرو ص 364.

[2] قانون الأحوال الشخصية السوداني: ص 22.

[3] مشروع قانون الأحوال الشخصية الكويتي

والقانون السوري[1] في المادة (49) على أن: " الزواج الصحيح النافذ تترتب عليه جميع آثاره من الحقوق الزوجية كالمهر ونفقة الزوجة ووجوب المتابعة وتوارث الزوجين ومن حقوق الأسرة كنسب الأولاد وحرمة المصاهرة ".

والقانون المغربي[2] في الفصل (34) على أن: " الزواج الصحيح النافذ تترتب عليه جميع آثاره من حقوق الزوجية وواجباتها ".

ومشروع القانون الإماراتي[3] في المادة (38) على أن: " الزواج الصحيح النافذ تترتب عليه منذ انعقاده جميع آثاره المقررة في القانون* ".

ومشروع القانون العربي الموحد[4]، ومشروع قانون مجلس التعاون الخليجي[5] في الفقرة ج من المادة (44) والفقرة ب من المادة (41) على أنه: " تترتب على الزواج الصحيح آثاره منذ انعقاده ".

وسوف يتم بحث هذه الحقوق بشيء من الإجمال والإيجاز في مباحث ثلاثة هي:

المبحث الأول: الحقوق المشتركة بين الزوجين.

المبحث الثاني: حقوق الزوج على زوجته.

المبحث الثالث: حقوق الزوجة على زوجها.

---

[1] قانون الأحوال الشخصية السوري: وزارة العدل ص 30، قانون الأحوال الشخصية السوري: الكويفي ص 36.

[2] أحكام الأسرة: ابن معجوز ص357، مدونة الأحوال الشخصية: ص 15، الوثائق العدلية: العراقي ص 125.

[3] مشروع قانون الأحوال الشخصية الإماراتي: وزارة العدل والأوقاف ص 13.

* سوف يتم ذكر كل أثر من هذه الآثار عند الحديث عنه في مكانه المناسب.

[4] المجلة العربية: الأمانة العامة ص 22.

[5] جريدة الخليج: ص 11.

المبحث الأول

الحقوق المشتركة بين الزوجين

المطلب الأول

حل استمتاع كل من الزوجين بالآخر

إن لكل من الزوجين الحق في أن يستمتع بالآخر بكل أنواع الاستمتاع التي أباحتها الشريعة الإسلامية، وهذا الاستمتاع وحل العشرة الزوجية حق للزوجين، ولا يحصل إلا بمشاركتهما معاً، لأنه لا يمكن أن ينفرد به أحدهما، وبدونه لا يمكن أن تتحقق مقاصد الشريعة الإسلامية من الزواج، والتي أهمها إيجاد النسل والمحافظة على النوع الإنساني وتقوية المجتمع الإسلامي، ولذلك يجب على كل من الزوجين عدم الامتناع على الآخر ما لم يكن هناك ما يمنعه كالحيض والنفاس والمرض، لقول اللـه تعالى: ﴿ والذين هم لفروجهم حافظون (5) إلا على أزواجهم أو ما ملكت أيمانهم فإنهم غير ملومين (6) فمن ابتغى وراء ذلك فأولئك هم العادون ﴾[1].

كما أن من أهم أهداف وغايات الزواج أن يحصن كل من الزوجين الآخر، بل حض اللـه عز وجل على أن يكون قصد المرء من الزواج أن يعف نفسه ويحصنها من الوقوع في الحرام، فقد قال اللـه تعالى: ﴿ وأحل لكم ما وراء ذلكم أن تبتغوا بأموالكم محصنين غير مسافحين ﴾[2].

وما من شك في أن الزواج بما فيه من سكينة النفس إلى شريك الحياة معين على العفة والحصانة الخلقية، ومنظم لأمر الفطرة مما ينتاب المرء إليه من قلق واضطراب نفسي، وميل إلى الجنس الآخر، فقد روي عن الرسول صلى اللـه عليه وسلم أنه قال: **﴿ يا معشر الشباب من استطاع منكم الباءة فليتزوج فإنه أغض للبصر وأحصن للفرج ﴾**[3].

وبما أن حق استمتاع كل من الزوجين بالآخر يترتب عليه أن يقوم كل من الزوجين بواجبه تجاه الآخر من وجوب الاستمتاع وإعطائه حقه، وهذا بدوره يؤدي إلى إحصان كل منهما الآخر، فلا يلتفت إلى غير زوجه. لذلك فإنه يجب على كل من الزوجين أن يحصن

---

[1] سورة المعارج: آية 30.

[2] سورة النساء: آية 24.

[3] صحيح البخاري: البخاري 3/7ـ4، صحيح مسلم: مسلم 185/5ـ186.

الزوج الآخر من الوقوع بالفاحشة، وذلك بكل الأساليب التي شرعها الإسلام للحفاظ على الحياة الزوجية، ومنع الفاحشة والانحراف والفساد الخلقي، بل والعمل على منع مجرد التفكير فيما حرم الله تعالى، فيقوم كل من الزوجين بواجبه نحو الآخر في حق الاستمتاع، وعدم الامتناع عند طلب الزوج الآخر لحاجته إلا لعذر مشروع كالحيض والنفاس والمرض، فقد روي عن قيس بن طلق عن أبيه طلق بن علي أنه قال: قال الرسول صلى الله عليه وسلم :﴿ **إذا الرجل دعا زوجته لحاجته فلتأته، وإن كانت على التنور**﴾[1]. وكان أمره عليه الصلاة والسلام كل من وقع نظره على امرأة فتاقت إليها نفسه أن يجامع أهله ـ تعبيراً عملياً عن ذلك ـ وتصديقاً لكون الزواج طريقاً للحصانة، فقد روى جابر بن عبد الله رضي الله عنه : ﴿ **أن رسول الله صلى الله عليه وسلم رأى امرأة، فأتى امرأته زينب، وهي تمعس منيئة* لها، فقضى حاجته ثم خرج إلى أصحابه فقال: " إن المرأة تقبل في صورة شيطان وتدبر في صورة شيطان فإذا أبصر أحدكم امرأة فليأت أهله، فإن ذلك يرد ما في نفسه"**﴾[2]، وفي رواية أخرى عن جابر أنه قال سمعت رسول الله صلى الله عليه وسلم يقول:﴿ **إذا أحدكم أعجبته المرأة، فوقعت في قلبه، فليعمد إلى امرأته فليواقعها، فإن ذلك يرد ما في نفسه**﴾[3].

ويجب التنبيه إلى أن الرسول صلى الله عليه وسلم فعل ذلك بياناً للصحابة وإرشاداً ينبغي لهم أن يفعلوه، فعلمهم بقوله وفعله، وفيه: أنه لا بأس بطلب الرجل امرأته إلى الوقاع في النهار وغيره وإن كانت مشتغلة بما يمكن تركه، لأنه ربما غلبت على الرجل شهوة يتضرر بالتأخير في بدنه أو في قلبه وبصره[4].

بل يجب على كل من الزوجين أن يتزين للآخر حتى يصرف نظره عما هو محرم عليه إلى ما هو مباح له، فالمرأة المسلمة الصالحة حريصة كل الحرص على التزين في كل جزء من جسمها وشعرها، حتى يرى زوجها منها ما يسره فلا يرى منها إلا جميلاً ولا يشم منها إلا طيباً، قال الأصمعي: رأيت في البادية امرأة عليها قميص أحمر وهي مخضبة، وبيدها سبحة، فقلت: ما هذا "، يعني السبحة لا تتفق مع التزين والتجميل ".

فقالت:

---

[1] سنن الترمذي: الترمذي 386/2.

* المعس: الدلك، والمنيئة: الجلد أول ما يوضع في الدباغ.

[2] صحيح مسلم: مسلم 191/5.

[3] صحيح مسلم: مسلم 191/5.

[4] شرح النووي: النووي 192/5.

وللهو عندي والبطالة جانب　　　　　　　　ولله مني جانب لا أضيعه

فعلمت أنها امرأة صالحة تتزين لزوجها.

وكما يطلب من المرأة أن تتزين لزوجها، ينبغي على الرجل أن يتزين لها بالزينة التي تناسب الرجال حتى يسرها ويحصنها، فلا تنظر إلى غيره من الرجال، قال ابن عباس: " كنت أتزين لامرأتي كما تتزين لي "[1]، وبذلك يكون كل من الزوجين قد حصن الآخر.

رأي القانون

لم تنص معظم القوانين على هذا الحق، وإن كانت قد اعتبرته من الحقوق المشتركة بين الزوجين، وقد نصت معظمها عليه عند تعريف الزواج بأنه يفيد حل استمتاع كل من الزوجين بالآخر، إلا أن مشروع القانون العربي الموحد ومشروع القانون الخليجي نصا في المادة (41) والمادة (37) على أن: " الحقوق والواجبات المتبادلة بين الزوجين، وذكرا منها:

1. حق استمتاع كل من الزوجين بالزوج الآخر.
2. إحصان كل منهما الآخر ".

أما القانون المغربي[2] فقد نص في الفصل (36) على أن: " حقوق الرجل على المرأة وذكرت منها: صيانة الزوجة نفسها وإحصانها "

الذي يظهر من القراءة الأولية لهذا الفصل أن الزوجة وحدها هي الملزمة بصيانة نفسها وإحصانها، لأن هذا حقاً من حقوق الزوج على زوجته ما دامت الرابطة الزوجية قائمة حقيقة أو حكماً، ولكن هناك نصوص في القانون المغربي يتبين من خلالها أن الالتزام بالإحصان يقع على عاتق الزوجين، وأنه من حقوق كل من الزوجين على الآخر، فكما أن من حق الزوج على زوجته أن تصون نفسها وتعفها عن الوقوع في الحرام، فمن حق الزوجة على زوجها أن يحصن نفسه ويعفها عن الوقوع في الحرام، فهو حق مشترك بين الزوجين، حيث اعتبر القانون الجنائي المغربي[3] العلاقات الجنسية لكل شخص متزوج ـ سواء أكان رجلاً أم امرأة ـ مع غيره خيانة زوجية، وأوجب عليها عقوبة بالحبس من سنة إلى سنتين، وهذه العقوبة ليست من الشريعة الإسلامية، حيث أن الشريعة الإسلامية جعلت عقوبة الزاني المتزوج الرجم حتى

---

[1] مختصر تفسير ابن كثير: الصابوني 203/1.

[2] مدونة الأحوال الشخصية: ص 16.

[3] انظر الفصل (491) من القانون الجنائي المغربي.

الموت، ويجب الأخذ بما نصت عليه الشريعة من إيقاع عقوبة الرجم على الزاني المحصن، وتعديل القوانين التي لم تنص على ذلك لتنسجم مع ما جاءت به الشريعة الإسلامية التي تحرص على صيانة الأعراض وحماية المجتمع من الفساد والانحراف.

المطلب الثاني

التوارث بين الزوجين

من الآثار الشرعية المترتبة على الزواج، التوارث بين الزوجين، حيث يثبت حق التوارث بين الزوجين بمجرد إتمام عقد الزواج، فلو مات أحد الزوجين ورثه الآخر بعد إتمام عقد الزواج ولو لم يتم دخول، ما لم يكن هناك مانع من موانع الميراث كاختلاف الدين والقتل العمد.

كما يعتبر الزوج والزوجة من أصحاب الفروض، أي من بين الورثة الذين يتمتعون بنصيب مفروض بحكم الشرع، فالتوارث بين الزوجين حق من حقوق الله التي لا يجوز إسقاطها أو الاتفاق على تعديلها أو التنازل عنها للغير.

كما أنه لا يحجب أي من الزوجين حجب حرمان، وإنما يحجب حجب نقصان بوجود الفرع الوارث للميت منهما، فإذا ماتت الزوجة أخذ الزوج نصف تركتها إن لم يكن لها فرع وارث منه أو من غيره، وأخذ ربع تركتها إن كان لها ولد منه أو من غيره، وإذا مات الزوج أخذت الزوجة ربع تركته إن لم يكن له فرع وارث منها أو من غيرها، وأخذت ثمن تركته إن كان له فرع وارث منها أو من غيرها* قال الله تعالى: ﴿ ولكم نصف ما ترك أزواجكم إن لم يكن لهن ولد فإن كان لهن ولد فلكم الربع مما تركن من بعد وصية يوصين بها أو دين ولهن الربع مما تركتم إن لم يكن لكم ولد فإن كان لكم ولد فلهن الثمن مما تركتم من بعد وصية توصون بها أو دين ﴾[1].

* لمزيد من المعلومات راجع كتب الميراث.

[1] سورة النساء: آية 12.

رأي القانون:

أشار القانون الأردني[1] إلى حق التوارث بين الزوجين في المادة (35) حيث نصت على أنه: " إذا وقع العقد صحيحاً لزم به للزوجة على الزوج المهر والنفقة، ويثبت بينهما حق التوارث ".

وأشار القانون السوري[2] إلى هذا الحق في المادة (49) حيث نصت على أن: " الزواج الصحيح النافذ تترتب عليه جميع آثاره من الحقوق الزوجية كالمهر ونفقة الزوجة ووجوب المتابعة وتوارث الزوجين ومن حقوق الأسرة كنسب الأولاد وحرمة المصاهرة ".

أما القانون المغربي[3] فقد نص في الفصل (34) على أن: " الحقوق والواجبات المتبادلة بين الزوجين وذكر منها: 3. حق التوارث بين الزوجين ".

كما نص القانون السوداني[4] ومشروع القانون الإماراتي[5]، ومشروع القانون الخليجي[6]، ومشروع القانون العربي الموحد[7]، في المادة (348) والفقرة أ من المادة (425) والمادة (234) والمادة (244) على أن: " أسباب الإرث: الزوجية والقرابة ".

ويفهم من القانون التونسي[8] الذي اعتبر الزوج والزوجة من أصحاب الفروض في الميراث، أن التوارث بين الزوجين حق مشترك فقد نص في الفصل (91) على أن الزوج والزوجة من أصحاب الفروض، وبين في الفصول (92، 94، 95) نصيب كل من الزوجين عند وفاة الزوج الآخر*.

---

1 مجموعة التشريعات: الظاهر ص 110، القرارات القضائية: عمرو ص 365.

2 قانون الأحوال الشخصية السوري: وزارة العدل ص 30، قانون الأحوال الشخصية السوري: الكويفي ص36.

3 أحكام الأسرة: ابن معجوز ص357، مدونة الأحوال الشخصية: ص 15، الوثائق العدلية: العراقي ص 125.

4 قانون الأحوال الشخصية السوداني: ص 120.

5 مشروع قانون الأحوال الشخصية الإماراتي: ص 126.

6 جريدة الخليج: ص 10.

7 المجلة العربية: الأمانة العامة ص 36.

8 موسوعة التشريعات العربية: تونس.

المطلب الثالث

حرمة المصاهرة

إن حق العشرة وحل استمتاع كل من الزوجين بالآخر ربط بينهما برباط قوي يشبه رباط النسب أو أقوى، ثم ربط بين أسرتيهما برباط من المصاهرة، فأصبحتا كأنهما أسرة واحدة، ولذلك تثبت بينهما حرمة المصاهرة فيحرم على الرجل أن يتزوج بأم زوجته، ولو لم يكن قد دخل بزوجته، ويحرم عليه أن يتزوج بابنة زوجته المدخول بها، ويحرم عليه أن يجمع بين زوجته وبين أختها، أو بينها وبين خالتها أو عمتها، أو بينها وبين بنت أخيها، أو بينها وبين بنت أختها، كما يحرم على الزوجة أن تتزوج ـ بعد طلاقها من زوجها وانقضاء عدتها ـ بأب الزوج أو بابنه*.

رأي القانون

نص القانون السوري[1] على حرمة المصاهرة في المادة (49) حيث جاء فيها ما نصه: "الزواج الصحيح النافذ تترتب عليه جميع آثاره من الحقوق الزوجية كالمهر ونفقة الزوجة ووجوب المتابعة وتوارث الزوجين ومن حقوق الأسرة كنسب الأولاد وحرمة المصاهرة ".

أما القانون المغربي[1] فقد نص هذا الحق حيث جاء في الفصل (34) ما نصه: " الحقوق والواجبات المتبادلة بين الزوجين وذكر منها 4.حقوق الأسرة كنسب الأولاد وحرمة المصاهرة".

---

* نص الفصل (91) من مجلة الأحوال الشخصية التونسية على أن: " الفرض سهم مقدر للوارث في التركة ويبدأ التوريث بأصحاب الفروض وهم: من الرجال 1. الأب 2. والجد للأب وإن علا 3.والأخ للأم 4. والزوج. ومن النساء 1. الأم 2. الجدة 3. والبنت 4. وبنت البنت وإن سفلت 5. والأخت الشقيقة 6. والأخت للأب 7. والأخت للأم 8. والزوجة.

ونص الفصل (92) من المجلة على أن: " أصحاب النصف خمسة وذكر منها: 1. الزوج بشرط عدم وجود الفرع الوارث للزوجة ذكراً كان أو أنثى ".

ونص الفصل (94) من المجلة على أن: " أصحاب الربع اثنان:

1. الزوج إذا وجد فرع وارث للزوجة.

2. والزوجة إذا لم يكن للزوج فرع وارث ".

والفصل (95) من المجلة على أن: " الثمن فرض الزوجة إذا كان للزوج فرع وارث ".

* انظر تفصيل ذلك في كتابنا مقومات عقد الزواج تحت عنوان المحرمات من النساء تحريماً مؤبداً.

[1] قانون الأحوال الشخصية السوري: وزارة العدل ص 30، قانون الأحوال الشخصية السوري: الكويفي ص 36.

أما القانون الأردني[2] والقانون التونسي[3] والقانون السوداني[4] ومشروع القانون الإماراتي[5] ومشروع القانون الكويتي[6] ومشروع القانون الخليجي[7] ومشروع القانون العربي الموحد[8]، فقد أشارت إلى هذا الحق عندما نصت على المحرمات بالمصاهرة في المادة (25) والمادة (16) والمادة (11) والمادة (14) والمادة (24) والمادة (26) والتي تبين أنه: " يحرم على التأبيد تزوج الرجل بامرأة بينه وبينها مصاهرة، وهي على أربعة أصناف:

" 1. زوجات أولاد الرجل وزوجات أحفاده.

2. أم زوجته وجداتها مطلقاً.

3. زوجات أبي الرجل وزوجات أجداده.

4. ربائبه أي بنات زوجته، وبنات أولاد زوجته

ويشترط في الصنف الرابع الدخول بالزوجات "*.

المطلب الرابع

ثبوت النسب

يعتبر النسب أول ثمرة من ثمرات الزواج، فالحمل والولادة من النتائج الطبيعية والشرعية للعلاقة الزوجية التي تربط كلاً من الرجل والمرأة برباط الألفة والمودة والرحمة، وتزداد هذه الرابطة قوة ومتانة بالولد الذي هو ثمرة الزواج.

---

[1] أحكام الأسرة: ابن معجوز ص357، مدونة الأحوال الشخصية: ص 15، الوثائق العدلية: العراقي ص 125.

[2] مجموعة التشريعات: الظاهر ص 107، القرارات القضائية: عمرو ص 363.

[3] موسوعة التشريعات العربية: تونس.

[4] قانون الأحوال الشخصية السوداني: ص 9.

[5] مشروع قانون الأحوال الشخصية الإماراتي: وزارة العدل والأوقاف ص 8.

[6] مشروع قانون الأحوال الشخصية الكويتي.

[7] جريدة الخليج: ص 11.

[8] المجلة العربية: الأمانة العامة ص 20.

لذلك فإن من حقوق الولد على والديه ثبوت نسبه منهما، وبهذا الثبوت في النسب، تثبت حقوق الطفل على والديه، وحقوق الوالدين على أولادهما، وعلى هذا الأساس توعد الرسول صلى الله عليه وسلم من تنكر لنسب والديه بتحريم الجنة عليه، فعن سعد بن أبي وقاص وأبي بكرة أن رسول الله صلى الله عليه وسلم قال: ﴿ **من ادعى إلى غير أبيه، وهو يعلم أنه غير أبيه، فالجنة عليه حرام**﴾[1].

ويثبت نسب الولد إلى والديه بالزواج الصحيح، ولكنهم اختلفوا في اشتراط الدخول، فذهب جمهور الفقهاء إلى أن سبب ثبوت النسب هو العقد الصحيح مع إمكان الدخول، وذهب الحنفية إلى أن سبب ثبوت النسب هو العقد الصحيح من غير اشتراط الدخول أو إمكان الدخول، وذهب الإمام أحمد في رواية وابن تيميه وابن قيم الحوذية إلى أن سبب ثبوت النسب هو العقد الصحيح مع الدخول المحقق لا إمكانه المشكوك فيه [2].

ولذلك فإن كل ولد جاء من زواج صحيح، فإنه ينسب إلى والديه، ويثبت نسب الولد لأبيه في الزواج الصحيح إذا جاءت به أمه في مدة الحمل، وأقلها ستة أشهر من وقت الدخول عند الجمهور ومحمد بن الحسن، ومن وقت العقد عند أبي حنيفة وأبي يوسف، وأكثرها سنة شمسية من وقت التفريق[3].

أما الولد الذي جاء من زناً، فقد قطع الشرع نسبه عن الزاني، وبذلك فإن نسبه لا يثبت بالنسبة للزاني، وإنما يلحق نسبه بأمه ويحمل اسمها فقد روى أبو هريرة عن النبي صلى الله عليه وسلم أنه قال: ﴿ **الولد للفراش وللعاهر الحجر** ﴾[4]. ومعنى الحديث الشريف أن النسب يثبت للأب والأم إن أتت به على فراش الزوجية الصحيحة، أما الزاني فليس له إلا الخيبة، ولا حق له في نسب الولد، وعليه الرجم إذا ثبت بالبينة والإحصان.

ومن هنا فقد حرست الشريعة الإسلامية التبني تحريماً مطلقاً حرصاً على إلحاق الولد بأبيه الحقيقي، وحفاظاً على الأنساب من الاختلاط، قال الله تعالى: ﴿ وما جعل أدعياءكم أبناءكم

---

* هذا نص القانون الأردني: انظر مجموعة التشريعات: الظاهر ص 107.

[1] صحيح مسلم: مسلم 328/1.

[2] زاد المعاد: ابن قيم الجوزية 309/5، شرح النووي: النووي 294/5.

[3] البحر الرائق: ابن نجيم 183/3-184، رد المحتار: ابن عابدين 134/3، منحة الخالق: ابن عابدين 184/3، شرح النووي: النووي 294/5.

[4] صحيح البخاري: البخاري 296/8، صحيح مسلم: مسلم 292/5.

ذلكم قولكم بأفواهكم و الـلـه يقول الحق وهو يهدي السبيل (4) ادعوهم لآبائهم هو أقسط عند الـلـه فإن لم تعلموا آباءهم فإخوانكم في الدين ومواليكم ﴾[1].

رأي القانون

نص القانون السوري[2] على ثبوت نسب الأولاد من الزوجين في المادة (49) حيث جاء فيها ما نصه: " الزواج الصحيح النافذ تترتب عليه جميع آثاره من الحقوق الزوجية كالمهر ونفقة الزوجة ووجوب المتابعة وتوارث الزوجين ومن حقوق الأسرة كنسب الأولاد وحرمة المصاهرة ".

ونص القانون المغربي[3] في الفصل (34) على حق النسب حيث جاء فيه ما نصه: " الحقوق والواجبات المتبادلة بين الزوجين وذكر منها 4.حقوق الأسرة كنسب الأولاد وحرمة المصاهرة ".

أما بقية القوانين فقد بحثت النسب في مواد خاصة ومنها: القانون الأردني[4] الذي أثبت حق النسب بالزواج الصحيح، وقد أخذ برأي الجمهور عندما نص في المادة (148) على أن: "ولد الزوجة من زواج صحيح أو فاسد بعد الدخول أو الخلوة الصحيحة إذا ولد لستة أشهر

---

[1] سورة الأحزاب: آية 4-5.

* نص الفصل (91) من مجلة الأحوال الشخصية التونسية على أن: " الفرض سهم مقدر للوارث في التركة ويبدأ التوريث بأصحاب الفروض وهم: من الرجال 1. الأب 2. والجد للأب وإن علا 3.والأخ للأم 4. والزوج. ومن النساء 1. الأم 2. الجدة 3. والبنت 4. وبنت البنت وإن سفلت 5. والأخت الشقيقة 6. والأخت للأب 7. والأخت للأم 8. والزوجة.

ونص الفصل (92) من المجلة على أن: " أصحاب النصف خمسة وذكر منها: 1. الزوج بشرط عدم وجود الفرع الوارث للزوجة ذكراً كان أو أنثى ".

ونص الفصل (94) من المجلة على أن: " أصحاب الربع اثنان: 1. الزوج إذا وجد فرع وارث للزوجة. 2. والزوجة إذا لم يكن للزوج فرع وارث ".

والفصل (95) من المجلة على أن: " الثمن فرض الزوجة إذا كان للزوج فرع وارث ".

* انظر تفصيل ذلك في كتابنا مقومات عقد الزواج تحت عنوان المحرمات من النساء تحريماً مؤبداً.

[2] قانون الأحوال الشخصية السوري: وزارة العدل ص 30، قانون الأحوال الشخصية السوري: الكويفي ص 36.

[3] أحكام الأسرة: ابن معجوز ص357، مدونة الأحوال الشخصية: ص 15، الوثائق العدلية: العراقي ص 125.

[4] مجموعة التشريعات: الظاهر ص 137، القرارات القضائية: عمرو ص 388.

فأكثر من تاريخ الدخول أو الخلوة الصحيحة يثبت نسبه للزوج، وإذا ولد بعد فراق لا يثبت نسبه إلا إذا جاءت به خلال سنة من تاريخ الفراق ".

وأخذ القانون السوداني[1] برأي الجمهور حيث نص في المادة (96) على أنه: " يثبت النسب بالفراش أو الإقرار، أو الشهادة ". وفي المادة (98) على أنه: " يثبت نسب المولود بالفراش، إذا مضى على عقد الزواج أقل مدة الحمل، وكان التلاقي بين الزوجين ممكناً ".

كما جاء في المادة (100) ما نصه: " أقل مدة الحمل هي ستة أشهر وأكثرها سنة ".

كما أخذ مشروع القانون العربي الموحد [2] ومشروع القانون الخليجي[3] برأي الجمهور حيث نصا في المادة (78) والمادة (70) على أنه: " لا يثبت النسب إلا بالفراش أو الإقرار، أو البينة "

وجاء في المادة (79) من مشروع القانون العربي الموحد والمادة (71) من مشروع القانون الخليجي ما نصه: " الولد للفراش إذا مضى على عقد الزواج أقل مدة الحمل، ولم يثبت عدم إمكان التلاقي بين الزوجين ".

كما جاء في المادة (80) من مشروع القانون العربي الموحد والمادة (72) من مشروع القانون الخليجي: " أقل مدة الحمل هي ستة أشهر وأكثرها سنة ".

وكذلك فإن مشروع قانون الأحوال الشخصية الإماراتي[4] ومشروع القانون الكويتي[5] أخذا برأي الجمهور حيث نصا في المادة (164) والمادة (169) على أنه:

" 1. يثبت نسب الولد في الزواج الصحيح من الزوج بالشرطين الآتيين:

أ. أن يمضي على عقد الزواج أقل مدة الحمل.

ب. ألا يثبت انتفاء إمكان التلاقي بين الزوجين بمانع حسي استمر من وقت العقد إلى الولادة أو حدث بعده واستمر خمسة وستين وثلاثمائة يوم فأكثر.

وفي حال زوال المانع تحسب أقل مدة الحمل من تاريخ الزوال.

2.ولا تعتبر الموانع الشرعية مانعاً حسياً في هذا الصدد.

---

[1] قانون الأحوال الشخصية السوداني: ص 36_37.

[2] المجلة العربية: الأمانة العامة ص 24.

[3] جريدة الرأي: ص 11.

[4] مشروع قانون الأحوال الشخصية الإماراتي: ص 51.

[5] مشروع قانون الأحوال الشخصية الكويتي.

3.وإذا انتفى أحد الشرطين السابقين لا يثبت النسب إلا إذا أقر الزوج به ".

وجاء في (163) والمادة (166) ما نصه: " أقل مدة الحمل ستة أشهر قمرية ـ وفي القانون الإماراتي مائة وثمانون يوما ـ وأكثرها خمسة وستون وثلاثون يوم ".

أما القانون التونسي[1] فقد نص في الفصل (68) على أنه: " يثبت النسب بالفراش أو بإقرار الأب أو بشهادة شاهدين من أهل الثقة فأكثر ".

والفصل (69) على أنه: " لا يثبت النسب عند الإنكار لولد زوجة ثبت عدم التلاقي بينها وبين زوجها ولا لولد زوجة أتت به بعد مضي سنة من غيبة الزوج عنها أو من وفاته أو من تاريخ الطلاق ".

والفصل (71) على أنه: " إذا ولدت الزوجة لتمام ستة أشهر فأكثر من حين عقد الزواج سواء كان العقد صحيحاً أو فاسداً يثبت نسب المولود من الزوج ".

المطلب الخامس

حسن المعاشرة

يجب على كل من الزوجين أن يحسن معاملة الآخر، وذلك بالتعاون على دفع الشر وجلب الخير، وكذلك الإخلاص في القيام بالواجب الزوجي مع العطف والتسامح واحترام الرأي، وما إلى ذلك مما تتطلبه الحياة الزوجية من عوامل وأسباب السعادة والاطمئنان ليدوم الوفاق والوئام. فقد قال الله عز وجل: ﴿وَمِنْ ءَايَٰتِهِۦٓ أَنْ خَلَقَ لَكُم مِّنْ أَنفُسِكُمْ أَزْوَٰجًا لِّتَسْكُنُوٓا۟ إِلَيْهَا وَجَعَلَ بَيْنَكُم مَّوَدَّةً وَرَحْمَةً﴾[2]، وقال الله تعالى: ﴿وَعَاشِرُوهُنَّ بِٱلْمَعْرُوفِ﴾[3]، وقال الله تعالى: ﴿وَلَهُنَّ مِثْلُ ٱلَّذِى عَلَيْهِنَّ بِٱلْمَعْرُوفِ وَلِلرِّجَالِ عَلَيْهِنَّ دَرَجَةٌ﴾[4].

يتضح لنا من الآيات السابقة أن الشريعة الإسلامية ربطت بين الزوجين برباط المحبة، يضم بعضهم بعضاً، كما يضم اللباس الجسد فيكون كل منهما لباساً للآخر، قال الله تعالى: ﴿هُنَّ لِبَاسٌ لَّكُمْ وَأَنتُمْ لِبَاسٌ لَّهُنَّ﴾[5]، وطبقا لهذه الآية الكريمة، فإن علاقة الزواج بين الرجل

[1] موسوعة التشريعات التونسية: تونس.
[2] سورة الروم: آية 21.
[3] سورة النساء: آية 19.
[4] سورة البقرة: آية 228.
[5] سورة البقرة: آية 186.

والمرأة من الناحية المعنوية مثل ما بين اللباس والجسد من علاقة، أي أن يتصل قلباهما وروحاهما كل بالآخر، وأن يستر كلاهما الآخر، ويحمي كل قرينه من المؤثرات الخارجية التي تفسد أخلاقه[1].

لذلك يجب على كل من الزوجين أن يتذكرا الميثاق الغليظ الذي ارتبطا به، وأن يحافظا على الأمانة التي وضعت في أعناقهما، وأن يحرصا على بقائها ونمائها، وأن يدافعا عن كل ما يؤدي إلى إضعافها وزوالها واضطرابها، وذلك بحسن المعاملة والخلق الحسن والتعاون المشترك والتفاني في إسعاد كل منهما الآخر.

وقد بين الرسول صلى الله عليه وسلم فضل ومنزلة حسن الخلق والمعاملة الحسنة بين الزوجين، حيث وضح أن حسن معاملة المرأة لزوجها يعدل كثيراً من العبادات، فقد جاءت أسماء إلى الرسول صلى الله عليه وسلم وهو بين أصحابه فقالت: " **بأبي أنت وأمي يا رسول الله أنا وافدة النساء إليك: إن الله عز وجل بعثك إلى الرجال والنساء كافة، فآمنا بك وبإلهك وإنا معشر النساء محصورات مقصورات قواعد بيوتكم ومقضي شهواتكم، وحاملات أولادكم، وأنتم معشر الرجال فضلتم علينا بالجمع والجماعات، وعيادة المرضى وشهود الجنائز، والحج بعد الحج، وأفضل من ذلك الجهاد في سبيل الله عز وجل، وأن الرجل إذا خرج حاجاً أو معتمراً أو مجاهداً حفظنا لكم أموالكم، وعزلنا أثوابكم، وربينا لكم أولادكم، أفنشاركم في هذا الأجر والخير ؟**

فالتفت الرسول صلى الله عليه وسلم إلى أصحابه بوجهه، ثم قال: " هل سمعتم مقالة أحد من مساءلتها في أمر دينها من هذه ؟ قالوا: يا رسول الله، ما ظننا أن امرأة تهتدي إلى مثل هذا فالتفت النبي صلى الله عليه وسلم إليها فقال: " افهمي أيتها المرأة واعلمي من خلفك من النساء أن حسن تبعل المرأة لزوجها (أي حسن مصاحبتها له)، وطلبها مرضاته واتباعها موافقته يعدل ذلك " فانصرفت المرأة وهي تهلل.

وأن الإيمان يكتمل بحسن الخلق، ومن مظاهر اكتمال الخلق، ونمو الإيمان مداراة النساء، ومراعاة ما فطرن عليه من خلق، وما جبلن عليه من طباع وسجايا، ومعاملتهن معاملة لينة رقيقة، فأكمل المؤمنين إيماناً أحسنهم خلقاً مع أهله، وأفضلهم معاملة وعشرة لنسائهم، فقد روي عن أبي هريرة قال: قال الرسول صلى الله عليه وسلم :**﴿ أكمل المؤمنين إيماناً أحسنهم خلقاً، وخياركم خياركم لنسائهم ﴾**[2].

---

[1] حقوق الزوجين: أبو الأعلى المودودي ص 19.

[2] سنن الترمذي: الترمذي 386/2، نيل الأوطار الشوكاني 359/6.

كما وصى الرسول صلى الله عليه وسلم الرجال بالإحسان إلى النساء ومعاشرتهن بالمعروف في خطبة حجة الوداع فقال: **﴿ فاتقوا الله في النساء، فإنكم آخذتموهن بأمان الله، واستحللتم فروجهن بكلمة الله ﴾**[1].

وعن أبي هريرة أن النبي صلى الله عليه وسلم قال: **﴿ من كان يؤمن بالله واليوم الآخر، فلا يؤذي جاره، واستوصوا بالنساء خيراً، فإنهن خلقن من ضلع، وإن أعوج شيء في الضلع أعلاه، فإن ذهبت تقيمه كسرته، وإن تركته لم يزل أعوج، فاستوصوا بالنساء خيراً﴾**[2].

ومن حسن المعاشرة أن يتحلى كل من الزوجين بمكارم الأخلاق، فيكون لطيفاً في معاملته، مهذباً في أسلوبه، طيباً في حديثه، جميلاً في كلامه، مبتسماً في لقائه، بشوشاً في حياته، ودوداً في نظرته، حريصاً على جلب السعادة والسرور وإبعاد الشقاوة والحزن عن شريكه. كما أن من حسن المعاملة أن يصبر كل من الزوجين على سوء خلق الآخر واحتمال أذاه فقد قال الله تعالى: ﴿وَعَاشِرُوهُنَّ بِٱلْمَعْرُوفِ ۚ فَإِن كَرِهْتُمُوهُنَّ فَعَسَىٰٓ أَن تَكْرَهُوا۟ شَيْـًٔا وَيَجْعَلَ ٱللَّهُ فِيهِ خَيْرًا كَثِيرًا﴾[3].

وروى أبو هريرة عن الرسول صلى الله عليه وسلم أنه قال: **﴿ لا يفرك مؤمن مؤمنة إن كره منها خلقاً رضي منها آخر﴾**[4]

وقال الرسول صلى الله عليه وسلم: **﴿ من صبر على سوء خلق امرأته أعطاه الله من الأجر مثل ما أعطى أيوب على بلائه، ومن صبرت على سوء خلق زوجها أعطاها الله مثل ثواب آسية امرأة فرعون ﴾**[5].

ولم يقتصر حسن الخلق على التحلي بمكارم الأخلاق في القول والفعل، والصبر وتحمل الأذى بل تعدى ذلك إلى المداعبة والمزاح والملاعبة، وهو الانبساط مع الغير من غير إيذاء له، على أن تكون في حدود الحكمة والاعتدال، فقد روي عن الرسول صلى الله عليه وسلم أنه كان يسابق عائشة ـ رضي الله عنها في العدو فسبقته يوماً، وسبقها في بعض الأيام فقال: هذه بتلك "[6].

---

[1] صحيح مسلم: مسلم 432/4.

[2] صحيح البخاري: البخاري 46/7.

[3] سورة النساء: آية 19.

[4] صحيح مسلم: مسلم 314/5،

[5] انظر: إحياء علوم الدين: الغزالي 352/5.

[6] إحياء علوم الدين: الغزالي 355/5.

وقال عمر بن الخطاب: " ينبغي للرجل أن يكون في أهله مثل الصبي، فإذا التمسوا ما عنده وجد رجلاً "[1]، أي كالصبي في المداعبة واللعب، فإذا التمسوا ما عنده من أمور الدين كان كامل بالرجولة تام العقل[2].

وقال لقمان: " ينبغي للعاقل أن يكون في أهله كالصبي، وإذا كان في قومه كان رجلاً "[3].

قلنا بأن الدعابة يجب أن تكون في حدود الحكمة والاعتدال، لا أن ينبسط فيها حتى يوافق هواها إلى حد يفسد خلقها ويسقط هيبته بالكلية عندها، فقد قال الحسن: " و الله ما أصبح رجل يطيع امرأته فيما تهوى إلا كبه الله في النار "[4].

كما أن من حسن الخلق صون البيت مما يهدده بالزوال، وعدم إلقاء السمع لكل مغرض يريد المكر والكيد ليفرق بين الزوجين، والمرأة الفطنة والرجل الذكي لا يستمعان لمثل هذه الأقاويل والشائعات المهلكة، ويقولان لمن يريد أن يفرق بينهما ارجعوا.

وما فعلته المرأة التي جاءتها زائرة بعد سفر زوجها، فسألتها ـ وهي تصطنع المحبة والشفقة عليها ـ كم ترك زوجك من نفقة ؟ فأجابتها قائلة: " يا هذه إن زوجي كان أكالاً، ولم يكن رزاقاً، ذهب الأكال وبقي الرزاق ". فيه من الحكمة وسداد الرأي الذي من خلاله حافظت به الزوجة على عش الزوجية، ولم تسمح لأحد بهدمه والتعرض لزوجها بالأذى.

وكذلك فإن من حسن الخلق أن يحافظ كل من الزوجين على سر الآخر، ولا يكشفه لأحد، فإن كشف السر ينذر بالقطيعة ويخلق الحقد والبغضاء والضغينة، كما أنه يعتبر من سوء الخلق، ومن هنا منع الإسلام كشف الأسرار حيث روى أبو سعيد الخدري عن الرسول صلى الله عليه وسلم أنه قال: **﴿ إن من أشر الناس عند الله منزلة يوم القيامة، الرجل يفضي إلى امرأته، وتفضي إليه، ثم ينشر سرها ﴾**[5].

وإن من حسن خلق المرأة أن لا تكلف الزوج فوق ما يطيق من النفقة، ولا تمن عليه إن كانت تنزل عن مالها بشيء في نفقة البيت، فقد روي أن رسول الله صلى الله عليه وسلم قال: **﴿أيما امرأة أدخلت على زوجها في أمر النفقة وكلفته ما لا يطيق، لا يقبل الله منها صرفاً ولا عدلاً إلا أن تتوب**

---

[1] إحياء علوم الدين: الغزالي 355/5.
[2] إتحاف السادة المتقين: الزبيدي 355/3.
[3] إحياء علوم الدين: الغزالي 355/5.
[4] إحياء علوم الدين: الغزالي 356/5.
[5] صحيح مسلم: مسلم 261/5.

وترجع وتطلع منه على طاقته﴾، وروي عنه أيضاً أنه قال: ﴿ **لو أن جميع ما في الأرض من ذهب أو فضة حملته المرأة إلى بيت زوجها، ثم ضربت على رأس زوجها يوماً من الأيام تقول: من أنت، إنما المال مالي حبط عملها ولو كانت من أعبد الناس، إلا أن تتوب وترجع وتعتذر إلى زوجها** ﴾[1].

كما أن من حسن عشرة المرأة أن يكرم الرجل زوجته، وأن يحترم شخصيتها، كما يحب أن تحترم شخصيته، وأن يدع لها من الحرية أن تعبر عن رأيها بصراحة، بل عليه أن يستشيرها، ولا يستبد برأيه عنها في إدارة شؤون البيت، وتيسير أموره، ويشعرها بقيمتها فتقوم بدورها بهمة ونشاط وأمانة وصدق وإخلاص. فقد استشار الرسول صلى الله عليه وسلم أم المؤمنين أم سلمة في أمرٍ يهم المسلمين جميعاً، وليس في أمر الأسرة وشؤون البيت فقط وذلك بعد صلح الحديبية عندما اعتقد المسلمون أن في شروط صلح الحديبية إجحافاً لهم، حتى إنهم عندما أمرهم عليه السلام أن ينحروا ما ساقوا من هدي، ويحلقوا، لم يمتثلوا لعظم وقع الأمر عليهم. عندها دخل الرسول صلى الله عليه وسلم على أم سلمة ـ رضي الله عنها ـ يستشيرها ويذكر لها ما كان من المسلمين، فقالت: يا نبي الله أتحب ذلك؟ أخرج ثم لا تكلم أحداً منهم كلمة حتى تنحر بدنتك وتدعو حالقك فيحلقك. فخرج فلم يكلم أحدا منهم حتى فعل ذلك: نحر بدنه ودعا حالقه فحلقه. فلما رأى الصحابة ما فعل الرسول صلى الله عليه وسلم ثابوا إلى رشدهم وامتثلوا لأمر الرسول عليه الصلاة والسلام، فقاموا إلى بدنهم ونحروها، وجعل بعضهم يحلق بعضاً، بل كاد بعضهم يقتل بعضاً غماً وندماً على ما صدر منهم، وكانت أم سلمة عاصماً من فتنة[2].

وكذلك فإن من حسن عشرة المرأة أن يحافظ على حيائها، إذ أن جمال المرأة في حيائها، وكذلك المحافظة على حقوقها الزوجية من إعطاء حقها في الفراش.

بالإضافة إلى ما سبق فإن من حسن عشرة الزوج لزوجته أن يكون معتدلاً في الغيرة، بمعنى أن لا يتغافل عن مبادئ الأمور التي تخشى غوائلها، ولا يبالغ في إساءة الظن والتعنت وتجسس البواطن[3].

وهذا يتطلب من الزوج أن يحسن الظن بزوجته ويترك التجسس عليها ويمتنع عن تتبع عثراتها، فمن الأزواج من تدفعه الغيرة إلى سوء الظن الذي يقوده إلى تأويل كثير من حركاتها

---

[1] مكارم الأخلاق: الطبرسي ص 157.

[2] البداية والنهاية: ابن كثير 176/4.

[3] إحياء علوم الدين: الغزالي 359/5 ن إتحاف السادة المتقين: الزبيدي 359/3.

وتصرفاتها وكلماتها تأويلاً يفسد عليه عيشه معها، ويدعوه إلى التجسس عليها، ومفاجأتها في البيت لينظر ما تفعل، أو لينظر من يكون معها، ولذلك نهى الرسول صلى الله عليه وسلم فيما يرويه جابر عنه قال: **﴿ نهى نبي الله صلى الله عليه وسلم أن يطرق الرجل أهله ليلاً يتخونهم، أو يلتمس عثراتهم﴾**[1]، والتخون: أن يظن وقوع الخيانة من زوجته، والمراد ألا يطرقها مفاجأة ليعرف ما تكون عليه من عثرات، فحسن الظن بها وإشعارها بكمال الثقة أولى.

كما يجب على الزوج إذا دخل بيته، فرأى ما يريبه أن يتروى ويتحرى ويتأكد من الأمر، فإن الشيطان يعمل عمله في التفريق بين الرجل وزوجه دون سبب، وقد يسارع إلى اقتراف الجريمة دون تروٍ وتأنٍ وتدبر، فقد روي عن جابر بن عبد الله أنه قال: **" إن عبد الله ابن رواحه أتى امرأته ليلاً وعندها امرأة تمشطها، فظنها رجلاً، فأشار إليه بالسيف، فلما ذكر ذلك للنبي صلى الله عليه وسلم نهى أن يطرق الرجل أهله ليلاً "**[2]*.

وقال الإمام علي بن أبي طالب رضي الله عنه : " لا تكثر من الغيرة على أهلك فترمى بالسوء من أجلك "[3].

وهذا كله في امرأة لا أساس للارتياب فيها، فقد روي عن أبي هريرة رضي الله عنه قال: قال رسول الله صلى الله عليه وسلم : **﴿ من الغيرة ما يحب الله ومنها ما يكره، فأما ما يحب الله فالغيرة في الريبة، وأما ما يكره، فالغيرة في غير ريبة﴾**[4].

ومن هنا فإن على المرء أن لا يغار حيث لا تحسن الغيرة، أو لا توجد الريبة، حتى لا يجني على زوج بريئة أو أطفال لا ذنب لهم، أما الغيرة في محلها، فلا بد منها، وهي محمودة ومطلوبة، بل يجب على الزوج أن يصون زوجته، ويحفظها من كل ما يخدش شرفها، ويثلم عرضها، ويمتهن كرامتها، ويعرض سمعتها لقالة السوء، وهذا من الغيرة التي يحبها الله عز

---

[1] صحيح مسلم: مسلم 81/7.

* عن جابر بن عبد الله أنه قال: ﴿ كان النبي صلى الله عليه وسلم يكره أن يأتي الرجل أهله طروقاً ﴾، وفي رواية ثانية عنه: قال: قال رسول الله صلى الله عليه وسلم ﴿ إذا أطال أحدكم الغيبة، فلا يطرق أهله ليلاً ﴾ أنظر صحيح البخاري: البخاري7/71ـ72.

[2] صحيح البخاري: البخاري 63/7، نيل الأوطار: الشوكاني 367/6.

[3] إحياء علوم الدين: الغزالي 360/3.

[4] سنن ابن ماجة: ابن ماجة 643/1 وإسناده ضعيف، وقد أورده العراقي عن أبي داود والنسائي وابن حبان بروايتين مختلفتين عن جابر بن عتيك أنظر إتحاف السادة المتقين: الزبيدي 360/5.

وجل، فقد روى أبي هريرة عن الرسول صلى الله عليه وسلم أنه قال: **﴿ إن الله يغار، والمؤمن يغار، وغيرة الله أن يأتي المؤمن ما حرم الله ﴾**[1].

وقال الإمام علي بن أبي طالب رضي الله عنه : " ألا تستحيون ألا تغارون ؟ يترك أحدكم امرأته تخرج بين الرجال تنظر إليهم وينظرون إليها ".

وكان الحسن يقول: "أتدعون نساءكم يزاحمن العلوج في الأسواق، قبح الله من لا يغار"[2].

كما كان أصحاب الرسول صلى الله عليه وسلم يسدون الكوى والثقب في الحيطان لئلا تطلع النساء على الرجال، ورأى معاذاً امرأته تطلع في الكوة فضربها، ورأى امرأته قد دفعت إلى غلامه تفاحة قد أكلت منها فضربها، وكل هذا من الغيرة الإيمانية، وضربه إياها لأجل التأديب[3].

وهناك مواقف تدعو حقاً إلى الغيرة، كأن يرى فضولياً يتلصص بعينه إلى زوجته، لينتهك حرمته، ويشبع غريزته، فلو عبر الزوج عند ذلك عن غيرته ففقأ عين من يتسور عليه بيته لينتهك حرمته، لم يكن عليه من دية، وكأن يرى زوجته بالفعل في موطن الريب، أو يفاجأ بها في مواضع التهم فقد روي عن سعد بن عبادة أنه قال: " لو رأيت رجلاً مع امرأتي لضربته بالسيف غير مصفح، فقال النبي صلى الله عليه وسلم : **﴿ أتعجبون من غيرة سعد، لأنا أغير منه، و الله أغير مني﴾**[4].

وفي النهاية نقرر الحقيقة التالية: وهي أن الحياة الزوجية لا تستقيم ولا تستقر إلا بحسن المعاشرة والتفاهم بين الزوجين، ومعالجة ما يحدث بينهما من أخطاء بحكمة وتبصر وروية على قاعدة من حسن النية والتسامح والمكارمة، فأساس النجاح في الحياة الزوجية هو الابتعاد عما يبغض والسعي لما يرضي.

رأي القانون

نص القانون الأردني[5] على وجوب حسن العشرة بين الزوجين والمعاملة بالمعروف حيث جاء في المادة (39) ما نصه:

" على الزوج أن يحسن معاشرة زوجته، وأن يعاملها بالمعروف، وعلى المرأة أن تطيع زوجها في الأمور المباحة ".

---

[1] سنن الترمذي: الترمذي 389/2، التاج: ناصف 330/2.

[2] إحياء علوم الدين: الغزالي 362/5.

[3] إتحاف السادة المتقين: الزبيدي 362/5.

[4] صحيح البخاري: البخاري 62/7، 309/8، ورواه مسلم أنظر: التاج: ناصف 332/2.

[5] مجموعة التشريعات: الظاهر ص 111، القرارات القضائية: عمرو ص 366.

ونص القانون المغربي[1] مشروع القانون العربي الموحد[2] ومشروع القانون الخليجي[3] في الفصل (34) والمادة (41) والمادة (37) على أن: " الحقوق والواجبات المتبادلة بين الزوجين وذكرا منها: " حسن المعاشرة وتبادل الاحترام والعطف والمحافظة على خير الأسرة ".

أما القانون التونسي[4] فقد نص في الفصل (23) على أن: " على الزوج أن يعامل زوجته بالمعروف ويحسن عشرتها ويتجنب إلحاق الضرر بها ".

المطلب السادس

احترام كل من الزوجين لأهل الزوج الآخر

إن احترام كل من الزوجين لأبوي الزوج الآخر وأهله حق مشترك بين الزوجين، ولذلك يجب على كل من الزوجين أن يحترم أهل الزوج الآخر ويكرمهم، ويجلب السرور والسعادة لهم، ويبتعد عن كل ما يسيء إليهم أو يؤذيهم، سواء كان بالفعل كالمعاملة وحسن الاستقبال أو القول كالتحبب إليهم بالكلام الطيب الذي يجلب السرور لهم، ومن هنا فإن تقدير وتكريم كل من الزوجين لأهل الآخر نوع من حسن العشرة والمعاملة الحسنة بين الزوجين، حيث يحب كل من الزوجين أن يشعر أهله باحترام زوجه لهم ومحبته إياهم.

ونخص بالذكر هنا المرأة، فإنه يجب عليها احترام أهله وتقديرهم له، فهم أحق بالرعاية والعناية من غيرهم، وهم أحق شرعاً بماله وأولى به من أهلها، ولذلك فإن محاولة إقحام الزوجة أهلها على زوجها وإبعاد أهله عنه يعتبر جريمة تعاقب عليها الزوجة في الدنيا والآخرة، وعلى الرجل أن يتنبه لمثل ذلك، فلا يترك المجال للمرأة لأن تسخره فيما يغضب الله عز وجل.

رأي القانون

لم تتطرق القوانين العربية لهذا الحق على اعتبار أنه قد يتبع حق حسن المعاشرة والمعاملة الحسنة بين الزوجين وطاعة الزوجة لزوجها، ولكن مشروع القانون العربي[5]

[1] أحكام الأسرة: ابن معجوز ص 357، مدونة الأحوال الشخصية: ص 15، الوثائق العدلية: العراقي ص 129.

[2] المجلة العربية: الأمانة العامة ص 22.

[3] جريدة الرأي: ص 11.

[4] موسوعة التشريعات العربية: تونس.

[5] المجلة العربية: الأمانة العامة ص 22.

ومشروع القانون الخليجي[1] نصا عليه على اعتبار أنه حق منفصل عن الحقوق الأخرى حيث جاء في المادة (41) والمادة (37) على أن: " الحقوق والواجبات المشتركة بين الزوجين وذكرا منها: احترام كل منهما لأبوي الزوج الآخر وأهله الأقربين ".

هذا وقد أخطأ القانون المغربي عندما نص في الفصل (36) على أن: " من حقوق الرجل على المرأة: إكرام والدي الزوج وأقاربه بالمعروف ". وذلك لأن هذا الحق مشترك بين الزوجين، فعلى كل منهما أن يكرم والدي الزوج الآخر وأقاربه، ولكننا نلتمس له العذر، لأن لوالدي الزوج حقوقاً عليه، وهو أولى برعايتهم والعناية بهم دون غيرهم، وأن أهل الزوج وأقاربه قريبين منه، وعلى صلة كبيرة معه، لذلك يجب على المرأة أن تحترم والديه وأقاربه، وأن تقدرهم، وتعاملهم معاملة حسنة، وتكرمهم، وتحسن إليهم، وتدخل السرور والسعادة على قلوبهم، وتقربهم منها، وإن احترامها وتقديرها لوالدي الزوج وأقاربه احترام وتقدير للزوج نفسه.

المطلب السابع

المساكنة الشرعية

لتحقيق مقاصد الشريعة الإسلامية من الزواج، ولضمان استقرار الأسرة واستمرارها، لا بد من المساكنة الشرعية بين الزوجين، بمعنى أنه لا بد أن يكون هناك مسكن يجتمع فيه كلا الزوجين مع ما يقتضيه هذا الاجتماع الشرعي من القيام بحقوق الزوجية.

وبما أنه لا بد من توفير سكن للزوجين، فإن تأمين مسكن الزوجية من حقوق الزوجة على الزوج حيث يقول الله تعالى: ﴿أَسْكِنُوهُنَّ مِنْ حَيْثُ سَكَنتُم مِّن وُجْدِكُمْ وَلَا تُضَآرُّوهُنَّ لِتُضَيِّقُوا۟ عَلَيْهِنَّ﴾[2]. فيقوم الزوج باختيار منزل الزوجية بحسب حالته المادية يسراً وعسراً، وعلى الزوجة أن تنتقل إلى المنزل الذي اختاره الزوج، وأن لا تمتنع عن مساكنته فيه إلا لأسباب مشروعة، وأن تلتزم بالإقامة فيه، ولا تغادره إلا بإذن الزوج أو وجود عذر مشروع للمغادرة، وإن غادرت الزوجة المنزل دون إذن زوجها كانت ناشزاً، وله الحق في إيقاف نفقتها.

---

[1] جريدة الخليج: ص 11.

[2] سورة الطلاق: آية 6.

كما أنه لا يجوز للزوج أن يمتنع عن مساكنة زوجته أو يغادر منزل الزوجية دون سبب مشروع، وإن فعل شيئاً من ذلك لها الحق أن تطلب الطلاق إذا تضررت من ذلك.

رأي القانون

لم تذكر معظم القوانين هذا الحق في موادها، لأنها اقتصرت على ذكر حق الزوجة في السكن، ووضحت ذلك من خلال هذا الحق ونصت بعض القوانين على هذا الحق كحق مشترك للزوجين حيث جاء في الفصل (34) من القانون المغربي[1]، والمادة (41) من مشروع القانون العربي[2]، والمادة (37) من مشروع القانون الخليجي[3] ما نصه: " الحقوق والواجبات المشتركة بين الزوجين وذكرت منها: المساكنة الشرعية ".

المطلب الثامن

العناية بالأبناء وتربيتهم التربية الصالحة

إن التربية الحسنة والعناية بالأولاد حق للآباء والأمهات، لذلك وجه الله تعالى الوالدين إلى تعهد أولادهما بالرعاية والعناية بهم والإحسان إليهم وتربيتهم على الآداب الفاضلة والأخلاق الكريمة وتنشئتهم تنشئة إسلامية صحيحة، قال الله تعالى: ﴿يَـٰٓأَيُّهَا ٱلَّذِينَ ءَامَنُوا۟ قُوٓا۟ أَنفُسَكُمْ وَأَهْلِيكُمْ نَارًا وَقُودُهَا ٱلنَّاسُ وَٱلْحِجَارَةُ﴾[4].

وفي تفسير هذه الآية[5]: قال علي بن أبي طالب **رضي الله عنه** : " أدبوهم وعلموهم ".

وقال ابن عباس: " اعملوا بطاعة الله واتقوا معاصي الله وأمروا أهليكم بالذكر ينجيكم الله سن النار ".

وقال مجاهد: " اتقوا الله وأوصوا أهليكم بتقوى الله ".

وقال قتادة: " تأمرهم بطاعة الله، وتنهاهم عن معصية الله، وتقوم عليهم بأمر الله وتأمرهم به وتساعدهم عليه، فإذا رأيت لله معصية دفعتهم عنها، وزجرتهم عليها ".

---

[1] أحكام الأسرة: ابن معجوز ص 357، مدونة الأحوال المغربية: ص 15، الوثائق العدلية: العراقي ص 129.

[2] المجلة العربية: الأمانة العامة ص 22.

[3] جريدة الخليج: ص 11.

[4] سورة التحريم: آية 6.

[5] مختصر تفسير ابن كثير: الصابوني 3/522ـ523، صفوة التفاسير: الصابوني 410/3، تفسير النسفي: النسفي 271/4.

وقال الضحاك: حق على المسلم أن يعلم أهله من قرابته وإمائه وعبيده ما فرضه الله عليه وما نهاهم الله عنه ".

وقال الخازن: " أي مروهم بالخير وانهوهم عن الشر، وعلموهم وأدبوهم حتى تقوهم بذلك من النار ".

وقال النسفي: " أي بترك المعاصي وفعل الطاعات ".

إذاً المقصود بالتربية الحسنة في الإسلام: هي التربية المتفقة مع المنهج الإسلامي وأهدافه في صياغة الشخصية المسلمة، وإعدادها جسمياً وعقلياً وروحياً واجتماعياً لكي يصبح عضواً نافعاً لنفسه وللأمة الإسلامية. وهي أمانة في عنق الوالدين، إن قصروا فيها ووقع الأبناء في المعاصي وانحرفوا عن طريق الهداية، فإنهم يعذبون على ذلك يوم القيامة. خاصة وأن الولد يخرج إلى هذه الحياة صفحة بيضاء نقية خالية من كل شيء، قابلة لأي نقش عليها، فكل علم أو خلق أو طبع يوجد لديه في مستقبل حياته من المحيط الذي يعيش فيه فإن عود الخير اعتاده، وإن عود الشر اعتاده، وما تعوده وتربى عليه في صغره من الصعب إزالته عند كبره.

ولذلك يجب على الوالدين الاعتناء بالأبناء والحرص على غرس محبة الله ورسوله ومحبة الدين في قلوبهم، وتعليمهم العقيدة الإسلامية الصحيحة، وتعريفهم بأركانها ووجوب الإيمان بذلك، وحثهم على تعظيم شعائر الله والعمل بكل ما جاء به الدين من عبادات ومعاملات وأخلاق.

كما يجب على الوالدين أن يؤدبوا أولادهم بآداب الشريعة الإسلامية وأخلاقها، وأن يكون كل منهما خير مرشد وناصح لهم، على أن يلتزم الوالدان بالتحلي بهذه الآداب والأخلاق الإسلامية، ولا يفعلان ما يخالفها، فيكونان خير قدوة لأولادهما، لأن الولد يقلد والديه، قال الرسول صلى الله عليه وسلم : **﴿ أكرموا أولادكم وأحسنوا أدبهم ﴾**[1]،

وقال عليه الصلاة والسلام: **﴿ ما نحل والد ولداً أفضل من خلق حسن ﴾**[2]

وعلى الآباء أن يتدرجوا في التعليم حسب سن الأولاد، ويبدءوا بالأهم، فيعلمهم حب الله ورسوله أولاً في العقيدة، والصلاة في العبادات، فقد روى عمرو بن شعيب عن أبيه عن جده أنه قال: قال رسول الله صلى الله عليه وسلم :**﴿ مروا أولادكم بالصلاة وهم أبناء سبع سنين، واضربوهم عليها،**

[1] سنن ابن ماجة: ابن ماجة
[2] سنن الترمذي: الترمذي

وهم أبناء عشر، وفرقوا بينهم في المضاجع﴾[1] ولتربية الأبناء أساليب عديدة منها التلقين والقصة، والقدوة الحسنة حيث يقلد الولد والديه، والترغيب والترهيب، والممارسة العملية من قبل الأولاد كقيامهم بالصلاة والصوم والالتزام بآداب الزيارة والطعام، وإلقاء التحية وغيرها.

وللبنت أن تتعلم من أمها الأمور الخاصة بالنساء مثل الحيض والنفاس وغيرها.

كما يجب على الوالدين تعليم أولادهم ما يرونه ضرورياً لأبنائهم وفق طاقتهم وبما يتناسب مع العصر الذي يعيشون فيه من حيث التطور كالقراءة والسباحة والرماية، وتعليمهم المهنة أو الصنعة التي تناسبهم وتؤهلهم للعيش في حياة كريمة حرة.

وعلى الوالدين أن يوجهوا أولادهم لاختيار أصدقائهم، ويباعدوا بينهم وبين رفقاء السوء والعصاة، فإن الأخلاق تتعدى والمرء على دين خليله، وقرين السوء لا خير فيه لنفسه، فلا يكون فيه خير لغيره، والوقاية خير من العلاج.

وكذلك فقد طالب الإسلام الوالدين برعاية أولادهم والعناية بهم من الناحية الصحية منذ أن يكون جنيناً في بطن أمه.

رأي القانون:

لم تتطرق معظم القوانين العربية لهذا الحق، على اعتبار أنه منه حقوق الأولاد على آبائهم، وقد ذكر كل من مشروع القانون العربي الموحد[2]، ومشروع القانون الخليجي[3] هذا الحق ـ حق العناية بالأولاد وتربيتهم بما يكفل تنشئتهم تنشئة صالحة ـ ضمن الحقوق المشتركة بين الزوجين، وذلك لأن الزوج والزوجة يشتركان في حق رعاية أولادهم وتربيتهم حيث جاء في المادة (41) من مشروع القانون العربي والمادة (37) من مشروع القانون الخليجي ما نصه: " الحقوق والواجبات المشتركة بين الزوجين وذكرا منها: العناية بالأولاد وتربيتهم وتنشئتهم تنشئة صالحة ".

ومع أن حق العناية بالأولاد ورعايتهم وتربيتهم التربية الصالحة يشترك به كل من الزوج والزوجة، ولا ينفرد به أحدهما دون الآخر إلا أني أرى أن هذا الحق من حقوق الأولاد على آبائهم وأمهاتهم ويبحث في مكانه.

---

[1] سنن أبي داود: أبي داود 133/1.
[2] المجلة العربية: الأمانة العامة ص 22.
[3] جريدة الخليج: ص 11.

المبحث الثاني

حقوق الزوج على الزوجة

المطلب الأول

القــوامـــة

إن الأسرة في المجتمع، كأي مؤسسة أو دائرة لا بد لها من قائد يقودها، ويتولى مهامها وشؤونها، بل إن الأسرة كالسفينة لا بد لها من ربان يقودها حتى لا تغرق، والقيادة تحتاج إلى خصائص وصفات ومؤهلات وإمكانات في القائد حتى يتمكن من القيادة، وقد أودع الله تعالى خصائص ومؤهلات قيادة الأسرة في الرجل ليكون أهلاً لهذه القيادة وتحمل مسؤولياتها، ومن هذه الخصائص والقدرات الخشونة، والصلابة، وعمق التفكير، والوعي التام، وقلة الانفعال، وعدم الاستجابة للعاطفة، وقوة التحمل والصبر، والقدرة على القيام بما كلف به من نفقة ومهر وغيرها، وهذه الخصائص والقدرات لا توجد في المرأة وبالتالي لا تستطيع القيام بدور القيادة للأسرة، ومن عدل الله تعالى أن أودع في المرأة خصائص وقدرات تؤهلها للقيام بدورها في الأسرة من حمل وإرضاع وتربية أطفال ورعايتهم، ومن هذه الخصائص والصفات الرقة وغلبة العاطفة وسرعة الانفعال والتأثر دون تفكير وتدبر ووعي.

من أجل ذلك فقد جعل الله عز وجل حق القوامة وقيادة الأسرة للرجل في الأسرة، وهذا الحق ليس تشريعاً يهدف إلى إيثار الرجل على المرأة، بل هو تكليف له بوجوب رعاية الأسرة وحسن القيام على إدارة شؤونها، والإنفاق عليها، وتحمل المشاق من أجل تهيئة الحياة الكريمة لها.

وهذا الحق ـ حق القوامة وقيادة الأسرة ـ الذي للرجل على المرأة يقرره القرآن الكريم في قول الله تعالى:

﴿وَلَهُنَّ مِثْلُ ٱلَّذِى عَلَيْهِنَّ بِٱلْمَعْرُوفِ ۚ وَلِلرِّجَالِ عَلَيْهِنَّ دَرَجَةٌ ۗ﴾[1].

قال ابن كثير في تفسير: ﴿ **وللرجال عليهن درجة**﴾ " أي في الفضيلة والخلق، والمنزلة وطاعة الأمر، والإنفاق والقيام بالمصالح، والفضل في الدنيا والآخرة "[2]. وقال النسفي: " زيادة في الحق والقيام بأمرها وإن اشتركا في اللذة والاستمتاع أو بالإنفاق وملك النكاح ". وقال

---

[1] سورة البقرة: آية 228.

[2] مختصر تفسير ابن كثير: الصابوني 203/1.

القرطبي: " فزيادة درجة الرجل بعقله وقوته على الإنفاق وبالدية والميراث والجهاد، إلى أن قال: فدرجة تقتضي التفضيل وتشعر بأن حق الزوج عليها أوجب من حقها عليه، ولهذا روى أبو هريرة عن الرسول صلى الله عليه وسلم أنه قال:﴿ **لو كنت آمراً أحداً أن يسجد لأحد، لأمرت المرأة أن تسجد لزوجها**﴾[1]. إلى أن قال: " وقال ابن عباس: الدرجة إشارة إلى حض الرجال على حسن العشرة والتوسع للنساء في المال والخلق، أي أن الأفضل ينبغي أن يتحامل على نفسه ".

وقول الله تعالى: ﴿ٱلرِّجَالُ قَوَّٰمُونَ عَلَى ٱلنِّسَآءِ بِمَا فَضَّلَ ٱللَّهُ بَعۡضَهُمۡ عَلَىٰ بَعۡضٖ وَبِمَآ أَنفَقُواْ مِنۡ أَمۡوَٰلِهِمۡۚ﴾[2]. قال النسفي في تفسير تفضيل الرجل على المرأة: " أي أن الرجال يقومون عليهن آمرين ناهين، وأن الضمير في بعضهم للرجال والنساء يعني إنما كانوا مسيطرين عليهن لسبب تفضيل الله بعضهم وهم الرجال على بعض وهم النساء بالعقل والحزم والرأي والقوة والغزو وكمال الصوم والصلاة والنبوة والخلافة والإمامة والآذان والخطبة والجماعة والجمعة والشهادة في الحدود والقصاص وتضعيف الميراث فيه وملك النكاح والطلاق وإليهم وهم أصحاب اللحى والعمائم "[3]. وفي تفسير معنى وبما أنفقوا من أموالهم: أي من المهور والنفقات والكلف التي أوجبها الله عليهم لهن في كتابه وسنة نبيه صلى الله عليه وسلم ، فالرجل أفضل من المرأة في نفسه، وله الفضل عليها والإفضال، فناسب أن يكون قيماً عليها "[4].

وهذا الحق والمكانة التي قررها الله سبحانه وتعالى في كتابه العزيز يجب على المرأة أن تعيه وعياً كاملاً، لأن تؤدي حق زوجها، وتقوم بواجبه، وتسلك معه السلوك الذي يرضاه الله عز وجل، وتشكره ولا تنكر فضله عليه، إن كانت مؤمنة بالله عز وجل. فعن عبد الله بن عمرو رضي الله عنه أن رسول الله صلى الله عليه وسلم قال:﴿ **لا ينظر الله إلى امرأة لا تشكر لزوجها وهي لا تستغني عنه** ﴾[5]، والمعنى لا تعترف بإحسانه، ولا تحمده، ولا تثني عليه لإنفاقه وإحسانه، والحال أنها معه في حاجة إليه.

---

[1] سنن أبي داود: 244/2.
[2] سورة النساء: آية 34.
[3] تفسير النسفي: النسفي 223/1.
[4] مختصر تفسير ابن كثير: الصابوني 385/1
[5] الترغيب: المنذري 58/3.

المطلب الثاني

الطاعـــــة

حق القوامة يقتضي أن يكون للزوج حق الطاعة على جميع أفراد الأسرة بما فيهم زوجته، فطاعة الزوجة لزوجها واجب عليها، وعصيان زوجها محرم عليها، بل إنه من أعظم الحقوق، فقد روت السيدة عائشة ـ رضي الله عنها ـ أنها قالت:﴿ **سألت رسول الله صلى الله عليه وسلم أي الناس أعظم حقاً على المرأة ؟ قال: زوجها، قالت: فأي الناس أعظم حقاً على الرجل ؟ قال: أمه** ﴾[1].

ويؤكد عظمة هذا الحق قول الرسول صلى الله عليه وسلم فيما يرويه عنه قيس بن سعد: ﴿ **لو كنت آمراً أحداً أن يسجد لأحد لأمرت النساء أن يسجدن لأزواجهن لما جعل الله عليهن من الحق**﴾[2]. والسجود يدل على الخضوع، بل هو أمثل طريقة للدلالة على الخضوع، ولا يجوز لأحد أن يسجد لأحد مهما علا وعظم قدره، فالسجود لله تعالى وحده، ولو كان السجود مباحاً لغير الله تعالى، لكان أحق الناس بالسجود أن تسجد المرأة لزوجها.

ومن عظم حق الطاعة أن قرنت الشريعة الإسلامية طاعة الزوج بإقامة الفرائض الدينية وطاعة الله عز وجل، فقد روى عبد الرحمن بن عوف أن رسول الله صلى الله عليه وسلم قال:﴿ **إذا صلت المرأة خمسها، وصامت شهرها، وحفظت فرجها وأطاعت زوجها قيل لها أدخلي من أي أبواب الجنة شئت** ﴾[3].

وقد وصف الله سبحانه وتعالى الزوجات الصالحات فقال: ﴿فَٱلصَّٰلِحَٰتُ قَٰنِتَٰتٌ حَٰفِظَٰتٌ لِّلۡغَيۡبِ بِمَا حَفِظَ ٱللَّهُۚ﴾[4]، أي مطيعات لله تعالى ولأزواجهن قائمات بما عليهن من حقوق، ويحفظن ما يجب عليهن حفظه من الفروج والبيوت والأموال والأسرار، فيحفظن أنفسهن عن الفاحشة، وأموال أزواجهن عن التبذير، وبيوتهم من التفريط والضياع، ويحفظن ما

---

[1] رواه البزار والحاكم أنظر الترغيب والترهيب: المنذري 53/3.

[2] سنن أبي داود: أبي داود 244/2. السنن الكبرى: البيهقي 291/7.

[3] مسند أحمد: أحمد، مسند العشرة، الترغيب: المنذري 52/3.

[4] سورة النساء: آية 34.

يجري بينهن وبين أزواجهن من أسرار قال ابن عباس في معنى قانتات: أي مطيعات لأزواجهن[1]. وقال السدي في تفسير حافظات للغيب: أي تحفظ غيبته في نفسها وماله[2].

من خلال الآية السابقة يتبين لنا أن طاعة الزوج هي أول صفات المرأة الصالحة. ويؤيد ذلك ما رواه أبا أمامة عن الرسول صلى الله عليه وسلم أنه قال:**﴿ ما استفاد المؤمن بعد تقوى الله عز وجل خيراً له من زوجة صالحة إن أمرها أطاعته، وإن نظر إليها سرته، وإن أقسم عليها أبرته، وإن غاب عنها نصحته في نفسها وماله ﴾**[3].

فالمرأة الصالحة كنز من أعظم كنوز الدنيا، فهي مصدر سعادة زوجها لطاعتها له، ومعرفة حقه عليها، ومساعدتها له وأمانتها، فعن عبد الله بن عمرو أن رسول الله صلى الله عليه وسلم قال: **﴿ الدنيا متاع وخير متاع الدنيا المرأة الصالحة ﴾**[4].

هذا وإن طاعة المرأة لزوجها له عظيم الأثر في صفاء الجو العائلي، ولهذا عظم ثواب الزوجة المطيعة، حتى ساوى أجر المجاهد في سبيل الله، فقد روى ابن عباس:**﴿ أن امرأة قالت: يا رسول الله أنا وافدة النساء إليك، هذا الجهاد كتبه الله على الرجال، فإن يصيبوا أجروا، وإن قتلوا كانوا أحياء عند ربهم يرزقون، ونحن معشر النساء نقوم عليهم، فما لنا من ذلك ؟ قال: فقال رسول الله صلى الله عليه وسلم : أبلغي من لقيت من النساء أن طاعة الزوج، واعترافاً بحقه يعدل ذلك، وقليل منكن من يفعله ﴾**[5].

وعن حصين بن محصن أن عمة له أتت النبي صلى الله عليه وسلم في بعض الحاجة فقال لها: **﴿ أي هذه أذات بعل أنت ؟ قلت: نعم، قال: فكيف أنت له ؟ قالت ما آلو إلا ما عجزت عنه، قال فأين أنت منه فإنما هو جنتك ونارك ﴾**[6].

بل إن طاعة الزوجة لزوجها سبباً في دخولها الجنة، وعصيانها له سبباً في دخولها النار، فعن أم سلمة ـ رضي الله عنها أن رسول الله صلى الله عليه وسلم قال:**﴿ أيما امرأة باتت وزوجها عنها**

---

[1] مختصر تفسير ابن كثير: الصابوني 385/1

[2] مختصر تفسير ابن كثير: الصابوني 385/1

[3] سنن ابن ماجة: ابن ماجة، أنظر الترغيب: المنذري 41/3.

[4] صحيح مسلم: مسلم 313/5.

[5] الترغيب: المنذري 53/3.

[6] السنن الكبرى: البيهقي 291/7، الترغيب: المنذري 53/3.

راض دخلت الجنة ﴾[1]. وفي رواية الحاكم وابن ماجة:**﴿ أيما امرأة ماتت وزوجها عنها راض دخلت الجنة ﴾**[2].

وعن عبد الله بن عباس أن رسول الله صلى الله عليه وسلم قال:**﴿ رأيت النار، فلم أر كاليوم منظراً قط، ورأيت أكثر أهلها النساء، قالوا: لم يا رسول الله، قال: بكفرهن، قيل أيكفرن بالله، قال: يكفرن العشير، ويكفرن الإحسان لو أحسنت إلى إحداهن الدهر، ثم رأت منك شيئاً، قالت: ما رأيت منك خيراً قط﴾**[3].

وحق الطاعة واجب على الزوجة في كل ما يأمر به الزوج ما لم يأمر بمعصية أو مضرة، فإن أمرها بمعصية فلا طاعة له، إذ لا طاعة لمخلوق في معصية الخالق، ولا ضرر ولا ضرار، فعن عائشة ـ رضي الله عنها ـ **﴿ أن امرأة من الأنصار زوجت لابنتها فتمعط شعر رأسها، فجاءت إلى النبي صلى الله عليه وسلم فذكرت ذلك له، فقالت إن زوجها أمرني أن أصل شعرها، فقال: لا إنه قد لعن الموصلات ﴾**[4].

ومن هنا فإنه يجب على الزوجة أن تطيع زوجها وتؤدي كامل حقوقه، فإن الله تعالى يقبل حقوقه المؤداة من المرأة إذا أدت حقوق زوجها، فعن معاذ بن جبل عن الرسول صلى الله عليه وسلم أنه قال:**﴿ والذي نفس محمد بيده لا تؤدي المرأة حق ربها حتى تؤدي حق زوجها، ولو سألها نفسها وهي على ظهر قتب لم تمنعه﴾**[5].

مسألة: ما مظاهر طاعة المرأة لزوجها ؟

يبين لنا الحديث الشريف التالي مجموعة من هذه المظاهر والذي يرويه معاذ بن جبلا عن الرسول صلى الله عليه وسلم أنه قال: **﴿ لا يحل لامرأة تؤمن بالله أن تأذن في بيت زوجها وهو كاره، ولا تخرج وهو كاره، ولا تطيع فيه أحداً، ولا تعزل فراشه، ولا تضربه، فإن كان هو أظلم فلتأته حتى ترضيه، فإن قبل منها فبها ونعمت، وقبل الله عذرها وأفلج حجتها ولا إثم عليها وإن هو لم يرض، فقد أبلغت عند الله عذرها﴾**[6].

---

[1] سنن الترمذي: الترمذي 386/2.

[2] سنن الترمذي: الترمذي، كتاب الرضاع، سنن ابن ماجة: ابن ماجة، كتاب النكاح،الترغيب: المنذري 52/3.

[3] صحيح البخاري: البخاري 55/7، صحيح مسلم: مسلم 479/3.

[4] صحيح البخاري: البخاري 58/7.

[5] سنن ابن ماجة: ابن ماجة، كتاب النكاح، الترغيب: المنذري 56/3.

[6] الترغيب: المنذري 57/3.

ومن هذه المظاهر:

1. أن لا تدخل أحداً بيته إلا بإذنه، فقد روى عمرو بن الأحوص عن الرسول صلى الله عليه وسلم أنه قال في حجة الوداع: **﴿ ألا إن لكم على نسائكم حقاً، ولكم على نسائكم حقاً، فأما حقكم على نسائكم، فلا يوطئن فرشكم من تكرهون، ولا يأذن في بيوتكم لمن تكرهون، ألا وإن حقهن عليكم أن تحسنوا إليهن في كسوتهن وطعامهن﴾**[1].

2. أن لا تخرج من بيته إلا بإذنه، فعن عبد الله بن عمر - رضي الله عنهما قال: سمعت رسول الله صلى الله عليه وسلم يقول:**﴿ إن المرأة إذا خرجت من بيتها وزوجها كاره لعنها كل ملك في السماء، وكل شيء مرت عليه غير الجن والإنس حتى ترجع﴾**[2].

3. أن لا تطيع أحداً سوى زوجها، ولا تسمح لأحد حتى ولو كان أبوها أو أمها بالتدخل في الشؤون الخاصة بها مع زوجها على سبيل الإفساد بينهما، وعليها أن لا تصغي إليه، فإن ذلك حرام، ولا تطيع أحداً سوى زوجها، فلو صدر أمر من زوجها، فإن الواجب عليها تنفيذ أمر زوجها، لأنها انتقلت إليه، وصارت الولاية له عليها وأمرها بيده دون أهلها.

4. أن تستجيب لحاجة زوجها إذا طلبها، ويحرم عليها أن تمتنع عن فراشه، فعن أبي هريرة **رضي الله عنه** عن النبي صلى الله عليه وسلم أنه قال:**﴿ إذا باتت المرأة هاجرة فراش زوجها، لعنتها الملائكة حتى تصبح ﴾**[3].

وفي رواية عن أبي هريرة أن رسول الله صلى الله عليه وسلم **قال:﴿ والذي نفسي بيده ! ما من رجل يدعو امرأته إلى فراشه فتأبى عليه، إلا كان الذي في السماء ساخطاً عليها، حتى يرضى عنها ﴾**[4].

5. أن لا تؤذي زوجها، وأن لا تسيء إليه، فعن معاذ بن جبل **رضي الله عنه** عن النبي صلى الله عليه وسلم قال:**﴿لا تؤذي امرأة زوجها في الدنيا إلا قالت زوجته من الحور العين: لا تؤذيه، قاتلك الله، فإنما هو عندك دخيل، يوشك أن يفارقك إلينا﴾**[5].

---

[1] سنن الترمذي: الترمذي 387/2، السنن الكبرى: البيهقي 295/7.

[2] الترغيب: المنذري 95/3.

[3] صحيح البخاري: البخاري 53/7ـ54، صحيح مسلم: مسلم 260/5 واللفظ لمسلم.

[4] صحيح مسلم: مسلم 260/5.

[5] سنن الترمذي: الترمذي 392/2، الترغيب: المنذري 58/3.

6. أن تحرص على إرضاء زوجها، فإن غضبت أو عصت زوجها عليها أن ترجع عن عصيانها وغضبها، وتعتذر لزوجها وتسارع إلى إرضائه حتى يسامحها ويرضى عنها، فعن عبد الله بن عمر - رضي الله عنهما قال: قال رسول الله صلى الله عليه وسلم **﴿ اثنان لا تجاوز صلاتهما رؤوسهما: عبد آبق من مواليه حتى يرجع، وامرأة عصت زوجها حتى ترجع﴾**[1].

وعن أنس بن مالك رضي الله عنه عن النبي صلى الله عليه وسلم قال:**﴿ ألا أخبركم بنسائكم في الجنة ؟ قلنا: بلى يا رسول الله، قال: ودود إذا غضبت أو أسيء إليها أو غضب زوجها قالت: هذه يدي في يدك لا أكتحل بغمض حتى ترضى﴾**[2].

7. أن لا تصوم نافلة إلا بإذنه، ولا تعتمر نافلة ولا تحج تطوعاً، أما الفريضة فإنها تستأذن مجاملة، فإن لم يأذن أدتها، لأنه لا طاعة لمخلوق في معصية الخالق. فعن أبي هريرة رضي الله عنه أن رسول الله صلى الله عليه وسلم قال:**﴿ لا يحل للمرأة أن تصوم وزوجها شاهد إلا بإذنه، ولا تأذن في بيته إلا بإذنه، وما أنفقت من نفقة عن غير أمره، فإنه يؤدى إليه شطره﴾**[3].

8. أن لا تعطي شيئاً من بيته إلا بإذنه سواء أكان الإذن خاصاً أم عاماً، وأن تصون عرضها وشرفها، وأن تبر بقسمه، ولا تكون محنثة لزوجها. فعن أبي أمامة عن الرسول صلى الله عليه وسلم قال: **﴿ ما استفاد المؤمن بعد تقوى الله عز وجل خيراً له من زوجة صالحة إن أمرها أطاعته، وإن نظر إليها سرته، وإن أقسم عليها أبرته، وإن غاب عنها حفظته في نفسها وماله﴾**[4].

والمرأة التي تطيع زوجها وتحسن عشرته تكسب ثقته ودوام حبه، وشعوره بالسعادة مع زوجته فيعطي زوجته أضعاف ما تعطيه حتى يصل الأمر إلى أن الزوجة في الحقيقة هي التي تجعل زوجها ملبياً كل رغباتها، بل سعيداً وهو يلبي هذه الرغبات، فيؤول الأمر إلى أن الزوج هو الذي يطيع زوجته، وكلما أسبغت المرأة عليه من عواطفها ورقتها وحسن اهتمامها به ملكت عليه قلبه وأشعرته بأن سعادته لا تكون إلا معها[5].

---

[1] الترغيب: المنذري 59/3.
[2] الترغيب: المنذري 57/3.
[3] صحيح البخاري: البخاري 54/7.
[4] سنن ابن ماجة: ابن ماجة، كتاب النكاح، أنظر الترغيب: المنذري 41/3.
[5] الأخوات المسلمات: الجوهري 394.

ومن هنا أدركت أمامه بنت الحارث أهمية طاعة المرأة لزوجها وحسن عشرته، فكانت وصيتها لابنتها أم إياس بنت عوف بن محلم الشيباني ليلة زفافها إلى عمرو بن حجر ملك كنده التي بينت فيها أسس الحياة الزوجية السعيدة، وما يجب عليها لزوجها فقالت:

أي بنية إن الوصية لو تركت لفضل أدب لتركت ذلك لك، ولكنها تذكرة للغافل، ومعونة للعاقل.

ولو أن امرأة استغنت عن الزوج لغنى أبويها، وشدة حاجتهما إليها كنت أغنى الناس عنه، ولكن النساء للرجال خلقن، ولهن خلق الرجال.

أي بنية: إنك فارقت الجو الذي منه خرجت، وخلفت العش الذي فيه درجت، إلى وكر لم تعرفيه، وقرين لم تألفيه، فأصبح بملكه عليك رقيباً ومليكاً، فكوني له أمة يكن لك عبداً وشيكاً.

واحفظي له خصالاً عشراً يكن لك ذخراً.

أما الأولى والثانية: فالخشوع له بالقناعة، وحسن السمع والطاعة.

وأما الثالثة والرابعة: فالتفقد لمواضع عينه وأنفه، فلا تقع عينه منك على قبيح، ولا يشم منك إلا أطيب ريح.

وأما الخامسة والسادسة: فالتفقد لوقت منامه وطعامه، فإن تواتر الجوع ملهبة، وتنغيص النوم مغضبة.

وأما السابعة والثامنة: فالاحتراس بماله والإرعاء على حشمه وعياله، وملاك الأمر في المال حسن التدبير.

وأما التاسعة والعاشرة: فلا تعصين له أمراً، ولا تفشين له سراً، فإنك إن خالفت أمره أوغرت صدره، وإن أفشيت سره لم تأمني غدره.

ثم إياك والفرح بين يديه إن كان مهتماً، والكآبة بين يديه إن كان فرحاً[1].

وليس معنى الطاعة أن يسيء الزوج استعمال حقه، فيظلم زوجته ويهدر شخصيتها، ولا أن يتعسف ويستبد بالرأي في سائر ما يخص العائلة، إذا ما أطعته فيما هو حق ومعروف من غير معصية ولا ضرر، وكانت وفية أمينة له محافظة على ماله وعرضه وسمعته في الحضور والغياب، وإنما عليه أن يستشير زوجته في الأمور التي تهم المصلحة العامة للأسرة. ولكن مع ذلك فإنه قد تظهر من الزوجة بوادر العصيان وعدم الطاعة، ففي هذه الحالة أمر الله تعالى الزوج بالصبر والتحمل والإبقاء على الحياة الزوجية، رغم ما يصدر من الزوجة من

[1] فقه السنة: سابق 234/2.

التصرفات والصفات التي يكرهها مادامت لا تمس الشرف والدين، فقد قال اللـه تعالى:

﴿وَعَاشِرُوهُنَّ بِٱلْمَعْرُوفِ ۚ فَإِن كَرِهْتُمُوهُنَّ فَعَسَىٰٓ أَن تَكْرَهُوا۟ شَيْـًٔا وَيَجْعَلَ ٱللَّهُ فِيهِ خَيْرًا كَثِيرًا﴾[1]

كما نهى الرسول صلى اللـه عليه وسلم عن كره الزوجة، لأنه إن كرهها بسبب تقصيرها في أمر فقد تكون أحسنت في غيره، فعن أبي هريرة رضي اللـه عنه أنه قال: قال رسول اللـه صلى اللـه عليه وسلم : **﴿لا يفرك مؤمن مؤمنة إن كره منها خلقاً رضي منها آخر﴾**[2].

ولكن حق القوامة يقتضي أن يكون للزوج حق التأديب عند نشوز الزوجة -أي العصيان ومخالفة الأوامر وعدم الطاعة-، فالمرأة التي عصت زوجها فيما هو حق ومعروف، وترفعت عليه، ولم تؤده حقه، وترفعت على طبيعتها يجب تأديبها وزجرها، وقد بينت الآية الكريمة التالية إجراءات التأديب وهي قول اللـه تعالى:

﴿وَٱلَّٰتِى تَخَافُونَ نُشُوزَهُنَّ فَعِظُوهُنَّ وَٱهْجُرُوهُنَّ فِى ٱلْمَضَاجِعِ وَٱضْرِبُوهُنَّ ۖ فَإِنْ أَطَعْنَكُمْ فَلَا تَبْغُوا۟ عَلَيْهِنَّ سَبِيلًا ۗ إِنَّ ٱللَّهَ كَانَ عَلِيًّا كَبِيرًا﴾[3].

لقد جعلت الآية الكريمة علاج النشوز داخل الأسرة بين الزوجين، ولذا من الخطأ أن يتدخل الأهل قبل أن يتبع الزوج في علاج زوجته ما رسمه اللـه تعالى له، وهي كما بينتها الآية الكريمة:

أولاً: الموعظة الحسنة:

دعت الآية الكريمة الزوج أن يبدأ بوعظ زوجته، ويبين لها ما يدور في خلده من وساوس، وعدم قدرته على التجاوز عن عصيانها وما يصدر منها من أفعال سيئة، وينصحها بالعودة إلى رشده وصوابها، وترك العصيان ومخالفة أوامره.، فإن من النساء من تستجيب بالوعظ بالكلمة الحسنة، ولا تحتاج إلى إجراء آخر.

والوعظ يختلف باختلاف حال المرأة فمنهن من يؤثر في نفسها التخويف من اللـه عز وجل وعقابه على النشوز، ومنهن من يؤثر في نفسها التهديد والتحذير من سوء العاقبة في الدنيا كشماتة الأعداء، والمنع من بعض الرغائب كالثياب الحسنة والحلي والرجل العاقل لا يخفى عليه الوعظ الذي يؤثر في قلب زوجته[4].

---

[1] سورة النساء: آية 19.

[2] صحيح مسلم: مسلم: 314/5.

[3] سورة النساء: آية 34.

[4] حقوق النساء في الإسلام: رضا ص 51.

ثانياً: الهجر في المضجع:

والمقصود بالهجر: الهجر الجميل من غير جفوة موحشة، لقول الـلـه تعالى: **﴿ واهجرهم هجراً جميلاً ﴾**[1]، لذلك لا يجوز أن يكون الهجر في الكلام فوق ثلاث ليال، فعن أبي أيوب الأنصاري رضي الـلـه عنه قال: قال رسول الـلـه صلى الـلـه عليه وسلم :**﴿ لا يحل لمسلم أن يهجر أخاه فوق ثلاث ﴾**[2]، ولا يصح هجر الفراش أو البيت، وإنما الهجر في الفراش نفسه، وذلك لما له من تأثير على الزوجة التي تحب زوجها، فإن اجتماع الزوجين في المضجع يثير شعور الزوجية، ويسكن كل من الزوجين إلى الآخر، فإن هجر الزوج زوجته وهو بجانبها يكون دافعاً لها حرصاً على الحياة الزوجية للسؤال عن سبب نفوره فيجيبها، ثم يبدآن بحل الخلاف بينهما وترتدع الزوجة عن نشوزها، ويحل الوئام محل الخلاف. وإن كثيراً من النساء من يجدي معهن هذا الإجراء، ولكن هناك من النساء من تبلد حسهن وخشن طبعهن، ولا يفيد معهن الهجر،فكان لا بد من إجراء آخر.

ثالثاً: الضرب:

لقد جاء الضرب بعد استنفاذ وسيلتي الوعظ والهجر على سبيل الإباحة لا الإيجاب، ولا يسأل الرجل فيما ضرب زوجته، فعن جابر بن عبد الـلـه عن النبي صلى الـلـه عليه وسلم أنه قال في خطبة حجة الوداع: **﴿ وإن لكم عليهن أن لا يوطئن فرشكم أحداً تكرهونه، فإن فعلن ذلك، فاضربوهن ضرباً غير مبرح﴾**[3].

وروي عن عبد الـلـه بن أبي ذياب قال: قال رسول الـلـه صلى الـلـه عليه وسلم :**﴿ لا تضربوا إماء الـلـه، فجاء عمر إلى رسول الـلـه** صلى الـلـه عليه وسلم **فقال ذئرن* النساء على أزواجهن، فرخص في ضربهن، فأطاف بآل رسول الـلـه** صلى الـلـه عليه وسلم **نساء كثير يشكون أزواجهن فقال النبي** صلى الـلـه عليه وسلم **: لقد طاف بآل محمد نساء كثير يشكون أزواجهن، ليس أولئك بخياركم ﴾**[4].

وروى عمر بن الخطاب عن الرسول صلى الـلـه عليه وسلم قال:**﴿ لا يسأل الرجل فيما ضرب امرأته ﴾**[5].

---

[1] سورة المزمل: آية 10.
[2] صحيح مسلم: مسلم 359/8.
[3] السنن الكبرى: البيهقي 304/7.
* ذئرن: اجترأن ونشزن وغلبن.
[4] سنن أبي داود: أبي داود 244/2.
[5] سنن أبي داود: أبي داود 246/2.

والضرب المسموح به أن يكون غير مبرح لا يكسر عظماً ولا يهشم لحماً، كما لا يجوز ضرب الوجه أو الضرب بما هو مهين كالضرب بالنعل، لأن المقصود منه التأديب، وقد فسره ابن عباس ـ رضي اله عنه ـ بالسواك ونحوه كاليد والقصبة الصغيرة. فعن حكيم بن معاوية القشيري عن أبيه قال: قلت: **﴿ يا رسول الله ما حق زوجة أحدنا عليه: قال أن تطعمها إذا طعمت، وتكسوها إذا اكتسيت، ولا تضرب الوجه، ولا تقبح، ولا تهجر إلا في البيت﴾**[1].

ومع هذه الإباحة إلا أن الإسلام نفر منه حتى لا يسيء الزوج استعماله، أو يسيء به المعاملة، فعن عبد الله بن زمعة عن النبي صلى الله عليه وسلم قال:**﴿ لا يجلد أحدكم امرأته جلد العبد ثم يجامعها في آخر اليوم ﴾**[2].

ولا يلجأ إلى الضرب إلا في حالة كونها وسيلة لا بد منها للردع والتأديب حيث أن هناك نوع من النساء لا ينفع معهن إلا الضرب، أو تكون وسيلة لتفادي كارثة الطلاق، يقول علماء النفس: " إن بعض النساء يصبن بنوع من المرض لا يجدي معهن إلا الضرب "[3].

وهذه الخطوات مرتبة لا ينتقل من خطوة إلى أخرى حتى يستنفذ الخطوة السابقة، أو يغلب على ظنه عدم جدواها، يقول ابن عباس في تفسير قول الله تعالى: ﴿وَٱلَّٰتِي تَخَافُونَ نُشُوزَهُنَّ فَعِظُوهُنَّ وَٱهۡجُرُوهُنَّ فِي ٱلۡمَضَاجِعِ وَٱضۡرِبُوهُنَّۖ فَإِنۡ أَطَعۡنَكُمۡ فَلَا تَبۡغُواْ عَلَيۡهِنَّ سَبِيلًاۗ إِنَّ ٱللَّهَ كَانَ عَلِيّٗا كَبِيرٗا﴾[4]: " تلك المرأة تنشز وتستخف بحق زوجها ولا تطيع أمره، فأمر الله عز وجل أن يعظها ويذكرها بالله ويعظم حقه عليها، فإن قبلت وإلا هجرها في المضجع ولا يكلمها من غير أن يذر نكاحها، وذلك عليها شديد، فإن راجعت وإلا ضربها ضرباً غير مبرح، ولا يكسر لها عظماً ولا يجرح لها جرحاً، قال: " فإن أطعنكم فلا تبغوا عليهن سبيلاً " يقول إذا أطاعتك، فلا تتجن عليها بالعلل "[5].

---

[1] السنن الكبرى: البيهقي 305/7.

[2] صحيح البخاري: البخاري 57/7.

[3] شرح قانون الأحوال الشخصية: السرطاوي ص 130.

[4] سورة النساء: آية 34.

[5] السنن الكبرى: البيهقي 303/7.

رأي القانون

نصت قوانين الأحوال الشخصية على حق الطاعة حيث جاء في المادة (39) من القانون الأردني[1]: " على الزوج أن يحسن معاشرة زوجته، وأن يعاملها بالمعروف، وعلى المرأة أن تطيع زوجها في الأمور المباحة ".

وجاء في المادة (52) من القانون السوداني[2]، والمادة (43) من مشروع القانون العربي[3]، والمادة (39) من مشروع القانون الخليجي[4] ما نصه: " حقوق الزوج على زوجته وذكرت منها: العناية به، وطاعته بالمعروف، باعتباره رب الأسرة "

كما جاء في الفصل (36) من مدونة الأحوال الشخصية المغربية[5] ما نصه: " حقوق الرجل على المرأة، وذكر منها: طاعة الزوجة لزوجها بالمعروف ".

أما القانون التونسي[6] فقد نص في الفصل (23) على أنه: " على الزوجة أن ترعى زوجها باعتباره رئيس الأسرة، وتطيعه فيما يأمرها به في هذه الحقوق ".

المطلب الثالث

القرار في البيت

القرار في البيت من حقوق الزوج على زوجته، فللزوج أن يمسك زوجته في البيت ويمنعها عن الخروج إلا بإذنه[7]، لأنها القائمة بشئونه، المحافظة على ما فيه، فإن الوضع الطبيعي يقتضي ذلك حيث أن الزوج مكلف بالعمل خارج البيت لينفق على أسرته، بينما عمل المرأة في البيت، فلو جاز لها أن تخرج من البيت دون إذن الزوج لما استقامت الحياة الزوجية، فالزوج يخرج دون إذن الزوجة للعمل والإنفاق على الأسرة، فإذا أعطي هذا الحق للزوجة

[1] مجموعة التشريعات: الظاهر ص 111، القرارات القضائية: عمرو ص 366.

[2] قانون الأحوال الشخصية السوداني ص 21.

[3] المجلة العربية: الأمانة العامة ص 22.

[4] جريدة الخليج: ص 11.

[5] أحكام الأسرة: ابن معجوز ص 360، الوثائق العدلية: العراقي ص 131، مدونة الأحوال الشخصية ص 16.

[6] موسوعة التشريعات العربية: تونس.

[7] وهذا بخلاف زيارة أبويها، فلها أن تزورهما كل أسبوع أو بحسب ما جرى به العرف، وسوف نبحثه عند الحديث عن حقوق الزوجة

لأدى إلى صعوبة التقاء الزوجين تحت سقف واحد، وبذلك لا تستقيم العشرة الزوجية، وفيه مخالفة للفطرة الإنسانية التي تستدعي أن يكون عمل المرأة المناسب لها هو البيت، لذلك قال الله تعالى: ﴿وَقَرْنَ فِي بُيُوتِكُنَّ وَلَا تَبَرَّجْنَ تَبَرُّجَ الْجَاهِلِيَّةِ الْأُولَى﴾[1]، وقال الله تعالى في حق المعتدات: ﴿وَلَا يَخْرُجْنَ إِلَّا أَنْ يَأْتِينَ بِفَاحِشَةٍ مُبَيِّنَةٍ﴾[2]، فإذا كان خروج المعتدات ممنوعاً، فأولى بذلك خروج المتزوجات.

والقرار في البيت حق للزوج إذا قدم لها معجل الصداق، وكان المسكن شرعياً، وليس لها أن تخرج إلى العمل إلا بإذن الزوج، فإذا كانت صاحبة مهنة، ورضي الزوج أن تستمر في عملها، كأن تكون طبيبة، أو معلمة، أو قابلة، أو غير ذلك، فلها أن تخرج ما تقتضيه حرفتها، وله أن يمنعها من العمل متى شاء، لأن حقه في القرار ثابت مستمر، إلا إذا كان المنع من أجل ابتزاز أموالها، أما إذا كان جاداً في طلبه، كأن يكون قد رضي لزوجته بالعمل، قبل أن يكون لها أولاد، ثم امتنع بعد أن صار لها أولاد، فله ذلك الحق[3].

رأي القانون:

أعطى القانون الأردني[4] هذا الحق للزوج على زوجته، فقد أشارت المادة (27) إلى ذلك حيث جاء فيها: " على الزوجة بعد قبض مهرها المعجل الطاعة والإقامة في مسكن زوجها الشرعي ".

وأشار إلى هذا الحق مشروع القانون الإماراتي[5] حيث نص في المادة (87) على أنه:

"1. يجوز للزوجة أن تخرج من البيت في الأحوال التي يباح لها الخروج فيها بحكم الشرع أو العرف أو بمقتضى الضرورة، ولا يعتبر ذلك إخلالاً بالطاعة الواجبة.

2. وكذلك لا يعتبر إخلالاً بالطاعة خروجها للعمل إذا اشترطت ذلك في العقد أو تزوجها وهي عاملة، أو رضي بالعمل بعد الزواج كل ذلك ما لم يطرأ ما يجعل تنفيذ الشرط منافياً لمصلحة الأسرة ".

كما أشار إلى هذا الحق مشروع القانون الكويتي[6] في المادة (89): " لا يكون نشوزاً خروج الزوجة لما هو مشروع، أو لعمل مباح، ما لم يكن منافياً لمصلحة الأسرة ".

---

[1] سورة الأحزاب: آية 33.

[2] سورة الطلاق: آية 1.

[3] انظر تنظيم الإسلام للمجتمع: أبو زهرة ص 78.

[4] مجموعة التشريعات: الظاهر ص 110، القرارات القضائية: عمرو ص 365.

[5] مشروع القانون الإماراتي: وزارة العدل والأوقاف ص 27.

[6] مشروع القانون الكويتي.

المطلب الرابع

خدمة المرأة لزوجها وأولادها

اتفق عامة الفقهاء[1] على أن من حقوق الزوج على زوجته أن تقوم الزوجة بخدمة زوجها وبيته وأولادها، إذا كانت قادرة على ذلك ومن بيئة يقوم نساؤها بهذا النوع من الخدمة كالكنس والتنظيف والطبخ وغيره، وأنها تقوم بالخدمة بحسب العرف ومكانتها، وإن كانت عاجزة أو من بيئة لا يقوم نساؤها بذلك، فإنه لا يجب عليها شيء من ذلك، وقال بعض الفقهاء إن الوجوب في حال القدرة وجوب ديانة لا قضاء.

وذهب بعض الحنفية والظاهرية[2] إلى أنه لا يجب عليها خدمة زوجها في شيء، وإن فعلت لكان أفضل لها، وحجتهم في ذلك أن الآثار المروية عن الصحابة في خدمة فاطمة وأسماء وغيرهن لأزواجهن إنما كان على سبيل التبرع، ونحن لا نمنع من ذلك إن تطوعت المرأة به[3]

واختلفوا في حالة إذا كانت الزوجة ممن لا تخدم نفسها ـ لكونها من ذوي الأقدار أو مريضة ـ هل يجب عليها خدمة البيت أم لا على النحو التالي:

المذهب الأول: ذهب جمهور الفقهاء[4] من الحنفية والمالكية والشافعية والحنابلة إلى أنه لا يجب عليها خدمة زوجها وبيته وأولاده في شيء، وقد استدلوا على ذلك بما يلي[5]:

---

[1] الهداية: المرغيناني 41/2، رد المحتار: ابن عابدين 588/3، بداية المجتهد: 54/2، الشرح الصغير: الدردير 734/2، الخرشي: الخرشي 186/4، الإقناع: الشربيني 191/2ـ192، مغني المحتاج: الشربيني 432/3، زاد المعاد: 138/5، المغني: ابن قدامه 237/9.

[2] الاختيار: الموصلي 4/4، المحلى: ابن حزم 227/9، 251.

[3] المحلى: ابن حزم 228/9.

[4] الهداية: المرغيناني 41/2، رد المحتار: ابن عابدين 588/3، بداية المجتهد:54/2، الشرح الصغير: الدردير 734/2، الخرشي: الخرشي 186/4، الإقناع: الشربيني 191/2ـ192، مغني المحتاج: الشربيني 422/3، زاد المعاد: 138/5، المغني: ابن قدامه 237/9

[5] زاد المعاد: ابن القيم 138/5، المغني: ابن قدامه.

1. قال الله تعالى: ﴿ **وعاشروهن بالمعروف** ﴾، ومن العشرة بالمعروف أن لا تكون الزوجة للخدمة، فلا بد لها من خادم.

2. لأن عقد النكاح إنما اقتضى الاستمتاع، لا الاستخدام وبذل المنافع، فليس من مقتضاه خدمة البت والقيام على شؤونه.

3. الأحاديث المذكورة إنما تدل على التطوع ومكارم الأخلاق، فأين الوجوب منها ؟.

المذهب الثاني: ذهب طائفة من السلف والخلف[1] إلى أنه يجب عليها خدمة زوجها في مصالح البيت.

المذهب الثالث: ذهب أبو ثور من الشافعية[2] إلى أنه يجب عليها أن تخدم زوجها في كل شيء.

وقد استدل أصحاب المذهبين الثاني والثالث بما يلي:

1. قال الله تعالى: ﴿وَلَهُنَّ مِثْلُ ٱلَّذِى عَلَيْهِنَّ بِٱلْمَعْرُوفِ﴾[3]، والمعروف أن تقوم الزوجة بخدمة الزوج والبيت، وأما ترفيه المرأة، وخدمة الزوج، وكنسه، وطحنه، وعجنه، وغسيله، وفرشه، وقيامه بخدمة البيت، فمن المنكر[4].

2. قال الله تعالى: ﴿وَلِلرِّجَالِ عَلَيْهِنَّ دَرَجَةٌ﴾[5]، لقد جعل الله تعالى القوامة في الآية الكريمة للرجل، فإذا لم لم تقم الزوجة بخدمة زوجها، بل قام هو بالخدمة وتدبير شؤون البيت، فإن القوامة في هذه الحالة للزوجة على زوجها، قال ابن القيم: " وإذا لم تخدم المرأة زوجها، بل يكون هو الخادم لها فهي القَوّامَة عليه "[6].

3. حكم النبي صلى الله عليه وسلم بين علي بن أبي طالب وبين زوجته فاطمة حين اشتكيا إليه الخدمة، فجعل على فاطمة الخدمة الباطنة، وهي خدمة البيت، وجعل على علي الخدمة الظاهرة، وهي العمل والكسب، مما يدل على أن يجب على المرأة أن تقوم بخدمة البيت، وعلى الزوج أن يعمل

---

[1] زاد المعاد: ابن القيم 138/5، بداية المجتهد: ابن رشد 54/2.
[2] زاد المعاد: ابن القيم 138/5، المحلى: ابن حزم 228/9.
[3] سورة البقرة: 228.
[4] زاد المعاد: ابن القيم 138/5.
[5] سورة النساء: آية 34.
[6] زاد المعاد: ابن القيم 138/5.

خارج البيت لينفق عليها. قال ابن حبيب: والخدمة الباطنة: العجين، والطبخ، والفرش، وكنس البيت، واستقاء الماء، وعمل البيت كله[1].

فقد روى علي بن أبي طالب ـ رضي الله عنها ـ: **﴿أن فاطمة ـ رضي الله عنها ـ أتت النبي صلى الله عليه وسلم تشكو إليه ما تلقى في يدها من الرحى، وبلغها أنه جاءه رقيق، فلم تصادفه، فذكرت ذلك لعائشة، قال: فلما جاء أخبرته عائشة، قال: فجاءنا، وقد أخذنا مضاجعنا، فذهبنا نقوم، فقال: على مكانكما، فجاء فقعد بيني وبينها حتى وجدت برد قدميه على بطني، فقال: ألا أدلكما على خير مما سألتما إذا أخذتما مضاجعكما أو أويتما إلى فراشكما فسبحا ثلاثاً وثلاثين، واحمدا ثلاثاً وثلاثين، وكبرا ثلاثاً وثلاثين فهو خير لكما من خادم﴾**[2].

4. المأثور عن الصحابة، فقد روي عن أسماء بنت أبي بكر الصديق -رضي الله عنهم- أنها قالت: " كنت أخدم الزبير، خدمة البيت كله، وكان له فرس، وكنت أسوسه، وكنت أحتش له، وأقوم عليه ". وروي عنها: " أنها كانت تعلف فرسه، وتسقي الماء، وتخرز الدلو، وتعجن، وتنقل النوى، على رأسها من أرض له على ثلثي فرسخ "[3].

5. المعقول: فقد أوجب الله تعالى نفقة الزوجة وكسوتها ومسكنها على الزوج في مقابل استمتاعه بها وخدمتها له.

6. العرف: إن العقود المطلقة إنما تنزل على العرف، والعرف جار على قيام الزوجة بخدمة الزوج ومصالح البيت.

وقد أجيب على الاستدلال بأن خدمة أسماء وفاطمة كانت تبرعاً وإحساناً، بأن فاطمة كانت تشتكي ما تلقى من الخدمة، ولم يقل عليه السلام -وهو لا يحابي في الحكم أحداً- لعلي: لا خدمة عليها، وإنما هي عليك.

ولم يقل للزبير عندما رأى أسماء والعلف على رأسها: لا خدمة عليها، وأن هذا ظلم لها، بل أقره على استخدامها، وأقر سائر أصحابه على استخدام أزواجهم مع علمه بأن منهن الكارهة والراضية[4].

---

[1] زاد المعاد: ابن القيم 138/5.

[2] صحيح البخاري: البخاري 116/7، صحيح مسلم: مسلم 52/9.

[3] زاد المعاد: ابن القيم 138/5، فقه السنة: سابق 202/2.

[4] فقه السنة: سابق 202/2.

لكل ما سبق نرى بأن على المرأة خدمة بيتها والقيام على شؤونه، لا فرق بين شريفة ودنيئة، فقيرة وغنية، وأن القول بأنه ليس على المرأة خدمة زوجها وبيتها بعيداً عن الشرع، ويتنافى مع حق القوامة الذي أوجبه الله تعالى للزوج على زوجته. قال ابن القيم: " ولا يصح التفريق بين شريفة ودنيئة، وفقيرة وغنية، فهذه أشرف نساء العالمين كانت تخدم زوجها، وجاءته صلى الله عليه وسلم تشكو إليه الخدمة، فلم يشكها "[1].

وقال الإمام محمد أبو زهرة: " لهذا نرى أنه ليس من الشرع في شيء من يقول: إن المرأة ليست عليها خدمة بيتها أو القيام على شؤونه وطهي طعامها، وهو بعيد عن الإسلام بعده عن المألوف المعروف "[2].

رأي القانون

لم تنص معظم القوانين على هذا الحق، آخذة بالراجح من المذهب الذي اعتمدته هذه القوانين ولكننا نلاحظ بأن القانون المغربي[3] ومشروع القانون العربي[4] ومشروع القانون الخليجي[5] أخذت بالرأي القائل بأنه لا يجب على الزوجة خدمة البيت، وإنما اقتصرت على أن من واجباتها الإشراف على البيت وتنظيم شؤونه فقط، حيث جاء في الفصل (36) من مدونة الأحوال الشخصية المغربية، والمادة (43) من مشروع القانون العربي الموحد، والمادة (39) من مشروع القانون الخليجي ما نصه: " حقوق الزوج على زوجته وذكرت منها: الإشراف على البيت، وتنظيم شؤونه " وأضاف القانون العربي والخليجي: " والحفاظ على موجوداته ".

ولكننا نلاحظ أن العرف الجاري والواقع المعاش أن خدمة البيت والقيام على مصالحه الباطنة تقوم بهما الزوجة بمفردها ما دامت الزوجية قائمة.

هذا وقد نص كل من القانون المغربي ومشروع القانون العربي ومشروع القانون الخليجي في على أن من حقوق الزوج على زوجته حق رعاية الأولاد وإرضاعهم حيث جاء

---

[1] زاد المعاد: ابن القيم 139/5.
[2] الأحوال الشخصية: أبو زهرة ص 192.
[3] مدونة الأحوال الشخصية: ص 16.
[4] المجلة العربية: الأمانة العامة ص 22.
[5] جريدة الخليج: ص 11.

في الفصل (36) من القانون المغربي[1] ما نصه: " حقوق الزوج على زوجته وذكرت منها: إرضاع أولادها عند الاستطاعة ".

وجاء في المادة (43) من مشروع القانون العربي[2]، والمادة (39) من مشروع القانون الخليجي[3] ما نصه: " حقوق الزوج على زوجته وذكرت منها: رعاية أولاده منها، وإرضاعهم إلا إذا كان هناك مانع ".

ولكن يجب التنبيه إلى إن حق رعاية الأولاد وإرضاعهم من حقوق الأولاد على الوالدين*، فمن حق الولد على والديه أن تقوم الأم بإرضاعه رضاعة طبيعية، فإن لم تستطع أو توفيت وجب على والده استئجار مرضعة.

ومن حق الطفل أن يرضع حولين كاملين حتى يستقيم جسمه ويصلب عوده، قال الله تعالى:

﴿وَٱلۡوَٰلِدَٰتُ يُرۡضِعۡنَ أَوۡلَٰدَهُنَّ حَوۡلَيۡنِ كَامِلَيۡنِۖ لِمَنۡ أَرَادَ أَن يُتِمَّ ٱلرَّضَاعَةَۚ﴾[4].

---

[1] مدونة الأحوال الشخصية: ص 16.

[2] المجلة العربية: الأمانة العامة ص 22.

[3] جريدة الخليج: ص 11.

* يبحث حق الحضانة عند الحديث عن حقوق الأولاد على آبائهم.

[4] سورة البقرة: آية 233.

المبحث الثالث

حقوق الزوجة على الزوج

المطلب الأول

السماح للزوجة بزيارة أهلها واستزارتهم

أوجب الإسلام على المسلم أن يصل رحمه، فقد قال عياض: " لا خلاف أن صلة الرحم واجبة في الجملة، وقطيعتها معصية كبيرة "[1].

وقد حث الإسلام على صلة الأرحام والتودد للأقارب وعمل الخير لهم، لأن في ذلك أجر عظيم، فقد قال الله تعالى: ﴿وَاتَّقُوا اللَّهَ الَّذِي تَسَاءَلُونَ بِهِ وَالْأَرْحَامَ﴾[2].

كما قرنت النصوص الشرعية قطع الأرحام وعدم صلتها بالإفساد في الأرض، وجعلته من العقوق، فقد روى أبو هريرة رضي الله عنه أن رسول الله صلى الله عليه وسلم قال:**(إن الله خلق الخلق، حتى إذا فرغ منهم قامت الرحم فقالت: هذا مقام العائذ من القطيعة، قال: نعم، أما ترضين أن أصل من وصلك وأقطع من قطعك ؟ قالت: بلى، قال فذاك لك، ثم قال رسول الله صلى الله عليه وسلم : اقرءوا إن شئتم: فهل عسيتم إن توليتم أن تفسدوا في الأرض وتقطعوا أرحامكم، أولئك الذين لعنهم الله فأصمهم وأعمى أبصارهم، أفلا يتدبرون القرآن أم على قلوب أقفالها**[3] **)**[4].

بل نص الرسول عليه الصلاة والسلام على أن قطيعة الرحم سبب في عدم دخول الجنة، حيث روى مطعم بن جبير عن أبيه أن رسول الله صلى الله عليه وسلم قال:**(لا يدخل الجنة قاطع رحم)**[5].

وقد جعل الإسلام صلة الوالدين أعلى درجات صلة الرحم، ومن أهم الواجبات على الإنسان سواء أكان ذكراً أم أنثى إلى درجة أن الله عز وجل ربط الإحسان إلى الوالدين بعبادته وتوحيده، فقال سبحانه وتعالى: ﴿وَقَضَىٰ رَبُّكَ أَلَّا تَعْبُدُوا إِلَّا إِيَّاهُ وَبِالْوَالِدَيْنِ إِحْسَانًا﴾[6].

---

[1] شرح النووي: النووي 356/8.
[2] سورة النساء: آية 1.
[3] سورة محمد: آية 22ـ24.
[4] صحيح مسلم: مسلم 353/8.
[5] صحيح مسلم: مسلم 353/8.
[6] الإسراء: آية 23.

كما بين الرسول عليه الصلاة والسلام أن أحب الأعمال إلى الله تعالى بر الوالدين عن عبد الله بن مسعود رضي الله عنه قال سألت النبي صلى الله عليه وسلم :**﴿ أي الأعمال أحب إلى الله ؟ قال: الصلاة على وقتها، قال: ثم أي ؟ قال: ثم بر الوالدين، قال: ثم أي ؟ قال: الجهاد في سبيل الله، قال: حدثني بهن ولو استزدته لزادني ﴾**[1].

وحرم الإسلام عقوق الوالدين وعده كبيرة من الكبائر، فقد سئل رسول الله صلى الله عليه وسلم عن الكبائر فقال: **﴿ الشرك بالله، وقتل النفس، وعقوق الوالدين ...... ﴾**[2].

ومن هنا فقد جعل الإسلام من حق الزوجة على زوجها أن يسمح لها بزيارة أهلها واستزارتهم واعتبر ذلك من صلة الرحم، لأن الزوجة عاشت في كنف والديها وبين إخوانها، فمن الطبيعي أن تحافظ على صلة الرحم بينها وبين أسرتها الأصلية من خلال زيارتها لهم.

فإذا أرادت الزوجة زيارة ذي رحم محرم منها، فمعنى ذلك أنها تريد أداء حق من حقوق الإسلام عليها، ويجب على الزوج أن يسمح لها بزيارتهم، فإن لم يسمح لها بالزيارة، فقد ذهب الحنفية في رواية[3] إلى أن له أن يمنعها من زيارة أهلها، وذهب الحنفية في رواية ثانية والمالكية والشافعية في الراجح[4] إلى أنه ليس له أن يمنعها من زيارة أهلها، ولها زيارتهم وإن لم يأذن زوجها، فإن كان أحد أبويها، فلها زيارتهم كل أسبوع، وإن كان أحدهم مريضاً أو يحتاج إلى الخدمة، فلها أن تخرج لخدمته وعيادته بحسب الحاجة ودون قيد، لأن ذلك صلة للرحم، ومنعها قطيعة للرحم، ولا طاعة لمخلوق في معصية الخالق، وإن كان غير أبويها فلها أن تزورهم كل سنة مرة، وقيل كل شهر مرة، وقد اشترط المالكية[5] في خروجها لزيارة أهلها أن تكون مأمونة، فإن كانت غير مأمونة، فليس لها الخروج لزيارتهم ولو خرجت مع أمينة.

وقيد بعض الفقهاء[6] خروجها لزيارة أقاربها دون إذن زوجها بما إذا كانوا يعجزون عن زيارتها أو يشق عليهم زيارتها في المواعيد المحددة، فإذا لم يشق عليهم، فليس لها أن تخرج لزيارتهم إلا بإذن زوجها، وليس لها أن تبيت عند أحدهم إلا بإذن زوجها.

---

[1] صحيح البخاري: البخاري 3/8.

[2] صحيح مسلم: مسلم 359/1.

[3] الاختيار: الموصلي 8/4، البحر الرائق: ابن نجيم 212/237،4/3، الهداية: المرغيناني 43/2.

[4] الاختيار: الموصلي 8/4، البحر الرائق: ابن نجيم 237/3، 212/4، الهداية: المرغيناني 43/2، الخرشي: الخرشي 188/4، الشرح الصغير: الدردير 737/2.

[5] الخرشي: الخرشي 188/4.

[6] البحر الرائق: ابن نجيم 212/4.

وإذا أراد أهل الزوجة زيارتها، فقد ذهب الحنفية في رواية[1] إلى أن لزوجها أن يمنعهم من الدخول عليها، ولو كانوا والديها، لأن المنزل ملكه، فله حق المنع من دخول ملكه، ولا يحق له أن يمنعهم من النظر إليها وكلامها في أي وقت اختاروا، لما فيه من قطيعة الرحم، وليس له في ذلك ضرر وذهب الحنفية في رواية ثانية والمالكية[2] إلى أنه ليس له أن يمنعهم من الدخول والكلام، وإنما يمنعهم من القرار والدوام، لأن الفتنة في الإقامة وتطويل الوقت، فإن كانوا أبويها، فلهم زيارتها كل أسبوع، وسائر محارمها كل سنة على الراجح، وقد اشترط المالكية[3] في حالة إذا اتهم الزوج أهل زوجته بإفسادها عليه أن تكون زيارتهم مع أمينة من جهته لا من جهتهم مع حضوره.

رأي القانون

لم تتطرق معظم القوانين لهذا الحق، وتطرقت إليه بعض القوانين، ومنها: قانون الأحوال الشخصية المغربي[4] حيث حيث نص في الفصل (35) على أن: " حقوق المرأة على الزوج وذكرت منها: السماح للزوجة بزيارة أهلها واستزارتهم بالمعروف ".

ومشروع القانون العربي[5] في المادة (42)، ومشروع القانون الخليجي[6] في المادة (38) على أن: " حقوق الزوجة على على الزوج وذكرت منها: السماح لها بزيارة أبويها، ومحارمها، واستزارتهم بالمعروف ".

المطلب الثاني

حرية المرأة في التصرف بمالها

أعطت الشريعة الإسلامية للمرأة حق التملك، وحق التصرف في مالها، فإن كانت مكلفة رشيدة فلها حق الولاية على مالها تتصرف فيه ما تشاء من بيع وشراء وإجارة وهبة وصدقة

---

[1] الاختيار: الموصلي 8/4، البحر الرائق: ابن نجيم 237/3، 212/4، الهداية: المرغيناني 43/2.

[2] الاختيار: الموصلي 8/4، البحر الرائق: ابن نجيم 237/3، 212/4، الهداية: المرغيناني 43/2، الخرشي: الخرشي 188/4، الشرح الصغير: الدردير 737/2.

[3] الخرشي: الخرشي 188/4.

[4] أحكام الأسرة: ابن معجوز ص 375، الوثائق العدلية: العراقي ص 129، مدونة الأحوال الشخصية: ص 16.

[5] المجلة العربية: الأمانة العامة ص 22.

[6] جريدة الخليج: ص 11.

وغيرها، أما إذا كانت قاصرة الأهلية أو فاقدتها، فالولاية على مالها لأبيها إن كان موجوداً، فإن لم يكن أبوها موجوداً فالولاية على مالها لوصي أبيها، فإن لم يوجد فلجدها أبي أبيها، فإن لم يوجد فلوصي جدها، فإن لم يوجد فللقاضي، ولمن يأذن له القاضي بالولاية على مالها.

وليس للزوج ولاية على مال الزوجة مطلقاً، إلا بتوكيل منها إن كانت أهلاً للتوكيل، أو بتوكيل من له حق الولاية على مالها في حالة كونها فاقدة الأهلية أو قاصرة الأهلية. فليس للزوج أن يأخذ شيئاً من مالها أو يتصرف فيه دون إذنها،

حيث يقول الله عز وجل: ﴿وَإِنْ أَرَدتُّمُ ٱسْتِبْدَالَ زَوْجٍ مَّكَانَ زَوْجٍ وَءَاتَيْتُمْ إِحْدَىٰهُنَّ قِنطَارًا فَلَا تَأْخُذُواْ مِنْهُ شَيْئًا أَتَأْخُذُونَهُ بُهْتَٰنًا وَإِثْمًا مُّبِينًا ۝ وَكَيْفَ تَأْخُذُونَهُ وَقَدْ أَفْضَىٰ بَعْضُكُمْ إِلَىٰ بَعْضٍ وَأَخَذْنَ مِنكُم مِّيثَٰقًا غَلِيظًا ۝﴾[1]، ويقول الله تعالى: ﴿وَلَا يَحِلُّ لَكُمْ أَن تَأْخُذُواْ مِمَّآ ءَاتَيْتُمُوهُنَّ شَيْئًا﴾[2]. فإذا كان يحرم على الزوج أن يأخذ شيئاً مما أعطاه لزوجته دون رضاها، فإنه يحرم عليه من باب أولى أن يأخذ شيئاً من ملكها الأصيل دون رضاها، أما إذا كان برضاً تام من الزوجة، وعن طيب نفس منها فإنه يحل، قال الله تعالى: ﴿وَءَاتُواْ ٱلنِّسَآءَ صَدُقَٰتِهِنَّ نِحْلَةً فَإِن طِبْنَ لَكُمْ عَن شَيْءٍ مِّنْهُ نَفْسًا فَكُلُوهُ هَنِيٓئًا مَّرِيٓئًا ۝﴾[3].

أما إذا استولى الزوج على شيء من مال الزوجة بدون إذنها، فهو غاصب، ويجب عليه رد ما استولى عليه إلى زوجته، فإن هلك في يده فعليه ضمانه بمثله إن كان مثلياً وبقيمته إن كان قيمياً، شأنه في ذلك شأن الأجنبي. وليس له أن يكلفها بالنفقة على البيت من مالها، بل يجب على الزوج أن ينفق على جميع حاجات البيت من ماله، فإن تبرعت من تلقاء نفسها وعن طيب خاطر منها بالنفقة على شيء من حاجات البيت، أو فعلت بنفسها شيئاً من ذلك صح تبرعها.

رأي القانون

أعطى القانون المغربي[4] للمرأة المتزوجة الحرية الكاملة في التصرف بأموالها وإدارتها حيث جاء في الفصل (35) من المدونة: "حقوق الرجل على المرأة وذكرت منها: للمرأة حريتها الكاملة في التصرف في مالها دون رقابة الزوجة، إذ لا ولاية للزوج على مال زوجته".

---

[1] سورة النساء: آية 20ـ21.
[2] سورة البقرة: آية 227.
[3] سورة النساء: آية 4.
[4] أحكام الأسرة: ابن معجوز ص 375، الوثائق العدلية: العراقي ص 129، مدونة الأحوال الشخصية: ص 16.

كما أعطى هذا الحق للزوجة مشروع القانون العربي[1] في المادة (42) ومشروع القانون الخليجي[2] في المادة (38) حيث جاء فيهما: " حقوق الزوجة على زوجها، وذكرتا منها: عدم التعرض لأموالها الخاصة، فلها التصرف فيها بكل حرية ".

المطلب الثالث

المحافظة على اسمها العائلي

لقد أعطى الإسلام للزوجة الحق في الاحتفاظ باسمها قبل الزواج، فهذا الاسم من أهم وأبرز ما يميز الزوجة عن غيرها، فهو يشكل خاصية من خصائص شخصيتها، لذلك يجب عليها أن تحتفظ باسمها العائلي، وتمارس حياتها بهذا الاسم، وتوقع به على الأوراق والوثائق في حياتها المدنية والتجارية، وليس لأحد ـ ولو كان زوجها ـ أن يجبرها على تغيير اسمها أو استخدام اسم زوجها بدلاً من اسمها العائلي.

رأي القانون

نصت بعض القوانين على هذا الحق نظراً لاستعمال بعض الزوجات في تلك الدول اسم زوجها بدلاً من اسم عائلتها، متأثرات بالأفكار الغربية، فقد جاء في الفصل (94) من المدونة: " تحتفظ المرأة المتزوجة باسمها العائلي وتوقع به وليس للزوج أن يلزمها بحمل اسمه أو نسبه ".

كما جاء في المادة (42) من مشروع القانون العربي[3] والمادة (38) من مشروع القانون الخليجي[4] ما نصه: " حقوق الزوجة على زوجها، وذكرتا منها: الاحتفاظ باسمها العائلي ".

هذا وقد أضاف كل من مشروع القانون العربي[5] في المادة (42)، ومشروع القانون الخليجي[6] في المادة (38): " حقوق الزوجة على زوجها، وذكرتا منها:عدم إضرارها مادياً أو معنوياً ". وهذا الحق بالرغم من أن الزوجة هي التي تتعرض للإضرار في الغالب إلا أنه حق

[1] المجلة العربية: الأمانة العامة ص 22.
[2] جريدة الخليج: ص 11.
[3] المجلة العربية: الأمانة العامة ص 22.
[4] جريدة الخليج: ص 11.
[5] المجلة العربية: الأمانة العامة ص 22.
[6] جريدة الخليج: ص 11.

مشترك بين الزوجين يقع ضمن حق حسن المعاشرة بين الزوجين، إذ أن من حسن المعاشرة عدم إضرار كل من الزوجين بالآخر إضراراً مادياً أو معنوياً.

المطلب الرابع

العـــدل

العدل مطلوب من الزوج، لأنه صاحب القوامة في الأسرة، وله الكلمة العليا في البيت، وله حق الطاعة والتأديب والمنع من الخروج، والقرار بيده، فهو صاحب الإرادة النافذة في البيت، لذلك فهو المسؤول عن إقامة العدل، والعدل المطلوب هو الذي تطمئن إليه النفس، وترتاح به القلوب، وتحفظ به الحقوق.

ومن هنا على الرجل المتزوج من زوجة واحدة أن يكون عادلاً معها، والعدل معها أن يعاشرها بالمعروف، وأن يعاملها بما يجب أن تعامله به، قال اللـه تعالى:﴿ **وعاشروهن بالمعروف**﴾[1]، ويجب عليه بذل ما يجب من حقها من غير مطل ولا إظهار كراهة، بل يؤديه وهو طلق الوجه، لأنه من العشرة بالمعروف، فعن أبي هريرة رضي اللـه عنه أن رسول اللـه صلى اللـه عليه وسلم قال:﴿ **مطل الغني ظلم** ﴾[2]، ويجب على الرجل الاستمتاع بزوجته، وقد ذهب جمهور الفقهاء إلى أنه يجب على الرجل أن يجامع زوجته، وأدنى ذلك مرة في كل طهر، إن قدر على ذلك، وإلا فهو عاص لله تعالى، وذهب الشافعية إلى أنه لا يجب عليه، لأنه حق له، فلا يجب عليه كسائر الحقوق، وذهب المالكية في رواية ولإمام أحمد إلى أنه مقدر بأربعة أشهر، لأن اللـه قدره في حق المولي بهذه المدة، فكذلك في حق غيره، وذهب الإمام الغزالي من الشافعية إلى أنه ينبغي أن يأتيها في كل أربع ليال مرة، فهو أعدل، لأن عدد النساء أربعة، فجاز التأخير إلى هذا الحد، وقيل يجب بقدر حاجتها وقدرته[3].

هذا وقد أباح اللـه تعالى للرجل أن يجمع في عصمته أربع زوجات بشرط العدل بينهن، فإن خاف من الجور والظلم وعدم الوفاء بحقوقهن جميعاً، وجب الاقتصار على الحد الذي يتمكن معه العدل بينهن، وإلا وجب الاقتصار على واحدة خشية الوقوع في الظلم والجور، فقد

---

[1] سورة النساء: آية 19.

[2] صحيح مسلم: مسلم 493/5.

[3] إحياء علوم الدين: الغزالي 373/3، كفاية الأخيار: الحصني 45/2، العدة: المقدسي ص 392، مجموعة الفتاوى: ابن تيميه 170/32، فقه السنة: سابق 188/2.

قال اللـه تعالى: ﴿ وإن خفتم ألا تقسطوا في اليتامى فأنكحوا ما طاب لكم من النساء مثنى وثلاث ورباع، فإن خفتم ألا تعدلوا فواحدة، أو ما ملكت أيمانكم، ذلك أدنى ألا تعولوا﴾[1].

لذلك وجب على الزوج أن يعدل بين زوجاته في حالة التعدد، والعدل مطلوب معهن جميعاً، فيجب عليه أن يعاملهن بما يجب أن يعاملنه به، وأن يكون عادلاً بينهن، فلا ينقص إحداهن في المعاملة عن الأخرى، بل يجب عليه أن يساوي في المعاملة بينهن، فما هو العدل المطلوب منه ؟.

مسألة: ما العدل المطلوب من الزوج مع زوجاته ؟

أجمع الفقهاء[2] على أن العدل المطلوب بين الزوجين هو العدل الظاهر المقدور عليه، لا الباطن غير المقدور عليه، إذ أن العدل في المشاعر الوجدانية من المحبة والميل القلبي لا يستطيعه أحد، فهو غالب على إرادة الإنسان ولا يملك التصرف فيه، ولا يكلف اللـه نفساً إلا وسعها، فقد قال اللـه تعالى: ﴿ لا يكلف اللـه نفساً إلا وسعها﴾[3].

وقد كان الرسول صلى اللـه عليه وسلم يقسم بين زوجاته ويعدل بينهن في كل شيء، ولكن قلبه الكريم كان يميل إلى عائشة ـ رضي اللـه عنها، فقد روي عنها أنها قالت: " **كان رسول اللـه صلى اللـه عليه وسلم يقسم فيعدل ـ ويقول: ﴿ اللهم هذا قسمي فيما أملك فلا تلمني فيما تملك ولا أملك﴾**[4]، قال أبو عيسى ـ في تفسير " فلا تلمني فيما تملك ولا أملك: " إنما يعني الحب والمودة، كذلك فسره أهل العلم "[5]، وقال عبيدة السلماني: في الحب والجماع[6].

وفي ذلك نزل قول اللـه تعالى:﴿ ولن تستطيعوا أن تعدلوا بين النساء ولو حرصتم، فلا تميلوا كل الميل فتذروها كالمعلقة﴾[7] أي لن تستطيعوا العدل في المحبة والميل القلبي والجماع، لأنها

---

[1] سورة النساء: آية 3.

[2] البحر الرائق: ابن نجيم 234/3، الهداية 222/1، الخرشي: الخرشي 2/4، الشرح الصغير: الدردير 505/2، مجموعة الفتاوى: ابن تيميه 169/32، الإقناع: الشربيني 140/2، مغني المحتاج: الشربيني 251/3، زاد المعاد: ابن قيم الجوزية 112/5، العدة: المقدسي ص 394.

[3] سورة البقرة: آية 286.

[4] سنن أبي داود: أبي داود 242/2، سنن الترمذي: الترمذي 375/2، السنن الكبرى: البيهقي 298/7، التاج: ناصف 323/2، سبل السلام: الصنعاني: 162/3، نيل الأوطار: الشوكاني 372/6.

[5] سنن الترمذي: الترمذي 375/2.

[6] العدة: المقدسي ص 394.

[7] سورة النساء: آية 129.

خارجة عن استطاعتكم، أما العدل المطلوب فهو العدل الظاهري كالمبيت والطعام والشراب والكسوة والسكن، لأنه داخل في استطاعة الإنسان وقدرته.

وقد نهى الإسلام من أن يكون الميل القلبي سبباً في ميل العشرة، والذي يكون معه ضياع الحقوق، فقال الله تعالى: **﴿ فلا تميلوا كل الميل فتذروها كالمعلقة ﴾**[1].

قال ابن كثير: " أي فإذا ملتم إلى واحدة منهن، فلا تبالغوا في الميل بالكلية، فتبقى الأخرى معلقة. قال ابن عباس وآخرون: أي لا ذات زوج ولا مطلقة "[2].

وفي وجوب العدل المستطاع، وعدم الإفراط في الميل إلى بعض الزوجات دون بعض، روى أبو هريرة رضي الله عنه عن النبي صلى الله عليه وسلم قال: **﴿ من كانت له امرأتان فمال إلى إحداهما جاء يوم القيامة وشقه مائل ﴾**[3].

مسألة: هل يشترط العدل في الجماع ؟

اتفق الفقهاء[4] على أنه لا يشترط العدل في الجماع ولا في سائر الاستمتاعات، وإنما يستحب، إلا أن يقصد بتركه ضرراً فيمنع، ويجب عليه ترك الضرر، لأنه يتبع المحبة والمودة والميل القلبي، ويتعلق بالنشاط والشهوة وهي لا تتأتى في كل وقت، قال ابن قدامه: " لا نعلم خلافاً بين أهل العلم في أنه لا تجب التسوية بين النساء في الجماع "[5].

ولكن الفقهاء اختلفوا في حكم الوطء على النحو التالي:

المذهب الأول: ذهب جمهور الفقهاء[6] إلى أن الوطء واجب على الرجل إذا لم يكن له عذر، وفصل الحنفية[7] فقالوا: بأنه لا يحل للزوج ترك الجماع مطلقاً، وأن الجماع أحياناً يجب

---

[1] سورة النساء: آية 129.

[2] مختصر تفسير ابن كثير: الصابوني 445/1.

[3] سنن أبي داود: أبي داود 242/2، التاج: ناصف 2/ 322، سبل السلام: الصنعاني 162/3، نيل الأوطار: الشوكاني 371/6.

[4] البحر الرائق: ابن نجيم 234/3، رد المحتار: ابن عابدين 202/3، الخرشي: الخرشي 2/4ـ3، الشرح الصغير: الدردير 505/2، مجموعة الفتاوى: ابن تيميه 169/32، الإقناع: الشربيني 140/2، كفاية الأخيار: الحصني 46/2، مغني المحتاج: الشربيني 251/3، زاد المعاد: ابن قيم الجوزية 112/5، العدة: المقدسي ص 394، المغني: ابن قدامه 148/8، الشرح الكبير 150/8.

[5] المغني: ابن قدامه 148/8.

[6] المغني: ابن قدامه 141/8.

[7] رد المحتار: ابن عابدين 202/3.

ديانة، ولا يجب قضاءً إلا مرة واحدة، ويجب أن لا يبلغ به مدة الإيلاء إلا برضاها وطيب نفسها به، وبعد المرة لا يجب لأنه حقه لا حقها، وقيل يجب عليه ويجبر في الحكم مرة إذا طالبته بالوطء، لأن حله حق لها، كما أن حلها حق له، والزيادة تجب ديانة عند بعضهم وعند البعض الآخر حكماً.

وقد استدلوا على ذلك بما يلي:

1. عن الشعبي: " أن كعب بن سوار كان جالساً عند عمر بن الخطاب، فجاءت امرأة، فقالت: يا أمير المؤمنين، ما رأيت رجلاً قط أفضل من زوجي، و الله إنه ليبيت ليله قائماً، ويظل نهاره صائماً، فاستغفر لها وثنى عليها، واستحيت المرأة وقامت راجعة، فقال كعب: يا أمير المؤمنين هلا أعديت المرأة على زوجها ؟ فجاء، فقال لكعب: اقض بينهما فإنك فهمت من أمرها ما لم أفهم، قال فإني أرى كأنها امرأة عليها ثلاث نسوة هي رابعتهن، فأقضي له بثلاثة أيام ولياليهن يتعبد فيهن، ولها يوم وليلة، فقال عمر: ما رأيك الأول بأعجب لي من الآخر، اذهب فأنت قاض أهل البصرة " وفي رواية: أن كعب حين قضى بين المرأة وزوجها قال: " إن لها عليك حقاً يا بعل تصيبها في أربع لمن عدل، فأعطها ذاك ودع عنك العلل "[1]، فاستحسن عمر قضاءه ورضيه.

2. لأن النكاح إنما شرع لمصلحة الزوجين، ودفع الضرر عنهما، وهو مفض إلى دفع ضرر الشهوة عن المرأة، كإفضائه إلى دفع ذلك عن الرجل، فيجب تعليله بذلك، ويكون النكاح حقاً لهما جميعاً، ولأنه لو لم يكن لها فيه حق لما وجب استئذانها في العزل كالأمة.

المذهب الثاني: ذهب الشافعية[2] إلى أنه لا يجب عليه الوطء، لأنه حق له، فلا يجب عليه كسائر حقوقه.

المذهب الثالث: ذهب القاضي من الحنابلة[3] إلى أن لا يجب عليه الوطء إلا أن يتركه للإضرار.

---

[1] المغني: ابن قدامه 140/8، 141.

[2] مغني المحتاج: الشربيني 251/3، المغني: ابن قدامه 141/8.

[3] المغني: ابن قدامه 140/8.

مسألة: فيم يكون العدل الظاهر ؟

العدل الظاهر يكون في أمرين هما:

أولاً: العدل في المبيت:

اتفق الفقهاء[1] على أنه يجب على الزوج أن يسوي بين زوجاته في المبيت عندهن، بحيث يبيت عند كل واحدة منهن بمقدار الليالي التي يبيتها عند الأخرى، وعماد القسم الليل، وذلك لأن الليل للسكن والإيواء، والنهار للمعاش والخروج للتكسب والاشتغال، قال الله تعالى:﴿ وجعل الليل سكناً ﴾[2]، وقال تعالى: ﴿ وجعلنا الليل لباساً، وجعلنا النهار معاشاً﴾[3]، وقال تعالى:﴿ ألم يروا أنا جعلنا الليل ليسكنوا فيه والنهار مبصراً﴾[4]، والنهار يدخل في القسم تبعاً لليل، وبناءً على ذلك يقسم الرجل بين نسائه الليل، ويكون النهار لمعاشه وقضاء حقوق الناس وما شاء مما يباح له، إلا أن يكون ممن عمله ومعاشه بالليل كالحارس، فإنه يقسم بين نسائه في النهار، ويكون الليل في حقه كالنهار في حق غيره.

وقد استدلوا على ذلك بما روته السيدة عائشة ـ رضي الله عنها ـ:**﴿ أن سودة بنت زمعة ـ رضي الله عنها ـ وهبت يومها لعائشة، وكان النبي صلى الله عليه وسلم يقسم لعائشة بيومها ويوم سودة ﴾**[5].

وعن عائشة ـ رضي الله عنها ـ قالت:**﴿ أن رسول الله صلى الله عليه وسلم مات في اليوم الذي كان يدور علي فيه في بيتي، فقبضه الله، وإن رأسه نحري وسحري وخالط ريقه ريقي ﴾**[6]، وقد قبض الرسول صلى الله عليه وسلم نهاراً، ويتبع اليوم الليلة الماضية، لأن النهار تابع لليل.

---

[1] الاختيار: الموصلي 116/3، البحر الرائق: ابن نجيم 234/3، رد المحتار: ابن عابدين 202/3، 208، كفاية الأخيار: الحصني 45/2، مغني المحتاج: الشربيني 251/3ـ253، نهاية المحتاج: الرملي 379/6، حاشية الصاوي: الصاوي 506/2، الشرح الصغير: الدردير 505/2، الكافي: القرطبي 561/2، مجموعة الفتاوى: ابن تيميه 169/32، العدة: المقدسي ص394، المغني: ابن قدامه 138/8، 144، الشرح الكبير: المقدسي 149/8.

[2] سورة الأنعام: آية 96.

[3] سورة النساء: آية 10.

[4] سورة النمل: آية 86.

[5] صحيح البخاري: البخاري 58/7.

[6] صحيح البخاري: البخاري 61/7.

وقد اختلف الفقهاء في مدة الإقامة عند كل واحدة منهن على النحو التالي:

المذهب الأول: ذهب جمهور الفقهاء[1] إلى أن الأولى والأفضل أن يقسم بين النساء ليلة ليلة، إقتداء بسنة الرسول صلى الله عليه وسلم ، ولأن ذلك أقرب إلى التسوية في الحقوق، فإن أحب الزيادة على ذلك، فليس له ذلك عند المالكية والحنابلة إلا برضاهن، وله أن يقسم ليلتين ليلتين، أو ثلاث ثلاث عند الشافعية في الصحيح والقاضي من الحنابلة، من غير رضاهن، ولا تجوز الزيادة على ذلك إلا برضاهن.

المذهب الثاني: ذهب جمهور الحنفية[2] إلى أن مدة الإقامة عند كل واحدة ليست مقدرة في الشريعة، بل هي مما يرجع تقديرها إليه لأن المستحق هو التسوية دون طريقه، فإذا أقام عند إحداهن مدة معينة وجب عليه أن يقيم عند الأخرى مثلها، كأن يبيت عند إحداهن ليلتين، فيجب عليه أن يبيت عند الأخرى ليلتين.

وللزوج أن يبدأ القسم بأية زوجة منهن، ولا يجب عليه أن يبدأ بواحدة منهن، فلا يجب عليه أن يبدأ بأسبقهن ولا بأخراهن، ولا بالأكبر سناً أو الأصغر، وهكذا، لكنه إذا بدأ بواحدة وجب أن يثني بالأخرى، وذهب الحنابلة والشافعية في الصحيح[3] إلى أنه لا يجوز له أن يبتدئ بواحدة منهن إلا بقرعة، لأن البداءة فيها تفضيل لها، والتسوية واجبة، ولأنهن متساويات في الحق، ولا يمكن الجمع بينهن، فوجب المصير إلى القرعة، كما لو أراد السفر بإحداهن، وقد بين لنا الرسول صلى الله عليه وسلم المنهج النبوي في ذلك حيث كان لا يفضل زوجة على أخرى في القسم مع أن قلبه عليه السلام كان يميل إلى السيدة عائشة رضي الله عنه فقد قالت السيدة عائشة -رضي الله عنها: **﴿ كان رسول الله صلى الله عليه وسلم لا يفضل بعضنا على بعض في القسم، من مكثه عندنا، وكان قل يوم إلا وهو يطوف علينا جميعاً، فيدنو من كل امرأة من غير مسيس حتى يبلغ إلى التي هو يومها فيبيت عندها ﴾**[4].

---

[1] البحر الرائق: ابن نجيم 3/ 235، منحة الخالق: ابن عابدين 235/3، الخرشي: الخرشي 4/4ـ6، الشرح الصغير: الدردير 506/2ـ507، الكافي: القرطبي 561/2، مغني المحتاج: الشربيني 255/3، الشرح الكبير: المقدسي 156/8، المغني: ابن قدامه 151/8.

[2] الهداية: المرغيناني 222/1.

[3] المغني: ابن قدامه 138/8، مغني المحتاج: الشربيني 251/3، 255، نهاية المحتاج: الرملي 379/6، العدة: المقدسي 395.

[4] سنن أبي داود: أبي داود 242/2، السنن الكبرى: البيهقي 300/7، التاج: ناصف 2/ 322، سبل السلام: الصنعاني 164/3، نيل الأوطار: الشوكاني 371/6.

أما إذا أراد السفر ببعض نسائه، فقد اختلف الفقهاء في هذه المسألة على النحو التالي:

المذهب الأول: ذهب جمهور الفقهاء[1] ـ الشافعية والحنابلة والمالكية في قول والظاهرية ـ إلى أنه لا يجوز له أن يسافر بإحداهن إلا أن يقرع بينهن فيسافر بمن خرجت قرعتها، أو برضاهن، وقد استدلوا على ذلك بما روته عائشة ـ رضي الله عنها ـ:**﴿ أن النبي صلى الله عليه وسلم إذا خرج أقرع بين نسائه، فطارت القرعة لعائشة وحفصة﴾**[2]، ولأنه إذا سافر دون رضاهن وبغير قرعة بواحدة منهن، فقد مال إليها، وهذا ظلم لا يحل.

المذهب الثاني: ذهب الحنفية والمالكية في قول[3] إلى له أن يسافر بمن شاء منهن، ولا يجب عليه أن يقرع بينهن، ويستحب له ذلك تطييباً لقلوبهن، لأن له ألا يستصحب واحدة منهم، فله ألا يقرع بينهن ويسافر بمن شاء منهن.

وقد اختلفوا في حكم القضاء لمن لم تسافر معه منهن على النحو التالي:

المذهب الأول: ذهب الحنفية والمالكية[4] إلى أنه لا يقضي سواء أقرع أو لم يقرع، لأنه كان متبرعاً لا موفياً حقاً.

المذهب الثاني: ذهب الشافعية والحنابلة والظاهرية[5] إلى أنه إن أقرع أو خرج برضاهن لم يقض وإن لم يقرع قضى.

ولا يحوز للزوج أن يقيم عند واحدة منهن أكثر مما يقيم عند الأخرى، إلا أن ترضى الأخرى بذلك، وتتنازل عن حقها للأخرى بشرط رضا الزوج، فقد صح أن رسول الله صلى الله عليه وسلم

---

[1] الإقناع: الشربيني 142/2، كفاية الأخيار: الحصني 46/2، مغني المحتاج: الشربيني 257/3، الشرح الصغير: الدردير 511/2، الكافي: القرطبي 563/2، زاد المعاد: ابن قيم الجوزية 112/5، العدة: المقدسي ص 395، المغني: ابن قدامه 159/8، المحلى: ابن حزم 217/9.

[2] صحيح البخاري: البخاري 59/7، صحيح مسلم: مسلم 222/8.

[3] الاختيار: الموصلي 117/2، البحر الرائق: ابن نجيم 236/3، الهداية: المرغيناني 222/2، الشرح الصغير: الدردير 511/2، الكافي: القرطبي 563/2.

[4] الاختيار: الموصلي 117/3، الهداية: المرغيناني 222/2، زاد المعاد: ابن قيم الجوزية 112/5.

[5] الإقناع: الشربيني 142/2، كفاية الأخيار: الحصني 46/2، مغني المحتاج: الشربيني 258/3، زاد المعاد: ابن قيم الجوزية 112/5، الشرح الكبير: المقدسي 161/8، المغني: ابن قدامه 157/8، المحلى: ابن حزم 9/217

تزوج سودة بنت زمعة بمكة بعد وفاة خديجة بنت خويلد، ودخل عليها بها، وهاجرت معه إلى المدينة، حتى إذا كبرت وخافت أن يفارقها رسول الله صلى الله عليه وسلم وهبت يومها لعائشة وقبل الرسول صلى الله عليه وسلم ذلك منها، فقد روت السيدة عائشة ـ رضي الله عنها ـ: **﴿ أن سودة بنت زمعة ـ رضي الله عنها ـ وهبت يومها لعائشة، وكان النبي صلى الله عليه وسلم يقسم لعائشة بيومها ويوم سودة ﴾**[1].

ولكن الفقهاء فصلوا في هذه المسألة حيث ذهب الجمهور[2] إلى أنه إن وهبت الزوجة ليلتها لإحداهن، فإنه لا يجوز له جعلها لغير الموهوبة، وذهب الحنفية[3] إلى أنه يجوز له أن يجعل ليلتها لمن شاء، لأن هذه الهبة إنما هي إسقاط عنه، فله أن يجعل حصتها لمن شاء.

أما إن وهبتها للزوج، فقد ذهب الحنفية والحنابلة والشافعية في رواية [4] إلى أن له أن يجعلها لمن شاء منهن، وذهب المالكية والشافعية في رواية[5] إلى أنه ليس له أن يجعلها لمن شاء منهن، وإنما يسوي بينهن، فيجعل تلك الليلة لمن يليها في القسم وكأنها غير موجودة

وإذا رجعت الزوجة في الهبة عاد حقها، ولها ذلك في المستقبل، لأنها أسقطت حقاً لم يجب بعد، وليس لها الرجوع فيما مضى، لأنه بمنزلة المقبوض[6].

ولا يجوز للزوج أن يدخل على غير صاحبة النوبة إلا لحاجة، كأن تكون مريضة، فيدخل عليها لعيادتها، وعليه القضاء إن طال مكثه وإلا فلا، وله الدخول عليها نهاراً لوضع متاع ونحوه، ولا قضاء عليه وإن طال مكثه في الراجح، ولكن لا يطأها في غير نوبتها[7].

---

[1] صحيح البخاري: البخاري 58/7.

[2] الخرشي: الخرشي 6/4، الشرح الصغير: الدردير 509/2، مغني المحتاج: الشربيني 258/3، نهاية المحتاج: الرملي 389/6، زاد المعاد: ابن القيم 112/5، العدة: المقدسي ص 395 ـ الشرح الكبير: المقدسي 163/8

[3] البحر الرائق: ابن نجيم 236/3.

[4] البحر الرائق: ابن نجيم 236/3، مغني المحتاج: الشربيني 258/3، نهاية المحتاج 389/6، زاد المعاد: ابن القيم 112/5، العدة ص 395، الشرح الكبير: المقدسي 163/8.

[5] الخرشي: الخرشي 7/4، الشرح الصغير: الدردير 509/2، مغني المحتاج: الشربيني 258/3، نهاية المحتاج: الرملي 389/6.

[6] البحر الرائق: ابن نجيم 236/3، الهداية: المرغيناني 222/2، مغني المحتاج: الشربيني 258/3، نهاية المحتاج 389/6، الخرشي: الخرشي 6/4، الشرح الصغير: الدردير 509/2 زاد المعاد: ابن قيم الجوزية 113/5، الشرح الكبير: المقدسي 164/8، المغني: ابن قدامه 153/8.

[7] رد المحتار: ابن عابدين 207/3، الإقناع: الشربيني 141/2، كفاية الأخيار: الحصني 46/2، مغني المحتاج: الشربيني 254/3، نهاية المحتاج: الرملي 383/6، الخرشي: الخرشي 4/4، الشرح الصغير: الدردير 511/2 الكافي: القرطبي 563/2، زاد المعاد: ابن القيم الجوزية 113/5، العدة: المقدسي ص 395.

كما يجوز[1] لنسائه كلهن أن يجتمعن في بيت صاحبة النوبة يتحدثن إلى أن يجيء وقت النوم، فتؤوب كل واحدة إلى منزلها، فعن أنس رضي الله عنه : **﴿أن زوجات الرسول صلى الله عليه وسلم كن يجتمعن كل ليلة في بيت التي يأتيها﴾**[2].

ويحرم على الزوج أن يقيم بمسكن واحدة ويدعوهن إليه، لأن إتيان بيت الضرة شاق على النفس، ولا يلزمهن الإجابة، فإن أجبن فلصاحبة البيت المنع، وإن كان البيت ملك الزوج، لأن حق السكنى فيه لها، وأن يجمع بين ضرتين أو أكثر في مسكن واحد إلا برضاهن، لأن ذلك ليس من العشرة بالمعروف، ولأنه يؤدي إلى الخصومة[3].

ويجب على الزوج أن يقسم بين زوجاته في الصحة والمرض، ويستأذنهن في حقهن إذا دعا داع أن يبيت عند إحداهن دونهن، فها هو الرسول صلى الله عليه وسلم كان يقسم بين أزواجه في صحته ومرضه، حتى أذن له أزواجه في القرار في بيت عائشة ـ رضي الله عنها ـ ولولا أن القسم حقهن في المرض ما كان عليه الصلاة والسلام في حاجة إلى إذنهن ليقر في بيت عائشة، فعن عائشة ـ رضي الله عنها ـ: **﴿أن رسول الله صلى الله عليه وسلم كان يسأل في مرضه الذي مات فيه أين أنا غداً ؟ أين أنا غداً ؟ يريد يوم عائشة، فأذن له أزواجه يكون حيث شاء فكان في بيت عائشة حتى مات عندها، قالت عائشة: فمات في اليوم الذي كان يدور علي فيه في بيتي، فقبضه الله، وإن رأسه نحري وسحري وخالط ريقه ريقي﴾**[4].

ولا فرق في القسم بين أن تكون الزوجة بكراً أو ثيباً، مسلمة أو كتابية، ولكنهم اختلفوا إذا تزوج زوجة جديدة على النحو التالي:

المذهب الأول: ذهب جمهور الفقهاء ـ الشافعية والمالكية والحنابلة والظاهرية[5] ـ إلى أنه إذا تزوج جديدة خصها خصها بسبع ليال إن كانت بكراً، وبثلاث ليال إن كانت ثيباً، وليس عليه

---

[1] زاد المعاد: ابن قيم الجوزية 113/5.
[2] صحيح مسلم: مسلم 302/5.
[3] البحر الرائق: ابن نجيم 237/3، الإقناع: الشربيني 141/2، مغني المحتاج: الشربيني 253/3 الخرشي: الخرشي 5/4، حاشية الصاوي: الصاوي 507/2 الكافي: القرطبي 561/2.
[4] صحيح البخاري: البخاري 61/7.
[5] الإقناع: الشربيني 143/2، مغني المحتاج: الشربيني 256/3، نهاية المحتاج: الرملي 387/6، الخرشي: الخرشي 4/4، الكافي: القرطبي 562/2، زاد المعاد: ابن قيم الجوزية 109/5 111، المغني: ابن قدامه 159/8، المحلى: ابن حزم 211/9.

قضاء ذلك للأخريات، وله أن يقيم عندها سبعاً وعليه قضاء الزائد للأخريات، ثم دار بعد ذلك بالقسم على نسائه، ولا يقسم للناشز منهن. فعن أبي قلابة عن أنس رضي الله عنه قال: **﴿ من السنة إذا تزوج الرجل البكر على الثيب أقام عندها سبعاً، وقسم، وإذا تزوج الثيب على البكر أقام عندها ثلاثاً، ثم قسم ﴾**[1]، **قال أبو قلابة ولو شئت لقلت إن أنساً رفعه إلى النبي** صلى الله عليه وسلم [2].

وعن أبي بكر بن عبد الرحمن: **﴿ أن رسول الله صلى الله عليه وسلم حين تزوج أم سلمة -رضي الله عنها- فدخل عليها، فأراد أن يخرج أخذت بثوبه، فقال رسول الله صلى الله عليه وسلم : إن شئت زدتك وحاسبتك به، للبكر سبع وللثيب ثلاث "﴾**[3].

المذهب الثاني: ذهب الحنفية[4] إلى أنه لا فرق بين الثيب والبكر، فيجب أن يسوي بينهما في المبيت، حتى ولو كانت زوجة جديدة، وقد استدلوا على ذلك بما روى أبو هريرة رضي الله عنه عن النبي صلى الله عليه وسلم قال: **﴿من كانت له امرأتان فمال إلى إحداهما جاء يوم القيامة وشقه مائل﴾**[5]، ولأن القسم من حقوق النكاح ولا تفاوت بينهن في ذلك.

واختلف الفقهاء في القسم بين الحرة والأمة على مذهبين:

المذهب الأول: ذهب جمهور الفقهاء[6] إلى أنه يقسم لزوجته الأمة ليلة وللحرة ليلتين، وقد استدلوا على ذلك بما يلي:

1. عن علي رضي الله عنه أنه قال: " إذا تزوج الحرة على الأمة قسم للأمة ليلة وللحرة ليلتين ".

2. لأن الحرة يجب تسليمها ليلاً ونهاراً، فكان حظها أكثر في الإيواء.

---

[1] صحيح البخاري: البخاري 60/7، واللفظ له، صحيح مسلم: مسلم 300/5.
[2] صحيح البخاري: البخاري 60/7.
[3] صحيح مسلم: مسلم 299/5.
[4] الاختيار: الموصلي 116/3، البحر الرائق: ابن نجيم 235/3، رد المحتار: ابن عابدين 206/3، الهداية: المرغيناني 222/2.
[5] سنن أبي داود: أبي داود 242/2، التاج: ناصف 2/ 322، سبل السلام: الصنعاني 162/3، نيل الأوطار: الشوكاني 371/6.
[6] الاختيار: الموصلي 116/3، البحر الرائق: ابن نجيم 236/3، منحة الخالق: ابن عابدين 236/3، الهداية: المرغيناني 222/2، الكافي: القرطبي 562/2 الشرح الكبير: المقدسي 151/8، العدة: المقدسي ص 395، المغني: ابن قدامه 148/8.

المذهب الثاني: ذهب المالكية في رواية[1] إلى أنه يسوى بين الحرة والأمة، لأنهما سواء في حقوق النكاح من النفقة والسكنى وقسم الابتداء وكذلك هنا.

ثانياً: العدل في النفقة ـ الطعام والكسوة والسكنى ـ:

اختلف الفقهاء في حكم العدل بين الزوجات في النفقة، فذهب الحنفية والمالكية في رواية[2] إلى أنه يجب على الزوج أن يسوي بين زوجاته في النفقة، وكذلك في الصحبة، فإن زاد إحداهما على الأخرى في النفقة والكسوة والسكنى لم يعدل، وذلك لأن النفقة عندهم تقدر بحسب حال الزوج يسراً وعسراً، فالنفقة لهن واحدة لا فرق بين فقيرة وغنية. وذهب المالكية في رواية والحنابلة[3] إلى أنه لا يجب على الزوج أن يسوي بين زوجاته في النفقة، إذا قام بالواجب لكل واحدة منهن، فله أن يزيد إحداهن على الأخرى في النفقة والكسوة ما لم ينقص غيرها من حقها، وإنما يستحب التسوية في النفقة، وذلك لأن التسوية تشق، فلو وجب لم يمكنه القيام به إلا بحرج، فسقط وجوبه كالتسوية في الوطء.

والذي أراه أنه يجب الأخذ برأي الحنفية ومن وافقهم الذي يوجب على الزوج أن يعدل بين زوجاته في النفقة والتي تشمل الطعام والكسوة والسكنى، فالذين أباحوا للزوج أن يزيد إحدى زوجاته على الأخرى في النفقة لم يقيدوه بحال الزوجة أو غيره من القيود، وإنما جعلوا هذا الحق مطلقاً للزوج دون تقييد، وليس في هذا شيء من العدل، بل فيه ظلم وجور، لأن الزوج في هذه الحالة يفضل ويميز إحدى زوجاته على الباقي في النفقة دون سبب، بل تبعاً لهواه وميله القلبي نحو تلك الزوجة، وفيه إيذاء لبقية زوجاته، والأصل في العدل أن يكون في كل شيء حتى النفقة، وكذلك فإنه يجب على الزوج أن يعدل بين أولاده في النفقة، وهؤلاء الأولاد من زوجاته على اختلاف حالهن، وكل واحدة أولادها معها في بيتها، فإذا فضل إحدى زوجاته في النفقة، فإن ذلك تفضيل لأولاده منها على غيرهم لأنهم يشتركون معها في النفقة، وهذا حرام ولا يحقق العدل بين الأولاد، ولذلك يجب عليه أن يعدل بينهن، وإلا لم يتحقق العدل بين الأولاد.

---

[1] الكافي: القرطبي 562/2، الخرشي: الخرشي 4/4، الشرح الكبير: المقدسي 151/8، المغني: ابن قدامه148/8.

[2] البحر الرائق: ابن نجيم 234/3، رد المحتار: ابن عابدين 202/3.

[3] الإقناع: الشربيني 2/ الخرشي: الخرشي 2/4، المغني: ابن قدامه 144/8.

أما إذا ظلم الزوج إحدى زوجاته في معاملتها كأن يحرمها أو ينقصها حقها ولا يوفيها إياه، فقد ذهب الحنفية والشافعية[1] إلى أن للزوجة التي جار عليها أن ترفع أمرها إلى القاضي، وعلى القاضي أن يدعوه ويتحقق من الأمر، فإذا ثبت عنده ما تدعيه الزوجة، أمره بالعدل وما مضى هدر غير أنه آثم فيه، لأن القسمة فيه تكون بعد الطلب، كما أن التعزير يورث وحشة بينهما، فإن عاد وطلبت من القاضي تعزيره، زجره القاضي وعزره بما يليق به ويراه رادعاً له، وأمره بالعدل وعدم التعدي عليها ولا يفرق بينهما.

وذهب المالكية[2] إلى أن للزوجة أن ترفع أمرها إلى القاضي، فإذا ثبت لدى القاضي أن الزوج يضار زوجته ويمنعها حقوقها، فإنه يزجره عن ذلك ويتولى باجتهاده زجره بما يراه رادعاً له، فإن طلبت الطلاق، وكان الضرر الذي ادعته لا يستطاع معه العشرة بين أمثالهما، وعجز القاضي عن الإصلاح بينهما، طلقها القاضي عليه طلقة بائنة.

هذه أمور جعلتها الشريعة الإسلامية نموذجاً للعدل الذي يجب على الزوج القيام به نحو زوجاته والهدف منها بيان أنه يجب على الزوج عدم إيذاء إحدى زوجاته بإيثار غيرها عليها في أمر من الأمور، وأنه يجب عليه أن يبذل كل جهده لإرضاء زوجاته جميعهن، فإنه باستطاعته أن يعدل بين زوجاته في الأمور الظاهرة ـ وإن كان لا يستطيع العدل في الميل القلبي والمحبة ـ فعليه أن يحمل نفسه على العدل بين زوجاته في ما هو مقدور عليه، ولا يقصر في شيء من ذلك.

رأي القانون

نصت قوانين الأحوال الشخصية على وجوب العدل في الأمور الظاهرة، ومن ذلك القانون الأردني[3] حيث جاء في المادة (40) منه: " على من له أكثر من زوجة أن يعدل بينهن، ويساوي بينهن في المعاملة، ولبس له إسكانهن في دار واحدة إلا برضاهن ".

والقانون السوداني[4] في المادة (51) ومشروع القانون العربي[5] في المادة (42) ومشروع القانون الخليجي[6] في المادة (32): " حقوق الزوجة على زوجها وذكرت منها: العدل بينهما وبين بقية الزوجات، إن كان للزوج أكثر من زوج ".

---

[1] البحر الرائق: ابن نجيم 235/3، مغني المحتاج: الشربيني 260/3.

[2] الخرشي: الخرشي 8/4.

[3] مجموعة التشريعات: الظاهر ص 111، القرارات القضائية: عمرو ص 366.

[4] قانون الأحوال الشخصية السوداني: ص 21.

[5] المجلة العربية: الأمانة العامة ص 22.

[6] جريدة الخليج: ص 11.

والقانون المغربي[1] في الفصل (35): " حقوق المرأة على الزوج: " 2. العدل والتسوية إذا كان الرجل متزوجاً بأكثر من واحدة ".

المطلب الخامس

المهر*

الفرع الأول

تعريف المهر ومشروعيته

المسألة الأولى: تعريف المهر

أولاً: تعريف المهر في اللغة:

مَهَرَ المرأة مَهْراً، أي جعل لها مهراً، وأعطاها مهراً، أمْهَّر المرأة: سمى لها مهراً، أو أعطاها المهر[2]، والمَّهْر: صداق المرأة، والجمع مُهُور، ومُهورَة[3].

وفي حديث أم حبيبة: وأمهرها النجاشي من عنده، ساق لها مهرها، وهو الصداق.

والصداق مأخوذ من الصدق، وهو الشديد الصلب، لأنه أشد الأعواض ثبوتاً، فإنه لا يسقط بالتراضي[4].

ثانياً: تعريف المهر في الاصطلاح:

عرف الفقهاء المهر بتعريفات عدة نذكر منها:

1ـ تعريف الحنفية: " اسم للمال الذي يجب في عقد النكاح على الزوج في مقابلة البضع إما بالتسمية أو بالعقد "[5].

---

[1] أحكام الأسرة: ابن معجوز ص 357،مدونة الأحوال الشخصية: ص 16، الوثائق العدلية: العراقي ص 129.

* للمهر عدة أسماء ذكرت في القرآن والسنة وهي: المهر، الصداق، الصدقة، النحلة، الفريضة، الأجر، العلائق، العقر، الحباء، فريضة، طولاً، نكاحاً، وقد جمعت هذه الأسماء وغيرها في بيتين من النظم هما:

صَدَاقٌ، ومَهْرٌ، نِحْلَةٌ، وفَريضةٌ ... حِبَاءٌ، وأجر، ثم عقر، علائِقٌ

وَطَوْل، نكاح، ثم خَرس تمامها ... فَفَرْدٌ وعشر عدا ذلك مُوَافِقُ

[2] لسان العرب: ابن منظور 184/5، المعجم الوسيط: إبراهيم مصطفى 896/2.

[3] المصباح المنير: الفيومي 801/2، المعجم الوسيط: إبراهيم مصطفى 896/2.

[4] كفاية الأخيار: الحصني 38/2.

[5] رد المحتار: ابن عابدين 101/3.

2ـ تعريف المالكية: " ما يجعل للزوجة في نظير الاستمتاع بها "[1].

3ـ تعريف الشافعية: " ما وجب بنكاح أو وطء أو تفويت بضع قهراً كرضاع ورجوع شهود "[2].

4ـ تعريف الحنابلة: " العوض المسمى في عقد النكاح أو المسمى بعده "[3].

ويمكننا تعريف المهر بأنه:

"المال الذي يجب على الرجل للمرأة بسبب عقد الزواج عليها أو وطئه لها "

ثالثاً: تعريف المهر في القانون

1- تعريف القانون المغربي في الفصل (16) ومشروع القانون العربي في المادة (35): " ما يبذله الزوج من المال المشعر بالرغبة في عقد الزواج لإنشاء أسرة، وتثبيت أسس المودة والعشرة "[4].

2ـ تعريف القانون الخليجي الموحد في المادة (31): " ما يبذله الزوج من مال بقصد الزواج "[5].

المسألة الثانية: مشروعية المهر

أولاً: مشروعية المهر:

المهر مشروع في الكتاب والسنة والإجماع:

1ـ الأدلة من الكتاب:

I. قال الله تعالى: ﴿ وأحل لكم ما وراء ذلكم أن تبتغوا بأموالكم محصنين غير مسافحين فما استمتعتم به منهن فآتوهن أجورهن فريضة، ولا جناح عليكم فيما تراضيتم به من بعد الفريضة﴾[6]

---

[1] الشرح الصغير: الدردير 428/2.

[2] مغني المحتاج: الشربيني 220/3.

[3] مطالب أولي النهى: الرحيباني 173/5.

[4] مدونة الأحوال الشخصية: ص 11، المجلة العربية: الأمانة العامة ص 21.

[5] جريدة الخليج: ص11.

[6] سورة النساء: آية 34.

ب. قال الله تعالى: ﴿ وآتوا النساء صدقاتهن نحلة ﴾[1]

ج. قال الله تعالى: ﴿ فما استمتعتم به منهن فأتوهن أجورهن فريضة ﴾[2].

2ـ الأدلة من السنة النبوية:

أ. عن أنس رضي الله عنه : ﴿ أن النبي صلى الله عليه وسلم رأى على عبد الرحمن بن عوف أثر صفرة، فقال: ما هذا ؟ قال: يا رسول الله ! إني تزوجت امرأة على وزن نواة من ذهب، قال: فبارك الله لك، أولم ولو بشاه ﴾[3].

ب. عن أنس رضي الله عنه عن النبي صلى الله عليه وسلم : **﴿ أنه أعتق صفية وجعل عتقها صداقها ﴾ [4].**

ج. عن سهل بن سعد الساعدي أن رسول الله صلى الله عليه وسلم قال للرجل الذي طلب منه أن يزوجه من امرأة جعلت أمرها للرسول صلى الله عليه وسلم : **﴿ هل عندك من شيء ؟ فقال: لا. و الله يا رسول الله !فقال اذهب إلى أهلك، فانظر هل تجد شيئاً ؟ فذهب ثم رجع، فقال لا، و الله ! ما وجدت شيئاً، فقال رسول الله صلى الله عليه وسلم انظر ولو خاتِم من حديد ﴾[5].**

د. عن عمر بن الخطاب رضي الله عنه قال: قال رسول الله صلى الله عليه وسلم : **﴿أنكحوا الأيامى، قالوا: يا رسول الله ما العلائق ؟ قال ما تراضى عليه أهلوهم ﴾[6].**

3- الإجماع:

أجمع المسلمون على مشروعية الصداق في النكاح.

ثانياً: حكم المهر

المهر واجب على الزوج، والدليل على وجوب المهر الكتاب والسنة والإجماع:

---

[1] سورة النساء: آية 4.

[2] سورة النساء: آية 24.

[3] صحيح مسلم: مسلم 230/5.

[4] صحيح مسلم: مسلم 236/5.

[5] صحيح مسلم: مسلم 228/5.

[6] السنن الكبرى: البيهقي 239/7.

1ـ الأدلة من الكتاب:

أ. قال اللـه تعالى: ﴿ وأحل لكم ما وراء ذلكم أ تبتغوا بأموالكم محصنين غير مسافحين فما استمتعتم به منهن فآتوهن أجورهن فريضة، ولا جناح عليكم فيما تراضيتم به من بعد الفريضة﴾[1]

ب. قال اللـه تعالى: ﴿ وآتوا النساء صدقاتهن نحلة ﴾[2]

2ـ الأدلة من السنة النبوية:

إن النبي صلى اللـه عليه وسلم كان يزوج بناته وغيرهن، ويتزوج، فلم يكن يخلي ذلك من صداق، ولو لم يكن واجباً لتركه مرة ليدل على عدم الوجوب.

3ـ الإجماع:

أجمع المسلمون منذ عهد الصحابة وإلى يومنا هذا على وجوب المهر.

والمهر أثر من آثار عقد الزواج وحكماً من أحكامه، وليس ركناً من أركانه ولا شرطاً من شروط صحته، ويصح العقد ولو لم يسم الزوجان مهراً، ويلزم الزوج بالمهر بمجرد العقد، ولو اتفق الزوجان على عدم تسميته، فإن هذا الاتفاق باطل والمهر لازم[3].

والدليل على ذلك: **1. قال اللـه تعالى:** ﴿ لا جناح عليكم إن طلقتم النساء ما لم تمسوهن أو تفرضوا لهن فريضة ومتعوهن على الموسع قدره وعلى المقتر قدره﴾[4].

وجه الدلالة:

قضى اللـه تعالى في هذه الآية بصحة الطلاق في عقد لم يسم فيه مهر، ولا يكون الطلاق إلا إذا كان عقد الزواج صحيحاً، فدل على أن المهر ليس شرطاً لصحة العقد.

2- عن عقبة بن عامر **رضي اللـه عنه** أن النبي **صلى اللـه عليه وسلم** قال لرجل: ﴿ " **أترضى أن أزوجك فلانة " قال نعم، وقال للمرأة " أترضين أن أزوجك فلاناً "، فقالت: نعم، فزوج أحدهما صاحبه، ولم يفرض لها صداقاً ولم يعطها شيئاً، وكن ممن شهد الحديبية، وكان من شهد الحديبية له سهم بخيبر،**

---

[1] سورة النساء: آية 34.

[2] سورة النساء: آية 4.

[3] البحر الرائق: ابن نجيم 152/3، كفاية الأخيار: الحصني 38/2، العدة: المقدسي ص 385.

[4] سورة البقرة: آية 236.

فلما حضرته الوفاة قال: إن رسول الله صلى الله عليه وسلم زوجني فلانة ولم أفرض لها صداقاً ولم أعطها شيئاً، وإني أشهدكم أني أعطيتها سهمي بخيبر، فأخذت سهماً، فباعته بمائة ألف ﴾[1].

3- عن عبد الله بن مسعود أنه قضى في رجل تزوج امرأة، فمات عنها ولم يدخل بها، ولم يفرض لها صداقاً ولم يعطها شيئاً بأن لها صداقاً كصداق نسائها لا وكس ولا شطط، وإن لها الميراث، وعليها العدة، فإن يك صواباً فمن الله، وإن يكن خطأ فمني ومن الشيطان، و الله ورسوله بريئان، فقام ناس من أشجع فيهم الجراح وأبو سنان فقالوا: يا ابن مسعود، نحن نشهد أن رسول الله قضاها فينا في بروع بنت واشق، وإن زوجها هلال بن مرة الأشجعي، كما قضيت قال: ففرح عبد الله بن مسعود فرحاً شديداً حين وافق قضاؤه قضاء رسول الله صلى الله عليه وسلم [2].

وذهب المالكية[3] إلى أنه لا يصح عقد الزواج مع نفي المهر، وأن الاتفاق على إسقاطه مفسد للعقد، فيفسخ قبل الدخول لا بعده،، ويجب مهر المثل بعد الدخول، لأن النكاح عقد معاوضة كالبيع، والمهر كالثمن، والبيع بشرط أن لا ثمن لا يصح، فكذا النكاح بشرط أن لا مهر.

ويستحب أن لا يعرى النكاح عن تسمية المهر، لأن النبي صلى الله عليه وسلم كان يتزوج ويزوج بناته وغيرهن ولم يكن يخلي ذلك من صداق، وقال للذي زوجه الموهوبة " هل من شيء تصدقها " فالتمس ولم يجد قال " التمس ولو خاتماً من حديد " فلم يجد شيئاً، فزوجه إياها بما معه من القرآن، ولأنه أدفع للخصومة[4].

ثالثا: الحكمة من مشروعية المهر ووجوبه على الرجل

لقد أوجب الإسلام المهر على الرجل إبانة لشرف عقد الزواج وتكريماً لمشاعر المرأة وتوثيقاً لعرى المحبة بين الزوجين، فقد فرض على الزوج، ومع ذلك يبذله على سبيل العطية والهبة دون مقابل مادي، فقد قال الله تعالى: ﴿ وآتوا النساء صدقاتهن نحلة ﴾[5].

فالمهر على ذلك هدية وعطية لتقريب القلوب وتحقيق التآلف بين الزوجين، لذلك منع الرسول صلى الله عليه وسلم علي بن أبي طالب من الدخول على زوجته فاطمة بنت الرسول عليه السلام حتى يعطيها شيئاً من المهر.

---

[1] سنن أبي داود: أبي داود 238/2، السنن الكبرى البيهقي 223/7.

[2] سنن أبي داود: أبي داود 237/2ـ238، السنن الكبرى البيهقي 246/7، نيل الأوطار: الشوكاني 318/6.

[3] بداية المجتهد: ابن رشد 18/2، الشرح الصغير: الدردير 428/2، الكافي: القرطبي 550/2.

[4] مغني المحتاج: الشربيني 220/3، الشرح الكبير: المقدسي 3/8، المغني: ابن قدامه 3/8.

[5] سورة النساء: آية 4.

وإن في إيجاب المهر على الرجل تكريم للمرأة وذلك لأنه ينسجم مع الطبيعة البشرية التي فطر عليها كل من الرجل والمرأة، فالرجل يقوم بالعمل لكسب المال، والمرأة تقوم بإدارة البيت والإشراف على شؤونه، ولو كلفت المرأة العمل لجمع المهر لكان في ذلك امتهن لكرامتها وإهدار لعفتها.

كما أن في إلزام الزوج بالمهر تعبير عن مشاعر تقديره للمرأة ورغبته في الارتباط بها، وبذله أعز ما يملك في سبيلها، كما أن فيه تقوية لجانب المرأة، حيث يعوضها أدبياً عما تستشعر به من وحشة وغربة حين تنتقل من بيت أبيها إلى بيت زوجها، إذ أن لها وحدها حق التصرف في المهر، وليس لأحد عليه من سبيل، بالإضافة إلى أنها تحتاج إلى المال لتجهز به نفسها من ثياب وزينة وغيرها مما يليق بحالها، فكان من الواجب أن يقدم لها المهر ليعينها على ذلك.

وكذلك إن في إيجاب المهر على الرجل يجعله أكثر تروياً في إيقاع الطلاق لما يترتب عليه من ضرر، ولأن مصالح النكاح ومقاصده لا تحصل إلا بالموافقة، ولا تحصل الموافقة إلا إذا كانت المرأة عزيزة مكرمة عند الزوج، ولا عزة إلا بانسداد طريق الوصول إليها إلا بمال له خطر عنده.

رأي القانون

ذهبت غالبية قوانين الأحوال الشخصية إلى أن المهر حق من حقوق الزوجة، وأنه يجب على الزوج بمجرد العقد ومن ذلك: قانون الأحوال الشخصية الأردني حيث نص في المادة(35) على أنه: " إذا وقع العقد صحيحاً لزم للزوجة على الزوج المهر والنفقة ويثبت بينهما حق التوارث "[1].

ونصت المادة (53) من القانون السوري على أنه: " يجب للزوجة المهر بمجرد العقد الصحيح سواء أسمي عند العقد أمة لم يسم أم نفي أصلاً "[2].

ونص القانون العراقي في (الفقرة أ من المادة 19) على أنه: " تستحق الزوجة المهر المسمى بالعقد، فإن لم يسم أو نفي أصلاً، فلها مهر المثل "[3].

[1] مجموعة التشريعات: الظاهر ص 110.

[2] قانون الأحوال الشخصية السوري المعدل: وزارة العدل ص 31، قانون الأحوال الشخصية السوري المعدل: الكويفي ص 36.

[3] الأحوال الشخصية: الكبيسي 404/2.

كما نص القانون الكويتي في المادة (52) ومشروع القانون الإماراتي (42) على أنه: "يجب المهر للزوجة بمجرد العقد الصحيح "[1]

وذهبت بعض القوانين إلى اشتراط عدم إسقاط المهر لصحة عقد الزواج، ومن ذلك: القانون السوداني[2] في (الفقرة من المادة (25) ومشروع القانون العربي[3] في (الفقرة 2 من المادة 33) ومشروع القانون الموحد[4] في (الفقرة 2 من المادة 29) على أنه: " يشترط لصحة عقد الزواج عدم إسقاط المهر ".

الفرع الثاني

حـــد المهـــــر

المسألة الأولى: ما يصلح أن يكون مهراً

اختلف الفقهاء في بيان ما يصلح أن يكون مهراً على النحو التالي

المذهب الأول: ذهب جمهور الفقهاء[5] إلى أن كل ما صلح أن يكون مالاً متقوماً -عيناً أو ديناً حالاً أو مؤجلاً- في حق المسلم كالذهب والفضة والعقار، أو كان منفعة تقوم بمال كسكنى دار وزراعة أرض أو عمل كتعليم ورعي وبناء، صلح أن يكون مهراً، وكل ما لم يكن متقوماً بمال في ذاته كالميتة والدم المسفوح، أو كان متقوماً بمال في حق غير المسلم كالخمر والخنزير، أو فيه غرر كالمعدوم والمجهول أو غير مقدور التسليم كالطير في الهواء، فإنه لا يصلح أن يكون مهراً، فإن تزوج على شيء مما لا يصلح مهراً، فإن العقد يكون صحيحاً وتفسد التسمية، ويجب مهر المثل.

وقد استدلوا على ذلك بما يلي:

---

[1] مشروع القانون الإماراتي ص 14، قانون الأحوال الشخصية الكويتي.

[2] قانون الأحوال الشخصية السوداني ص 11.

[3] المجلة العربية: الأمانة العامة ص 21.

[4] جريدة الخليج: ص 11.

[5] بداية المجتهد: ابن رشد 18/2، الخرشي: الخرشي 253/3، الشرح الصغير: الدردير 428/2ـ434، كفاية الأخيار: الحصني 40/2، مغني المحتاج: الشربيني 220/3، نهاية المحتاج: الرملي 335/6، زاد المعاد: ابن قيم الجوزية 132/5، الشرح الكبير المقدسي 4/8ـ13، العدة: المقدسي 384، المغني: ابن قدامه 4/8ـ13، المحلى: ابن حزم 90/9.

1. قال الـلـه تعالى: **﴿ إني أريد أن أنكحك إحدى ابنتي هاتين على أن تأجرني ثماني حجج ﴾**[1].

2. عن سهل بن سعد الساعدي أن رسول الـلـه صلى الـلـه عليه وسلم قال للرجل الذي طلب منه أن يزوجه من امرأة جعلت أمرها للرسول صلى الـلـه عليه وسلم :**﴿ هل عندك من شيء ؟ فقال: لا. و الـلـه يا رسول الـلـه !فقال اذهب إلى أهلك، فانظر هل تجد شيئاً ؟ فذهب ثم رجع، فقال لا، و الـلـه ! ما وجدت شيئاً، فقال رسول الـلـه صلى الـلـه عليه وسلم انظر ولو خاتِم من حديد. فذهب ثم رجع، فقال: لا أمر الـلـه يا رسول الـلـه ولا خاتم من حديد" ولكن هذا إزاري. " قال سهل: ما له رداء " فلها نصفه، فقال رسو الـلـه صلى الـلـه عليه وسلم : " ما تصنع بإزارك ؟ إن لبسته لم يكن عليها منه شيء وإن لبسته لم يكن عليك منه شيء " فجلس الرجل، حتى إذا طال مجلسه قام، فرآه رسول الـلـه صلى الـلـه عليه وسلم مولياً، فأمر به فدعي، فلما جاء قال: " ماذا معك من القرآن ؟ " قال معي سورة كذا وسورة كذا ـ عددها ـ فقال: " تقرؤهن عن ظهر قلب ؟ " قال: نعم، قال: " اذهب فقد ملكتكها بما معك من القرآن﴾**[2].

المذهب الثاني: ذهب الحنفية إلى أن منافع الحر لا تكون صداقاً، وفي رواية عن أبي حنيفة إلى أن منافع الزواج فقط لا تكون صداقاً[3]، فإذا تزوج رجل امرأة على أن يخدمها لمدة سنة مثلاً أو أن يزرع لها حقلاً أو يخيط لها ثوباً، فالمهر عنده غير صحيح، ولها مهر مثلها، والدليل على ذلك قول الـلـه تعالى: **﴿** وأحل لكم ما وراء ذلكم أن تبتغوا بأموالكم**﴾**[4]، وخدمة الحر ليست مالاً، ومثله الزواج على تعليم القرآن لأنه ليس بمال.

وقال محمد بن الحسن[5] تجب قيمة الخدمة، لأن المسمى مال إلا أنه عجز عن التسليم لمكان المناقضة، لأنه يكون في هذه الحالة عليه طاعتها، والأصل أن طاعته واجبة عليها.

---

[1] سورة القصص: آية 27.

[2] صحيح البخاري: البخاري 22،25/7، صحيح مسلم: مسلم 228/5 واللفظ له.

[3] الاختيار: الموصلي 104/3، حاشية رد المحتار: ابن عابدين 106/3ـ108.

[4] سورة النساء: آية 24.

[5] [5] الاختيار: الموصلي 105/3.

رأي القانون

أخذت بعض القوانين برأي الجمهور ومنها القانون السوداني[1] في المادة (27)، والقانون السوري[2] فغي الفقرة 2 من المادة (54)، والقانون المغربي[3] في الفصل (17)، والقانون الكويتي[4] في المادة (54)، ومشروع القانون العربي[5] في المادة (36)، ومشروع القانون الخليجي[6] في المادة (32)، ومشروع القانون الإماراتي[7] في الفقرة 2 من المادة (43) حيث نصت على أن: "كل ما صلح التزامه شرعاً صح أن يكون مهراً، مالاً كان، أو عملاً، أو منفعة". وأضاف كل من القانون الكويتي والإماراتي ما نصه " مما لا ينافي كرامة الزوج وقوامته في الأسرة ".

ونص القانون التونسي[8] في الفصل (12) على أن: " كل ما يكون مباحاً ومقوماً بمال تصلح تسميته مهراً ويجب .....".

أما القانون الأردني فلم ينص على ما يصلح أن يكون مهراً، ولذا يعمل بالراجح من مذهب الإمام أبي حنيفة عملاً بالمادة (183).

المسألة الثانية: أقل المهر

اختلف الفقهاء في تحديد أقل المهر على مذهبين:

المذهب الأول: ذهب جمهور الفقهاء[9] ـ الشافعية والحنابلة والظاهرية ـ إلى أنه لا حد لأقل المهر، فكل شيء صح صح أن يكون ثمناً وله قيمة صح أن يكون مهراً.

وقد استدلوا على ذلك بما يلي:

[1] قانون الأحوال الشخصية السوداني: ص 12.

[2] قانون الأحوال الشخصية السوري: وزارة العدل ص 31، قانون الأحوال الشخصية السوري: الكويفي ص37.

[3] مدونة الأحوال الشخصية المغربية ص 11.

[4] قانون الأحوال الشخصية الكويتي

[5] المجلة العربية: الأمانة العامة ص 21.

[6] جريدة الخليج ص 11.

[7] مشروع القانون الإماراتي ص 15.

[8] موسوعة التشريعات التونسية: تونس

[9] الإقناع: الشربيني 137/2، كفاية الأخيار: الحصني 40/2، مغني المحتاج: الشربيني 320/3، الشرح الكبير: المقدسي 4/8، المغني: ابن قدامه 4/8، المحلى: ابن حزم 91/9.

أولاً: القرآن الكريم

قال الله تعالى: ﴿ وأحل لكم ما وراء ذلكم أن تبتغوا بأموالكم محصنين غير مسافحين﴾[1].

وجه الدلالة:

إن الآية الكريمة عامة في جواز تقديم ما قل أو كثر من المهر للنساء ابتغاء الإحصان، وإن تحديد المهر بحد أدنى بعيد عن معنى الآية فلا يقال به.

ثانياً: السنة النبوية

1. عن عمر بن الخطاب رضي الله عنه قال: قال رسول الله صلى الله عليه وسلم : **﴿ أنكحوا الأيامى، قالوا: يا رسول الله ما العلائق ؟ قال ما تراضى عليه أهلوهم﴾**[2].

وجه الدلالة:

يدل الحديث الشريف بمنطوقه على جواز تقديم كل ما تراضى عليه الأهل مهراً، سواء قل أو كثر دون تقييده بحد أدنى، فيحمل الحديث على عمومه لعدم المخصص.

2. أن النبي صلى الله عليه وسلم قال لمن زوجه:**﴿ التمس ولو خاتما من حديد ﴾**[3].

3. عن أنس رضي الله عنه : **﴿ أن النبي صلى الله عليه وسلم رأى على عبد الرحمن بن عوف أثر صفرة، فقال: ما هذا ؟ قال: يا رسول الله ! إني تزوجت امرأة على وزن نواة من ذهب، قال: فبارك الله لك، أولم ولو بشاه ﴾**[4].

4. عن عبد الله بن عامر بن ربيعة عن أبيه:**﴿ أن امرأة من فزارة تزوجت على نعلين، فقال رسول الله صلى الله عليه وسلم : " أرضيت من نفسك ومالك بنعلين؟ "قالت: "نعم"، قال: فأجازه ﴾**[5]

5. عن جابر بن عبد الله أن النبي صلى الله عليه وسلم قال:**﴿ من أعطى في صداق امرأة ملء كفيه سويقا أو تمراً فقد استحل﴾**[6].

---

[1] سورة النساء: آية 24.
[2] السنن الكبرى: البيهقي 239/7.
[3] سبق تخريجه.
[4] صحيح مسلم: مسلم 230/5.
[5] سنن الترمذي: الترمذي 360/2، السنن الكبرى: البيهقي 239/7.
[6] سنن أبي داود: أبي داود 236/2.

وجه الدلالة:

أجاز الرسول صلى الله عليه وسلم في هذه الأحاديث أن يكون الصداق بنعلين، وخاتم من حديد، وقبضة طعام، وقيمة كل ذلك تقل عن العشرة دراهم، وربما عن الثلاثة دراهم، فلو كان المهر لا يجوز بالقليل لما رضي الرسول عليه السلام بذلك، فكانت موافقته دليل على أنه لا حد لأقل المهر إذا رضي به الزوجان.

ثالثاً: المعقول

إن المهر عوض لا يتقدر أكثره فلا يتقدر أقله كسائر الأعواض، وإنما يترك للتراضي والخيار.

وقد أجيب على هذه الأدلة بما يلي:

1. إن الأحاديث التي استدلوا بها وإن كانت مطلقة عن تحديد أقل المهر وجوازه بخاتم الحديد والنعلين وغيرهما، فإن ذلك يحمل على المهر المعجل[1]، جمعاً بين الأحاديث، ونحن نقول أقل المهر معجله ومؤجله لا يقل عن عشرة عند الحنفية، وثلاثة عند المالكية.

2. وأما قولهم إن المهر حق المرأة: فيرد عليه أنه حق الشرع أولاً حتى أنه لا يجوز إن اشترطوا إسقاطه، فهو حق الشرع في حالة الثبوت حق المرأة في حالة الخلوص، فيقال توفيقاً بين الحقين بأن المهر لا يقل عن عشرة دراهم إثباتاً لحق الشرع، وإن أرادت الزيادة عليه فلها ذلك إثباتاً لحقها في حالة الخلوص.

المذهب الثاني: ذهب الحنفية والمالكية وسعيد بن جبير والنخعي وابن شبرمة [2] إلى تحديد أقل المهر بمقدار معين، ولكنهم اختلفوا في أقله فقال مالك وأبو حنيفة أقل المهر ما تقطع به يد السارق، وهو عند الحنفية عشرة دراهم، وعند المالكية ربع دينار أو ثلاثة دراهم، لأن هذا حد القلة في الأموال في نظر الشارع، فلا تقطع يد السارق فيما هو دون ذلك. كما استدل الحنفية على تحديد أقل المهر بعشرة دراهم بما روي عن الرسول صلى الله عليه وسلم أنه قال:**﴿ لا صداق دون عشرة دراهم ﴾**[3].

وجه الدلالة:

صرح الحديث الشريف بأن اقل المهر محدد بعشرة دراهم، فلا يجوز أن يقل عن ذلك، والنهي للمنع، فمن أصدق زوجته أقل من ذلك وجب عليه أن يكمل لها على عشرة دراهم لفساد التسمية، وعند زفر[1] لها مهر المثل.

أما سعيد بن جبير فقال أقل المهر خمسون درهماً، وقال إبراهيم النخعي أقله أربعون درهماً وعنه عشرون درهماً وعنه رطل من الذهب، وقال ابن شبرمة أقله خمسة دراهم[2].

---

[1] رد المحتار: ابن عابدين.

[2] البحر الرائق: ابن نجيم 152/3، رد المحتار: ابن عابدين 101/3، الهداية: المرغيناني 204/1، بداية المجتهد: ابن رشد 18/2، الشرح الصغير: الدردير 428/2، الشرح الكبير: المقدسي 4/8، المغني: ابن قدامه 4/8.

[3] السنن الكبرى: البيهقي 240/7.

وقد أجيب على هذه الأدلة بما يلي:

1. إن الحديث الذي استدل به الحنفية غير صحيح رواه مبشر بن عبيد وهو ضعيف عن الحجاج بن أرطأة وهو مدلس، عن عطاء عن جابر، وعطاء لم يلق جابرا، فيبطل الاستدلال به خصوصاً وأننا استدللنا بأدلة صحيحة من الكتاب والسنة، وقد يحمل على مهر امرأة معينة أو الاستحباب[3].

2. وأما قياسهم حد المهر الأدنى على الحد الذي تقطع فيه يد السارق، فيرد عليه من عدة وجوه[4]:

I. إنه قياس مع الفارق، وذلك لأن القطع في السرقة عقوبة عن فعل الجنايات، والمهر عوض في عقد رضا، فلم يتقدر كسائر المعاوضات.

ب. إنه بالقطع في حد السرقة يتلف العضو، وفي المهر في الزواج يستباح الانتفاع بالجملة.

ج. إن اللـه تعالى لو أراد أن يكون للمهر حد أدنى لبينه وحدد مقداره بأدلة صريحة وصحيحة كغيره من المقادير مثل الزكاة والدية وغيرهما.

الترجيح

أميل إلى ترجيح رأي الشافعية والحنابلة القائلين بأنه لا حد لأقل المهر -على أنه يستحب أن لا يقل المهر عن عشرة دراهم إعمالاً للأدلة جميعاً وتوفيقاً بينها- وذلك لقوة أدلتهم، وقد أقر

[1] الهداية: المرغيناني 204/1.
[2] الشرح الكبير: المقدسي 4/8، المغني: ابن قدامه 4/8.
[3] الشرح الكبير: المقدسي 5/8، المغني: ابن قدامه 5/8.
[4] الشرح الكبير: المقدسي 5/8، المغني: ابن قدامه 5/8.

الرسول عليه السلام عبد الرحمن بن عوف عندما تزوج على صداق خمسة دراهم، كما أن كبير التابعين سعيد بن المسيب زوج ابنته على درهمين، ولم ينكر عليه أحد، ولأن المهر هبة من الزوج كما قرر الله تعالى، والهدايا غير مقيدة بحد معين، لأنها تختلف من شخص لأخر باختلاف النفوس وما تجود به.

كما أن الحنفية اشترطوا في المهر أن يكون مالاً له قيمة، ويصدق ذلك على الدرهم والدرهمين، كما يصدق على الثلاثة والعشرة، ومن هنا لا يجوز تحديد أقله بثلاثة أو عشرة دراهم، بل يترك أمر تحديده لرضا الزوجين.

المسألة الثالثة: أكثر المهر

اتفق الفقهاء[1] على أنه لا حد لأكثر المهر، بل كل ما تراضى عليه الزوجان وإن بلغ ما بلغ يجوز أن يكون مهراً.

وقد استدلوا على ذلك بما يلي:

1. قال الله تعالى: ﴿ وإن أردتم استبدال زوج مكان آخر وآتيتم إحداهن قنطاراً* فلا تأخذوا منه شيئاً أتأخذونه بهتاناً وإثماً مبيناً ﴾[2].

وجه الدلالة:

نصت الآية الكريمة على أن المهر حق للمرأة، ولا يجوز لأحد أن يأخذ منه شيئاً بالغاً ما بلغت قيمته. فدل على أنه لا يجوز تقييد المهر بحد.

2. روي أن عمر بن الخطاب أراد أن يجعل للمهر حداً أعلى فحمد الله تعالى وأثنى عليه وقال: " ألا لا تغالوا في صداق النساء فإنه لا يبلغني أن أحد ساق أكثر من شيء ساقه رسول الله صلى الله عليه وسلم أو سيق إليه إلا جعلت فضل ذلك في بيت المال "، ثم نزل فعرضت له امرأة من قريش فقالت: " أكتاب الله أحق أن يتبع أو قولك " قال: " بل كتاب الله تعالى فما ذاك " قالت: " نهيت الناس آنفاً أن يغالوا في صداق الناس: ليس ذلك لك يا عمر إن الله تعالى يقول: ﴿ وآتيتم إحداهن قنطاراً فلا تأخذوا منه شيئاً﴾[3] فقال عمر رضي الله عنه : " كل أحد أفقه من عمر" ثم رجع إلى

---

[1] بداية المجتهد: ابن رشد 18/2، الإقناع: الشربيني 136/2، كفاية الأخيار: الحصني 40/2، الشرح الكبير: المقدسي 4/8ـ5، المغني: ابن قدامه 4/8ـ5.

[2] سورة النساء: آية 20.

[3] سورة النساء: آية 20.

المنبر فقال: " كنت نهيتكم أن تغالوا في صداق النساء ألا فليفعل رجل في ماله ما بدا له "[1] وفي رواية ثانية قال: " امرأة خاصمت عمر فخصمته "[2].

ويستحب عدم المغالاة في المهور للأدلة التي بينت فضل تقليل المهور وكراهية المغالاة فيها، ومنها:

1. عن عائشة ـ رضي الله عنها ـ عن النبي صلى الله عليه وسلم قال: **﴿ إن من أعظم النساء بركة أيسرهن صداقا ﴾**[3].

وجه الدلالة:

بين الحديث أن من بركة المرأة ويمنها تيسير مهرها، وعدم تكليف زوجها ما لا يطيق.

2. عن أبي هريرة رضي الله عنه أن إلى النبي صلى الله عليه وسلم سأل رجلاً عن امرأة تزوجها فقال: **﴿ على كم تزوجتها؟ " قال: " على أربع أواق "، فقال له النبي صلى الله عليه وسلم امرأة من الأنصار، فقال له النبي صلى الله عليه وسلم : " على أربع أواق ؟ إنما تنحتون الفضة من عرض هذا الجبل " ﴾**[4].

وجه الدلالة:

استنكر الرسول عليه الصلاة والسلام في الحديث الشريف على الصحابي المهر الذي دفعه لعلمه بعجزه وقلة يده، وأنه كلف نفسه ما لا يطيق، مما يدل على كراهية إكثار المهر بالنسبة إلى حال الزوج.

3. عن أبي سلمة بن عبد الرحمن، أنه قال: سألت عائشة زوج النبي صلى الله عليه وسلم : **﴿ كم كان صداق رسول الله صلى الله عليه وسلم ؟ قالت: كان صداقه لأزواجه ثنتي عشرة أوقية ونشاً*، قالت: أتدري ما**

---

[1] السنن الكبرى: البيهقي 233/7،

[2] نيل الأوطار: الشوكاني 314/6.

* القنطار: قال أبو صالح: القنطار مائة رطل، وقال أبو سعيد ملء مسك ثور ذهباً، وقال: مجاهد: سبعون ألف مثقال، وقال معاذ: ألف ومائتا أوقية وعن سعيد بن المسيب قال القنطار ثمانون ألفاً. وهو اليوم في مصر وبلاد الشام يساوي مائة رطل. أنظر معجم لغة الفقهاء: قلعة جي ص 233، 371، السنن الكبرى: البيهقي 233/7، المغني: ابن قدامه 5/8.

[3] السنن الكبرى: البيهقي 235/7.

[4] صحيح مسلم: مسلم 227/5.

النش ؟ قال: قلت: لا، قالت: نصف أوقية، فتلك خمسمائة درهم، فهذا صداق رسول الله صلى الله عليه وسلم لأزواجه﴾[1].

وجه الدلالة:

يدل فعل الرسول صلى الله عليه وسلم على أنه يستحب أن لا يزيد الصداق عن خمسمائة درهم لمن يحتمل ذلك، اقتداءً برسول الله عليه الصلاة والسلام.

3. روي أن عمر بن الخطاب خطب فقال: " ألا لا تغالوا بصدق النساء فإنها لو كانت مكرمة في الدنيا أو تقوى عند الله لكان أولاكم بها النبي صلى الله عليه وسلم ، ما أصدق رسول الله امرأة من نسائه ولا أُصدِقَت امرأة من بناته أكثر من اثنتي عشرة أوقية " وزاد البيهقي قوله: وإن أحدهم ليغالي بمهر امرأته حتى تبقى عداوة في نفسه فيقول لقد كلفت لك علق القربة "[2].

وجه الدلالة:

بين عمر بن الخطاب في قوله خطأ الاعتقاد بأن إكرام المرأة يكون بتكلف المهر ومعاناة تحصيله وأنه لو كان دليلاً على علو شأن المرأة أو طاعة لله لكان أولى الناس بها زوجات الرسول صلى الله عليه وسلم وبناته، ولكن ذلك لم يكن.

كما بين بأن المغالاة في المهر مع العجز على توفيره يورث العداوة والبغضاء بين الزوجين، مما ينعكس سلباً على حياتهما الزوجية.

رأي القانون

أخذت قوانين الأحوال الشخصية بما اتفق عليه الفقهاء وما ذهب إليه جمهورهم من أنه لا حد لأكثر المهر ولا لأقله حيث نص القانون السوري[3] في (الفقرة 1 من المادة 54)، والقانون المغربي[4] في (الفقرة 2 من الفصل 17)، والقانون الكويتي[5] في المادة (53)، ومشروع القانون الإماراتي في (الفقرة 1 من المادة 43) على أنه: " لا حد لأقل المهر ولا لأكثره.

---

* الأوقية من الفضة تساوي أربعون درهماً، أي ما يعادل 119,04غم، وبذلك يكون الصداق خمسمائة درهم. أنظر معجم لغة الفقهاء: قلعة جي ص 449.

[1] صحيح مسلم: مسلم 5/ 229.

[2] سنن أبي داود: أبي داود 235/2، السنن الكبرى: البيهقي 234/7.

[3] قانون الأحوال الشخصية السوري: وزارة العدل ص 31، قانون الأحوال الشخصية السوري: الكويفي ص37.

[4] مدونة الأحوال الشخصية المغربية: ص 11، الوثائق العدلية: العراقي ص 126، أحكام الأسرة: ابن معجوز 353.

[5] قانون الأحوال الشخصية الكويتي.

ونص القانون التونسي[1] في الفصل (12) على أن: " كل ما يكون مباحاً ومقوماً بمال تصلح تسميته مهراً ويجب ألا يكون تافهاً ولا حد لأكثره ".

وهذا ما اخذ به القانون الأردني[2] حيث يفهم ذلك من نص المادة (44) التي جاء فيها: " المهر مهران: مهر مسمى وهو الذي يسميه الطرفان حين العقد قليلاً كان أو كثيراً، ومهر المثل وهو مهر الزوجة وأقرانها ...."

المسألة الرابعة: تعجيل المهر وتأجيله

ذهب عامة الفقهاء[3] على أنه يجوز أن يكون المهر معجلاً كله أو مؤجلاً كله، ويجوز أن يكون معجلاً بعضه ومؤجلاً بعضه الآخر إلى أجل معلوم، كما يجوز إلى أقرب الأجلين الطلاق أو الوفاة ـ وقد اعتبر الإمام مالك التأجيل لأقرب الأجلين الطلاق أو الوفاة أجلاً مجهولاً ولم يجزه ـ ويجوز أن يقسط المهر على أقساط باتفاق الزوجين.

وذهب قوم[4] إلى عدم جواز تأجيل المهر لكونه عبادة.

ويستحب تعجيل بعض المهر قبل الدخول خروجاً من خلاف بعض العلماء الذين أوجبوا ذلك لما روي أن علياً بن أبي طالب لما تزوج فاطمة بنت رسول الله صلى الله عليه وسلم أراد أن يدخل بها، فمنعه رسول الله صلى الله عليه وسلم حتى يعطيها شيئاً فقال: يا رسول الله، ليس عندي شيء، فقال له النبي صلى الله عليه وسلم " أعطها درعك " فأعطاها درعه، ثم دخل بها[5].

أما إذا اتفق الزوجان على المهر، ولم يذكرا تأجيله أو تعجيله، فقد اختلف الفقهاء في هذه المسألة على النحو التالي:

---

[1] موسوعة التشريعات العربية: تونس.

[2] مجموعة التشريعات: الظاهر ص 112.

[3] الاختيار: الموصلي 108/3، البحر الرائق: ابن نجيم 190/3، الهداية: المرغيناني 211/2، بداية المجتهد: ابن رشد 22/2، الخرشي: الخرشي 257/3، الشرح الصغير: الدردير 430/2، الكافي: القرطبي 550/2، مجموعة الفتاوى: ابن تيمية 122/32، مغني المحتاج: الشربيني 230/3، نهاية المحتاج: الرملي 348/6، الشرح الكبير: المقدسي 23/8ـ25، المغني: ابن قدامه 21/8.

[4] بداية المجتهد: ابن رشد 22/2،، الكافي: القرطبي 550/2.

[5] سنن أبي داود: أبي داود 240/2.

المذهب الأول: ذهب الحنفية[1] إلى أن الحكم لعرف البلد الذي كان فيه العقد، فإذا كان العرف جارياً بتعجيل كل المهر، كان المهر معجلاً، وإن كان جارياً بتأجيله، كان مؤجلاً، وإن كان جارياً بتعجيل بعضه وتأجيل البعض الآخر، كان كذلك، لأن المعروف عرفاً كالمشروط شرطاً.

المذهب الثاني: ذهب المالكية والحنابلة[2] إلى أن المهر يكون معجلاً إذا لم يذكر تعجيله أو تأجيله لأنه عوض في عقد معاوضة فأشبه الثمن في البيع، ولأن الأصل في الصداق عدم التأجيل.

وإن شرط المهر إلى أجل معلوم كسنة فهو إلى أجله، فإذا توفي الزوج قبل حلول الأجل أصبح حالاً، وأما إذا حصل طلاق قبل حلول الأجل فيبقى المهر إلى أجله، وإن أجله ولم يذكر الأجل ففيه الأقوال التالية[3]:

الأول: ذهب الحنفية في قول إلى أنه يبطل الأجل ويكون المهر حالاً.

الثاني: ذهب الحنفية في قول آخر وأحمد إلى أن المهر صحيح ويحمل التأجيل على وقت وقوع الفرقة بالموت أو الطلاق، وذلك لأن المطلق يحمل على العرف والعادة في الصداق الآجل ترك المطالبة به إلى حين الفرقة فحمل عليه، فيصير حينئذ معلوماً.

الثالث: ذهب الشافعية وبعض الحنابلة إلى أن المهر فاسد ولها مهر المثل، لأنه عوض مجهول المحل ففسد كالثمن في البيع.

الرابع: ذهب إياس بن معاوية وقتادة إلى أنه لا يحل المهر حتى يطلق أو يخرج من مصرها أو يتزوج عليها.

الخامس: ذهب المالكية إلى أنه إن ذكر أن المهر مؤجل ولم يقيد الأجل بمدة فسد المهر وفسخ العقد قبل الدخول، ووجب مهر المثل بعد الدخول ولم يفسخ العقد، هذا إذا لم يجر عرف بأن المؤجل عند الطلاق يدفع في زمن معين، فإن كان عرف، فهو إلى الزمن الذي يعينه العرف.

---

[1] البحر الرائق 191/3، رد المحتار: ابن عابدين 144/3.

[2] الخرشي: الخرشي 253/3ـ257، الشرح الكبير: المقدسي 25/8، المغني: ابن قدامه 21/8

[3] البحر الرائق 190/3 وما بعده، رد المحتار: ابن عابدين 144/3، الشرح الكبير: المقدسي 25/8، المغني: ابن قدامه 21/8، الخرشي: الخرشي 357/7، الشرح الصغير: الدردير 432/2، الكافي: القرطبي 551/2ـ552.

وقالوا أيضاً إذا أجل المهر إلى الميسرة، فإن كان الزوج غنياً جاز،وإلا فلا يجوز ويفسخ العقد قبل الدخول ولها مهر المثل بعد الدخول ولا يفسخ العقد.

وأما إذا كان في مدة الأجل جهالة فاحشة كقدوم زيد أو مجيء المطر ففيه خلاف إذ قال بعضهم تبطل التسمية، ولها مهر مثلها. وقال البعض الآخر يبطل الأجل ويكون المهر حالاً[1].

رأي القانون

أخذ قانون الأحوال الشخصية الأردني بجواز تقسيم المهر إلى معجل ومؤجل، وبأنه إذا اكتفى بتحديد المهر دون ذكر الأجل، أي أطلق، فإن المهر يكون معجلاً، وإذا كان الأجل مجهولاً جهالة فاحشة، فإن هذه الجهالة تبطل الأجل ويصبح المهر حالاً.

أما فيما يتعلق بإطلاق الأجل وعدم تحديده، بل ذكر الأجل فقط، نرى بأن القانون أخذ برأي الحنابلة حيث قيد إطلاق الأجل بفرقة الزوجين طلاقاً أو موتاً.

وإذا كان الأجل معلوماً فإنه لا يقطع بطلاق الرجل المرأة، وإنما يلتزم الرجل بأدائه في الوقت المحدد، أما الموت فإن القانون رأى أنه يقطع الأجل، ويجب أداء المهر.

غير أن القانون اشترط لبيان التأجيل والتعجيل أن يسجل ذلك في وثيقة خطية كي لا يحصل جحود من قبل أحد الطرفين، حيث جاء في المادة (45) ما نصه: " يجوز تعجيل المهر المسمى وتأجيله كله أو بعضه على أن يؤيد ذلك بوثيقة خطية، وإذا لم يصرح بالتأجيل يعتبر المهر معجلاً "[2].

وجاء في المادة (46) ما نصه: " إذا عينت مدة للمهر المؤجل فليس للزوجة المطالبة به قبل حلول الأجل، ولو وقع الطلاق، وأما إذا توفي الزوج فيسقط الأجل، ويشترط في الأجل أنه إذا كان مجهولاً جهالة فاحشة مثل إلى الميسرة أو إلى حين الطلب أو إلى حين الزفاف، فالأجل غير صحيح، ويكون المهر معجلاً، وإذا لم يكن الأجل معيناً اعتبر المهر مؤجلاً إلى وقوع الطلاق أو وفاة أحد الزوجين "[3].

---

[1] الشرح الكبير: المقدسي 25/8، المغني: ابن قدامه 21/8.

[2] مجموعة التشريعات: الظاهر ص 112.

[3] مجموعة التشريعات: الظاهر ص 113.

واخذ قانون الأحوال الشخصية السوداني[1] بجواز تقسيم المهر إلى معجل ومؤجل، وجواز تأجيله كله أو بعضه حين العقد، وبأن المؤجل منه يستحق بحلول الأجل أو البينونة أو الوفاة حيث جاء في المادة (29) ما نصه:

"1. يجوز تعجيل المهر، أو تأجيله كلاً أو بعضاً، حين العقد.

2. يستحق المؤجل من المهر بحلول الأجل، أو الوفاة، أو البينونة ".

أما مدونة الأحوال الشخصية المغربية[2] فقد قالت بجواز تقسيم المهر إلى معجل ومؤجل، وجواز تأجيله كله أو بعضه حين العقد، ومع ذلك فقد قالت بوجوب تقديم المهر كله أو بعضه عند الدخول حيث جاء في الفصل (20) ما نصه:

"1. يجوز تعجيل المهر أو تأجيله لأجل مسمى كلاً أو بعضاً

2. يجب المهر كله أو بعضه عند الدخول ".

وأما قانون الأحوال الشخصية السوري[3] ومشروع القانون العربي[4] ومشروع القانون الموحد[5] ومشروع قانون الأحوال الشخصية الإماراتي[6]، فقد قالوا بجواز تقسيم المهر إلى معجل ومؤجل، وبأنه عند عدم ذكر الأجل أو عند إطلاقه، فإنه يتبع العرف بالنسبة إلى التعجيل والتأجيل في المهر.

وقد أخذت برأي الحنابلة بأن التأجيل إذا كان منصوصاً عليه في العقد إلى أجل معلوم، فيجب أداؤه في الأجل المحدد، أما إذا أطلق التأجيل ولم يحدده بوقت معين، فإنه يحدد بالبينونة والموت، أما إذا نص التأجيل في العقد إلى أجل معلوم، فللرجل أداؤه في الأجل المحدد. حيث جاء في المادة (55) والفقرة أ من المادة (38) والفقرة أ من المادة (34) والمادة (45) ما نصه " يجوز تعجيل المهر أو تأجيله كلاً أو بعضاً وعند عدم النص يتبع العرف " وجاء في المادة

[1] قانون الأحوال الشخصية السوداني ص 12ـ13.

[2] الوثائق العدلية: العراقي ص 353.

[3] قانون الأحوال الشخصية السوري: وزارة العدل ص 32، قانون الأحوال الشخصية السوري: الكويفي ص 38.

[4] المجلة العربية: الأمانة العامة ص 21.

[5] جريدة الخليج ص 11.

[6] قانون الأحوال الشخصية الإماراتي.

(56) والفقرة ب من المادة (38) والفقرة ب من المادة(34) والمادة (46): " التأجيل في المهر ينصرف إلى حين البينونة أو الوفاة، ما لم ينص في العقد على أجل آخر ".

كما نص قانون الأحوال الشخصية العراقي[1] على جواز تعجيل المهر أو تأجيله كلاً أو بعضاً، كما نص على أنه يسقط الأجل المعين لاستحقاق المهر بالوفاة أو الطلاق حيث جاء في المادة (20):

" 1. يجوز تعجيل المهر أو تأجيله كلاً أو بعضاً، وعند عدم النص على ذلك يتبع العرف.

2. يسقط الأجل المعين في العقد لاستحقاق المهر بالوفاة أو الطلاق ".

وكذلك نص القانون الكويتي[2] على جواز تأجيل بعض المهر، وأن الأجل المحدد يسقط بالبينونة أو الوفاة، كما أن إطلاق التأجيل ينصرف إلى البينونة أو الوفاة حيث جاء في المادة(56):

" أ. يجوز تأجيل بعض المهر، وعند عدم النص يتبع العرف.

ب. يسقط الأجل المعين في العقد لاستحقاق المهر بالبينونة أو الوفاة ".

وجاء في المادة (57): " إطلاق التأجيل في المهر ينصرف إلى أقرب الأجلين: البينونة أو الوفاة ".

المسألة الخامسة: حكم امتناع المرأة من تسليم نفسها حتى تقبض المهر

اختلف الفقهاء في حكم امتناع المرأة من تسليم نفسها حتى تقبض المهر إذا كان المهر معجلاً على مذهبين:

المذهب الأول: ذهب جمهور الفقهاء[3] إلى أنه إذا كان المهر معجلاً، فلها أن تمنع نفسها من الزوج حتى تتسلم صداقها، تستلم الصداق ثم تسلم نفسها، فإن سلمت نفسها قبل أن تستلم

---

[1] الأحوال الشخصية: الكبيسي 404/2.

[2] قانون الأحوال الشخصية الكويتي.

[3] الاختيار: الموصلي 108/3، رد المحتار: ابن عابدين 143/3، الهداية: المرغيناني 210/1، الشرح الصغير: الدردير 433/2 ـ 435، الخرشي: الخرشي 257/3، الإقناع: الشربيني 125/2، مغني المحتاج: الشربيني 222/3، نهاية المحتاج: الرملي 338/6، الشرح الكبير: المقدسي 101/8، المغني: ابن قدامه 80/8.

المعجل، فهل لها أن تمتنع من التسليم بعد ذلك حتى يدفع لها المعجل ؟ ذهب جمهور الفقهاء إلى أنه ليس لها منع نفسها منه، وذهب أبو حنيفة إلى أن لها ذلك.

أما إذا كان المهر مؤجلاً فقد اتفق الفقهاء على أنه ليس للمرأة منع نفسها قبل قبض المهر، لأن رضاها بتأجيله رضى بتسليم نفسها قبل قبضه كالثمن المؤجل في البيع. وكذلك إذا حل الأجل قبل أن تسلم نفسها، فليس لها منع نفسها أيضاً، لأن التسليم قد وجب عليها واستقر قبل قبضه عند الجمهور وقال المالكية لها منع نفسها منه حتى يسلمها المهر المؤجل إذا حل قبل الدخول[1].

وأما إذا كان بعض المهر معجلاً وبعضه الآخر مؤجلاً، فلها منع نفسها قبل قبض العاجل دون الآجل[2].

المذهب الثاني: ذهب الظاهرية وآخرون[3] إلى أنه لا يجوز لها أن تمنع نفسها من الزوج، ولو لم يسلم لها مهرها المعجل، وقد استدلوا على ذلك بما روى عقبة بن عامر رضي الله عنه **أن النبي** صلى الله عليه وسلم **قال لرجل:**﴿ " أترضى أن أزوجك فلانة " قال نعم، وقال للمرأة " أترضين أن أزوجك فلاناً "، فقالت: نعم، فزوج أحدهما صاحبه، ولم يفرض لها صداقاً ولم يعطها شيئاً، وكن ممن شهد الحديبية، وكان من شهد الحديبية له سهم بخيبر، فلما حضرته الوفاة قال: إن رسول الله صلى الله عليه وسلم زوجني فلانة ولم أفرض لها صداقاً ولم أعطها شيئاً، وإني أشهدكم أني أعطيتها سهمي بخيبر، فأخذت سهماً، فباعته بمائة ألف﴾[4].

رأي القانون

أخذت قوانين الأحوال الشخصية برأي الجمهور القائل بأن للزوجة أن تمتنع عن الدخول حتى تقبض معجل صداقها، حيث جاء في المادة (47) من القانون الأردني[5] ما نصه: " إذا

---

[1] الاختيار: الموصلي 108/3، رد المحتار: ابن عابدين 143/3، الهداية: المرغيناني 210/1، الشرح الصغير: الدردير 433/2 ـ 435، الخرشي: الخرشي 257/3، الإقناع: الشربيني 125/2، مغني المحتاج: الشربيني 222/3، نهاية المحتاج: الرملي 338/6، الشرح الكبير: المقدسي 101/8، المغني: ابن قدامه 80/8.

[2] المراجع السابقة.

[3] المحلى: ابن حزم 82/9 وما بعدها.

[4] سنن أبي داود: أبي داود 238/2، السنن الكبرى البيهقي 223/7.

[5] مجموعة التشريعات: الظاهر ص 113.

تسلمت الزوجة المهر المعجل وتوابعه أو رضيت بتأجيل المهر أو التوابع كله أو بعضه إلى أجل معين، فليس لها حق الامتناع عن الطاعة، ولا يمنعها ذلك من المطالبة بحقها ".

وجاء في المادة (30) من القانون السوداني[1] ما نصه:

" 1. يجوز للزوجة الامتناع عن الدخول، حتى تقبض معجل مهرها.

2. إذا رضيت الزوجة بالدخول قبل أن تقبض مهرها من الزوج، فهو دين في ذمته ".

وجاء في الفصل (21) من القانون المغربي[2] ما نصه: " ليس للزوج أن يجبر زوجته على البناء حتى يمكنها من حال صداقها، فإذا سلمت نفسها له ليس لها بعد ذلك إلا المطالبة بالصداق كدين في الذمة، ولا يترتب الطلاق عن تعذر الوفاء به ".

وجاء في المادة (39) من القانون العربي[3]، والمادة (35) من القانون الخليجي[4] ما نصه:

" أ. يحق للزوجة الامتناع عن الدخول حتى يدفع لها حال صداقها.

ب. إذا رضيت الزوجة بالدخول قبل أن تقبض صداقها من الزوج فهو دين في ذمته ".

كما جاء في الفصل (13) من القانون التونسي[5] ما نصه: " ليس للزوج أن يجبر المرأة على البناء إذا لم يدفع المهر، ويعتبر المهر بعد البناء ديناً في الذمة لا يتسنى للمرأة إلا المطالبة به فقط، ولا يترتب عن تعذر الوفاء به الطلاق ".

أما القانون السوري[6] والقانون الكويتي[7] ومشروع القانون الإماراتي[8]، فقد أوجبا على المرأة مساكنة الزوج بعد قبض المهر المعجل، ويفهم من ذلك أنه ليس لها أن تمتنع عن زوجها بعد قبض المهر المعجل، فقد جاء في المادة (66) من القانون السوري و (الفقرة 2 من المادة

---

[1] قانون الأحوال الشخصية السوداني ص 13.

[2] مدونة الأحوال الشخصية المغربية ص 12، الوثائق العدلية: العراقي ص 126، أحكام الأسرة: ابن معجوز ص 354.

[3] المجلة العربية: الأمانة العامة ص 21،

[4] جريدة الخليج: ص 11.

[5] موسوعة التشريعات العربية: تونس

[6] قانون الأحوال الشخصية السوري: وزارة العدل ص 33، قانون الأحوال الشخصية السوري: الكويفي ص40.

[7] قانون الأحوال الشخصية الكويتي.

[8] مشروع قانون الأحوال الشخصية الإماراتي ص 80.

86) من القانون الكويتي (والفقرة 2 من المادة 81) من القانون الإماراتي ما نصه: " وعلى الزوجة بعد قبض معجل صداقها أن تسكن مع زوجها ".

الفرع الثالث

أنواع المهر

المهر نوعان: مهر مسمى، ومهر المثل

النوع الأول: المهر المسمى

مسألة: متى يجب المهر المسمى

يجب المهر المسمى إذا كانت التسمية صحيحة في العقد، فإن لم تكن التسمية صحيحة وجب مهر المثل، وتكون التسمية صحيحة إذا توفرت فيها شروط المهر وهي:

الشرط الأول: أن يكون مالاً متقوماً له قيمة، فإذا كان المهر خمراً أو خنزيراً لم يجب المسمى، لأنه ليس بمال ولا قيمة له عند المسلمين، وإذا كان يسيراً لا قيمة له كحبة حنطة لم يجب المسمى أيضاً لأنه غير متقوم، ويصح المهر من غير النقود إذا كان مالاً له قيمة مثل العقار[1].

الشرط الثاني: أن يكون معلوماً لا جهالة فيه، وتغتفر الجهالة اليسيرة عند الجمهور[2]، وذلك كأن يجعل المهر بقرة أو شاة من غير أن يعينها، ولها الوسط من الجنس المذكور، لأن الجهالة هنا كالجهالة في مهر المثل الذي يقدر بمهر نساء قومها، ولما كان مهر المثل جائزاً كانت هذه التسمية صحيحة، ولأن عقد النكاح مبني على المكارمة لا على المشاحة كما هو الشأن في البيع فاغتفرت الجهالة اليسيرة فيه، أما إذا كانت الجهالة فاحشة كجعل المهر دابة وجعل المهر ثوب من غير تمييز فلا تصح التسمية، ويجب مهر المثل.

وذهب الشافعية[3] إلى عدم صحة المهر المسمى إذا كان فيه جهالة ولو يسيرة

---

[1] البحر الرائق: ابن نجيم 176/3، الهداية: المرغيناني 209/1، بداية المجتهد: ابن رشد 27/2، مغني المحتاج: الشربيني 220/3، 225، المغني: ابن قدامه 4/8.

[2] البحر الرائق: ابن نجيم 174/3 ـ175، الهداية: المرغيناني 209/1، الخرشي: الخرشي 255/3، مغني المحتاج:226/3، المغني 18/8،7.

[3] بداية المجتهد: ابن رشد 22/2 المغني 8/ 18،7.

وقال الحنفية والمالكية والشافعية في رأي يجوز أن يدفع مبلغاً من المال على أنه صداقاً وثمناً لما اشتراه منها دون بيان لمقدار المهر أو الثمن، وقال مالك والشافعية في رأي آخر لا يجوز، ويجب مهر المثل[1].

الشرط الثالث: أن لا يقل المهر المسمى عن عشرة دراهم عند الحنفية وعن ربع دينار أو ثلاثة دراهم عند المالكية، وأن يكون مالاً متمولاً عند الجمهور[2].

الشرط الرابع: اشترط الحنفية أن لا تكون المنفعة منفعة حر أو من القرب كتعليم القرآن، وأجاز الجمهور منفعة الحر وإن كانت منفعة الزوج، كما أجازوا أن يكون المهر تعليم القرآن، ومنع ذلك الحنفية وبعض الحنابلة والمالكية[3].

الشرط الخامس: أن لا يكون الصداق مغصوباً، فإذا سمي لها صداقاً مغصوباً لم يصح الصداق، ويصح العقد، وكان لها مهر المثل عند الشافعية والحنابلة، وقال ذلك الحنفية إلا إذا أجازه المالك فلها عين المسمى، وقال المالكية إن كان المال المغصوب معلوماً لهما فسد العقد ويفسخ قبل الدخول ويجب مهر المثل بعد الدخول، أما إذا لم تعلم الزوجة بالغصب، فإن النكاح يصح ولها عين المغصوب أو مثله أو قيمته[4].

رأي القانون

ذهبت قوانين الأحوال الشخصية إلى أنه يجب المهر المسمى إذا كانت التسمية صحيحة حيث جاء في (الفقرة 1من المادة 44) من القانون الإماراتي[5] على أنه: " إذا سمي في العقد مهر تسمية صحيحة وجب للمرأة ذلك المسمى ".

وجاء في (الفقرة أ من المادة 55) في القانون الكويتي[6] على أنه: " يجب المهر المسمى تسمية صحيحة في العقد ".

أما بقية القوانين التي لم يرد بها نص، فقد أوجبت المهر المسمى إذا كانت التسمية صحيحة.

---

[1] بداية المجتهد: ابن رشد 27/2.

[2] سبق بيان ذلك عند تحديد أقل المهر.

[3] سبق بيان ذلك عند تحديد ما يصلح أن يكون مهراً.

[4] مغني المحتاج: الشربيني 225/3، الفقه على المذاهب الأربعة: الجزيري 102/4.

[5] مشروع القانون الإماراتي ص 15.

[6] مشروع القانون الكويتي.

مسألة: ما حكم اقتران المهر بشرط فيه منفعة

إذا اقترن المهر المسمى بشرط فيه منفعة للزوجة أو لذي رحم محرم منها وجب الوفاء بالمنفعة مع المال المسمى إذا كانت المنفعة مباحة، أما إذا كانت المنفعة غير مباحة فاشتراطها لغو، وإذا لم يف بالمنفعة وجب لها مهر المثل شريطة أن لا يقل عن المسمى، فإن كان المسمى قدر مهر المثل أو أكثر منه فليس لها إلا المسمى، وذلك كأن يتزوجها على ألف دينار وعلى طلاق ضرتها، فيجب لها الألف وتطلق ضرتها بمجرد العقد، وإذا تزوجها على ألف درهم وعلى أن يطلق ضرتها: وجب لها الألف، ولا تطلق ضرتها بالعقد، فإن طلقها بعد ذلك فليس لها شيء غير المسمى، وإن لم يطلقها، فلها الأكثر المهر المسمى أو مهر المثل عند الحنفية.

وإذا تزوج امرأة على ألف دينار على أن لا يخرجها من بلدها أو على أن لا يتزوج عليها أخرى، فإن وفى بالشرط فلها المسمى، وإن لم يف بالشرط، فلها الأكثر من المهر المسمى أو مهر المثل عند الحنفية، وذهب الحنابلة إلى انه إن لم يف بالشرط يفسخ النكاح لقول الرسول صلى الله عليه وسلم : **﴿أحق الشروط ما استحللتم به الفروج﴾**[1].

وذهب الشافعية إلى القول بصحة النكاح وفساد الشرط والمهر ووجوب مهر المثل.

وإذا تزوج امرأة على ألف دينار، وخمسة خنازير، فلها المسمى فقط إذا كان أكثر من عشرة دراهم عند الحنفية[2]، وقال المالكية: لها الأكثر من المسمى الحلال ومهر المثل، ولا ينظر إلى ما صاحب الحلال من الخمر أو الخنزير.

وإذا تزوج المرأة على ألف دينار إن أقام بها وعلى ألفين إن أخرجها، فإن أقام بها فلها الألف، وإن أخرجها فلها مهر المثل على أن لا يزيد على الألفين ولا ينقص عن مهر المثل عند أبي حنيفة، وقال الحنابلة والصاحبان من الحنفية لها الألفان إن لم يف بالشرط، وقال الشافعية وزفر: الشرط فاسد ولغا مهر المثل[3].

وذهب المالكية[4] إلى أن المشروط لا يلزم الزوج ويستحب الوفاء به، ولا تلزمه الألف الثانية، إن خالف بأن تزوج عليها أو سافر بها، أما إذا عقد العقد على ألفين ثم أسقطت عنه ألفاً

---

[1] سبق تخريجه.

[2] البحر الرائق: ابن نجيم 171/3، 172، 178، رد المحتار: ابن عابدين 123/3-125،، رد لمحتار: ابن عابدين 137/3، الهداية: المرغيناني 208/1.

[3] البحر الرائق: ابن نجيم 173/3، الهداية: المرغيناني 208/1، بداية المجتهد: ابن رشد 29/2، مغني المحتاج: الشربيني 226/3.

[4] الخرشي: الخرشي 266،267/3.

شريطة ألا يتزوج عليها أو لا يخرجها من بلدها وجب عليه الوفاء بالشرط لأنه في مقابل مهر تقرر.

وإذا تزوج المرأة على أن المهر ألف إن لم يكن له زوجة، وإن كانت له زوجة فالمهر ألفان، فسخ العقد قبل الدخول ولها مهر المثل بعد الدخول للغرر الحاصل في صلب العقد مع قدرتهما على رفعه عند المالكية، وقال الشافعي لها مهر المثل في مثل هذه الحالة، وقال قوم لها من الصداق بحسب ما اشترط[1].

وإذا اقترنت التسمية باشتراط منفعة للزوج، وذلك كأن يتزوجها على ألفين إن كانت متعلمة أو جميلة أو بكراً أو سافرت معه، وعلى ألف إن لم تكن أو ترض بذلك، فلها المسمى إن ثبت الوصف المرغوب فيه، وإلا فلها مهر المثل على أن لا يزيد عن المسمى لأنه ما رضي بالمسمى إلا على أساس ذلك الوصف المرغوب فيه[2].

النوع الثاني: مهر المثل

مهر المثل: هو مهر امرأة تماثل الزوجة وقت العقد، والمعتبر عند الفقهاء مهر من يماثل الزوجة من أسرة أبيها كأخواتها وعماتها وبنات أعمامها في الصفات التي ترغب في نكاحها وهي السن والجمال والعصر والبلد والمال والعقل والدين والبكارة والثيوبة والأدب والخلق والفصاحة والعلم والشرف وكونها ذات ولد أو ليست كذلك،، فإن لم يكن من أسرة أبيها من تماثلها في هذه الصفات أو بعضها اعتبر مهر من تماثلها من أسرة تماثل أسرة أبيها عند الحنفية[3]، وذهب الشافعية والحنابلة[4] إلى أنه إن لم يكن من أسرة أبيها من يماثلها اعتبر من يماثلها من أقاربها ذوي رحمها أياً كانت قرابتهم، لأن القرابة ولو من الأم أولى بالاعتبار، لذلك المعتبر عندهم مهر أختها من الأبوين ثم أختها لأبيها ثم بنات الأخ لأبوين ثم بنات الأخ لأب ثم العمات وهكذا على ترتيب العصبات، فإن لم يماثلها أحد أو جهل مهرهن أو لم ينكحن فيعتبر من أرحام لها كأمها وجداته وخالاتها وبناتهن، فإن فقدن فمهر امرأة أجنبية تماثلها من بلدها ثم

---

[1] بداية المجتهد: ابن رشد 29/2، الخرشي: الخرشي 267/3،266، المغني: ابن قدامه 85/8.

[2] رد المحتار: ابن عابدين

[3] البحر الرائق: ابن نجيم 185/3، رد المحتار: ابن عابدين 137/3ـ140، الهداية: المرغيناني 211/1، المغني: ابن قدامه 59/8.

[4] الإقناع: الشربيني 136/2، مغني المحتاج: الشربيني 231/3ـ232، المهذب: 60/2، نهاية المحتاج: الرملي351/6ـ353.

أقرب بلد إليها ثم أقرب النساء بها شبهاً. أما الإمام مالك[1] فذهب إلى اعتبار مهر المثل بامرأة تماثلها في الصفات من غير نظر إلى أقارب الأب أو الأرحام.

ويعتبر عند الحنفية[2] حال الزوج بأن يكون زوج هذه كأزواج أمثالها من نسائها في المال والحسب وعدمهما، فإذا كان الزوج في حال يرغب في مثلها يتساهل معه في المهر، بما لا يتساهل مع غيره.

ويجب مهر المثل حالاً، لأنه بدل متلف إلا إذا كانت عادة نسائها تأجيل المهر كله أو بعضه ففيه وجهان؛ الأول: يفرض حالاً والثاني: يفرض حسب عادة نسائها من التأجيل والتعجيل[3].

مسألة: بم يثبت مهر المثل ؟

يثبت مهر المثل بواحد من ثلاثة هي[4]:

أولاً: الإقرار

وهو أن يتفق الزوجان على أن مهر مثل الزوجة هو ألف دينار مثلاً، فيكون ما اتفقا عليه هو مهر المثل، لأن الزوج قد رضي بدفعه، والزوجة قد رضيت بقبضه. أما إذا ادعى الولي العاصب أن ما اتفقا على أنه مهر المثل غير صحيح، فيجب عليه التقدم لإثبات الصحيح إن كان عنده بينة.

ثانياً: الشهادة

وهي شهادة رجلين أو رجلاً وامرأتين عند عدم الاتفاق على مهر المثل، فإذا لم يتفقا على تقدير مهر المثل، وكان لأحدهما شهود فإن المهر يثبت بشهادتهما على أن يكون إخبارهما عن مهر المثل بلفظ الشهادة بأن يقول كل واحد منهما: أشهد بأن مهر مثل فلانة هو كذا ديناراً، لأن فلانة بنت فلان المساوية لها في كذا وكذا من الصفات قد تزوجت بهذا القدر. أما إذا كان لكل من الزوجين بينة قدمت بينة الزوجة، ولا تسمع بينة الزوج، لأنه منكر للزيادة، والبينة على المدعي واليمين على من أنكر.

---

[1] الشرح الصغير: الدردير 452/2، الشرح الكبير: المقدسي 94/8، المغني: ابن قدامه 59/8.

[2] البحر الرائق: ابن نجيم 186/3، رد المحتار: ابن عابدين 138/3.

[3] الشرح الكبير: المقدسي 94/8، المغني: ابن قدامه 59/8.

[4] الدر المحتار: ابن عابدين 139/3.

ثالثاً: يمين الزوج

وهي أن يحلف الزوج على صحة دعواه، وذلك في حالة عدم وجود الشهود، فإذا حلف لزمه أن يدفع المهر الذي يدعيه فقط، وإن لم يحلف لزمه أن يدفع المهر الذي تدعيه الزوجة.

رأي القانون

قسم قانون الأحوال الشخصية الأردني المهر إلى نوعين هما مهر مسمى ومهر المثل حيث نص في المادة (44) على أن: " المهر مهران: مهر مسمى وهو الذي يسميه الطرفان حين العقد قليلاً كان أو كثيراً، ومهر المثل: وهو مهر مثل الزوجة وأقرانها من أقارب أبيها، وإذا لم يوجد لها أمثال من قبل أبيها فمن مثيلاتها وأقرانها من أهل بلدتها ".

مسألة: متى يجب مهر المثل ؟

يجب مهر المثل في الحالات التالية

الحالة الأولى

ألا يسمى الزوج ولا وليه مهراً أصلاً حين العقد، ويشمل ذلك الصور التالية:

1. أن يكون العقد مطلقاً، كأن يقول الزوج للزوجة: زوجيني نفسك، فتقول: زوجتك نفسي، وقد استكمل العقد أركانه وشروطه، ولكنهما لم يتعرضا لذكر المهر أصلاً، ودخل الزوج بالزوجة أو اختلى بها خلوة صحيحة، هذا إذا لم يفرض الزوج مهراً بعد إنشاء عقد الزواج، أما إذا فرض مهراً بعد إنشاء العقد ورضيت به الزوجة أصبح كالمهر المسمى أثناء العقد.

أما إذا مات الزوج قبل الفرض وقبل الدخول فقد ذهب الحنفية والحنابلة والشافعية في قول إلى أن لها مهر المثل وذلك لما روي أن عبد الله بن مسعود رضي الله عنه سئل عن رجل تزوج امرأة، ولم يفرض لها صداقاً، ولم يدخل بها حتى مات، فقال ابن مسعود: " لها مثل صداق نسائها لا وكس ولا شطط، وعليها العدة ولها الميراث، فقام معقل بن سنان الأشجعي فقال: " قضى رسول الله صلى الله عليه وسلم في بروع بنت واشق -امرأة منا- مثل ما قضيت " ففرح بها ابن مسعود[1]، ولأن الموت يستقر به المسمى فاستقر به مهر المفوضة كالوطء.

---

[1] سنن الترمذي: الترمذي 377/2 قال الترمذي حديث ابن مسعود حديث حسن صحيح.

وذهب الشافعية في قول آخر والمالكية إلى أنه لا مهر لها، لأنها مفوضة فارقت زوجها قبل الفرض والمسيس فلم يجب لها المهر كما لو طلقت قبل المسيس، ولأن الصداق عوض عن الانتفاع بالبضع، فلما فان الانتفاع به، فات بدله وهو المهر[1].

2. زواج المفوضة: وهي المرأة التي فوضت أمر نفسها لزوجها أو لوليها، ولم تحدد مهراً مسمى، وحصل الطلاق قبل الدخول فلها المتعة، وليس لها من المهر شيء وذلك لقول الله تعالى: ﴿ ولا جناح عليكم إن طلقتم النساء ما لم تمسوهن أو تفرضوا لهن فريضة ومتعوهن على الموسع قدره وعلى المقتر قدره ﴾[2]. ولأن الله تعالى أوجب للمطلقة قبل الدخول نصف المهر المسمى، ولم يوجبه لغيرها قال الله تعالى: ﴿ وإن طلقتموهن من قبل أن تمسوهن وقد فرضتم لهن فريضة فنصف ما فرضتم ﴾[3]. فأثبت لكل قسم من النساء حكماً، فذل على اختصاص كل قسم بحكمه

أما إذا طالبت زوجها بعد العقد بدفع المهر وجب عليه ذلك، فإن امتنع ورفع أمرها للقاضي حكم لها بمهر المثل عند الجمهور ويتأكد بالدخول أو الموت، ويسقط إلى المتعة بالطلاق قبل الدخول، وذلك لأنه لو لم يجب لها مهر المثل لما استقر هذا المهر بالدخول، ولا مهر لها عند الشافعية في قول، لأنه لو وجب لها المهر بالعقد لتنصف بالطلاق قبل الدخول.

وبناءً على ما سبق إذا تراضى الزوجان على تسمية مهر لها فإنه يتأكد جميعه إن دخل بها أو مات عنها، وإن طلقها قبل الدخول فلها المتعة عند أبي حنيفة ومحمد وأحمد في قول، ولها نصف المفروض عند الشافعية والحنابلة وأبي يوسف[4].

3. زواج الشغار: وهو أن يزوج الرجل ابنته على أن يزوجه الآخر ابنته أو أخته، ليكون أحد العقدين عوضاً عن الآخر، ولا صداق بينهما. وقد اختلف الفقهاء في صحة هذا العقد على قولين:

الأول: العقدان جائزان ولكل واحدة منهما مهر مثلها، وذلك لفساد المهر بأن جعل كل واحدة منهما مهراً للأخرى وإلى هذا ذهب الحنفية.

---

[1] البحر الرائق: ابن نجيم 159/3، الهداية: المرغيناني 205/1، مغني المحتاج: الشربيني 229/3، 231، المهذب: الشيرازي 60/2، بداية المجتهد: ابن رشد 27/3، الخرشي: الخرشي 274/3، المغني 58/8ـ59.

[2] سورة البقرة: آية 237.

[3] سورة البقرة: آية 237.

[4] البحر الرائق: ابن نجيم 159/3، الهداية 205/2، بداية المجتهد: ابن رشد 27/2، مغني المحتاج: الشربيني 229،231/3، المهذب: الشيرازي 60/2، الشرح الكبير: المقدسي المغني: ابن قدامه 47/8ـ55.

الثاني: العقدان باطلان، ويفسخ العقد قبل الدخول وبعده، ولها مهر المثل بعد الدخول ولا شيء لها قبل الدخول، وذلك لنهي الرسول عليه السلام عن نكاح الشغار، ولأنه جعل نصف البضع صداقاً والنصف الآخر منكوحة، ولا اشتراك في هذا الباب وإلى هذا ذهب الجمهور من المالكية والشافعية والحنابلة والظاهرية[1].

وأما إذا قال زوجني ابنتك على أن أزوجك بنتي وقبل الآخر، ولم يجعلا البضع صداقاً، فإن العقد صحيح ولها مهر المثل عند الشافعية.

الحالة الثانية

أن يتفق الزوجان على أن لا مهر للزوجة كأن يقول لها زوجيني نفسك على أن لا مهر لك، فتقول: قبلت، ففي هذه الحالة يجب مهر المثل، لأن المهر حكم من الأحكام التي جعلها الشارع مترتبة على عقد النكاح، فلا يملك العاقد نفيها، وإن نفاها صح العقد ووجب مهر المثل.

الحالة الثالثة

أن يسمي مهراً، وتكون التسمية فاسدة، ومن صور التسمية الفاسدة ما يلي[2]:

1- أن يكون المال المسمى غير متقوم أصلاً كحبات من الحنطة أو لا قيمة له عند المسلمين كالخمر والخنزير.

2- أن يكون مجهولاً جهالة فاحشة مفضية إلى النزاع.

3- أن يسمي لها منفعة لا يجوز أخذ الأجرة عليها لكونها من الطاعات التي يتقرب بها إلى الله تعالى، كأن يعلمها القرآن أو سورة منه أو جعله خدمة الزوج أو الحر للزوجة، فقد ذهب أبو حنيفة وأبو يوسف إلى أن التسمية باطلة ولها مهر المثل، وذهب الجمهور إلى أن لها ما سمي لها. وذهب محمد بن الحسن إلى أن لها قيمة ذلك إن كان له قيمة مالية كأن يتزوجها على أن يخدمها لمدة عام، فلها قيمة خدمتها لمدة عام، لأن المسمى مال متقوم لكنه عجز عن التسليم لمكان المناقضة، ولها مهر المثل عنده إذا كان المهر لا يتقوم بمال[3].

---

[1] البحر الرائق: ابن نجيم 157/3و167و176، الهداية: المرغيناني 206/1، بداية المجتهد: ابن رشد 57/2، الشرح الصغير: الدردير 446/2،385، مغني المحتاج: الشربيني 142/3، زاد المعاد: ابن قيم الجوزية 81/5، المغني: ابن قدامه 54/8، المحلى: ابن حزم 118/9، شرح النووي: النووي 217/5.

[2] أنظر تفصيل ذلك في مسألة متى يجب المهر المسمى.

[3] البحر الرائق: ابن نجيم 167/3ـ168، الهداية 207/1.

الحالة الرابعة

أن يكون المهر المسمى أقل من عشرة دراهم عند الإمام زفر، وذلك لأن تسمية ما لا يصلح مهراً كانعدام التسمية، والتي لم يسم لها مهر لها مهر المثل[1]، وقد خالف بذلك الجمهور حيث أوجبوا لها المهر المسمى، بينما ألزم الحنفية الزوج إكمال المهر إلى عشرة دراهم.

الحالة الخامسة

إذا اقترن المهر المسمى بشرط كأن يتزوجها بألف على أن لا يخرجها من بلدها، ولم يف الزوج بالشرط، فإن لها مهر المثل عند الحنفية شريطة ألا يقل عن المهر المسمى، وذهب الحنابلة إلى انه إن لم يف بالشرط يفسخ النكاح لقول الرسول صلى الله عليه وسلم :**﴿ أحق الشروط ما استحللتم به الفروج ﴾**[2]. وذهب الشافعية إلى القول بصحة النكاح وفساد الشرط والمهر ووجوب مهر المثل[3].

رأي القانون

أخذ القانون الأردني[4] برأي الحنفية في الحالات التي يجب بها مهر المثل، حيث نص في المادة (54) على أنه: " إذا لم يسم المهر في العقد الصحيح أو تزوجها على أنه لا مهر لها ثم سمى المهر وكانت التسمية فاسدة يلزم مهر المثل ".

وما لم يرد به نص يؤخذ بالراجح من المذهب الحنفي كما نصت عليه المادة (183) من القانون.

وأخذ القانون السوداني[5] برأي الحنفية حيث نص في المادة (29) على أنه: " 4. إذا لم يسم المهر أو كانت التسمية غير صحيحة، فيجب مهر المثل ".

وما لم يرد به نص يؤخذ بالراجح من المذهب الحنفي كما نصت عليه المادة (5) من القانون.

كما أخذ القانون السوري[6] برأي الحنفية حيث نص في المادة (61) على أنه: " 1. يجب مهر المثل في العقد الصحيح عند عدم تسمية مهر أو فساد التسمية ".

---

[1] البحر الرائق: ابن نجيم 204/3، الهداية: المرغيناني 204/1.

[2] سبق تخريجه.

[3] الهداية: المرغيناني 207/1، المهذب: الشيرازي 57/2، مغني المحتاج: الشربيني 226/3، وانظر تفصيل ذلك في مسألة حكم اقتران المهر بشرط فيه منفعة.

[4] القرارات القضائية: عمرو ص 368،369.

[5] قانون الأحوال الشخصية السوداني ص 13.

[6] قانون الأحوال الشخصية السوري: وزارة العدل ص 32ـ33، قانون الأحوال الشخصية السوري: الكويفي ص 39ـ40.

وقد بينت المذكرة الإيضاحية للقانون الكويتي أنه أخذ برأي الحنفية عندما فسرت المادة (55) والتي نصت في (الفقرة ب من المادة 55) على أنه: " إذا لم يسم المهر، أو كانت التسمية غير صحيحة، أو نفي أصلاً، وجب مهر المثل ".

حيث جاء في المذكرة ما نصه: " ومصدر هذه المادة مذهب الحنفية "[1].

وكذلك مشروع القانون الإماراتي[2] حيث نص في (الفقرة 2 من المادة 44) على أنه: "إذا لم يسم لها في العقد مهر، أو سمى تسمية غير صحيحة، أو نفى أصلاً، وجب لها مهر المثل".

هذا وقد أخذت مدونة الأحوال الشخصية المغربية[3] برأي الحنفية في الحالات التي يجب بها مهر المثل.

الفرع الرابع

مؤكدات وجوب المهر وإسقاطه

بينا فيما سبق بأن المهر ـ سواء أكان المهر مسمى أم مهر المثل ـ يجب بنفس العقد، إذا كان العقد صحيحاً، ولكن هذا الوجوب ليس ثابتاً على الدوام، بل يكون قابلاً للسقوط كله أو بعضه، وهذا ما سنبحثه في الأقسام التالية:

القسم الأول: متى يجب جميع المهر ؟

يجب جميع المهر إذا تأكد بأحد المؤكدات التالية

أولاً: الموت:

اتفق الفقهاء[4] على أنه يجب المهر كله بالموت قبل الدخول والخلوة الصحيحة، سواء أكان الذي مات الزوج أم الزوجة، وسواء أكان الموت طبيعياً أم بفعل أجنبي أم بقتل الزوج لزوجته، أو قتل الزوج نفسه، وقد استدلوا على ذلك بما يلي:

---

[1] مشروع قانون الأحوال الشخصية الكويتي ومذكرته الإيضاحية.

[2] مشروع القانون الإماراتي ص 15.

[3] انظر الفصل (37)، أحكام الأسرة: الشافعي ص 64.

[4] الاختيار: 102/3،/ بدائع الصنائع: الكاساني 294/2، الهداية: المرغيناني 204/2، بداية المجتهد: ابن رشد22/2، جواهر الإكليل: الأزهري 308/1، الشرح الصغير: الدريني 438/2، الخرشي: الخرشي 260/3، روضة الطالبين: النووي 587/5، مغني المحتاج: الشربيني 225/3، المهذب: الشيرازي 57/2، الشرح الكبير: المقدسي 8/8، العدة: المقدسي ص 386، المغني: ابن قدامه 58/8.

1- عن معقل بن سنان: ﴿ **أن رسول الله صلى الله عليه وسلم قضى في بروع بنت واشق، وكان زوجها مات ولم يدخل بها، ولم يفرض لها صداقاً، فجعل لها مهر نسائها لا وكس ولا شطط** ﴾[1].

2- لأن الموت أنهى عقد الزواج مقرراً كل أحكامه، ومنها الميراث والمهر، فيتقرر ويثبت به.

3- لأن المهر لما وجب بنفس العقد صار ديناً عليه، والموت لم يعرف مسقطاً للدين في أصول الشرع فلا يسقط شيء من المهر كسائر الديون.

4- أما إذا كان القتل من أجنبي، فهو كالموت الطبيعي من حيث أنه ليس لأحدهما يد فيه.

5- وإذا قتل الزوج زوجته أو قتل نفسه، فإن الجناية منه لا تسقط حقاً واجباً عليه.

رأي القانون

أخذت قوانين الأحوال الشخصية بما أجمع عليه الفقهاء بأنه يجب المهر جميعه بموت أحد الزوجين حيث نصت المادة (48) من القانون الأردني[2] على أنه: " إذا سمي مهر في العقد الصحيح لزم أداؤه كاملاً بوفاة أحد الزوجين ....".

ونصت (الفقرة 2 من المادة 29) بالقانون السوداني[3]، (والفقرة ب من المادة 38) من مشروع القانون العربي[4]، (والفقرة ب من المادة 34) مشروع القانون الخليجي[5] على أنه: " يتأكد المهر بالدخول أو الوفاة ...."

كما نصت (الفقرة ج من المادة 49) من مشروع القانون الإماراتي[6] والمادة (61) من مشروع القانون الكويتي[7] على على أنه: " يتأكد حق الزوجة في جميع المهر بموت أحد الزوجين قبل الدخول والخلوة الصحيحة ".

---

[1] سبق تخريجه.

[2] القرارات القضائية: عمرو ص 367.

[3] قانون الأحوال الشخصية السوداني ص 13.

[4] المجلة العربية: الأمانة العامة ص 21.

[5] جريدة الخليج: ص 11.

[6] مشروع قانون الأحوال الشخصية الإماراتي ص 16.

[7] مشروع القانون الكويتي.

وكذلك نصت (الفقرة 3 من الفصل 20) من مدونة الأحوال الشخصية المغربية[1] على أنه: " يستحق المهر كله بالموت أو الدخول ".

أما المادة (21)من القانون العراقي[2] فقد نصت على أنه: " تستحق الزوجة كل المهر المسمى بالدخول أو بموت أحد الزوجين ....".

مسألة: ما حكم المهر إذا قتلت المرأة نفسها ؟

اختلف الفقهاء في هذه المسألة على مذهبين:

المذهب الأول: ذهب جمهور الفقهاء[3] -الحنفية والمالكية والحنابلة والشافعية في الصحيح- إلى أن المهر يتأكد إذا إذا قتلت المرأة نفسها، ولا يسقط عن الزوج شيء منه بقتل نفسها، بل يجب جميعه ودليلهم أن فوات حق الزوج على زوجته إنما يكون بموت الزوجة فعلاً، وعند إزهاق روحها يتعلق حق ورثتها بالمهر، فلا يحتمل السقوط بفعلها، إذ الإنسان لا يملك إسقاط حق غيره.

المذهب الثاني: ذهب زفر من الحنفية والشافعية في قول[4] إلى أن المهر يسقط لأنها فوتت حق الزوج عليها بجنايتها على نفسها فيسقط حقها في المهر ما لم يكن قد تأكد بالدخول أو الخلوة قبل ذلك ولأن قتلها نفسها كارتدادها، وهي إذا ارتدت قبل الدخول سقط جميع مالها.

رأي القانون

لم يوجد في القوانين العربية نص على هذه المسألة، والذي يتضح من هذه القوانين أنها ضمنتها في المواد التي أوجبت المهر في حالة وفاة أحد الزوجين، وذلك أخذاً برأي جمهور الفقهاء.

مسألة: ما حكم المهر إذا قتلت الزوجة زوجها عمداً ؟

إذا قتل أحد الزوجين الآخر دون قصد، فالمهر يتأكد جميعه، أما إذا قتلت الزوجة زوجها عمداً هل يتأكد المهر أم يسقط ؟ اختلف الفقهاء في هذه المسألة على مذهبين:

---

[1] مدونة الأحوال الشخصية المغربية ص 12.

[2] الأحوال الشخصية: الكبيسي 404/2.

[3] أنظر المراجع السابقة.

[4] بدائع الصنائع: الكاساني 294/2، مغني المحتاج: الشربيني 225/3، المهذب: الشيرازي 57/2.

المذهب الأول: ذهب الحنفية والحنابلة[1] إلى أن المهر لا يسقط إذا قتلت المرأة نفسها، بل يتأكد كله.

وقد استدلوا على ذلك بما يلي:

1- ما رواه معقل بن سنان: **﴿أن رسول الله صلى الله عليه وسلم قضى في بروع بنت واشق، وكان زوجها مات ولم يدخل بها، ولم يفرض لها صداقاً، فجعل لها مهر نسائها لا وكس ولا شطط﴾**[2].

2- لأن القتل وإن كان جناية فإن له عقوبة مقررة وهي القصاص،، فلو قلنا بسقوط مهرها لأوجبنا عقوبة زائدة لم تقرر شرعاً، وهو غير جائز، ولأن المهر في هذه الحالة ليس لها، وإنما للورثة، فلا يحتمل السقوط بفعلها كما إذا قتلها زوجها.

والمالكية[3] في ظاهر قولهم يوافقونهم في الجملة، إذ أنهم منعوا تكميل الصداق لئلا يكون ذلك ذريعة لقتل النساء أزواجهن، فتعامل بنقيض مقصودها.

وقد أجيب على هذه الأدلة بما يلي:

1. إن الاستدلال بحديث بروع بنت واشق على أن المهر لا يسقط، بل يتأكد كله، استدلال باطل، وذلك لأن الحديث في المفوضة التي مات عنها زوجها قبل الدخول، ولم يثبت في الحديث أنها قتلت زوجها، فكيف يستدل به في هذه الحالة، مع أن هناك فرقاً بين المسألتين، فالموت الطبيعي لم يكن باختيارها ولا اختياره، وأما قتل الزوجة زوجها فإنه جناية وقع باختيارها.

2. تعاقب الزوجة بسقوط مهرها بالرغم من وجود عقوبة القصاص لها، حتى لا يكون ذريعة لقتل النساء أزواجهن، ولأنها بقتل زوجها تحرم من الميراث فمن باب أولى أن تحرم من المهر.

المذهب الثاني: ذهب الشافعية وزفر من الحنفية[4] إلى أن المرأة إذا قتلت زوجها عمداً فإنها تحرم من الميراث، وحجتهم أنها أنهت الزواج بمعصية فوتت بها على زوجها حقه،

---

[1] بدائع الصنائع: الكاساني 294/2، الشرح الكبير: المقدسي 68/8.

[2] سبق تخريجه.

[3] حاشية الصاوي: الصاوي 438/2.

[4] بدائع الصنائع: الكاساني 294/2، الإقناع: الشربيني 136/2، مغني المحتاج: الشربيني 225/3.

وإنهاء الزواج بهذه الصورة من قبلها يسقط المهر متى كان قبل الدخول، كما إذا ارتدت بعد العقد وقبل الدخول.

الترجيح

الرأي الذي نرى أنه أقرب للصواب ما ذهب إليه الشافعية وزفر، إذ كيف يجب للمرأة المهر مع قتلها لزوجها عمداً، وأما كون المهر للورثة، يرد عليه بأن المهر يثبت أولاً للمرأة وليس للورثة، ثم ينتقل للورثة.

قال الأستاذ محمد أبو زهرة[1]: " وكيف تأخذ المهر، وهي تتبرم بالحياة الزوجية قبل الدخول، فتزيلها بقتل زوجها، فكيف تنعم بمهر من هذه الحياة التي تبرمت بوجودها ؟!، ثم يقول: إن ذلك غير معقول في ذاته، وليس من العدل في شيء "

رأي القانون

أخذ مشروع قانون الأحوال الشخصية الإماراتي[2] بما ذهب غليه المالكية من منع الزوجة من المهر إذا قتلت زوجها عمداً حيث جاء في المادة (50) ما نصه: " إذا قتلت الزوجة زوجها قتلاً مانعاً من الإرث سقط المهر كله، ويسترد منها ما قبضته ".

ومشروع القانون الكويتي[3] في المادة (62) على أنه: " إذا قتلت الزوجة زوجها قتلاً مانعاً من الإرث قبل الدخول، استرد منها ما قبضته من المهر وسقط ما بقي منه. وإذا كان القتل بعد الدخول فلا تستحق شيئاً من الباقي ".

أما بقية القوانين فلم يرد فيها نص حول هذه المسألة، فيعمل بالراجح مما اعتمدته هذه القوانين من المذاهب الفقهية.

مسألة: ما حكم المهر إذا مات أحد الزوجين قبل تسمية المهر وقبل الدخول ؟

كل ما سبق ذكره في حالة ما إذا كان المهر مسمى في العقد، أما إذا مات الزوج قبل تسمية الصداق وقبل الدخول بها فهل لها صداق أم لا ؟

---

[1] الأحوال الشخصية: أبو زهرة ص 219.

[2] مشروع قانون الأحوال الشخصية الإماراتي: ص 16

[3] مشروع قانون الأحوال الشخصية الكويتي.

اختلف الفقهاء في هذه المسألة على ثلاثة مذاهب:

المذهب الأول: ذهب الحنفية والشافعية في قول والحنابلة في الصحيح[1] بأن لها مهر المثل، وقد استدلوا على ذلك بما يلي:

1. عن معقل بن سنان: **﴿ أن رسول الله صلى الله عليه وسلم قضى في بروع بنت واشق، وكان زوجها مات ولم يدخل بها، ولم يفرض لها صداقاً، فجعل لها مهر نسائها لا وكس ولا شطط ﴾**[2].

2. لأن النكاح صح فيجب العوض، لأنه عقد معاوضة، والمهر واجب حقاً للشرع، والواجب الأصلي مهر المثل لأنه أعدل، فيصار إليه عند عدم التسمية[3].

3. لأن الموت معنى يكمل به المسمى، فكمل به مهر المثل للمفوضة كالدخول[4].

المذهب الثاني: ذهب الشافعية في قول والحنابلة في رواية إلى أن لها نصف مهر المثل[5].

المذهب الثالث: ذهب المالكية والشافعية في قول[6] إلى أنه لا مهر لها، وإنما لها المتعة، وقال الشافعية بأن متعتها ما استحقت من الميراث لا غير.

وقد استدلوا على ذلك بما يلي:

1ـ قال الله تعالى: **﴿** لا جناح عليكم إن طلقتم النساء ما لم تمسوهن أو تفرضوا لهن فريضة ومتعوهن على الموسع قدره وعلى المقتر قدره **﴾**[7].

2ـ قال الله تعالى: **﴿** يا أيها الذين آمنوا إذا نكحتم المؤمنات ثم طلقتموهن من قبل أن تمسوهن فما لكم عليهن من عدة تعتدونها فمتعوهن وسرحوهن سراحاً جميلاً **﴾**[8].

---

[1] الاختيار: الموصلي 102/2، بدائع الصنائع: الكاساني 295/2، كفاية الأخيار: الحصني 39/2، المغني: ابن قدامه 59/8.

[2] سبق تخريجه.

[3] الاختيار: الموصلي 102/2.

[4] المغني: ابن قدامه 59/8.

[5] كفاية الأخيار: الحصني 39/2، المغني: ابن قدامه 59/8.

[6] كفاية الأخيار: الحصني 39/2، المغني: ابن قدامه 59/8.

[7] سورة البقرة: آية 236.

[8] سورة الأحزاب: آية 49.

وجه الدلالة:

أمر الـلـه تعالى في الآيتين السابقتين بالمتعة من غير فصل بين حال الموت وغيره، والنص وإن ورد في الطلاق، لكنـه يكون وارداً في الموت أيضاً، ألا ترى أن الـنص ورد في صريـح الطـلاق ثـم ثبـت حكمـه في الكنايـات مـن الإبانـة والتسريـح والتحريم ونحو ذلك، فكذا هاهنا.

الترجيح

الرأي الذي نميل إليه هو ما ذهب إليه جمهور الفقهاء من أن لها مهر المثل للحديث الذي رواه معقل بن سـنان، وقد قال عنه الترمذي حديث صحيح.

ويرد على الاحتجاج بالآية بأن الآية فيها إيجاب المتعة في الطلاق لا الموت، ومن ادعى إلحاق المـوت بـالطلاق فـلا بد له من دليل.

كما أن قياس الموت على الطلاق بأنه غير صحيح، فإن الموت يتم به النكاح فيكمل بـه الصـداق والطـلاق يقطعـه ويزيله قبل تمامه، ولذلك وجبت العدة بالموت قبل الدخول ولم تجب بالطلاق وكمل المسمى بالموت ولم يكمل بالطلاق[1].

رأي القانون

أخذت قوانين الأحوال الشخصية برأي الجمهور في موجبات المهر، من حيث كون العقد صحيحاً، وذلك بوفاة أحد الزوجين إلا أنها لم تذكر حالة الموت قبل تسمية الصداق وقبل الدخول بها، فإذا كان الموت في غير التفويض يوجـب المهـر كله ففي التفويض من باب أولى، لأنه كالوطء في تقرير المهـر المسـمى، ولـذلك اقتصرـت القـوانين عـلى ذكـر الوفـاة قبـل الدخول[2].

---

[1] بدائع الصنائع: الكاساني 295/2، المغني: ابن قدامه 59/8.

[2] أنظر المادة (48) من القانون الأردني، (والفقرة 2 من المادة 29) من القانون السوداني، (والفقـرة ج مـن المـادة 49) بمشرـوع القـانون الإمـاراتي، (والفقرة ب من المادة 38) بمشروع القانون العربي، (والفقـرة ب مـن المـادة 34) بمشرـوع القـانون الخليجـي، (والمـادة (61) مـن مشرـوع القانون الكويتي، والمادة (21) من القانون العراقي، والفصل (20) من مدونة الأحوال الشخصية المغربية..

ثانياً: الدخول الحقيقي بالزوجة

اتفق الفقهاء[1] على أن الدخول الحقيقي وفي العقد الصحيح وإن كان حراماً لوقوعه في الحيض أو الإحرام يوجب المهر سواء كان المهر المسمى أو مهر المثل.

وقد استدلوا على ذلك على وجوب المهر وتأكده بالدخول الحقيقي بما يلي:

1. قال اللـه تعالى: ﴿ وإن أردتم استبدال زوج مكان زوج وآتيتم إحداهن قنطاراً فلا تأخذوا منه شيئاً أتأخذونه بهتاناً وإثماً مبيناً وكيف تأخذونه وقد أفضى بعضكم إلى بعض﴾[2].

وجه الدلالة:

تدل الآيتان الكريمتان على أنه إذا أراد أحدكم أن يفارق امرأة ويستبدل مكانها غيرها، فلا يأخذ مما كان أصدق الأولى شيئاً، ولو كان قنطاراً من مال، وكيف تأخذه، وقد أفضيت إليها وأفضت إليك، والإفضاء هو الجماع.

فالآيتان السابقتان تدلان على أن الجماع يقرر المهر، لأن اللـه تعالى منع الزوج أن يأخذ شيئاً من المهر، وقد ترك العمل به قبل الجماع، فوجب أن يبقى معمولاً به بعد الجماع[3].

2. قال اللـه تعالى: ﴿ فما استمتعتم به منهن فآتوهن أجورهن﴾[4].

وجه الدلالة:

أباح اللـه الاستمتاع بالنساء بعقد الزواج المشتمل على المهر، مع وجوب إعطائهن أجورهن، وهذا دليل على وجوب المهر، وعلى أنه يتأكد بالاستمتاع[5].

1. لأنه بالدخول قد استوفيت أحكام العقد من جانب الزوجة فوجب على الزوج المهر
2. لأن المهر يتأكد بالدخول في العقد الفاسد فأولى أن يتأكد بالدخول في العقد الصحيح.

---

[1] البحر الرائق: ابن نجيم 153/3، الهداية: المرغيناني 204/1، بداية المجتهد: ابن رشد 22/2، جواهر الإكليل: الأزهري 308/1، الخرشي: الخرشي 260/3، الشرح الصغير: الدردير 437/2، روضة الطالبين: النووي 587/5، مغني المحتاج: الشربيني 225/3، المهذب: الشيرازي 57/2، كشاف القناع: البهوتي 150/5.

[2] سورة النساء: الآيتان 20ـ21.

[3] تفسير القرآن العظيم: ابن كثير 477/1، تفسير الفخر الرازي: الرازي 16/10.

[4] سورة النساء: آية 24.

[5] المرجع السابق.

رأي القانون

أخذت قوانين الأحوال الشخصية بما أجمع عليه الفقهاء وهو أن المهر يتأكد بالدخول الحقيقي حيث نصت المادة (48) من القانون الأردني[1] على أنه: " إذا سمي مهر في العقد الصحيح لزم أداؤه كاملاً بوفاة أحد الزوجين أو بالطلاق بعد الخلوة الصحيحة، أما إذا وقع الطلاق قبل الوطء والخلوة الصحيحة فيلزم نصف المهر".

يلاحظ أن القانون اكتفى بذكر الوفاة والخلوة على أنها من مؤكدات المهر جميعه، ولكنه نص في نفس المادة على أنه إذا وقع الطلاق قبل الوطء والخلوة الصحيحة يسقط نصف المهر، مما يدل على أنه أوجب وأكد جميع المهر بالدخول الحقيقي.

كما جاء في قرار محكمة الاستئناف الشرعية رقم 16168 ما يثبت وجوب المهر كله بالدخول الحقيقي حيث جاء فيه: " أجمعت النصوص الفقهية في المذهب الحنفي على أن مما يتأكد به لزوم المهر حصول الدخول أو الخلوة الصحيحة، ولا يحتمل السقوط بعد الدخول أو الخلوة إلا بالإبراء ..."[2]

ونصت (الفقرة 2 من المادة 29) بالقانون السوداني[3]، (والفقرة ب من المادة 38) من مشروع القانون العربي[4]، (والفقرة ب من المادة 34) مشروع القانون الخليجي[5] على أنه: "يتأكد المهر بالدخول أو الوفاة ..."

كما نصت (الفقرة أ من المادة 49) من مشروع القانون الإماراتي[6] والمادة (61) من مشروع القانون الكويتي[7] على أنه: " يتأكد حق الزوجة في جميع المهر: بالدخول الحقيقي ".

وكذلك نص القانون العراقي[8] في المادة (21) على أنه: " تستحق الزوجة كل المهر المسمى بالدخول أو بموت أحد الزوجين ....".

---

[1] القرارات القضائية: عمرو ص 367.
[2] القرارات القضائية: عمرو ص 308.
[3] قانون الأحوال الشخصية السوداني ص 13.
[4] المجلة العربية: الأمانة العامة ص 21.
[5] جريدة الخليج: ص 11.
[6] مشروع قانون الأحوال الشخصية الإماراتي ص 16.
[7] مشروع القانون الكويتي.
[8] الأحوال الشخصية: الكبيسي 404/2.

أما مدونة الأحوال الشخصية المغربية[1] فقد نصت في الفصل (20) على أنه:

" 2. يجب المهر كله أو بعضه منذ الدخول

3. يستحق المهر كله بالموت أو الدخول ".

يلاحظ من هذه المادة أنها فرقت بين استحقاق المهر، ووجوب أدائه، فقد بينت أن المهر يتأكد وتستحقه الزوجة بالدخول الحقيقي، ولكنه قد يجب كل المهر منذ الدخول، وقد يجب بعض المهر منذ الدخول، ويجب البعض الآخر عند حلول الأجل المتفق عليه بين الزوجين، أو حصول الفرقة بينهما أو الموت قبل حلول الأجل.

وقد جاء في تفسير هذه المادة: " تستحق الزوجة الصداق بكامله إذا دخل بها الزوج دخولاً حقيقياً بعد العقد عليها عقداً شرعياً، ويجب لها صداق المثل بالكامل في حالة إغفال مسألة الصداق متى وقع الدخول بالزوجة فعلياً طبقاً لقوله سبحانه وتعالى:﴿ فما استمتعتم به منهن فآتوهن أجورهن فريضة ﴾[2] "[3].

ثالثاً: الخلوة الصحيحة

وهي أن يجتمع الزوجان بعد العقد الصحيح منفردين في مكان يأمنان فيه من اطلاع الغير عليهما، ولم يوجد مانع يمنع من الدخول الحقيقي، فإذا حصل الاجتماع على ذلك النحو، فقد اختلف الفقهاء في تأكد المهر ووجوب العدة بالخلوة على مذهبين:

المذهب الأول: ذهب الحنفية والحنابلة والشافعي في القديم[4] إلى أن المهر يتأكد وتجب العدة على الزوجة بالخلوة الصحيحة.

وقد استدلوا على ذلك بما يلي:

1. قال الله تعالى: ﴿ وإن أردتم استبدال زوج مكان زوج وآتيتم إحداهن قنطاراً فلا تأخذوا منه شيئاً أتأخذونه بهتاناً وإثماً مبيناً وكيف تأخذونه وقد أفضى بعضكم إلى بعض وأخذن منكم ميثاقاً غليظاً ﴾[5].

---

[1] مدونة الأحوال الشخصية المغربية ص 12.

[2] سورة النساء: آية 24.

[3] أحكام الأسرة: الشافعي ص 65.

[4] البحر الرائق: ابن نجيم 162/3،153، بدائع الصنائع: الكاساني 292/2ـ293، الهداية: المرغيناني 204/2، بداية المجتهد 22/2، مغني المحتاج: الشربيني 224/3ـ225، المهذب: الشيرازي 57/2، الشرح الكبير: المقدسبي 76/8 وما بعدها، المغني: ابن قدامه 61/8 وما بعدها.

[5] سورة النساء: الآيتان 20ـ21.

وجه الدلالة:

تدل الآية الكريمة على أن الخلوة الصحيحة تقرر المهر، وذلك لأن اللـه تعالى منع الزوج من أن يأخذ منها شيئاً من المهر، وهذا المنع مطلق ترك العمل به قبل الخلوة، فوجب أن يبقى معمولاً به بعد الخلوة، والمراد بالإفضاء هنا الخلوة، لأن اللـه تعالى نهى عن أخذ المهر وعلل بعلة الإفضاء، وهي الخلوة والإفضاء مشتق من الفضاء وهو المكان الخالي، فعلمنا أن الخلوة تقرر المهر[1] من ادعى التخصيص هاهنا فعلبيه البيان.

2. قال اللـه تعالى: ﴿ وإن طلقتموهن من قبل أن تمسوهن وقد فرضتم لهن فريضة فنصف ما فرضتم ﴾[2].

وجه الدلالة:

إن المقصود بكلمة المس في الآية المذكورة يحتمل أن يكون المعنى المجازي لا الحقيقي، فهي من باب ذكر المسبب وإرادة السبب، إذ إن المس مسبب عن الخلوة، والخلوة سبب للمس، ويرجح هذا الفهم ما روي عن محمد بن عبد الرحمن بن ثوبان عن رسول اللـه صلى اللـه عليه وسلم :**﴿ من كشف خمار امرأة ونظر إليها فقد وجب الصداق دخل بها أولم يدخل ﴾**[3].

3. إجماع الصحابة -رضي اللـه عنهم- فقد روي عن زرارة بن أوفى أنه قال: "قضاء الخلفاء الراشدين المهديين أنه من أغلق باباً وأرخى ستراً فقد وجب الصداق والعدة "[4]، ورواه الأحنف عن عمر وعلي، وعن زيد بن ثابت وسعيد بن المسيب عليها العدة ولها الصداق كاملاً[5].

فهذه قضايا اشتهرت ولم يخالفهم أحد في عصرهم فكان إجماعاً[6].

---

[1] تفسير الفخر الرازي: الرازي 152/6ـ153، 16/10، 14.

[2] سورة البقرة: آية 237.

[3] السنن الكبرى: البيهقي 256/7. قال البيهقي: هذا منقطع وبعض رواته غير محتج به، وهو حديث مرسل بل ضعيف كما حققه الألباني في الإرواء.

[4] السنن الكبرى: البيهقي 255/7، قال البيهقي هذا مرسل زرارة لم يدركهم، وقد رويناه عن علي وعمر رضي اله عنهما موصولاً.

[5] السنن الكبرى: البيهقي 255/7وما بعدها، الشرح الكبير: المقدسي 77/8، المغني: ابن قدامه 62/8.

[6] الشرح الكبير: المقدسي 77/8، المغني: ابن قدامه 62/8.

4. لأن التسليم المستحق وجد من جهتها فيستقر البدل كما لو وطئها أو كما لو أجرت دارها أو باعتها وسلمتها[1].

1ـ لأن المهر متى صار ملكاً للزوجة بنفس العقد، فالملك الثابت لإنسان لا يجوز أن يزول إلا بإزالة المالك أو بعجزه عن الانتفاع بالمملوك حقيقة إما لمعنى يرجع إلى المالك أو لمعنى يرجع إلى المحل، ولم يوجد شيء من ذلك، فلا يزول إلا عند الطلاق قبل الدخول وقبل الخلوة [2].

المذهب الثاني: ذهب المالكية والشافعي في الجديد والحنابلة في رواية والظاهرية وبعض الفقهاء[3] إلى أنه لا يستقر المهر بالخلوة الصحيحة، وأن المختلى بها إن طلقت، فقد طلقت قبل الدخول وليس لها إلا نصف المهر.

وقال المالكية[4] يتأكد المهر جميعه إذا أقام الزوج مع زوجته مدة سنة بعد الدخول وإن لم يحصل وطء بشرط بلوغه وإطاقتها الوطء ولو اتفقا على عدم الوطء، لأن الإقامة المذكورة تقوم مقام الوطء، وبذلك يرى المالكية أن هذه الحالة فقط هي التي توجب المهر بسبب الخلوة.

وقد استدل أصحاب هذا القول بما يلي:

1. قال الله تعالى: ﴿ وإن طلقتموهن من قبل أن تمسوهن وقد فرضتم لهن فريضة فنصف ما فرضتم ﴾[5].

وجه الدلالة:

أوجب الله تعالى نصف المفروض في الطلاق قبل الدخول في نكاح فيه تسمية، لأن المراد من المس هو الجماع، ولم يفصل بين حال وجود الخلوة وعدمها، فمن أوجب كل المفروض فقد خالف النص[6].

2. قال الله تعالى: ﴿ فما استمتعتم به منهن فآتوهن أجورهن فريضة﴾[7]

---

[1] الشرح الكبير: المقدسي 77/8، المغني: ابن قدامه 62/8.

[2] بدائع الصنائع: الكاساني

[3] بداية المجتهد: ابن رشد 22/2، مغني المحتاج 225/3، المهذب: الشيرازي 57/2، الشرح الكبير: المقدسي 76/8، المغني: ابن قدامه 61/8، المحلى: ابن حزم 75/9ـ80.

[4] حاشية الصاوي: الصاوي 438/2، الخرشي: الخرشي 260/3، الشرح الصغير: الدردير 438/2.

[5] سورة البقرة: آية 237.

[6] تفسير الفخر الرازي: الرازي 152/6.

[7] سورة النساء: آية 24.

وجه الدلالة:

تدل الآية على أن الخلوة الصحيحة لا تقرر المهر، لأن هذه الآية مشعرة بأن وجوب إعطائهن مهورهن كان لأجل الاستمتاع بهن، ولو كانت الخلوة الصحيحة مؤكدة للمهر لكان الظاهر أن الخلوة الصحيحة تتقدم الاستمتاع بهن، فكان يتقرر قبل الاستمتاع، وتقرره قبل الاستمتاع يمنع من تعلق ذلك التقرر بالاستمتاع، والآية دالة على أن تقرر المهر يتعلق بالاستمتاع، فثبت أن الخلوة الصحيحة لا تقرر الاستمتاع[1].

3. قال اللـه تعالى:﴿ وإن أردتم استبدال زوج مكان زوج وآتيتم إحداهن قنطاراً فلا تأخذوا منه شيئاً أتأخذونه بهتاناً وإثماً مبيناً وكيف تأخذونه وقد أفضى بعضكم إلى بعض وأخذن منكم ميثاقاً غليظاً ﴾[2].

وجه الدلالة:

نهت الآية الكريمة الأزواج أن يأخذوا من المهر شيئاً عند الطلاق بعد الدخول بالمرأة دخولاً حقيقياً، لأنه عبر عنه بالإفضاء وهو الجماع، وهذا يفيد أنها لا تستحق المهر كله إلا بعد الدخول، فيبقى ما وراء ذلك داخلاً تحت حكم الآية الأولى، والمطلقة بعد الخلوة فقط وقبل الدخول تشبه من لم يخل بها[3].

4. إن الخلوة الصحيحة لا تلتحق بالوطء من حيث وجوب الحد والغسل، فكذلك لا تلتحق بالوطء في وجوب المهر[4].

المناقشة:

أولاً: نوقشت أدلة القول الأول بما يلي:

1. إن الاستدلال بآية: ﴿ وإن أردتم استبدال زوج مكان زوج وآتيتم إحداهن قنطاراً فلا تأخذوا منه شيئاً أتأخذونه بهتاناً وإثماً مبيناً وكيف تأخذونه وقد أفضى بعضكم إلى بعض وأخذن منكم

---

[1] تفسير الفخر الرازي: الرازي 50/10.

[2] سورة النساء: الآيتان 20ـ21.

[3] تفسير الفخر الرازي: الرازي 14،16/10.

[4] مغني المحتاج: الشربيني 225/3.

ميثاقاً غليظاً ﴾[1]. مختصة بالجماع لا الخلوة بدليل قول الـلـه تعـالى:﴿ وكيـف تأخذونـه وقـد أفضىـ بعضـكم إلى بعض ﴾[2]، والإفضاء هو الجماع على قول أكثر أهل العلم، والأدلة على ذلك[3]:

أ. أن الليث قال: " أفضى فلان إلى فلانة أي صار في فرجها وفضائها، ومعلوم أن هذا المعنى إنما يحصل في الحقيقة عند الجماع، أما في غير وقت الجماع فهذا غير حاصل.

ب. أن الـلـه تعالى ذكر هـذا في معـرض التعجـب فقـال: **﴿ وكيـف تأخذونـه وقـد أفضىـ بعضـكم إلى بعـض﴾**، والتعجب إنما يتم إذا كان هذا الإفضاء سبباً قوياً في حصول الألفة والمحبة، وهو الجـماع لا بمجـرد الخلـوة، فوجـب حمـل الإفضاء عليه.

ج. إن الإفضاء إليها لا بد أن يكون بفعل منه ينتهي إليها، لأن كلمة إلى لانتهاء الغاية، ومجرد الخلوة ليس كذلك، لأن بالخلوة المحصنة لا يصل فعل واحد منهما إلى الآخر، فامتنع تفسير قول الـلـه تعالى: **﴿ وقد أفضى بعضـكم إلى بعـض ﴾**، بمجرد الخلوة.

د. إن المهر قبل الخلوة لم يكن متقرراً والشرع علق تقرره على إفضاء البعض إلى البعض، وقد اشتبه الأمر في المراد بهذا الإفضاء هل هو الخلوة أو الجماع ؟ وإذا وقع الشك بقي بقاء ما كان على ما كان.

2. أجيب على الاستدلال بأن المقصود بالمس هو الخلوة في الآية الكريمة:﴿ وإن طلقتموهن من قبل أن تمسـوهن وقد فرضتم لهن فريضة فنصف ما فرضتم﴾[4]، بأن المسيس هنا للكناية عن الوطء بإجماع، لأنكم تقولون بأنه لـو خـلا ولم يلمس ولم يقبل فإن المهر يتقرر، ولم يوجد هنا مس ولا وطء وهذا خلاف الظاهر[5]. ولا يمكن اعتبـار المـس هنـا مجـازاً، إلا إذا كان المجاز يعم الحقيقة، والخلوة لا تدخل في الوطء فلا يكون المس مجازاً فيها.

3. أما الاستدلال بحديث: **﴿ من كشف خمار امرأة ونظر إليها فقد وجب الصداق دخل بها أولم يـدخل ﴾**[6]، فـلا حجة فيه لوجوه هي[7]:

---

[1] سورة النساء: الآيتان 20ـ21.

[2] سورة النساء.

[3] تفسير الفخر الرازي: الرازي 17/10،16،14.

[4] سورة البقرة: آية 237.

[5] تفسير الفخر الرازي: الرازي 148/10.

[6] السنن الكبرى: البيهقي 256/7. قال البيهقي: هذا منقطع وبعض رواته غير محتج به، وهو حـديث مرسـل بـل ضـعيف كـما حققـه الألبـاني في الإرواء.

[7] المحلى: ابن حزم 80/9.

أ. إنه مرسل ولا حجة في مرسل، بل هو ضعيف.

ب. أنه من طريق يحي بن أيوب وابن لهيعة وهما ضعيفان.

ج. أنه ليس فيه للدخول ذكر، وإنما فيه كشفها والنظر إلى عورتها، وقد يفعل هذا بغير مدخول بها، وقد لا يفعله في مدخول بها فهو مخالف لقول جميعهم.

ثم ليس فيه بيان أنه في المتزوجة فقط، بل ظاهره عموم في كل زوجة وغيرها، فبطل أن يكون لهم متعلق جملة.

4. إن الاحتجاج بإجماع الصحابة، وبالأثر المروي عن عمر بن الخطاب فيرد عليه من وجهين:

أ. أنه لم يكن إجماعاً، لأن الصحابة قد اختلفوا في تفسير المسيس المذكور في الآية، فقال علي وعمر المراد من المسيس الخلوة، وقال عبد الله بن عباس هو الجماع، وبهذا يبطل القول بأن في المسألة إجماع.

ب. أنه وإن صح الأثر المروي عن عمر رضي الله عنه فإن ما يفهم منه ليس ما فهمه الحنفية والحنابلة من الخلوة أي مجرد وقوعها، وإنما المقصود بها: إذا خلت المرأة بين الزوج وبينها، أي دعته إلى الدخول، وعجز عن ذلك، حتى وإن لم يغلق باباً ويرخي ستراً، وكان عجزه بعد أن حاول ولم يستطع. وهذا ما يتضح من قول عمر نفسه بنفس الأثر: ماذا بهن لو جاء العجز من قبلكم، وهذا مس وإن كان فيه عجز عن الدخول، فإذا خلت المرأة بين الرجل وبين نفسها، فهو كالقبض في البيوع، فلو تصادق الزوجان على الخلوة دون المس لما وجب إلا نصف المهر، ذلك أن المهر يجب نصفه بالعقد، والنصف الآخر بالدخول، والمراد من قول عمر هو أن تخلي بينها وبين زوجها[1].

وقد ذكر ابن حزم أن سبب قول عمر رضي الله عنه : " من أغلق باباً وأرخى ستراً فقد وجب الصداق وكملت العدة "، ما رواه مكحول: بأنه: تزوج رجل جارية فأراد سفراً فأتاها في بيتها مخلية ليس عندها أحد من أهلها، فأخذها فعالجها، فمنعت نفسها، فصب الماء ولم يفترعها، فساغ الماء فيها، فاستمر بها الحمل، فرفع ذلك إلى عمر بن الخطاب، فبعث إلى زوجها فسأله ؟ فصدقها، فعند ذلك قال عمر الأثر[2]. فهنا حدثت الملامسة البينة، وليس مجرد خلوة، وهي بذلك تكون قد خلت بينه وبين نفسها فيجب المهر والعدة.

---

[1] الأم: الشافعي 285/5.

[2] المحلى: ابن حزم 75/9-76.

الترجيح

بعد أن بينا أراء الفقهاء وأدلتهم يتبين لنا بأن ما ذهب إليه أصحاب القول الثاني هو الصواب لقوة أدلتهم، كما أن المهر وإن وجب بنفس العقد إلا أنه غير مستقر، فيحتمل السقوط، إلا إذا تأكد بالموت أو الدخول، وهذا أمر لا خلاف فيه، والمهر يجب كله بالدخول الحقيقي، ولا يتحقق بمجرد الخلوة، فلذلك لا يجب من المهر إلا نصفه إن كان مسمى، فإن لم يكن مسمى فلها المتعة.

رأي القانون

أخذ القانون الأردني[1] بما ذهب إليه الحنفية من وجوب المهر بالخلوة الصحيحة حيث جاء في المادة (48): " إذا سمي مهر في العقد الصحيح لزم أداؤه كاملاً بوفاة أحد الزوجين أو بالطلاق بعد الخلوة الصحيحة، أما إذا وقع الطلاق قبل الوطء والخلوة الصحيحة فيلزم نصف المهر ".

ونصت (الفقرة ب من المادة 34) مشروع القانون الخليجي[2] على أنه: " يتأكد المهر بالدخول أو الخلوة الصحيحة أو الوفاة ...."

كما نصت (الفقرة ب من المادة 49) من مشروع القانون الإماراتي[3] والمادة (61) من مشروع القانون الكويتي[4] على أنه: " يتأكد حق الزوجة في جميع المهر: بالخلوة الصحيحة ".

أما بقية القوانين، فلم تشر إلى الخلوة الصحيحة بين الزوجين كمناط لوجوب الصداق، ولكنها أخذت بالراجح مما اعتمدته من المذاهب الفقهية.

مسألة: أنواع موانع الخلوة الصحيحة

موانع الخلوة الصحيحة عند الحنفية[5] ثلاثة أنواع:

---

[1] القرارات القضائية: عمرو.

[2] جريدة الخليج: ص 11.

[3] مشروع قانون الأحوال الشخصية الإماراتي ص 16.

[4] مشروع القانون الكويتي.

[5] البحر الرائق: ابن نجيم 162/3، بدائع الصنائع: الكاساني 292/2ـ293، الهداية: المرغيناني 205/1.

النوع الأول: مانع حسي

وذلك بأن يكون معهما ثالث، فإن وجوده يمنع من الدخول، ولو كان الثالث أعمى أو نائماً والصبي المميز الذي يفهم الأشياء يمنع وجوده تحقق الخلوة الصحيحة، وإن لم يفهم الطفل شيئاً قط لا يمنع وجوده الخلوة الصحيحة، وكذلك لو كان الثالث زوجة للزوج.

النوع الثاني: مانع طبيعي

وهو أن يكون بالزوجة ما يمنع الدخول بها كأن تكون صغيرة لا تطيق الجماع أو رتقاء أو قرناء لأن الرتق والقرن يمنعان من الوطء، أو مريضة مرضاً يمنع من الوطء بها.

أو يكون بالزوج ما يمنعه من الدخول كأن يكون صغيراً أو مريضاً، أما إذا كان عنيناً أو خصياً، فإن الخلوة تصح، لأن العنة والخصاء لا يمنعان من الوطء، أما إذا كان مجبوباً فإن خلوته بزوجته صحيحة عند أبي حنيفة، لأن المستحق عليها التسليم فقط، غير صحيحة عند أبي يوسف ومحمد لأنه أعجز من المريض.

النوع الثالث: مانع شرعي

وهو أن يكون هناك مانع شرعي يمنع من الدخول، وذلك كأن يكون أحدهما صائماً صوم رمضان أو محرماً بحجة فريضة أو نفل أو عمرة، وأما إن كان صائماً صوم تطوع أو نذر أو كفارة، فالصحيح أنه لا يمنع صحة الخلوة لعدم وجود الكفارة بإفساد الصوم فيه.

ومن الموانع الشرعية الحيض والنفاس، وهما أيضاً من الموانع الطبيعية، لأن النفوس السليمة تنفر من الجماع في هذه الحالة.

أما الشافعية فاشترطوا في تأكد المهر أن لا يكون مانع حسي كرتق أو قرن فيها، أو جب أو عنة فيه قطعاً[1].

واختلفت الرواية عند الحنابلة فقالوا بأنه إذا خلا بها وكان هناك مانع من الوطء بهما أو بأحدهما كالإحرام والصيام والحيض والنفاس أو مانع حقيقي كالجب والعنة أو الرتق في المرأة أن الصداق يستقر في كل حال. وروي عن شريح وأبي ثور أنه لا يستقر به الصداق، وعن أحمد في رواية ثالثة إن كانا صائمين صوم رمضان لم يكمل الصداق، فإن كان غيره كمل،

[1] روضة الطالبين: النووي 5/587ـ588، مغني المحتاج 3/225.

وقال القاضي إن كان المانع لا يمنع دواعي الوطء كالجب والعنة والرتق والمرض والحيض والنفاس وجب الصداق، وإن كان يمنع دواعيه كالإحرام وصيام الفرض فعلى روايتين[1].

أما إن خلا بها وهي صغيرة لا يمكن وطئها، أو كبيرة فمنعته أو كان أعمى ولم يعلم بدخولها عليه، أو طفلاً لا يتمكن من الوطء فلها نصف الصداق عند الإمام أحمد.

مسألة: الأحكام التي تتفق وتختلف فيها الخلوة الصحيحة مع الدخول الحقيقي

أولاً: الأحكام التي تتفق فيها الخلوة الصحيحة مع الدخول الحقيقي هي:

1ـ وجوب المهر كاملاً سواء أكان المهر مسمى أم مهر المثل عند الحنفية والحنابلة خلافاً للمالكية والشافعي في الجديد، وقد سبق بيان ذلك.

2ـ وجوب العدة على الزوجة بعد الفرقة في الخلوة الصحيحة كعدة الطلاق بعد الدخول الحقيقي. عند الحنفية والحنابلة وهو قول للشافعي، والقول الثاني لا تجب عليها العدة، وقال القدوري من الحنفية: إن كان المانع شرعياً كالصوم والحيض تجب العدة لثبوت التمكن حقيقة، وإن كان حقيقياً كالمرض والصغر لا تجب العدة لانعدام التمكن حقيقة "[2]

3ـ وجوب نفقة العدة للزوجة من طعام وكسوة ومسكن[3].

4ـ حرمة الجمع بينها وبين أختها ومن في حكمها من المحرمات ما دامت في العدة، لأن الجمع بينها وبين محرم لها كأختها وعمتها غير جائز، وكذلك حرمة الجمع بين أكثر من أربع نسوة وهي في العدة[4].

5ـ ثبوت نسب الولد من الزوج[5].

6ـ ثبوت الرجعة له عليها في عدتها، وقال أبو حنيفة والثوري لا رجعة له عليها إذا أقر أنه لم يصبها[6].

---

[1] الشرح الكبير: المقدسي 79/8، المغني: ابن قدامه 64/8.

[2] الهداية: المرغيناني 206/1، المهذب: الشيرازي 142/2، الشرح الكبير: المقدسي 77/8.

[3] الشرح الكبير: المقدسي 78/8.

[4] الشرح الكبير: المقدسي 77/8.

[5] البحر الرائق: ابن نجيم 165/3.

[6] الشرح الكبير: المقدسي 78/8.

ثانياً: الأحكام التي تختلف بها الخلوة الصحيحة عن الدخول الحقيقي هي[1]:

1ـ الإحصان

إن الإحصان الذي هو سبب لرجم الزاني يتحقق بالدخول الحقيقي دون الخلوة الصحيحة فلو زنا الرجل أو المرأة بعد الدخول الحقيقي يوجب حد الرجم، أما إذا زنى بعد الخلوة الصحيحة فحده الجلد.

2ـ حرمة الفروع

إذا اختلى الزوج بزوجته خلوة صحيحة، ولم يدخل بها ثم طلقها، فله أن ينكح ابنتها، أما إذا دخل بها دخولاً حقيقياً فليس له أن ينكح ابنتها إذ أن الدخول بالأمهات يحرم البنات.

3ـ الرجعة

تثبت الرجعة إذا وقع الطلاق الأول أو الثاني بعد الدخول الحقيقي، ولم يكن على مال، أما بعد الخلوة فإنه لا تثبت الرجعة، لأن الطلاق يكون بائناً في كل الأحوال.

4ـ الميراث

إذا مات أحد الزوجين في عدة الطلاق بعد الخلوة الصحيحة، فلا يرثه الزوج الآخر لأنه طلاق بائن، بينما لو مات أحدهما في عدة الطلاق الرجعي بعد الدخول الحقيقي، فإن الزوج الآخر يرثه.

5ـ حل المطلقة ثلاثاً لمطلقها

إذا طلق الزوج زوجته ثلاثاً، فإنها لا تحل له حتى يتزوجها زوجاً آخر ويدخل بها دخولاً حقيقياً، أما إذا اختلى بها الزوج الثاني خلوة صحيحة فإنها لا تحل لزوجها الأول بهذه الخلوة ولا بد من الدخول الحقيقي.

رابعاً: استمتاع الزوج بامرأته فيما دون الفرج من غير خلوة كالقبلة ونحوها

اختلف الفقهاء في هذا المؤكد على مذهبين:

المذهب الأول: ذهب عامة الفقهاء إلى أن استمتاع الزوج بامرأته فيما دون الفرج من غير خلوة كالقبلة والنظر بشهوة لا يكمل به الصداق لأن قول الله تعالى:﴿ **تمسوهن** ﴾ إنما أريد

---

[1] انظر المراجع السابقة.

به في الظاهر الجماع، ومقتضى قول الله تعالى:﴿ وإن طلقتموهن من قبل أن تمسوهن﴾[1]، أن لا يكمل الصداق لغير من وطئها، ولا يجب عليها العدة ترك عمومه فيمن خلا بها للإجماع الوارد عن الصحابة، فيبقى ما عداه على مقتضى العموم[2].

المذهب الثاني: ذهب الإمام أحمد في المنصوص عنه أن استمتاع الزوج بامرأته فيما دون الفرج من غير خلوة كالقبلة والنظر بشهوة يكمل به الصداق، لما ما روي عن محمد بن عبد الرحمن بن ثوبان عن رسول الله صلى الله عليه وسلم : **﴿ من كشف خمار امرأة ونظر إليها فقد وجب الصداق دخل بها أولم يدخل﴾**[3]، ولأنه مسيس يجب فيدخل في قول الله تعالى:﴿ من قبل أن تمسوهن ﴾[4]، ولأنه استمتاع بامرأته فكمل به الصداق كالوطء[5].

القسم الثاني: متى يجب نصف المهر ؟

اتفق الفقهاء[6] على أنه إذا عقد الرجل على امرأة عقد زواج صحيحاً، وسمى لها في العقد مهراً صحيحاً، وقبل أن يدخل بها دخولاً صحيحاً أو يخلو بها خلوة صحيحة فارقها وحل عقدة النكاح بسبب من عنده كأن يطلقها أو يرتد عن الإسلام أو بفعله ما يوجب حرمة المصاهرة أو ردته أو لعانه[7]، وكذلك إذا فوض الطلاق إليها فطلقت نفسها أو علقه بفعلها ففعلت عند الشافعية والحنابلة[8].

---

[1] سورة البقرة: آية 237.

[2] الشرح الكبير: المقدسي 80/8ـ81، المغني: ابن قدامه 66/8ـ 67.

[3] السنن الكبرى: البيهقي 256/7. قال البيهقي: هذا منقطع وبعض رواته غير محتج به، وهو حديث مرسل بل ضعيف كما حققه الألباني في الإرواء.

[4] سورة البقرة: آية 237.

[5] الشرح الكبير: المقدسي 80/8ـ81، المغني: ابن قدامه 66/8ـ 67.

[6] البحر الرائق: ابن نجيم 154/3، رد المحتار: ابن عابدين 104/3، الهداية: المرغيناني 204/1، بدائع الصنائع: الكاساني 267/3ـ268. بداية المجتهد: ابن رشد 23/2، الشرح الصغير: الدردير 454/2، حاشية الصاوي: الصاوي 454/2، الإقناع: الشربيني 137/2، كفاية الأخيار: الحصني 41/2، مغني المحتاج 234/2،231، المهذب: الشيرازي 85/2، العدة: المقدسي ص 386، الشرح الكبير: المقدسي 67/8، المغني: ابن قدامه 29/8، ابن حزم: المحلى 73/9.

[7] الفرقة بسبب اللعان يجب بها نصف المهر عند الحنفية والشافعية والحنابلة في رواية من قبل الزوج، ويسقط المهر جميعه عند الحنابلة في رواية ثانية لأن الفسخ من قبلها، لأنه يحصل بتمام لعانها.

[8] العدة: المقدسي ص 386.

ومن هنا يتبين لنا أنه يجب على الزوج لزوجته نصف المهر إذا تحققت الشروط التالية:

1. أن يكون عقد الزواج صحيحاً.
2. أن تكون تسمية المهر صحيحة.
3. أن يقع الطلاق قبل الدخول الحقيقي أو الخلوة الصحيحة
4. أن لا يحصل من أحد الزوجين للآخر عفو عن المهر أو نصفه أو جزء منه، وذلك كما هو ثابت في قول الله تعالى: ﴿ إلا أن يعفون أو يعفو الذي بيده عقدة النكاح ﴾[1].

وقد استدلوا على ذلك بما يلي:

1. قال الله تعالى: ﴿ وإن طلقتموهن من قبل أن تمسوهن وقد فرضتم لهن فريضة فنصف ما فرضتم ﴾[2].

وجه الدلالة:

تدل الآية على أنه إذا وقع الطلاق قبل المس فالواجب نصف ما فرضتم من المهر، فالنصف للزوج والنصف الآخر للزوجة[3]. قال الحصني[4] بعد أن ذكر الآية ووجه ذلك من جهة المعنى بشيئين، وكان القياس سقوط جميع المهر، لأن ارتفاع ارتفاع العقد قبل تسليم المعقود عليه يقتضي سقوط جميع العوض كما في البيع والإجارة وهما:

الأول: أن الزوجة كالمسلمة نفسها بنفس العقد لأن التصرفات التي يملكها تنفذ من وقت النكاح، ولا تتوقف على القبض، ومن حيث أنه تنفذ تصرفاته استنفذ ببعض العوض، ومن حيث أنه لم يتصل به المقصود سقط بعضه.

الثاني: أنا لو حكمنا بسقوط المهر جميعه لاحتجنا إلى إيجاب شيء للمتعة فكان إبقاء شيء مما هو واجب أولى من إثبات ما لم يجب. إذا عرفت هذا فمتى يرجع إلى النصف ؟ الصحيح أنه يعود إليه بنفس الطلاق لقول الله تعالى: ﴿ فنصف ما فرضتم ﴾[5]. أي فلكم نصف ما فرضتم، فهو كقول الله تعالى: ﴿ ولكم نصف ما ترك أزواجكم ﴾[6].

---

[1] سورة البقرة: أية 237.

[2] سورة البقرة: آية 237.

[3] أحكام القرآن: القرطبي 1012/2، مراتب الإجماع: ابن حزم 2م70.

[4] كفاية الأخيار: الحصني 41/2.

[5] سورة البقرة: آية 237.

[6] سورة النساء: آية 12.

قال محمد محيي الدين عبد الحميد: " ولا شك أن هذا الحكم من أعدل الأحكام وأقربها إلى إنصاف الطرفين والنظر إلى كل منهما نظرة رحمة ..... وقال ولكن الشارع الحكيم نظر إلى الزوجين جميعاً، ولم يخل واحداً منهما من التلطف به والرأفة عليه، فكانت نتيجة هذا النظر إلى الجانبين جميعاً أن أوجب على الزوج أن يغرم نصف ما كان أوجبه على نفسه تعويضاً للزوجة عما لحقها من الأذى وضياع الأمل، وأوجب على الزوجة أن تتنازل عن نصف ما كانت تستحقه لأنها لم تفقد شيئاً، ولأن الزوج لم ينل منها، فالفرض أنه لم يدخل بها ولم يخل بها خلوة صحيحة "[1].

رأي القانون

نص قانون الأحوال الشخصية الأردني[2] في المادة (48): " إذا سمي مهر في العقد الصحيح لزم أداؤه كاملاً بوفاة أحد الزوجين أو بالطلاق بعد الخلوة الصحيحة، أما إذا وقع الطلاق قبل الوطء والخلوة الصحيحة فيلزم نصف المهر ".

والمادة (51) على أن: " الفرقة التي يجب نصف المهر المسمى بوقوعها قبل الوطء حقيقة أو حكماً هي الفرقة التي جاءت من قبل الزوج سواء كانت طلاقاً أو فسخاً كالفرقة بالإيلاء واللعان والردة وبإبائه الإسلام إذا أسلمت زوجته وبفعله ما يوجب حرمة المصاهرة ".

ونص قانون الأحوال الشخصية السوداني[3] في (الفقرة 3 من المادة 29)، ومشروع قانون الأحوال الشخصية الموحد بدول مجلس التعاون الخليجي[4] في (الفقرة من المادة 34) على أنه "تستحق المطلقة قبل الدخول نصف المهر إن كان مسمى ...".

ونص قانون الأحوال الشخصية السوري[5] في المادة (58): " إذا سمي مهر في العقد الصحيح ووقع الطلاق قبل الوطء والخلوة الصحيحة وجب نصف المهر ".

كما نصت مدونة الأحوال الشخصية المغربية[6] في الفصل (22) على أنه: " يجب على الزوجة نصف الصداق إن طلقها زوجها قبل البناء بها اختيارا ...".

---

[1] الأحوال الشخصية: محيي الدين ص 146.
[2] القرارات القضائية: عمرو.
[3] قانون الأحوال الشخصية السوداني: ص 13.
[4] جريدة الخليج: ص11.
[5] قانون الأحوال الشخصية السوري: وزارة العدل ص 32، قانون الأحوال الشخصية السوري: الكويفي ص 39
[6] مدونة الأحوال الشخصية المغربية: ص 12.

وجاء في الفصل (33) من مجلة الأحوال الشخصية التونسية[1] ما نصه: " إذا وقع الطلاق قبل الدخول فللزوجة نصف المسمى ".

كما جاء في المادة (51) من مشروع قانون الأحوال الشخصية الإماراتي[2]، (والفقرة أ من المادة 63) من مشروع قانون الأحوال الشخصية الكويتي[3] ما نصه: " يجب للزوجة نصف المهر المسمى بالطلاق قبل الدخول والخلوة الصحيحة ".

أما مدونة الأحوال الشخصية المغربية فقد أوجبت للمطلقة قبل الدخول نصف المهر، ولكنه لم يوجب لها شيئاً إذا كانت الفرقة في الفصل (22) على أنه: " يجب على الزوجة نصف الصداق إن طلقها زوجها قبل البناء بها اختيارا ....

أما مشروع قانون الأحوال الشخصية العربي[4] فقد أوجب للزوجة المطلقة قبل الدخول نصف المسمى، فإن لم يسم يسم لها مهر حكم لها القاضي بما يعادل نصف مهر مثلها حيث جاء في (الفقرة ب من المادة 38) ما نصه: " تستحق المطلقة قبل الدخول نصف المهر إن كان مسمى، وإلا حكم لها القاضي بما يساوي نصف مهر مثلها ".

مسألة: ما حكم المهر الذي فرض بعد العقد ؟

إذا تزوج الزوج ولم يسم لزوجته مهراً في العقد ثم تراضيا بعد العقد على التسمية، وسمى لها مهراً بعد العقد ثم طلقها قبل الدخول بها، فما حكم المهر في هذه الحالة ؟

اختلف الفقهاء في هذه المسألة على النحو التالي:

المذهب الأول: ذهب الحنفية والحنابلة في قول إلى أن لها المتعة ويسقط المهر[5].

وقد استدلوا على ذلك بما يلي:

1. قال الله تعالى: ﴿ لا جناح عليكم إن طلقتم النساء ما لم تمسوهن أو تفرضوا لهن فريضة ومتعوهن على الموسع قدره وعلى المقتر قدره ﴾[6].

---

[1] موسوعة التشريعات العربية: تونس

[2] مشروع قانون الأحوال الشخصية الإماراتي ص 16.

[3] مشروع قانون الأحوال الشخصية الكويتي.

[4] المجلة العربية: الأمانة العامة ص 21.

[5] الاختيار: الموصلي 102/3، البحر الرائق: ابن نجيم 159/3-161، الهداية: المرغيناني 205/1، المغني: ابن قدامه 48/8، المحلى: ابن حزم 74/9.

[6] سورة البقرة: آية 236.

وجه الدلالة:

الآية واردة في المسمى إلى المتعارف عليه وقت العقد، لأنها هي التسـمية المقترنـة وقـت العقـد، والعـرف يطلـق المفروض على ما يكون مسمى وقت العقد، فإن لم يكن لها مهر مسمى وقت العقد فلها المتعة. ويؤيـد ذلـك قـول اللــه تعالى:﴿ وإن طلقتموهن من قبل أن تمسوهن وقد فرضتم لهن فريضة فنصف ما فرضتم ﴾[1]، حيث ينصرف الفرض المذكور في الآية إلى المفروض في العقد، لأنه هو المتعارف عليه.

وقد أجيب على هذا الاستدلال بأنه عام لكل صداق فرضه النـاكح في العقـد أو بعـده، إذ لم يقـل اللــه تعـالى أو تفرضوا لهن فريضة في نفس العقد، ولم يقل فنصف ما فرضتم في نفس العقد، فالذي يزيد على هذا الحكم مخطئ مبطل متعد لحدود اللـه.

فالله تعالى أراد بقوله: ﴿ **فنصف ما فرضتم**﴾، وقوله: ﴿ **تفرضوا لهن فريضـة**﴾، أن يكـون في نفـس العقـد خاصـة لبينه لنا، ولم يهمله حتى يبينه لنا أبو حنيفة أو غيره، وبذلك نستنتج أن اللـه أطلق الحكم وأراد به كل حال سـواء فـرض الصداق في نفس العقد أو بعده

1. لأنه نكاح عري عن التسمية، فوجبت به المتعة، كما لو لم يفرض لها مهراً.

وقد أجيب على هذا الاستدلال الصحيح أن هذا النكاح فيه تسمية، إلا أنها جاءت بعد العقد.

المذهب الثاني: ذهب المالكية والشافعية والحنابلة في الصـحيح والظاهريـة[2] إلى أن لهـا نصـف مـا فـرض لهـا، ولا متعة لها.

وقد استدلوا على ذلك بما يلي:

1. قال اللـه تعالى:﴿ وإن طلقتموهن من قبل أن تمسوهن وقد فرضتم لهن فريضة فنصف ما فرضتم ﴾[3].

---

[1] سورة البقرة: آية 237.

[2] الشرح الصغير: الدردير 451/2، الخرشي: الخرشي 280/3، الكافي: القرطبي 553/2، الإقناع: الشربيني 138/2، نهاية المحتاج: الرملي 350/6، مغني المحتاج: الشربيني 241/3، المغني: ابن قدامه 48/8، المحلى: ابن حزم 73/9 ـ74.

[3] سورة البقرة: آية 237.

وجه الدلالة:

تدل الآية على تنصيف المهر سواء أكانت التسمية وقت العقد أم بعده، ولأن التسمية بعد العقد تلتحق بالتسمية وقت العقد بدليل أنها تكون هي الواجبة إن تأكد المهر بالدخول أو الوفاة.

رأي القانون

أخذ قانون الأحوال الشخصية الأردني[1] برأي الحنفية في حكم المهر إذا فرض بعد العقد، حيث يلاحظ ذلك من نص المادة (55) والتي جاء فيها: " إذا وقع الطلاق قبل تسمية المهر وقبل الدخول والخلوة الصحيحة، فعندئذ تجب المتعة، والمتعة تعين حسب العرف والعادة بحسب حال الزوج على أن لا تزيد عن نصف المهر ".

وأخذ كل من قانون الأحوال الشخصية السوداني[2] في (الفقرة 3 من المادة 29) ومشروع القانون الخليجي[3] في (الفقرة ب من المادة 34) برأي الحنفية أيضاً حيث نصت على أنه: " تستحق المطلقة قبل الدخول نصف المهر إن كان مسمى، وإلا فتستحق المتعة "، وأضاف القانون السوداني قوله:" لا تزيد على نصف مهر مثلها ".

بينما نص مشروع القانون العربي[4] في (الفقرة ب من المادة 38) على أنه: " تستحق المطلقة قبل الدخول نصف المهر إن كان مسمى، وإلا حكم لها القاضي بما يساوي نصف مهر مثلها ".

أما بقية القوانين فلم يرد فيها نص يشير إلى هذه المسألة فيعمل بالراجح من المذهب المعتمد في كل قانون من هذه القوانين.

مسألة: ما حكم الزيادة أو الحط من المهر في الطلاق قبل الدخول ؟

للزوج إذا كان كامل أهلية التصرف في الأموال أن يزيد من المهر بعد تمام العقد وفي أثناء قيام الحياة الزوجية، وللزوجة أن تنقص من المهر بعد تمام العقد وفي أثناء قيام الحياة الزوجية، فما حكم الزيادة والحط من المهر إذا حصل طلاق قبل الدخول؛ هذا ما سنبحثه فيما يلي:

---

[1] القرارات القضائية: عمرو ص 369.

[2] قانون الأحوال الشخصية السوداني: ص 13.

[3] جريدة الخليج: ص 11.

[4] المجلة العربية: الأمانة العامة ص 21.

أولاً: ما حكم الزيادة بالمهر في الطلاق قبل الدخول ؟

اختلف الفقهاء في هذه المسألة على النحو التالي:

المذهب الأول: ذهب الحنفية والحنابلة في رواية[1] إلى أن الزيادة على المهر والحط منه صحيحة فإن طلقها قبل الدخول سقطت الزيادة، ولها نصف الصداق فقط، وذلك لأن التنصيف يختص بالمفروض في العقد فقط.

المذهب الثاني: ذهب المالكية والحنابلة في الصحيح وأبو يوسف من الحنفية [2]* إلى أن المهر المفروض في العقد والزائد بعد العقد يتنصفان بالطلاق قبل الدخول، وذلك لقول الله تعالى: **﴿ ولا جناح عليكم فيما تراضيتم به من بعد الفريضة﴾**[3]، لأن المفروض بعد العقد كالمفروض في العقد، فإن طلقها قبل الدخول يتنصف المهر والزائد بعد التسمية.

المذهب الثالث: ذهب الشافعية إلى أن الزائد بعد العقد لا يتنصف وإنما يأخذ حكم الهبة لا حكم المهر، وذلك لأن الزوج ملك البضع بالمسمى في العقد، فلم يحصل في الزيادة شيء من المعقود عليه، فلا تكون عوضاً في النكاح كما لو وهبها شيئاً، ولأنها زيادة في عوض العقد بعد لزومه فلم يلحق به كما فغي البيع.

ثانياً: ما حكم الحط من المهر في الطلاق قبل الدخول ؟

أجاب الفقهاء عن ذلك بذكر صور وحالات نذكر منها صورتان ليقاس عليهما:

الصورة الأولى: إذا أبرأته من المهر كله، وكان ديناً ثابتاً في الذمة أو وهبته، ثم حصل طلاق قبل الدخول.

اختلف الفقهاء في هذه الحالة على النحو التالي:

---

[1] الاختيار: الموصلي 103/3، بدائع الصنائع: الكاساني 299/2، البحر الرائق: ابن نجيم 159/3ـ161، رد المحتار: ابن عابدين 113/3، الهداية: المرغيناني 205/1، المغني: ابن قدامه 88/8.

[2] الشرح الصغير: الدردير 454/2، الخرشي: الخرشي 280/3، الكافي: القرطبي 554/2، رد المحتار: ابن عابدين 113/3، الهداية: المرغيناني 205/1.

* أضاف المالكية قولهم: أما إذا مات الزوج أو أفلس قبل قبض الزوجة للزائد، فحكم الزائد حكم العطية، لا يجب فيه شيء، فأعطوا الزائد بعد العقد حكم الصداق إن حصل طلاق وحكم العطية إن حصل موت أو أفلس الزوج قبل قبضه، وأما الزائد قبل العقد أو حين العقد فحكمه حكم الصداق.

[3] سورة النساء: آية 24.

المذهب الأول: ذهب الحنفية والمالكية والشافعية في المذهب والحنابلة[1] إلى أنه ليس له أن يرجع عليها بشيء إذا لم تأخذ منه شيئاً.

المذهب الثاني: ذهب الشافعية في قول وزفر من الحنفية[2]، إلى أن له أن يرجع بنصف المهر، وإن كانت لم تقبض منه شيئاً.

الصورة الثانية: إذا أصدق امرأته مهراً معيناً فقبضته أو لم تقبضه ووهبته له ثم طلقها

اختلف الفقهاء في هذه الحالة على النحو التالي:

المذهب الأول: ذهب الحنفية والمالكية والشافعية في قول والحنابلة في رواية[3] إلى أنه لا يرجع عليها بشيء، لأن الصداق عاد إليه ولو لم تهبه لم يرجع بشيء وعقد الهبة لا يقتضي ضماناً، ولأن نصف الصداق تعجل له بالهبة.

المذهب الثاني: ذهب الشافعية في الصحيح والحنابلة في رواية وزفر من الحنفية[4] في رأي إلى أنه يرجع عليها بنصف قيمتها، لأنها عادت إلى الزوج بعقد مستأنف، فلا تمنع استحقاقها بالطلاق كما لو عادت إليه بالبيع أو وهبتها لأجنبي ثم وهبتها له.

رأي القانون

أخذت بعض قوانين الأحوال الشخصية برأي الجمهور بالنسبة للزيادة والحط من المهر بعد العقد، فجعلته ملحقاً بأصل العقد حيث جاء في المادة (63) من القانون الأردني[5] للزوج الزيادة في المهر بعد العقد وللمرأة الحط منه إذا كانا كاملي أهلية التصرف على أن يوثق ذلك رسمياً أمام القاضي، ويلحق ذلك بأصل العقد إذا قبل به الطرف الآخر في مجلس الزيادة والحط".

---

[1] بداية المجتهد: ابن رشد 25/2، نهاية المحتاج: الرملي 363/6، المغني: ابن قدامه 72/8، الأحوال الشخصية: أبو زهرة 228.

[2] نهاية المحتاج: الرملي 363/6، الأحوال الشخصية: أبو زهرة 228.

[3] بداية المجتهد: ابن رشد 25/2، نهاية المحتاج: الرملي 363/6، المغني: ابن قدامه 73/8، الأحوال الشخصية: أبو زهرة ص 231.

[4] بداية المجتهد: ابن رشد 25/2، نهاية المحتاج: الرملي 363/6، المغني: ابن قدامه 73/8، الأحوال الشخصية: أبو زهرة 232.

[5] قانون الأحوال الشخصية الأردني المعدل رقم 82 لسنة 2001.

وجاء في المادة (57) من القانون السوري[1] ما نصه: " لا يعتد بأي زيادة أو إنقاص من المهر أو إبراء منه إذا وقعت أثناء قيام الزوجية أو في عدة الطلاق، وتعتبر باطلة ما لم تجر أمام القاضي، ويلتحق أي من هذه التصرفات الجارية أمام القاضي بأصل العقد إذا قبل به الزوج الآخر ".

وجاء في المادة (47) من مشروع القانون الإماراتي[2]، والمادة (58) من مشروع القانون الكويتي[3] ما نصه: " للزوج الزيادة في المهر بعد العقد وللزوجة الحط منه إذا كانا كاملي أهلية التصرف ويلحق ذلك بأصل العقد إذا قبل به الطرف الآخر ".

والفقرة (2من المادة 51) من القانون الإماراتي، والفقرة (ج من المادة 63) من القانون الكويتي ما نصه: " إذا كانت الزوجة قد وهبت للزوج نصف مهرها أو أكثر، ولو بعد القبض لا يرجع عليها بشيء في الطلاق قبل الدخول والخلوة الصحيحة، وإن كان ما وهبته أقل من النصف رجع عليها بما يكمل النصف ".

يلاحظ أن هذه القوانين اشترطت الشروط التالية لصحة الزيادة أو النقص:

1. أهلية التصرف في المال.
2. أن يقبل الطرف الآخر الزيادة أو الحط في مجلس العقد.
3. أضاف كل من القانون الأردني والسوري شرطاً ثالثاً هو أن يوثق ذلك رسمياً أمام القاضي.

القسم الثالث: متى يسقط جميع المهر ؟

يسقط جميع المهر إذا حصلت الفرقة قبل الدخول أو الخلوة الصحيحة في الحالات التالية[4]:

---

[1] قانون الأحوال الشخصية السوري: وزارة العدل ص 32، قانون الأحوال الشخصية السوري: الكويفي ص38.

[2] مشروع قانون الأحوال الشخصية الإماراتي ص 15.

[3] مشروع قانون الأحوال الشخصية الكويتي.

[4] الاختيار: الموصلي 95/3،، الهداية: المرغيناني 220/1ـ221، مغني المحتاج: الشربيني 235/3،234، المهذب: الشيرازي 58/2،48، المغني: ابن قدامه 102/8، الأحوال الشخصية: أبو زهرة ص 236ـ239، الأحوال الشخصية: محيي الدين ص 151ـ152، شرح قانون الأحوال الشخصية السوري: السباعي 343/1ـ345، شرح قانون الأحوال الشخصية الأردني: السرطاوي ص 154ـ157.

الحالة الأولى

أن تقع الفرقة بين الزوجين قبل الدخول والخلوة الصحيحة بسبب من جهة الزوجة، كأن ترتد الزوجة عن الإسلام والعياذ بالله، أو أن تأبى الدخول في الإسلام إن كانت مشركة لا تدين بدين سماوي وأسلم زوجها، أو فعلت مع أحد أصوله أو فروعه ما يوجب حرمة المصاهرة، أو قيامها بإرضاع زوجته الصغيرة، أو أن تفسخ العقد قبل الدخول والخلوة الصحيحة لوجود خيار فسخ العقد بالبلوغ أو الإفاقة أو العتق.

الحالة الثانية

أن تقع الفرقة بين الزوجين من جهة الزوج لعيب أو علة في الزوجة، فإنه يسقط جميع المهر، لأنها كالفرقة من جهتها، فكأنها هي الفاسخة للعقد.

الحالة الثالثة

أن تقع الفرقة بين الزوجين من جهة الزوجة لعيب أو علة في الزوج.

الحالة الرابعة

أن تقع الفرقة قبل الدخول والخلوة الصحيحة من جهة الزوجة بسبب عدم كفاءة الزوج، كأن يزوجها وليها، ثم تعلم بالزواج، فتطلب فسخ العقد لعدم كفاءة الزوج أو أن تزوج نفسها بدون إذن الولي، فيعترض الولي على الزواج، ويطلب فسخه لعدم كفاءة الزوج.

الحالة الخامسة

أن تقع الفرقة بين الزوجين قبل الدخول والخلوة الصحيحة بسبب خيار البلوغ أو الإفاقة من الجنون، كما لو زوج غير الأب أو الجد من له ولاية الإجبار عليه، واختار الزوج نفسه قبل الدخول عند زوال سبب الحجر عليه.

رأي القانون

أخذ قانون الأحوال الشخصية الأردني[1] بهذه الحالات حيث نص في المادة (52) على أنه: " يسقط المهر كله إذا جاءت الفرقة من قبل الزوجة كردتها أو إبائها الإسلام إذا أسلم

---

[1] مجموعة التشريعات: الظاهر ص 52.

- نصت المادة (117) على العيوب التي يحق للزوج طلب فسخ الزواج بسببها.

* نصت المواد (113و114و115و116) على العيوب التي يحق للزوجة طلب فسخ الزواج بسببها.

زوجها وكانت غير كتابية أو بفعلها ما يوجب حرمة المصاهرة بفرع زوجها أو بأصله، وإن قبضت شيئاً من المهر ترده ".

والمادة (53) على أنه: " يسقط حق الزوجة في المهر إذا فسخ العقد بطلب من الزوج لعيب أو لعلة في الزوجة قبل الوطء، وللزوج أن يرجع عليها بما دفع من المهر "*.

يلاحظ أن القانون نص في هذه المادة على سقوط المهر ما لم يحصل دخول حقيقي، فإن حصل دخول حقيقي وجب المهر، وبناءً على ذلك فإنه إذا حصلت خلوة بين الزوجين ثم فرق بينهما لعيب في الزوجة فإن المهر يسقط أيضاً لأن الخلوة لا تكون صحيحة لوجود ذلك العيب الذي يمنع من الدخول الحقيقي.

والمادة (49) على أنه: " إذا وقع الافتراق بطلب من الزوجة بسبب وجود عيب أو علة في الزوج أو طلب الولي التفريق بسبب عدم الكفاءة، وكان ذلك قبل الدخول والخلوة الصحيحة يسقط المهر كله "*.

وأخذت مدونة الأحوال الشخصية المغربية[1] بهذه الحالات إذا وقعت الفرقة قبل الدخول الحقيقي، ولو كانت هناك خلوة بينهما حيث جاء في الفصل (22) ما نصه: " يجب للزوجة نصف الصداق إن طلقها قبل البناء بها اختياراً، فإن فسخ النكاح أو رده الزوج بعيب في الزوجة لم يجب لها شيء وكذلك إذا ردته هي بعيب فيه، فإن وقع بعد الدخول لزم الصداق كله"

ونص القانون السوري[2] في المادة (59) على حالة واحدة وهي أن تكون الفرقة بسبب من الزوجة حيث جاء فيها: " إذا وقعت البينونة بسبب من قبل الزوجة فبل الدخول والخلوة الصحيحة سقط المهر كله ".

ونص مشروع القانون الإماراتي[3] في المادة (53) ومشروع القانون الكويتي[4] في المادة (65) على حالة واحدة وهي أن تكون الفرقة بسبب من الزوجة حيث جاء فيها: " يسقط المهر كله أو المتعة إذا وقعت الفرقة بسبب من الزوجة قبل الدخول أو الخلوة الصحيحة ".

---

[1] مدونة الأحوال الشخصية المغربية: ص12، أحكام الأسرة: الشافعي ص 68.

[2] قانون الأحوال الشخصية السوري: وزارة العدل ص 32، قانون الأحوال الشخصية السوري: الكويفي ص39.

[3] مشروع قانون الأحوال الشخصية الإماراتي ص 52.

[4] مشروع قانون الأحوال الشخصية الكويتي.

* انظر تفصيل متعة الطلاق في رسالة الدكتوراه التدابير الشرعية: جانم ص 258ـ321.

القسم الرابع: متى تجب المتعة * ؟

أولاً: تعريف المتعة

عرفها المالكية بأنها: " ما يعطيه الزوج للمطلقة، تخفيفاً للألم الذي حصل لها من طلاقه إياها، ويعطيه المطلق على قدر حاله، حسب يسره وعسره[1] ".

وعرفها الشافعية بأنها: " مال يجب على الزوج دفعه لامرأته المفارقة في الحياة بطلاق وما في معناه بشروط "[2].

ثانياً: حكم المتعة:

اختلف الفقهاء في حكم متعة الطلاق، حيث ذهب المالكية في المشهور والشافعية في القديم إلى أن المتعة مستحبة لكل مطلقة، وذهب جمهور الفقهاء إلى القول بوجوب المتعة للمطلقة، ولكنهم **اختلفوا في الحالات التي تجب فيها المتعة على النحو التالي:**

المذهب الأول: ذهب الحنابلة في رواية والمالكية في قول والظاهرية[3] إلى أن المتعة تجب لكل مطلقة، ولم يخصص سمي لها مهر أم لم يسم، وسواء أطلقت قبل الدخول أم بعد الدخول.

وقد استدلوا على ذلك بما يلي:

1. قال الله تعالى: **﴿** وللمطلقات متاع بالمعروف حقاً على المتقين**﴾**[4].

وجه الدلالة: أوجب الله تعالى المتعة لكل مطلقة ولم يخصص منهن بعضاً دون بعض، وأوجبه حقاً لهن على كل متق يخاف الله تعالى[5].

2. قال الله تعالى: **﴿** لا جناح عليكم إن طلقتم النساء ما لم تمسوهن أو تفرضوا لهن فريضة ومتعوهن على الموسع قدره وعلى المقتر قدره متاعاً بالمعروف حقاً على المحسنين**﴾**[6].

---

[1] تبيين المسالك: الموريتاني 160/3.

[2] زاد المحتاج: الكوهجي 307/3، مغني المحتاج: الشربيني 241/3.

[3] الإنصاف: المرداوي302/8، المحرر: أبو البركات 37/2، مجموع فتاوى ابن تيمية: ابن تيمية 37/32، تبيين المسالك: الموريتاني 160/3، حاشية الصاوي: الصاوي 616/2، الشرح الصغير: الدردير 616/2، المحلى: ابن حزم.

[4] سورة البقرة: آية 241.

[5] جامع البيان: الطبري 131/5، المحلى: ابن حزم 145/10.

[6] سورة البقرة: آية 236.

وجه الدلالة

أوجب الله تعالى في هذه الآية المتعة للمطلقة قبل الدخول سواء أفرض لها مهراً أم لم يفرض، لأن الله تعالى قسم المطلقات قبل الدخول إلى قسمين: قسم فرض لهن مهراً، وقسم لم يفرض لهن مهراً فقد قال الله تعالى:﴿ لا جناح عليكم إن طلقتم النساء ما لم تمسوهن ﴾[1]، ثم قال الله تعالى: ﴿ **ومتعوهن** ﴾، فأوجب المتعة للصنفين جميعاً المفروض لهن وغير المفروض لهن، فمن ادعى أن ذلك لأحد الصنفين طلب منه البرهان على ذلك[2].

3. قال الله تعالى: ﴿ يا أيها النبي قل لأزواجك إن كنتن تردن الحياة الدنيا وزينتها فتعالين أمتعكن وأسرحكن سراحاً جميلاً ﴾[3].

وجه الدلالة:

تدل الآية الكريمة على وجوب المتعة للمدخول بهن من النساء إذا تم طلاقهن وذلك لأن الله تعالى أمر نبيه في هذه الآيات بتمتيع زوجاته، وكن جميعهن مفروضاً لهن ومدخولاً بهن.

4. روي عن علبي بن أبي طالب والزهري وأبي قلابة والحسن أنهم قالوا: " لكل مطلقة متعة "[4]، وعن ابن شهاب أنه قال: " كل مطلقة في الأرض لها متاع "[5].

وجه الدلالة:

تدل هذه الآثار على أن المتعة واجبة لكل مطلقة، سواء أكانت مدخولاً بها أم غير مدخولاً بها وسواء سمي لها مهر أم لم يسم.

المذهب الثاني: ذهب الشافعية في الجديد وللحنابلة في رواية[6] إلى أن المتعة تجب لكل مطلقة ما عدا المطلقة قبل الدخول وبعد تسمية المهر.

وقد استدلوا على ذلك بما يلي:

---

[1] سورة البقرة: آية 236.

[2] جامع البيان: الطبري 131/5.

[3] سورة الأحزاب: آية 28.

[4] المحلى: ابن حزم 247/10، المصنف ابن أبي شيبة 13/4.

[5] المحلى: ابن حزم 247/10.

[6] زاد المحتاج: الكوهجي 307/3، مغني المحتاج: الشربيني 241/3، حاشية الشرواني: الشرواني 432/9، المهذب: الشيرازي 475/2، كشاف القناع: البهوتي، المغني: ابن قدامه 48/8.

1. قال اللـه تعالى: ﴿ لا جناح عليكم إن طلقتم النساء ما لم تمسوهن أو تفرضوا لهن فريضة ومتعوهن على الموسع قدره وعلى المقتر قدره متاعاً بالمعروف حقاً على المحسنين، وإن طلقتموهن من قبل أن تمسوهن وقد فرضتم لهن فريضة فنصف ما فرضتم﴾[1]

وجه الدلالة:

علق اللـه تعالى وجوب المتعة بشرطين هما: أن يكون الطلاق قبل فرض المهر، وأن يكون الطلاق قبل الدخول.

والمطلقة التي سمي لها مهر وطلقت قبل الدخول، فقدت أحد الشرطين، فلا تجب لها المتعة، كما أن اللـه تعالى قسم النساء إلى قسمين: قسم لم يسم لها مهر، وقد أوجب لها المتعة، وقسم سمى لها مهر، وأوجب لها نصف المهر، فدل تقسيمه المطلقات قبل الدخول إلى قسمين وإعطاء كل قسم حكم يختص به، على اختصاص كل قسم بحكمه[2].

2. قال اللـه تعالى: ﴿ يا أيها النبي قل لأزواجك إن كنتن تردن الحياة الدنيا وزينتها فتعالين أمتعكن وأسرحكن سراحاً جميلاً ﴾[3].

وجه الدلالة:

أمر اللـه تعالى رسوله بأن يمتع زوجاته إذا رغبن في الطلاق، وكن مدخولاً بهن مفروضاً لهن المهر مما يدل على وجوب المتعة للمدخول بهن[4].

3. روي عن مجاهد أنه قال: " لكل مطلقة متعة إلا التي فارقها، وقد فرض لها من قبل أن يدخل بها "[5].

المذهب الثالث: ذهب الحنفية والشافعية في القديم والحنابلة في الصحيح[6] إلى أن المتعة تجب للمطلقة قبل الدخول وقبل تسمية المهر، إلا أن الحنفية الحنابلة في قول أوجبوا المتعة للمطلقة قبل الدخول في نكاح لم يسم فيه مهر.

---

[1] سورة البقرة: آية 236.

[2] المعتمد: بلطه جي 216/2، المغني: ابن قدامه 49/8، المهذب الشيرازي 475/2.

[3] سورة الأحزاب: آية 28.

[4] متعة الطلاق: الزحيلي ص.

[5] جامع البيان: الطبري 127/5.

[6] اللباب في شرح الكتاب: الغنيمي 17/3، المبسوط: السرخسي 61/6، زاد المحتاج: الكوهجي 307/3، مغني المحتاج: الشربيني 241/3، حاشية الشرواني: الشرواني 432/9، المهذب: الشيرازي 475/2، الإقناع: أبي النجا 223/3، مجموع فتاوى ابن تيمية: ابن تيمية 37/32، المحرر: أبو البركات 37/2.

وقد استدلوا على ذلك بما يلي:

1. قال اللـه تعالى: ﴿ وللمطلقات متاع بالمعروف حقاً على المتقين﴾[1]. وقال اللـه تعالى:﴿ وإن طلقتموهن من قبل أن تمسوهن وقد فرضتم لهن فريضة فنصف ما فرضتم﴾[2]

وجه الدلالة:

أوجب اللـه تعالى المتعة في الآية الأولى لجميع المطلقات، وقد استثنت الآية الثانية من هذا العموم المطلقات قبل الدخول بعد تسمية المهر، فأوجبت لها نصف المهر، ولم توجب المتعة، خلفاً عن المهر، فمتى وجب نصف المهر سقطت المتعة[3].

2. عن شريح وإبراهيم أنهما قالا: " إنما يجبر على المتعة من طلق، ولم يفرض، ولم يدخل "[4].

المذهب الرابع: ذهب الحنابلة في قول وبعض الحنفية[5] إلى أن المتعة تجب للمطلقة قبل الدخول فقط، ولا تجب تجب لغيرها.

وقد استدلوا على ذلك بقول اللـه تعالى: ﴿ يا أيها الذين آمنوا إذا نكحتم المؤمنات ثم طلقتموهن من قبل أن تمسوهن فما لكم عليهن من عدة تعتدونها فمتعوهن وسرحوهن سراحاً جميلاً﴾[6]

وجه الدلالة:

أوجب اللـه تعالى المتعة للمطلقة قبل الدخول من غير فصل بين ما إذا كان قد سمي لها مهر أو لم يسم[7].

---

[1] سورة البقرة: آية 241.

[2] سورة البقرة: آية 236.

[3] المبسوط: السرخسي 61/6ـ62.

[4] المصنف: ابن أبي شيبة 112/4.

[5] الإنصاف: المرداوي 299/8 ـ300، المحرر: أبو البركات 37/2، بدائع الصنائع: الكاساني 297/2.

[6] سورة الأحزاب: آية 49.

[7] بدائع الصنائع: الكاساني 297/2.

رأي القانون

اختلفت قوانين الأحوال الشخصية في حكم المتعة بناء على اختلاف المذاهب الفقهية على النحو التالي:

أولاً: نص مشروع قانون الأحوال الشخصية الإماراتي وقانون الأحوال الشخصية السوداني، على وجوب المتعة لكل مطلقة حيث جاء في المادة (52) من القانون الإماراتي ما نصه: " إذا وقعت الفرقة قبل الدخول والخلوة الصحيحة، وجبت للمرأة فضلاً عما تستحقه من نصف المهر متعة يقدرها القاضي بما لا يزيد على نصف مهر المثل دفعة واحدة أو مقسطة "[1].

وجاء أيضاً في المادة (162) من القانون الإماراتي ما نصه: " الزوجة المدخول بها في زواج صحيح إذا طلقها زوجها بدون رضاها ولم تكن إساءة من قبلها تستحق عدا نفقة عدتها متعة تقدر بما لا يجاوز نفقة سنة حسب حال الزوج وتدفع على أقساط شهرية عقب انقضاء عدتها ما لم يتفق الطرفان على خلاف ذلك في المقدار أو كيفية الدفع "[2].

وجاء في (الفقرة 3 من المادة 29) من قانون الأحوال الشخصية السوداني ما نصه: " تستحق المطلقة قبل الدخول نصف المهر إن كان مسمى وإلا فتستحق متعة لا تزيد عن نصف مهر مثلها "[3].

وجاء أيضاً في (الفقرة 1 من المادة 138) من القانون السوداني ما نصه: " تستحق المطلقة المتعة سوى نفقة العدة حسب يسر المطلق بما لا يتجاوز نفقة ستة أشهر "[4].

ثانياً: نصت مدونة الأحوال الشخصية المغربية على وجوب المتعة لكل مطلقة إلا إذا طلقت قبل الدخول وقبل تسمية المهر حيث جاء في الفصل (60) ما نصه: " يلزم كل مطلق بتمتيع مطلقته إذا كان الطلاق من جانبه بقدر يسره وحالها إلا التي سمي لها الصداق وطلقت قبل الدخول "[5].

ثالثاً: نص قانون الأحوال الشخصية المصري لسنة 1979م على وجوب المتعة للمرأة المدخول بها حيث جاء في المادة (18مكرر) ما نصه: " الزوجة المدخول بها في زواج صحيح

---

[1] مشروع قانون الأحوال الشخصية الإماراتي ص 16.

[2] مشروع قانون الأحوال الشخصية الإماراتي ص 50.

[3] قانون الأحوال الشخصية السوداني لسنة 1991م ص 13.

[4] قانون الأحوال الشخصية السوداني لسنة 1991م ص 50.

[5] أحكام الأسرة: ابن معجوز ص 365، الوثائق العدلية: العراقي ص 138.

إذا طلقها زوجها دون رضاها ولا بسبب من قبلها تستحق فوق نفقة عدتها متعة تقدر بنفقة سنتين على الأقل وبمراعاة حال المطلق يسراً وعسراً وظروف الطلاق ومدة الزوجية ويجوز أن يرخص للمطلق في سداد المتعة على أقساط "[1]

رابعاً: نص مشروع قانون الأحوال الشخصية الخليجي على وجوب المتعة للمطلقة التي لم يسم لها مهر سواء أكان ذلك قبل الدخول أم بعده حيث جاء في (الفقرة ب من المادة 34) ما نصه: " وتستحق المطلقة قبل الدخول نصف الصداق إن كان مسمى وإلا حكم لها القاضي بالمتعة "[2].

وجاء أيضاً في المادة (90) من القانون ما نصه: " تستحق المطلقة المدخول بها التي لم يسم لها مهر أو سمي لها مهر فاسد المتعة حسب يسر المطلق وحال المطلقة "[3].

خامساً: نص مشروع القانون العربي الموحد على وجوب المتعة للمطلقة قبل الدخول والتي لم يسم لها مهر، والمطلقة المدخول بها حيث جاء في (الفقرة ب من المادة 38) ما نصه: " وتستحق المطلقة قبل الدخول نصف المهر إن كان مسمى وإلا حكم لها القاضي بما يساوي نصف مهر مثلها "[4].

يفهم من هذه المادة أن مشروع القانون العربي الموحد قد أوجب المتعة للمطلقة قبل الدخول والتي لم يسم لها مهر وقدرها بنصف مهر مثلها.

كما جاء في (الفقرة أ من المادة 96) من القانون ما نصه: " تستحق المطلقة المدخول بها المتعة حسب يسر المطلق وحال المطلقة "[5]

سادساً: نص قانون الأحوال الشخصية الأردني على وجوب المتعة للمطلقة قبل الدخول وقبل تسمية المهر حيث جاء في المادة (55) ما نصه: " إذا وقع الطلاق قبل تسمية المهر وقبل الدخول والخلوة الصحيحة فعندئذ تجب المتعة، والمتعة تعين بحسب حال الزوج على أن لا تزيد عن نصف مهر المثل "[6].

---

[1] قانون الأحوال الشخصية المصري رقم 44 لسنة 1979م مادة 18 مكرر. انظر أحكام الأسرة: فراج 2/300ـ301.

[2] مشروع القانون الموحد للأحوال الشخصية ـ جريدة الخليج عدد ـ 6378 ـ ص11.

[3] مشروع القانون الموحد للأحوال الشخصية ـ جريدة الخليج عدد ـ 6379ـ ص11.

[4] المجلة العربية: ص 21.

[5] المجلة العربية: ص 25.

[6] مجموعة التشريعات: الظاهر ص 115.

كما نص مشروع قانون الأحوال الشخصية الكويتي[1] وجوب المتعة للمطلقة قبل الدخول والخلوة الصحيحة إذا لم يسم المهر أو كانت التسمية غير صحيحة أو نفي أصلاً، والمطلقة المدخول بها حيت جاء في المادة (64) ما نصه: " تجب للمرأة متعة يقدرها القاضي بما لا يزيد على نصف مهر المثل إذا وقعت الفرقة قبل الدخول أو الخلوة الصحيحة في الحالات المبينة في (الفقرة ب من المادة 55)[2] ".

وجاء في (الفقرة أ من المادة 165) ما نصه: " إذا انحل الزواج الصحيح بعد الدخول تستحق الزوجة ـ سوى نفقة عدتها ـ متعة تقدر بما لا يجاوز نفقة سنة حسب حال الزوج تؤدى إليها على أقساط شهرية إثر انتهاء عدتها ما لم يتفق الطرفان على غير ذلك في المقدار أو الأداء ".

سابعاً: نص قانون الأحوال الشخصية السوري على وجوب المتعة للمطلقة قبل الدخول والخلوة الصحيحة سمي لها مهر أم لم يسم حيث جاء في (الفقرة 2 من المادة 61) ما نصه: " إذا وقع الطلاق قبل الدخول والخلوة الصحيحة فعندئذ تجب المتعة "[3].

ثامناً: اكتفت مجلة الأحوال الشخصية التونسية بالقول بأن على الزوج أن يمتع مطلقته بالغرامات المالية، لكنها لم تذكر على من تجب المتعة حيث جاء في الفصل (31) ما نصه: " يحكم بالطلاق عند رغبة الزوج إنشاء الطلاق أو مطالبة الزوجة به وفي هاته الصورة يقرر الحاكم ما تتمتع الزوجة من الغرامات المالية لتعويض الضرر الحاصل لها أو ما تدفعه هي للزوج من التعويضات "[4].

مسألة: ما حكم متعة الطلاق للمفترقات عن أزواجهن بطلاق أو فسخ لم يوقعه الزوج بإرادته المنفردة ؟

اختلف الفقهاء في هذه المسألة على مذهبين:

---

[1] مشروع قانون الأحوال الشخصية الكويتي.

[2] نصت الفقرة ب من المادة 55 من القانون الكويتي على أنه: " إذا لم يسم المهر، أو كانت التسمية صحيحة، أو نفي أصلاً، وجب مهر المثل ".

[3] قانون الأحوال الشخصية السوري: وزارة العدل ص 33، قانون الأحوال الشخصية السوري: الكويفي ص41.

[4] مجلة الأحوال الشخصية التونسية الفصل 13، مدى حرية الزوجين: الصابوني 89/1.

المذهب الأول: ذهب جمهور الفقهاء[1] ـ الحنفية والشافعية والحنابلة ـ إلى وجوب المتعة في كل فرقة حصلت بسبب من جهة الزوج: كالإيلاء واللعان والجب والعنة والردة. أما إن حصلت الفرقة بسبب من جهة الزوجة، فلا تجب: كردتها وإبائها الإسلام وتقبيلها ابن الزوج بشهوة والمختلعة منه.

المذهب الثاني: ذهب المالكية والظاهرية[2] إلى أنه لا متعة في كل فراق تختاره المرأة كامرأة المجذوم والعنين، ولا الفسخ ولا المختلعة ولا الملاعنة.

رأي القانون

ذهب قانون الأحوال الشخصية السوداني إلى وجوب المتعة إذا كانت الفرقة من جهة الزوج وعدم وجوبها إذا كانت الفرقة من جهة الزوجة حيث جاء في المادة (138)[3] ما نصه:

" 1. تستحق المطلقة المتعة سوى نفقة العدة حسب يسر المطلق بما لا يجاوز نفقة ستة أشهر "

2. يستثنى من أحكام البند (1) الحالات الآتية وهي: ـ

أ. التفريق لعدم الإنفاق بسبب إعسار الزوج.

ب. التفريق للعيب إذا كان بسبب من الزوجة

ج. التفريق بالخلع أو بالفدية أو على مال ".

كما ذهب مشروع قانون الأحوال الشخصية الكويتي[4] إلى وجوب المتعة إذا كانت الفرقة من جهة الزوج وعدم وجوبها إذا كانت الفرقة من جهة الزوجة حيث جاء في المادة (165) ما نصه: " أ. إذا انحل الزواج الصحيح بعد الدخول تستحق الزوجة ـ سوى نفقة عدتها ـ متعة

---

[1] بدائع الصنائع: الكاساني 303/2، المبسوط: السرخسي 62/6، حاشية الشرواني: الشرواني 433/10، زاد المحتاج: الكوهجي 308/3، مغني المحتاج: الشربيني 241/3، الإقناع: أبو النجا 224/3، كشاف القناع: البهوتي 158/5ـ159، المغني: ابن قدامه 51/8.

[2] تبيين المسالك: الموريتاني 161/3، حاشية الصاوي: الصاوي 617/2ـ618، الشرح الصغير: الدردير 617/2ـ618، المدونة الكبرى: مالك 238/2ـ240، المقدمات الممهدات: أبو الوليد 552/1، المحلى: ابن حزم 142/10،109ـ245،143.

[3] قانون الأحوال الشخصية السوداني ص 51.

[4] مشروع قانون الأحوال الشخصية الكويتي.

تقدر بما لا يجاوز نفقة سنة حسب حال الزوج تؤدى إليها على أقساط شهرية إثر انتهاء عدتها ما لم يتفق الطرفان على غير ذلك في المقدار أو الأداء.

ب. يستثنى من حكم الفقرة السابقة:

1. التطليق لعدم الإنفاق بسبب إعسار الزوج
2. التفريق للضرر إذا كان بسبب من الزوجة
3. الطلاق برضا الزوجة
4. فسخ الزواج بطلب من الزوجة
5. وفاة أحد الزوجين ".

أما بقية القوانين فلم تنص صراحة على حكم المتعة للمفترقات عن أزواجهن بطلاق أو فسخ لم يوقعه الزوج بإرادته، فيرجع إلى الراجح من المذهب المعتمد في هذه القوانين، أما بالنسبة للقانون الأردني فقد أخذ برأي الحنفية كما نصت عليه المادة (183)[1] وهو مذهب الجمهور القائل بوجوب المتعة في كل فرقة حصلت بسبب من جهة الزوج وعدم وجوبها في كل فرقة حصلت من جهتها.

الترجيح

أميل إلى ترجيح المذهب القائل بوجوب المتعة في كل فرقة حصلت بسبب من جهة الزوج وعدم وجوبها في كل فرقة حصلت بسبب من جهة الزوجة وذلك قياساً على الطلاق حيث إن الفرقة حصلت بسبب من الزوج ولحقها بسببه الإيحاش والابتذال الذي شرعت المتعة لأجله، أما إن كانت الفرقة من قبلها فلا إيحاش ولا ابتذال فلا متعة لها.

أما إذا كانت الفرقة بسبب لا يد لها فيه كالعنة والجب فإن وجوب المتعة لها أولى في هذه الحالة.

مسألة: ما حكم المتعة إذا أوقعت المرأة الطلاق على نفسها ؟

اختلف الفقهاء في حكم متعة الطلاق للمرأة التي تملك إيقاع الطلاق على نفسها بإرادتها المنفردة كأن تكون مفوضة بالطلاق أو مخيرة أو موكلة بالطلاق أو مملكة له أو أن تكون قد اشترطته على مذهبين:

---

[1] جاء في المادة (183) من قانون الأحوال الشخصية الأردني ما نصه: " ما لا ذكر له في هذا القانون يرجع فيه إلى الراجح من مذهب أبي حنيفة ". انظر مجموعة التشريعات: الظاهر ص 146.

المذهب الأول: ذهب الحنفية والشافعية في الصحيح والحنابلة والمالكية في رواية[1] إلى أنها تستحق المتعة

وقد استدلوا على ذلك بما يلي:

1. إن الفرقة جاءت من قبل الزوج لأن البينونة مضافة إلى الإبانة السابقة وهي فعل الزوج[2].

1ـ إن الزوجة أوقعت الطلاق على نفسها نيابة عن الزوج، وقد أنابها بما تصح به الإنابة وذلك قياساً على توكيله غيره بطلاق زوجته فإنه وإن لم يقم بالطلاق لكنه مسؤول عن آثاره حيث إن ابتداؤه من جهة الزوج الذي جعل ذلك إليها[3].

2ـ إن الزوج قد عرضها للفراق لأنها قد تحتشم من اختياره فتختار نفسها وهي كارهة له مريدة للبقاء مع زوجها[4].

المذهب الثاني: ذهب المالكية في الصحيح[5] إلى أنها لا تستحق المتعة.

وقد استدلوا على ذلك بما يلي:

1ـ إن الزوجة مختارة للطلاق بنفسها متسببة في وقوعه.

2ـ إن إتمام الطلاق من الزوجة وإن كان ابتداؤه من الزوج فإنها تستطيع عدم إيقاعه لأن الأمر بيدها.

3ـ إن الزوجة التي اختارت الطلاق لم تشفق له ولا حزنت عليه فلا يحتاج الزوج إلى تسليتها وتطييب خاطرها[6].

---

[1] بدائع الصنائع: الكاساني 303/2، الحاوي: الماوردي 551/9ـ552، المهذب: الشيرازي 475/2، كشاف القناع: البهوتي 158/5ـ159، المغني: ابن قدامه 51/8، الذخيرة: القرافي 449/4، المقدمات الممهدات: أبو الوليد 552/1.

[2] بدائع الصنائع: الكاساني 303/2.

[3] الحاوي: الماوردي 551/9ـ552، المهذب: الشيرازي 475/2، الذخيرة: القرافي 449/4.

[4] المقدمات الممهدات: أبو الوليد 552/1.

[5] الذخيرة: القرافي 449/4، الشرح الكبير: الدردير 618/2، المقدمات الممهدات: أبو الوليد 552/1.

[6] المقدمات الممهدات: أبو الوليد 552/1.

رأي القانون

أوجب قانون الأحوال الشخصية السوداني المتعة لكل مطلقة إلا ما استثنته (الفقرة الثانية من المادة 138) مما يدل على أن القانون أوجب المتعة للمرأة التي طلقت نفسها بموجب التفويض أو التخيير أو التمليك أو التوكيل وهو مذهب الحنفية الذي يرجع إليه القانون فيما لم يرد به نص حسب مقتضى (البند 1 من الماجدة 5)[1].

أما القانون الأردني فقد أخذ بمذهب الحنفية أيضاً في وجوب المتعة وذلك حسب مقتضى المادة (183) منة قانون الأحوال الشخصية الأردني.

الترجيح

أميل إلى ترجيح مذهب المالكية القائل بعدم استحقاقها المتعة وذلك لأن الزوج قد ملك الزوجة طلاق نفسها حيث اشترطت عليه طلاق نفسها في عقد الزواج لرغبته الزواج منها، أو نتيجة ظروف وضغوط معينة، ولا يريد بإعطائها هذا الحق أن تقوم باستعماله فتطلق نفسها، فإذا ما استعملته فقد ألحقت ضرراً كبيراً به باستحقاقها المهر بالدخول ونصفه قبل الدخول فإذا أوجبنا عليه المتعة أيضاً فقد ألحقنا به ضرراً آخر لم يكن هو السبب المباشر في إيجابه عليه.

كما أن المتعة شرعت تعويضاً عما أصاب الزوجة من ضرر وجبراً لخاطرها المنكسر وتطييباً لنفسها، وفي تطليقها نفسها تكون قد ألحقت الضرر بنفسها وتسببت بالكسر إن كان هناك كسر فينبغي أن تتحمل نتيجة ذلك لأنه جاء من جهتها وفي إلزام الزوج بالمتعة في هذه الحالة ظلم وبعد عن العدل.

ثالثاً: مقدار متعة الطلاق

تحت هذا البند سنبحث المسائل التالية: جنس المتعة، معيار تقدير المتعة، الحد الأعلى والأدنى للمتعة.

المسألة الأولى: جنس المتعة

اختلف الفقهاء في نوع المال الذي يصح تقدير المتعة به على النحو التالي:

[1] نصت الفقرة 1 من المادة 5 على أنه: " يعمل بالراجح من المذهب الحنفي فيما لا حكم فيه بهذا القانون ". انظر القانون ص 3.

المذهب الأول: ذهب الحنفية[1] إلى أن المتعة تقدر بالثياب وهي: درع وخمار وملحفة، ويجوز دفع قيمتها عندهم، بل وتجبر على القبول لأن الأثواب ما وجبت لعينها، بل هي من حيث أنها مال كالشاة في خمس من الإبل في الزكاة.

وقد استدلوا على ذلك بما يلي:

1- قال الله تعالى: ﴿ومتعوهن على الموسع قدره وعلى المقتر قدره متاعاً بالمعروف﴾[2]

وقال الله تعالى: ﴿ وللمطلقات متاع بالمعروف﴾[3].

وجه الدلالة:

إن المتاع اسم للثياب في العرف، وهو المتبادر إلى الفهم[4].

2ـ الآثار المروية حيث روي عن عطاء أنه قال: " من أوسع المتعة الدرع والخمار والملحفة ".

وعن الشعبي أنه قال: " ثيابها في بيتها الدرع والخمار والجلباب ".

وعن ابن عمر ـ رضي الله عنهما ـ حينما سأله أبو مجلز عن المتعة فقال: " اكس كذا، اكس كذا، فحسبت ذلك فوجدت قدره ثلاثين درهما "[5].

وجه الدلالة:

تدل هذه الآثار وغيرها على أن جنس المتعة الثياب، ويجوز تقدير قيمتها بالمال.

المذهب الثاني: ذهب المالكية[6] إلى عدم تحديد جنس معين للمتعة، واستدلوا على ذلك بأن هذا هو مقتضى الشرع، فإن الله تعالى لم يقدرها ولم يحددها، وإنما قال: ﴿ على الموسع قدره وعلى المقتر قدره ﴾[7]، وقالوا: " إن المتاع بما عرف في الشرع من الاقتصاد "[8].

---

[1] بدائع الصنائع: الكاساني 304/2، المبسوط: السرخسي 62/6.

[2] سورة البقرة: آية 236.

[3] سورة البقرة: آية 241.

[4] بدائع الصنائع: الكاساني 304/2.

[5] المصنف: ابن أبي شيبة 114/4.

[6] المدونة الكبرى: مالك 239/2، الجامع لأحكام القرآن 203/2.

[7] سورة البقرة: آية 236.

[8] الجامع لأحكام القرآن: القرطبي 203/2.

المذهب الثالث: فرق الشافعية[1] في جنس المتعة بين القدر الواجب والقدر المستحب، فقالوا: بأن المتعة الواجبة من وجهين:

الوجه الأول: ما يقع عليه اسم المال.

الوجه الثاني: وهو المذهب، يقدرها الحاكم.

وقد استدلوا على ذلك بقول الله تعالى: ﴿ ومتعوهن على الموسع قدره وعلى المقتر قدره﴾[2].

المذهب الرابع: ذهب الحنابلة[3] إلى أن أعلى المتعة خادم، وأدناها كسوة تجزئها في صلاتها، وهي: درع وخمار وملحفة. وقد استدلوا على ذلك بما روي عن ابن عباس ـ رضي الله عنهما ـ أنه قال: " أعلى المتعة خادم، ثم دون ذلك النفقة، ثم دون ذلك الكسوة "

المذهب الخامس: ذهب الظاهرية[4] إلى أن متعة الموسر المتناهي خادم سوداء، وأما المتوسط فيجبر على ثلاثين درهماً أو قيمتها، وأما المقتر فأقلهم من لم يجد قوت يومه، أو لا يجد زيادة على ذلك، فهذا لا يكلف حينئذ شيئاً لكنها دين عليه، فإذا وجد زيادة على قوته كلف أن يعطيها ما تنتفع به ولو من أكلة يوم.

الترجيح

أميل إلى القول بأن المتعة تصح بكل نوع من أنواع المال المتقوم، سواء كانت خادماً أم ثياباً أم دراهم أم حلية أم غيرها، وإن دفعت قيمتها نقداً قبلت، وهو أفضل لمصلحة المطلقة، ويجب أن يراعى في تحديد جنس المتعة العرف.

---

[1] المهذب: الشيرازي 476/3.

[2] سورة البقرة: آية 236.

[3] الإقناع: أبو النجا 233/3 ن الإنصاف: المرداوي 300/8، الكافي: المقدسي 75/3، كشاف القناع: البهوتي 158/6، المحرر في الفقه: أبو البركات 37/2

[4] المحلى: ابن حزم 249/10.

المسألة الثانية: معيار تقدير المتعة

اختلف الفقهاء في معيار تقدير المتعة على النحو التالي:

المذهب الأول: ذهب الحنفية في قول والمالكية في المشهور والشافعية في رواية والحنابلة في الصحيح والظاهرية[1] إلى أن المتعة تقدر بحسب حال الزوج.

وقد استدلوا على ذلك بما يلي:

1ـ قال اللـه تعالى: ﴿ ومتعوهن على الموسع قدره وعلى المقتر قدره﴾[2].

وجه الدلالة:

إن اللـه تعالى جعل المتعة على حسب حال الزوج في يساره وإعساره.

2ـ روي عن ابن عباس ـ رضي اللـه عنهما ـ في قوله تعالى:﴿ ومتعوهن على الموسع قدره وعلى المقتر قدره﴾[3]، فهذا الرجل تزوج المرأة ولم يسم لها صداقاً، ثم يطلقها من قبل أن ينكحها، وأمر اللـه تعالى أن يمتعها على قدر يسره وعسره، فإن كان موسراً متعها بخادم أو شبه ذلك،وإن كان معسراً متعها بثلاثة أثواب أو نحو ذلك[4].

3ـ ما روي عن الصحابة أن كلاً منهم متع حسب حاله، فقد متع عبد الرحمن بن عوف بأمة سوداء، وجابر بن زيد بخمسين درهماً، والحسن بن علي بعشرة آلاف درهم، فقالت: " متاع قليل من حبيب مفارق ".

المذهب الثاني: ذهب بعض الحنفية كالقدوري والكرخي والمالكية في قول والشافعية في وجه والحنابلة في رواية[5] إلى أن المتعة تقدر بحسب حال الزوجة.

---

[1] بدائع الصنائع: الكاساني 304/2، المبسوط: السرخسي 62/6، الذخيرة القرافي 450/4، الشرح الصغير: الدردير 616/2، زاد المحتاج: الكوهجي 308/3، حاشية الشرواني: الشرواني 437/10، المهذب: الشيرازي 476/3، مغني المحتاج: الشربيني 242/3، نهاية المحتاج: الرملي 365/6، الإقناع: أبو النجا 223/3، الإنصاف: المرداوي 300/8، كشاف القناع: البهوتي 185/5، المعتمد: بلطة جي 217/2، المغني: ابن قدامه 52/8، المحلى: ابن حزم 245،248،249/10.

[2] سورة البقرة: آية 236.

[3] سورة البقرة: آية 236.

[4] جامع البيان: الطبري 121/5.

[5] بدائع الصنائع: الكاساني 304/2، المبسوط: السرخسي 63/6، زاد المحتاج: الكوهجي 308/3، المهذب: الشيرازي 476/3، نهاية المحتاج: الرملي 365/6، الإنصاف: المرداوي 301/8.

وقد استدلوا على ذلك بالمعقول فقالوا: " إن المتعة وجبت خلفاً عن مهر المثل، وفي مهر المثل يعتبر حالها، فكذلك في المتعة "[1].

المذهب الثالث: ذهب الحنفية في قول، وعليه الفتوى في المذهب والشافعية في الصحيح، والحنابلة في قول[2] إلى أن المتعة تقدر حسب حال الزوجين معاً.

وقد استدلوا على ذلك بما يلي:

1. قال الله تعالى: ﴿ ومتعوهن على الموسع قدره وعلى المقتر قدره متاعاً بالمعروف حقاً على المحسنين ﴾[3].

وجه الدلالة:

إن الله تعالى اشترط في تقدير المتعة شرطين هما: الأول: اعتبار حال الزوج في يساره وعسره لقوله تعالى: ﴿ على الموسع قدره وعلى المقتر قدره ﴾.

الثاني: أن يكون التقدير بالمعروف لقول الله تعالى: ﴿ متاعاً بالمعروف﴾، فلو اعتبرنا حالة الرجل دون حالة المرأة، فقد لا يكون التقدير معروفاً، كما لو تزوج بامرأتين إحداهما شريفة والأخرى دنيئة، ولم يسم لهما مهراً، وطلقهما قبل الدخول، لوجب أن تكونا متساويتين في المتعة، وهذا لا يتفق مع عادات الناس، وليس معروفاً فيكون خلاف النص[4].

2. إن المتعة تقدر بالأثواب، والأثواب معتبرة بحالها.

الترجيح

أميل إلى ترجيح المذهب القائل: بأن المتعة تقدر حسب حال الرجل والمرأة معاً، وذلك لقول الله تعالى: ﴿ومتعوهن على الموسع قدره وعلى المقتر قدره متاعاً بالمعروف﴾[5]، فالآية واضحة الدلالة في أنه يجب أن يراعى قس تقدير المتعة حال الزوج في يساره وإعساره، كما يجب أن

---

[1] بدائع الصنائع: الكاساني 304/2، المبسوط: السرخسي 63/6، زاد المحتاج: الكوهجي 308/3، المهذب: الشيرازي 476/3.

[2] بدائع الصنائع: الكاساني 304/2، زاد المحتاج: الكوهجي 308/3، نهاية المحتاج: الرملي 365/6، حاشية البجيرمي: البجيرمي 427/3، مغني المحتاج: الشربيني 242/3.

[3] سورة البقرة: آية 236.

[4] بدائع الصنائع: 304/2 أحكام القرآن: الجصاص 433/1.

[5] سورة البقرة: آية 236.

تكون المتعة بالمعروف، وليس من المعروف إنكار حالة الزوجة، لذلك يجب أن يراعى فيها حال الزوجين معاً عملاً بنص الآية الكريمة.

المسألة الثالثة: الحد الأعلى والأدنى للمتعة

أولاً: الحد الأعلى للمتعة

اختلف الفقهاء في تحديد الحد الأعلى للمتعة على النحو التالي:

المذهب الأول: ذهب المالكية والشافعية في الراجح والحنابلة في الصحيح[1] إلى أنه لا حد أعلى للمتعة، وإنما يرجع في تقديرها إلى الحاكم يقدرها باجتهاده وفق معيار معين.

وقد استدلوا على ذلك بما يلي:

1. قال الـلـه تعالى: ﴿ومتعوهن على الموسع قدره وعلى المقتر قدره متاعاً بالمعروف﴾

وجه الدلالة: إن الـلـه تعالى لم يقدر المتعة في هذه الآية بقدر معين، ولا بين حدها الأعلى، وإنما بين كيف تقدر بقوله: ﴿ **على الموسع قدره وعلى المقتر قدره**﴾، وأن تكون بالمعروف.

2. روي أن عبد الرحمن بن عوف متع امرأته التي طلق جارية سوداء، وروي أن الحسن بن علي متع امرأته بعشرة آلاف درهم، وفي رواية بعشرين ألفاً وزقاق من عسل، كما روي أن أنس بن مالك متع امرأته بثلاثمائة[2].

وجه الدلالة:

اختلفت هذه الآثار وغيرها في تقدير المتعة، وإن تقديرها من الأمور الاجتهادية غير المنصوص عليها، وترك تقديرها للحاكم بحسب العرف والعادة[3].

3. إن الحد الأعلى للمتعة أمر لم يرد الشرع بتقديره، وهو مما يحتاج إلى الاجتهاد، فيجب الرجوع فيه إلى الحاكم كسائر المجتهدات[4].

---

[1] المقدمات الممهدات: أبو الوليد آية 236، زاد المحتاج: الكوهجي 308/3، المهذب: الشيرازي 476/3، شرح منهج الطلاب: الأنصاري 427/3، الشرح الكبير: المقدسي 91/8، الكافي: المقدسي 75/3، المغني: ابن قدامه 52/8ـ53.

[2] المصنف ابن أبي شيبة 113/4ـ114.

[3] أحكام القرآن: الجصاص 434/1، الجامع لأحكام القرآن: القرطبي 202/2.

[4] الشرح الكبير: المقدسي 91/8، الكافي: المقدسي 75/3، المغني: ابن قدامه 52/8ـ53.

المذهب الثاني: ذهب الحنفية والشافعية في رواية والحنابلة في قول[1] إلى أن حدها الأعلى نصف مهر المثل.

وقد استدلوا على ذلك بما يلي:

1. عن حماد قال: " يمتعها بمثل نصف مهر مثلها "[2].
2. إن المتعة تجب بدلاً عن مهر المثل فيجب أن تتقدر به ولا يجوز الزيادة على الأصل[3].
3. إن الله تعالى أوجب المتعة على قدر احتمال الزوج وسعته، وإيجاب نصف المسمى يكون على قدر حال الزوج، والزيادة عليه لا تكون بحسب حال الزوج وسعته[4].

المذهب الثالث: ذهب الحنابلة في رواية والشافعية في قول والظاهرية[5] إلى أن أعلى المتعة خادم.

وقد استدلوا على ذلك بما يلي:

1. عن ابن عباس ـ رضي الله عنهما ـ قال: " أرفع المتعة الخادم، ثم دون ذلك من الكسوة ثم دون ذلك النفقة "، وعن عبد الرحمن بن عوف أنه متع امرأته التي طلق جارية سوداء "[6].

قال ابن حزم: " اتفق ابن عباس وعبد الرحمن بحضرة الصحابة -رضي الله عنهم- لا يعرف لهما في ذلك مخالف من الصحابة -رضي الله عنهم- على أن متعة الموسر المتناهي خادم سوداء، فإن زاد فهو محسن، كما فعل الحسن بن علي وغيره "[7].

---

[1] بدائع الصنائع: الكاساني 304/2، زاد المحتاج: الكوهجي 308/3، شرح منهج الطلاب: الأنصاري 427/3، مغني المحتاج: الشربيني 242/3، الشرح الكبير: المقدسي 91/8، الإنصاف: المرداوي 300/8ـ301، المحرر: أبو البركات 37/2، المغني: ابن قدامه 53/8.

[2] المصنف: ابن أبي شيبة 113/4.

[3] الشرح الكبير: المقدسي 91/8، المغني: ابن قدامه 53/8.

[4] بدائع الصنائع: الكاساني 304/2.

[5] الإنصاف: المرداوي 300/8، الكافي: المقدسي 75/3، المعتمد: بلطة جي 217/2، المغني: ابن قدامه 52/8، حاشية البجيرمي: البجيرمي 427/3، زاد المحتاج: الكوهجي 308/3، مغني المحتاج: الشربيني 243/3، شرح منهج الطلاب: الأنصاري 427/3، المحلى: ابن حزم 249/10.

[6] المصنف: ابن أبي شيبة 114/4.

[7] المحلى: ابن حزم 249/10.

2. عن ابن سيرين قال: " كان يمتع بالخادم أو بالنفقة أو بالكسوة "، وعن ابن شهاب قال: " أعلاها الخادم، ثم الكسوة، ثم النفقة "، وعن سعيد بن المسيب قال: " أ,ضع المتعة الثوب، وأدناها الخادم "[1].

ثانياً: الحد الأدنى للمتعة

اختلف الفقهاء في تحديد الحد الأدنى للمتعة على النحو التالي:

المذهب الأول: ذهب المالكية والشافعية في قول والحنابلة في رواية[2] إلى أنه لا حد لأدنى المتعة فأقل مال متمول يجزئ.

وقد استدلوا على ذلك بما يلي:

1. قال الله تعالى: **﴿ ومتعوهن على الموسع قدره وعلى المقتر قدره﴾**[3].

وجه الدلالة: لم تبين الآية الكريمة حداً أدنى للمتعة، وإنما بينت كيف تقدر المتعة، يقول القرطبي: "، وهذا دليل على رفض التحديد "[4].

2. ورد في سبب نزول قول الله تعالى: **﴿لا جناح عليكم إن طلقتم النساء ..... الآية ﴾**[5]، أن رجلاً من الأنصار تزوج امرأة من بني حنيفة، ولم يسم لها مهراً، ثم طلقها قبل أن يمسها فنزلت الآية، فقال النبي صلى الله عليه وسلم : **﴿متعها ولو بقلنسوتك﴾**[6].

وجه الدلالة: يدل الحديث الشريف على أنه لا يوجد حد أدنى للمتعة.

3. قالوا بأن الآثار المروية عن الصحابة والتابعين اختلفت في تقدير المتعة، وأن تقديرها سن الأمور الاجتهادية غير المنصوص عليها، فيترك تقديرها بحسب العرف والعادة[7].

---

[1] جامع البيان: الطبري 123،124/5، المصنف: ابن أبي شيبة 114/4.

[2] الجامع لأحكام القرآن: القرطبي 201/3، حاشية ابن القاسم: ابن القاسم 437/10، حاشية الشرواني: الشرواني 437/10، زاد المحتاج: الكوهجي 308/3، شرح منهج الطلاب: الأنصاري 427/3.

[3] سورة البقرة: آية 236.

[4] الجامع لأحكام القرآن: القرطبي 202/3.

[5] سورة البقرة: آية 236.

[6] الجامع لأحكام القرآن: القرطبي 202/3.

[7] الجامع لأحكام القرآن: القرطبي 201/3، أحكام القرآن: الجصاص: 434/1، المغني: ابن قدامه 53/8.

المذهب الثاني: ذهب الحنفية[1] إلى أن الحد الأدنى للمتعة خمسة دراهم، وقد استدلوا على ذلك بقولهم إن المتعة عوضاً عن المهر، وأقل المهر عندهم عشرة دراهم، فأقل المتعة نصفها وهي خمسة دراهم.

المذهب الثالث: ذهب الحنابلة في المذهب[2] إلى أن الحد الأدنى للمتعة كسوة تستطيع الصلاة بها، وهي درع وخمار وملحفة، وقد استدلوا على ذلك بقول ابن عباس -رضي الله عنهما-: " أعلى المتعة خادم، ثم دون ذلك النفقة، ثم دون ذلك الكسوة ".

وجه الدلالة: إن قول ابن عباس تفسير للآية، فيجب الجوع إليه[3].

المذهب الرابع: ذهب الشافعية في قول[4] إلى أن أقل المتعة ثلاثون درهماً.

المذهب الخامس: ذهب الشافعية في قول[5] إلى أن أقل المتعة مقنعة.

المذهب السادس: ذهب الظاهرية إلى أن المقتر الذي لا يجد قوت يومه، ولا يجد زيادة على ذلك، فهذا لا يكلف حينئذٍ شيئاً، لكنها دين عليه، فإذا وجد زيادة على قوته كلف أن يعطيها ما تنتفع به، ولو أكلة يوم كما أمر الله تعالى إذ يقول:﴿ **وعلى المقتر قدره** ﴾.

الترجيح

أميل إلى ترجيح المذهب القائل بأنه لا يوجد حد أعلى ولا حد أدنى للمتعة، وأنه يرجع في تقدير المتعة إلى الحاكم يقدرها باجتهاده بالمعروف حسب حال الزوجين يسراً وعسراً حيث لا يوجد دليل معتبر على التحديد، كما أن الآثار المروية عن الصحابة في تقدير المتعة مختلفة، بل إن هناك تفاوتاً بينهم في تقديرها، مما يدل على أن تقديرها من الأمور الاجتهادية التي لم يرد فيها نص، وترك تقديرها للحاكم بحسب العرف والعادة، وفي ذلك يقول الجصاص: " وهذه المقادير كلها صدرت عن اجتهاد آرائهم، ولم ينكر بعضهم على بعض ما صار إليه من مخالفته فيه، فدل على أنها عندهم موضوعة على ما يؤديه إليه اجتهاده، وهي بمنزلة تقويم المتلفات، وأروش الجنايات التي ليس لها مقادير معلومة في النصوص "[6].

---

[1] بدائع الصنائع: الكاساني 304/2.
[2] الكافي: المقدسي 75/3، المحرر: أبو البركات 37/2، المغني: ابن قدامه 52/8.
[3] الكافي: المقدسي 75/3.
[4] زاد المحتاج: الكوهجي 308/3، المهذب: الشيرازي 476/2.
[5] المهذب: الشيرازي 476/2.
[6] أحكام القرآن ك الجصاص 434/1.

مسألة: رأي القانون في مقدار متعة الطلاق

اختلفت قوانين الأحوال الشخصية في تقدير متعة الطلاق بناءً على اختلاف الفقهاء في تقديرها ومن هذه القوانين:

أولاً: قانون الأحوال الشخصية الأردني:

حدد القانون المتعة بحسب حال الزوج، وما يجري عليه العرف والعادة في تقديرها، بشرط ألا يزيد عن نصف المهر، حيث جاء في المادة (55) ما نصه: " إذا وقع الطلاق قبل تسمية المهر وقبل الدخول والخلوة الصحيحة فعندئذ تجب المتعة، والمتعة تعين بحسب حال الزوج على أن لا تزيد عن نصف مهر المثل "[1].

ثانياً: قانون الأحوال الشخصية السوداني

أوجب القانون المتعة للمطلقة قبل الدخول والتي لم يسم مهر، بشرط ألا تزيد على نصف مهر مثلها حيث جاء في (الفقرة 3 من المادة 29) من قانون الأحوال الشخصية السوداني ما نصه: " تستحق المطلقة قبل الدخول نصف المهر إن كان مسمى وإلا فتستحق متعة لا تزيد عن نصف مهر مثلها "[2].

وتقدر المتعة للمطلقة بعد الدخول بحسب حال الزوج، على ألا تتجاوز نفقة ستة أشهر، حيث جاء في (الفقرة 1 من المادة 138) من القانون السوداني ما نصه: " تستحق المطلقة المتعة سوى نفقة العدة حسب يسر المطلق بما لا يتجاوز نفقة ستة أشهر "[3].

ثالثاً: قانون الأحوال الشخصية السوري

حدد القانون جنس المتعة بأنها كسوة مثل المرأة عند الخروج من بيتها، وقدرها بحسب حال الزوج، بشرط ألا تزيد عن نصف المهر، حيث جاء في المادة (62) ما نصه: " هي كسوة مثل المرأة عند الخروج من بيتها، ويعتبر فيها حال الزوج على ألا عن نصف مهر المثل "[4].

---

[1] مجموعة التشريعات: الظاهر ص 115.

[2] قانون الأحوال الشخصية السوداني لسنة 1991م ص 13.

[3] قانون الأحوال الشخصية السوداني لسنة 1991م ص 50.

[4] قانون الأحوال الشخصية السوري: وزارة العدل ص 33، قانون الأحوال الشخصية السوري: الكويفي ص 39.

رابعاً: قانون الأحوال الشخصية المصري لسنة 1979م

قدر القانون النفقة بحسب حال المطلق وظروف الطلاق ومدة الزوجية، بشرط ألا تقل عن سنتين، حيث جاء في المادة (18مكرر) ما نصه: " الزوجة المدخول بها في زواج صحيح إذا طلقها زوجها دون رضاها ولا بسبب من قبلها تستحق فوق نفقة عدتها متعة تقدر بنفقة سنتين على الأقل وبمراعاة حال المطلق يسراً وعسراً وظروف الطلاق ومدة الزوجية ويجوز أن يرخص للمطلق في سداد المتعة على أقساط "[1].

خامساً: مجلة الأحوال الشخصية التونسية

جعلت المجلة تقدير المتعة لاجتهاد الحاكم، ولم تبين على ماذا سيعتمد الحاكم في تقديرها، ولكنها اشترطت أن تكون المتعة مما يقع عليه اسم المال، حيث جاء في الفصل (31) ما نصه: " يحكم بالطلاق عند رغبة الزوج إنشاء الطلاق أو مطالبة الزوجة به وفي هاته الصورة يقرر الحاكم ما تتمتع الزوجة من الغرامات المالية لتعويض الضرر الحاصل لها أو ما تدفعه هي للزوج من التعويضات "[2].

سادساً: مدونة الأحوال الشخصية المغربية

حددت المدونة المتعة بحسب حال الزوجين، حيث جاء في الفصل (60) ما نصه: " يلزم كل مطلق بتمتيع مطلقته إذا كان الطلاق من جانبه بقدر يسره وحالها إلا التي سمي لها الصداق وطلقت قبل الدخول "[3].

سابعاً: مشروع قانون الأحوال الشخصية لدولة الإمارات العربية المتحدة

فرق القانون بين الطلاق قبل الدخول والطلاق بعد الدخول، فقد جعل أمر تقدير المتعة للمطلقة قبل الدخول والخلوة الصحيحة لاجتهاد القاضي بشرط ألا تزيد عن نصف مهر المثل، حيث جاء في المادة (52) من القانون الإماراتي ما نصه: " إذا وقعت الفرقة قبل الدخول والخلوة الصحيحة، وجبت للمرأة فضلاً عما تستحقه من نصف المهر متعة يقدرها القاضي بما لا يزيد على نصف مهر المثل دفعة واحدة أو مقسطة "[4].

---

[1] قانون الأحوال الشخصية المصري رقم 44 لسنة 1979م مادة 18 مكرر. انظر أحكام الأسرة: فراج 2/300ـ301.

[2] مجلة الأحوال الشخصية التونسية الفصل 13، مدى حرية الزوجين: الصابوني 1/89.

[3] أحكام الأسرة: ابن معجوز ص 365، الوثائق العدلية: العراقي ص 138.

[4] مشروع قانون الأحوال الشخصية الإماراتي ص 16.

وقدر المتعة للمطلقة بعد الدخول بحسب حال الزوج، بشرط ألا تتجاوز نفقة سنة في حالة عدم اتفاق الرجل والمرأة على مقدار معين ن أما إذا اتفقا على مقدار معين، فإنها تقدر بحسب اتفاقهما وجاء أيضاً في المادة (162) من القانون الإماراتي ما نصه: " الزوجة المدخول بها في زواج صحيح إذا طلقها زوجها بدون رضاها ولم تكن إساءة من قبلها تستحق عدا نفقة عدتها متعة تقدر بما لا يجاوز نفقة سنة حسب حال الزوج وتدفع على أقساط شهرية عقب انقضاء عدتها ما لم يتفق الطرفان على خلاف ذلك في المقدار أو كيفية الدفع "[1].

ثامناً: مشروع القانون العربي الموحد للأحوال الشخصية

فرق القانون بين المطلقة قبل الدخول وقبل تسمية المهر، وبين المطلقة بعد الدخول في تقدير المتعة، فقد حددها للمطلقة قبل الدخول وقبل تسمية المهر بنصف مهر مثلها، حيث جاء في (الفقرة ب من المادة 38) ما نصه: " وتستحق المطلقة قبل الدخول نصف المهر إن كان مسمى وإلا حكم لها القاضي بما يساوي نصف مهر مثلها "[2].

وقدر المتعة للمطلقة بعد الدخول حسب حال الزوجين معاً، حيث جاء في (الفقرة أ من المادة 96) من القانون ما نصه: " تستحق المطلقة المدخول بها المتعة حسب يسر المطلق وحال المطلقة "[3].

تاسعاً: مشروع قانون الأحوال الشخصية الكويتي

أوجب القانون المتعة للمطلقة على أن يقدرها الحاكم بشرط أن لا تزيد عن نصف المهر إذا وقعت الفرقة قبل الدخول والخلوة الصحيحة، وعن نفقة سنة إذا وقعت بعد الدخول، وذلك حسب حال الزوج، حيت جاء في المادة (64)[4] ما نصه:" تجب للمرأة متعة يقدرها القاضي بما لا يزيد على نصف مهر المثل إذا وقعت الفرقة قبل الدخول أو الخلوة الصحيحة في الحالات المبينة في (الفقرة ب من المادة 55)[5] " وجاء في (الفقرة أ من المادة 165) ما نصه: " إذا انحل الزواج الصحيح بعد الدخول تستحق الزوجة ـ سوى نفقة عدتها ـ متعة تقدر بما لا يجاوز

---

[1] مشروع قانون الأحوال الشخصية الإماراتي ص 50.

[2] المجلة العربية: ص 21.

[3] المجلة العربية: ص 25.

[4] مشروع قانون الأحوال الشخصية الكويتي.

[5] نصت الفقرة ب من المادة 55 من القانون الكويتي على أنه: " إذا لم يسم المهر، أو كانت التسمية صحيحة، أو نفي أصلاً، وجب مهر المثل ".

نفقة سنة حسب حال الزوج تؤدى إليها على أقساط شهرية إثر انتهاء عدتها ما لم يتفق الطرفان على غير ذلك في المقدار أو الأداء "[1].

عاشراً: مشروع القانون الموحد للأحوال الشخصية لدول مجلس التعاون الخليجي

أوجب القانون المتعة للمطلقة التي لم يسم لها مهر، ولكنه فرق بين المطلقة قبل الدخول، والمطلقة بعد الدخول، فقد ترك أمر تقدير متعة المطلقة قبل الدخول والتي لم يسم لها مهر إلى اجتهاد القاضي، حيث جاء في (الفقرة ب من المادة 34) ما نصه: " وتستحق المطلقة قبل الدخول نصف الصداق إن كان مسمى وإلا حكم لها القاضي بالمتعة "[2].

وقدر المتعة للمطلقة بعد الدخول والتي لم يسم لها مهر بحسب حال الزوجين معاً، حيث جاء أيضاً في المادة (90) من القانون ما نصه: " تستحق المطلقة المدخول بها التي لم يسم لها مهر أو سمي لها مهر فاسد المتعة حسب يسر المطلق وحال المطلقة "[3].

ملاحظات حول القانون:

1ـ حدد القانون الأردني معيار تقدير المتعة بحسب حال المطلق، وبحسب ما عليه العرف والعادة، ويقصد المشرع الأردني ـ في اعتقادي بالعرف والعادة ـ جنس ما جرت عليه العادة بتمتيع النساء منهم، أي أن يكون اختيار جنس المتعة بحسب العرف والعادة، ولكن القانون لم يحدد العرف والعادة، هل هو عرف بلد المطلق أم عرف بلد المطلقة ؟ وفي اعتقادي بأنه عرف بلد المطلقة، لأنها هي التي ستنتفع به.

2ـ بينت القوانين التالية: القانون السوداني والقانون السوري ومشروع القانون الإماراتي ومشروع القانون الكويتي معيار تقدير المتعة بحسب حال المطلق يساراً وإعساراً.

3ـ بينت القوانين التالية: القانون المغربي ومشروع القانون العربي ومشروع القانون الخليجي الموحد معيار تقدير المتعة بحسب حال المطلق يساراً وإعساراً وحال المطلقة.

4ـ بين القانون المصري ثلاثة معايير لتقدير المتعة وهي: حال المطلق يسراً وعسراً وظروف الطلاق ومدة الزوجية، حيث تتحكم هذه المعايير الثلاثة مجتمعة في تقدير المتعة.

---

[1] مشروع قانون الأحوال الشخصية الكويتي.

[2] مشروع القانون الموحد للأحوال الشخصية ـ جريدة الخليج عدد ـ 6378 ـ ص11.

[3] مشروع القانون الموحد للأحوال الشخصية ـ جريدة الخليج عدد ـ 6379ـ ص11.

5ـ جعلت القوانين التالية: القانون الأردني والقانون السوداني ومشروع القانون العربي ومشروع القانون الخليجي ومشروع القانون الكويتي أمر تقدير النفقة للمطلقة قبل الدخول لاجتهاد القاضي، بشرط ألا تتجاوز المتعة في حدها الأعلى عن نصف مهر المثل، ولم ينص على هذا الشرط مشروع القانون الخليجي.

6ـ جعل القانون التونسي أمر تقدير المتعة لاجتهاد الحاكم، ولم يبين علام سيعتمد الحاكم في تقدير المتعة، لكنه اشترط أن تكون المتعة مما يقع عليه اسم المال.

7ـ حدد القانون السوري جنس المتعة بالكسوة، وهي كسوة مثل المرأة عند الخروج من بيتها.

8ـ حدد القانون التونسي جنس المتعة بما يقع عليه اسم المال.

9ـ حددت القوانين التالية: القانون السوداني والقانون المصري ومشروع القانون الإماراتي ومشروع القانون الكويتي جنس المتعة بالنفقة.

10ـ اختلفت القوانين التي جعلت معيار تقدير المتعة النفقة في حدها الأعلى بالنسبة للمرأة المدخول بها، فقد جعل القانون السوداني حدها الأعلى ستة أشهر، أما مشروع القانون الإماراتي ومشروع القانون الكويتي فقد جعلا حدها الأعلى سنة عند عدم اتفاق المطلق والمطلقة على مقدار معين بينما القانون المصري لم ينص على جدها الأعلى، إلا أنه اشترط أن لا تقل المتعة عن نفقة سنتين في حدها الأدنى.

الفرع الخامس

قبض المهر والإعسار في دفعه

المسألة الأولى: من له ولاية قبض المهر ؟

اتفق الفقهاء على أن الزوجة إذا كانت صغيرة أو كبيرة في حكم الصغيرة كالمجنونة والمعتوهة، فإن ولاية قبض المهر لوليها لأنها ليست من أهل التصرف، والولي هنا الولي على المال، سواء أكان ولياً على النفس أم لا، فإذا أقبضه الزوج إياه برئت ذمته، أما إذا سلمه لغير الولي على المال حتى لو كان ولياً على النفس، فلها مطالبته بالمهر عند بلوغها لعدم اختصاص غير ولي المال بالتصرف في أمورها المالية.

كما اتفقوا على أن الزوجة إذا كانت بالغة عاقلة غير محجور عليها، فإن لها ولاية قبض مهرها بنفسها، كما أن لها توكيل غيرها بالقبض، لأنها من أهل التصرف الكامل، ويستوي في

ذلك البكر والثيب، ولكنهم اشترطوا التوكيل الصريح بالقبض من الثيب حتى لأبيها أو جدها، واختلفوا في الإذن الصريح بالقبض من البكر، حيث ذهب جمهور الفقهاء من الشافعية والحنابلة والمالكية إلى أنه لا بد من التوكيل الصريح حتى لأبيها أو جدها. وذهب الحنفية والشافعية في قول إلى أنه يكتفى من البكر السكوت عند القبض إذا كان الولي الأب أو الجد، لأن البنت تستحي فقام أبوها مقامها كما قام مقامها في تزويجها، كما أن سكوتها يعتبر رضاً بذلك، ولا يصح قبض غير الأب أو الجد أو وصيهما ولا يعتبر سكوتها إذناً بالقبض، وإذا نهت الزوج عن الدفع إلى الأب أو الجد أو اعترضت عند القبض فدفع إليه لم تبرأ ذمة الزوج من المهر ولها الحق في مطالبته[1].

رأي القانون

أخذت بعض قوانين الأحوال الشخصية برأي الجمهور في الإذن الصريح بالقبض من البكر حيث نصت المادة (60) من القانون السوري على أن: " المهر حق للزوجة ولا تبرأ ذمة الزوج منه إلا بدفعه إليها بالذات إن كانت كاملة الأهلية ما لم توكل في وثيقة العقد وكيلاً خاصاً بقبضه ".

أما مشروع القانون الكويتي[2]، فقد أخذ برأي الجمهور إذا بلغت البكر الخامسة والعشرين، وبرأي الحنفية قبل الخامسة والعشرين حيث جاء في المادة (59) ما نصه: " للأب، ثم للجد العاصب قبض مهر البكر حتى الخامسة والعشرين من عمرها، ما لم تنه عن ذلك ".

وأخذت بعض قوانين الأحوال الشخصية برأي الحنفية حيث نصت المادة (64) من القانون الأردني[3]، على أنه: " ينفذ على البكر ولو كانت كاملة الأهلية قبض وليها لمهرها إن كان أباً أو جداً لأب ما لم تنه الزوجة عن الدفع إليه "

وجاء في المادة (48) من مشروع القانون الإماراتي[4] ما نصه: " ينفذ على البكر الرشيدة قبض أبيها لمهرها، أو قبض جدها الصحيح عند عدم الأب، ما لم تنه الزوجة عن الدفع إلى غيرها ".

---

[1] البحر الرائق: ابن نجيم 118/3، حاشية الخرشي: الخرشي، المهذب: الشيرازي 57/2. الإنصاف: المرداوي.

[2] مشروع القانون الكويتي.

[3] مجموعة التشريعات: الظاهر ص 117.

[4] مشروع القانون الإماراتي وزارة العدل ص 16.

المسألة الثانية: اشتراط أحد أقارب الزوجة مالاً من المهر

الشخص الذي يشترط مالاً من المهر إما أن يكون الأب أو غير الأب من الأقارب، فإن كان الذي اشترط ذلك الأب، فقد ذهب الحنابلة[1] إلى القول بجوازه مستدلين بما يلي:

1. قال الله تعالى في قصة شعيب عليه السلام:﴿ إني أريد أن أنكحك إحدى ابنتي هاتين على أن تأجرني ثماني حجج ﴾[2].

وجه الدلالة: جعل شعيب عليه السلام الصداق الإجارة على رعاية الغنم، وهو شرط لنفسه.

2. عن عائشة ـ رضي الله عنها قالت: قال الرسول صلى الله عليه وسلم : **﴿إن أولادكم من أطيب كسبكم فكلوا من أموالهم ﴾**[3].

وجه الدلالة: يدل الحديث الشريف على أن للوالد أن يأخذ من مال ولده، فإذا شرط لنفسه شيئاً من الصداق يكون ذلك أخذاً من مال ابنته، وله ذلك.

وذهب الشافعي وجماعة من العلماء[4] إلى أنه إذا فعل الأب ذلك، فلها مهر المثل وتفسد التسمية، مستدلين على ذلك بأن صداق المرأة نقص لأجل هذا الشرط هذا الشرط الفاسد، لأن المهر لا يجب إلا للزوجة لأنه عوض بضعها.

أما إذا شرط ذلك غير الأب من الأولياء أو الأقارب، فالشرط باطل، ويجب للمرأة مهر المثل عند الشافعية، والمهر المسمى عند الحنابلة[5].

جاء في بداية المجتهد فيمن نكح امرأة واشترط عليه في صداقها حباء يحابي به الأب ما نصه: " واختلف العلماء فيمن نكح امرأة واشترط عليه في صداقها حباء يحابي به الأب على ثلاثة أقوال: فقال أبو حنيفة وأصحابه الشرط لازم والصداق صحيح، وقال الشافعي: المهر فاسد ولها صداق المثل، وقال مالك: إذا كان الشرط عند النكاح فهو لابنته، وإن كان بعد النكاح فهو له.

---

[1] المغني: ابن قدامه 25/7.
[2] سورة القصص: آية 7.
[3] سنن النسائي: النسائي، كتاب البيع، مسند أحمد: أحمد، باقي مسند الأنصار.
[4] المغني: ابن قدامه 25/8.
[5] المغني: ابن قدامه 26/8.

وسبب اختلافهم:

تشبيه النكاح في ذلك بالبيع، فمن شبهه بالوكيل يبيع السلعة ويشترط لنفسه حباء قال: لا يجوز النكاح كما لا يجوز البيع، ومن جعل النكاح في ذلك مخالفاً للبيع قال: يجوز. وأما تفريق الإمام مالك فلأنه اتهمه إذا كان الشرط في عقد النكاح أن يكون ذلك الذي اشترطه نقصاناً من صداق مثلها ولم يتهمه إذا كان بعد انعقاد النكاح والاتفاق على الصداق "[1].

رأي القانون

نص قانون الأحوال الشخصية الأردني[2] على أنه ليس لأحد من الأولياء أن يأخذ من الزوج شيئاً في مقابل تزويجه من مولاته أو تسليمها له، فإن أخذه وجب رده حيث جاء في المادة (62) ما نصه: " لا يجوز لأبوي الزوجة أو أحد أقاربها أن يأخذ من الزوج دراهم أو أي شيء آخر مقابل تزويجها أو تسليمها له، وللزوج استرداد ما أخذ منه عيناً إن كان قائماً أو قيمته إن كان هالكاً ".

ونصت مدونة الأحوال الشخصية المغربية[3] على أنه يمنع أن يأخذ الولي من الخاطب شيئاً مقابل الزواج حيث جاء في الفصل (19) ما نصه: " يمنع أن يأخذ الولي -أب أو غيره- من الخاطب شيئاً لنفسه مقابل تزويجه ابنته أو من له ولاية عليها ".

المسألة الثالثة: إعسار الزوج بالمهر

اتفق الفقهاء[4] على أنه إذا علمت الزوجة بإعسار الزوج بالمهر وقبلت الزواج منه أو رضيت بإعساره قبل الدخول، فلا يحق لها طلب فسخ النكاح، كما لا يحق لأحد من أوليائها المطالبة بفسخ الزواج لإعسار الزوج بالمهر، لأن الضرر لا يتجدد، والحاصل قد رضيت به.

واختلف الفقهاء في حالة إذا لم ترض الزوجة بإعسار الزوج في حالتين:

---

[1] بداية المجتهد: ابن رشد 28/2.
[2] مجموعة التشريعات: الظاهر ص 117.
[3] مدونة الأحوال الشخصية المغربية: ص 11، أحكام السرة: ابن معجوز ص 353، الوثائق العدلية: العراقي ص 126.
[4] بداية المجتهد: ابن رشد 51/2، مغني المحتاج: الشربيني 445/3، المغني: ابن قدامه 81/8.

الحالة الأولى: حالة عدم رضا الزوجة بإعسار الزوج، وطلبها الفسخ قبل الدخول

اختلف الفقهاء في هذه الحالة على النحو التالي:

المذهب الأول: ذهب المالكية والحنابلة والشافعية في قول[1] إلى أن للزوجة حق فسخ النكاح قبل الدخول في حالة إعسار الزوج وعدم رضاها، لأنه تعذر الوصول إلى عوض العقد قبل تسليم المعوض، فكان لها الفسخ كما لو أعسر المشتري بالثمن قبل تسليم المبيع، وقال المالكية يجب عليه نصف المهر بالفسخ قبل الدخول لأنه طلاق، وينظر الزوج قبل الفسخ مدة لا تتضرر الزوجة بطولها.

المذهب الثاني: ذهب الحنفية والشافعية في قول[2] إلى أنه ليس للزوجة حق فسخ العقد قبل الدخول في حالة إعسار الزوج عن دفع المهر ما دام العقد قد تم مع الكفاءة ومهر المثل.

الحالة الثانية: حالة إعسار الزوج عن دفع المهر بعد الدخول

اختلف الفقهاء في هذه الحالة على النحو التالي:

المذهب الأول: ذهب الحنفية والمالكية والشافعية في قول والحنابلة في قول[3] إلى أنه ليس للزوجة حق فسخ العقد بعد الدخول بإعسار الزوج عن دفع المهر، لتلف المعوض وصيرورة العوض ديناً في الذمة.

المذهب الثاني: ذهب الشافعية في قول والحنابلة في قول[4] إلى أن للزوجة حق فسخ العقد بعد الدخول بإعسار الزوج عن دفع المهر، لأن البضع لا يتلف حقيقة بالوطء.

وقال الشافعية والحنابلة[5]: لا يجوز الفسخ حتى يثبت عند القاضي إعسار الزوج فيفسخه أو يأذن لها فيه.

---

[1] بداية المجتهد: ابن رشد 51/2، شرح الخرشي: الخرشي 259/3-260، المغني: ابن قدامه 81/8، مغني المحتاج: الشربيني 444/3.

[2] بداية المجتهد: ابن رشد 51/2، مغني المحتاج: الشربيني 444/3.

[3] بداية المجتهد: ابن رشد 51/2، شرح الخرشي: الخرشي 259/3-260، مغني المحتاج: الشربيني 444/3، المغني: ابن قدامه 81/8.

[4] مغني المحتاج: الشربيني 444/3، المغني: ابن قدامه 81/8.

[5] مغني المحتاج: الشربيني 444/3، المغني: ابن قدامه 81/8.

رأي القانون

فرق قانون الأحوال الشخصية الأردني[1] بين الإعسار بالمهر قبل الدخول والإعسار بعد الدخول حيث جاء في المادة (126) ما نصه: " إذا ثبت قبل الدخول عجز الزوج بإقراره أو البينة عن دفع المهر المعجل كله أو بعضه، فللزوجة أن تطلب من القاضي فسخ الزواج، والقاضي يمهله شهراً، فإذا لم يدفع المهر بعد ذلك يفسخ النكاح بينهما، أما إذا كان الزوج غائباً ولم يعلم له محل إقامة ولا مال يمكن تحصيل المهر منه، فإنه يفسخ بدون إمهال ".

المسألة الرابعة: الزواج في مرض الموت

إذا تزوج الرجل في مرض موته[2] امرأة بمهر يساوي مهر المثل أخذته الزوجة من التركة بعد موته، وإن كان المهر زائداً على مهر المثل أخذت الزيادة حكم الوصية، والوصية تنفذ في الثلث من التركة جبراً عن الورثة، وما زاد عن الثلث ينفذ باختيار الورثة.

وللمالكية في زواج المريض مرض الموت قولان:

الأول: لا يجوز ويفسخ عقد الزواج مطلقاً سواء أذن له الورثة أم لا، احتاج المريض للزواج أم لا، لأن فيه إدخال وارث على الورثة وهو منهي عنه.

الثاني: يجوز إن احتاج المريض للزوجة أذن الورثة أم لا، والأول أشهر وعليه يفسخ عقد النكاح حصل دخول أم لا، وللزوجة الأقل من مهر المثل أو المهر المسمى أو ثلث التركة إن حصل دخول أو مات الزوج، وإن لم يحصل دخول فسخ الزواج ولا شيء للزوجة قبل الدخول أو الموت.

رأي القانون

ذهبت قوانين الأحوال الشخصية إلى القول بأنه إذا توفي الزوج في مرض الموت فللزوجة المهر المسمى إن كان مساوياً لمهر المثل، وإن كان زائداً عن مهر المثل تجري على الزيادة أحكام الوصية، ومن ذلك القانون الأردني[3] حيث نص في المادة (60): " إذا تزوج أحد في مرض موته ينظر فإن كان المهر المسمى مساوياً لمهر المثل تأخذه الزوجة من تركة الزوج، وإن كان زائداً عليه يجري في الزيادة حكم الوصية "

---

[1] مجموعة التشريعات: الظاهر ص 130.

[2] حاشية الخرشي: الخرشي 234/3، حاشية العدوي: العدوي 234/2.

[3] مجموعة التشريعات: الظاهر ص 116.

والقانون السوري[1] في المادة (64) ومشروع القانون الإماراتي[2] في المادة (54) ومشروع القانون الكويتي[3] في المادة (65): إذا تزوج الرجل في مرض موته بأزيد من مهر المثل يجري على الزيادة حكم الوصية ".

الفرع السادس

ضمان المهر

عرفت بأن المهر يجب للزوجة بمجرد عقد الزواج الصحيح، وأن ملك الزوجة للمهر يتم بالقبض، فإن قبضته فلأمر ظاهر، وإن لم تقبضه بقي ديناً لها في ذمة الزوج.

وللزوجة أو وليها أن تطالب الزوج أو وليه بكفيل أو رهن لضمان حقها في المهر، وقد يكون الكفيل ولي الزوجة أو وليها أو أجنبي عنهما، فإن كفل ولي الزوج أو الأجنبي بالمهر فلا بد من موافقة الزوجة أو وليها في المجلس، وإن كفل ولي الزوجة لها بمهرها، فإن كانت صغيرة أو في حكمها قامت عبارته مقام الإيجاب والقبول معاً، فهو موجب بنفسه وقابل بولايته على الصغيرة، وإن لم تكن الزوجة صغيرة أو في حكمها، فلا بد من قبولها.

والكفالة من عقود التبرعات فإن صدرت في حالة صحة الكفيل تعتبر نافذة مهما بلغ مقدارها، سواء أكان الكفيل وارثاً أم غير وارث ويلزم بدفع المهر إن امتنع الزوج عن دفعه وللزوجة الحق في مطالبة الزوج والكفيل بالمهر.

وإن كان الكفيل في مرض الموت أثناء الكفالة فتأخذ حكم الوصية، فإن كان الزوج أو الزوجة من غير الورثة نفذت في مال التركة بحدود الثلث إن توفي الكفيل وامتنع الزوج عن الدفع، أما إن كان أحد الزوجين من الورثة، فإن الوصية لوارث لا تصح إلا بإجازة من الورثة.

وإن كان كفيل الزوج أبوه، وكان الصغير ذا مال، فلها أن تطالب الأب بالمهر، فإن طالبته أداه من مال الصغير لا من مال نفسه لأن للأب الولاية على مال أولاده الصغار، فإن أداه من ماله الخاص، فله الرجوع على ابنه[4].

---

[1] قانون الأحوال الشخصية: وزارة العدل ص 33، قانون الأحوال الشخصية: الكويفي ص 40.

[2] مشروع قانون الأحوال الشخصية الإماراتي:وزارة العدل ص 17.

[3] مشروع قانون الأحوال الشخصية الكويتي.

[4] الهداية: المرغيناني 211/1، رد المحتار: ابن عابدين 141/3، الكافي: 529/2.

أما إذا زوج الأب ابنه الصغير الفقير، فهل يطالب الأب بمقتضى تلك الولاية بالمهر ضمن المهر أم لم يضمنه، اختلف الفقهاء في هذه المسألة على النحو الآتي:

المذهب الأول: ذهب الحنفية والشافعي في الجديد وبعض الحنابلة[1] إلى أن الأب لا يضمن المهر بمقتضى ولاية التزويج، وليس للزوجة أن تطالبه بالمهر إلا إذا كان قد كفله به، فتطالبه حينئذ بحكم الكفالة، وليس له الرجوع إلا إذا أشهد عند الكفالة أنه يكفل لها ليرجع به على ابنه، كما أن لها أن تطالب الزوج بعد البلوغ بالمهر إذا لم يؤده الأب.

المذهب الثاني: ذهب المالكية والحنفية في قول والشافعي في القديم وبعض الحنابلة[2] إلى أن الأب إذا تولى تزويج ابنه الصغير الفقير فإنه يكون ضامناً للمهر بمقتضى تزويجه وإن لم يضمنه صراحة، لأنه لما زوج ابنه مع علمه بوجوب المهر والإعسار كان ذلك رضاً بالتزامه بالمهر، وإذا أدى الأب المهر، فليس له الرجوع على الابن إذا أيسر، لأنه بمنزلة الإنفاق عليه، وليس له أن يرجع عليه في النفقة.

وأما إذا زوج الأب ابنه الكبير المعسر فقد ذهب المالكية وبعض الحنابلة[3] إلى أن الأب يكون ضامناً للمهر بمقتضى تزويجه، وإن لم يضمنه صراحة، وذلك لأن الزوجة وأوليائها قبلوا الفقير زوجاً لأجل أبيه، وتوليه العقد يقتضي عرفاً أن يكون هو المسؤول عن دفع المهر، وقد جرى العرف أن الآباء يدفعون مهور أولادهم، وإذا أدى الأب المهر لم يرجع به على الابن اعتباراً بالنفقة عليه وهو معسر.

وإذا زوج الأب ابنته الصغيرة أو الكبيرة وضمن لها مهرها، صح ضمانه ولها أن تطالب والدها أو زوجها بالمهر، وإذا لم يضمن أحد المهر، فليس لها أن تطالب بالمهر أحداً سوى الزوج[4].

رأي القانون

لم تنص معظم قوانين الأحوال الشخصية العربية على ما يتعلق بضمان المهر، لذلك يعمل بالراجح من المذهب الذي اعتمدته تلك القوانين، ومن ذلك القانون الأردني حيث أخذ

---

[1] البحر الرائق: ابن نجيم 3/187ـ189، الهداية: المرغيناني 1/211، رد المحتار: ابن عابدين 3/141.

[2] رد المحتار: ابن عابدين 3/141ـ142، الكافي: 2/529

[3] الكافي: القرطبي 2/529.

[4] البحر الرائق: ابن نجيم 3/188.

برأي الحنفية في عدم جواز تزويج الصغير، ولم ينص على ضمان المهر بالنسبة للكبير المعسر، فيعمل بالراجح من المذهب الحنفي عملاً بالمادة (183).

أما القوانين التي تطرقت في موادها لضمان المهر فهي:

أولاً: مشروع قانون الأحوال الشخصية الإماراتي: أخذ مشروع قانون الأحوال الشخصية الإماراتي برأي الحنفية والحنابلة في هذه المسألة حيث نص في المادة (58) على ما يلي:

"1. تصح الكفالة بالمهر قبل الدخول وبعده ممن هو أهل للتبرع بشرط قبول الزوجة الكفالة في المجلس ولو دلالة، ومنه عدم الرد.

2. وللزوجة أن تطالب الكفيل أو الأصيل أو هما معاً، ويطالب الكفيل بكل ما يطالب به الأصيل ويرجع الكفيل على الزوج إن كفل بإذنه.

3. والكفالة في مرض موت الكفيل يجري عليها حكم الوصية.

4. لا تنقضي الكفالة المالية بموت المكفول له أو المكفول عنه أو الكفيل ".

والمادة (59): " يصح تعليق الكفالة بالشرط الملائم بأن كان شرطاً في لزوم المكفول به أو مكان استيفائه أو تعذر الاستيفاء ".

ثانياً: مشروع قانون الأحوال الشخصية الكويتي: أخذ مشروع قانون الأحوال الشخصية الكويتي أيضاً برأي الحنفية والحنابلة في هذه المسألة حيث نص في المادة (70) على ما يلي:

" أ. تصح الكفالة بالمهر ممن هو أهل للتبرع بشرط قبولها في المجلس ولو ضمناً.

ب. للزوجة أن تطالب الكفيل أو الأصيل أو هما معاً، وللكفيل أن يرجع على الزوج إن كفل بإذنه.

ج. الكفالة في مرض موت الكفيل في حكم الوصية.

د. لا تنقضي الكفالة المالية بموت المكفول له أو المكفول عنه أو الكفيل ".

والمادة (71): " يصح تعليق الكفالة بالشرط الملائم، ولا تنقضي بموت الكفيل، أو المكفول له، أو المكفول عنه ".

الفرع السابع

الاختلاف في المهر

قد يختلف الزوجان في قضايا المهر، ومن هذه القضايا ما يلي:

القضية الأولى: الاختلاف في القبض

صورة القضية: أن يدعي الزوج أنه سلم زوجته المهر أو قدراً منه، وتنكر الزوجة أنه سلمها شيئاً من المهر، أو أن يدعي الزوج أنه سلم زوجته قدراً من المهر، وتدعي أنه سلمها أقل منه.

تفصيل هذه المسألة على النحو الآتي:

أولاً: إذا كان الخلاف بين الزوجين قبل الدخول، فقد اتفق الفقهاء[1] على أنه أن القول قول الزوجة مع يمينها، وعلى الزوج أن يقيم البينة على صحة دعواه.

ثانياً: إذا كان الخلاف بين الزوجين بعد الدخول فقد اختلف الفقهاء في ذلك على النحو الآتي:

المذهب الأول: ذهب جمهور الفقهاء ـ الشافعي وأحمد والثوري وأبو ثور[2] ـ إلى أن القول قول الزوجة.

المذهب الثاني: ذهب الإمام مالك في المشهور[3] إلى أنه إذا كان الاختلاف في أصل القبض فادعى أنه سلمها معجل الصداق، وأنكرت ذلك، فلا يسمع قولها والقول قول الزوج مع يمينه، لأن العادة جرت بدفع معجل الصداق قبل الدخول وستنكر قولها إن كان عرف أهل البلد أن الزوج لا يدخل حتى يدفع الصداق، فإن كان بلد ليس فيه هذا العرف فالقول قول الزوجة.

وإن كان الاختلاف في مقدار المقبوض بأن ادعى مقداراً معيناً، وادعت أقل منه، فعلى الزوج إقامة البينة، وإلا فالقول قولها بيمينها لأن الظاهر يشهد لها حيث ثبت حقها في المهر بمقتضى العقد.

---

[1] بداية المجتهد: ابن رشد 31/2، الكافي: القرطبي 557/2ـ558.

[2] بداية المجتهد: ابن رشد 31/2، الكافي: القرطبي 557/2ـ558.

[3] بداية المجتهد: ابن رشد 31/2، الكافي: القرطبي 557/2ـ558

القضية الثانية: الاختلاف في أصل التسمية

صورة القضية: أن يختلف الزوجان في تسمية مهر وقت العقد، فيدعي أحدهما تسمية المهر وقت العقد، فالواجب المهر المسمى، ويدعي الآخر عدم تسمية المهر وقت العقد، فالواجب مهر المثل.

اختلف الفقهاء في هذه الحالة على النحو الآتي:

المذهب الأول: ذهب الحنفية[1] إلى القول بأنه يجب مهر المثل، لأنه هو الأصل عندهما، وعنده تعذر القضاء بالمسمى فيصار إليه.

المذهب الثاني: ذهب الشافعية في الصحيح[2] إلى القول بأنهما يتحالفان، فإن حلف أحدهما ونكل الآخر ثبت ما قاله، وإن حلفا وجب مهر المثل.

المذهب الثالث: ذهب الشافعية في قول[3] إلى أنه يصدق الزوج بيمينه لموافقته الأصل ويجب مهر المثل.

المذهب الرابع: ذهب الحنابلة[4] إلى القول بأنه إذا كان الاختلاف في أصل التسمية بعد الدخول، فإن ادعت المرأة مهر المثل أو أقل منه وجب ذلك من غير يمين، لأنها لو صدقته في ذلك لوجب لها مهر المثل فلا فائدة في الاختلاف، وإن ادعت أقل من مهر المثل فهي مقرة بنقصها عما يجب لها بدعوى الزوج، فيجب أن يقبل قولها بغير يمين، وإن ادعت أكثر من مهر المثل لزمته اليمين على نفي ذلك ويجب لها مهر المثل.

أما إن كان الاختلاف قبل الدخول، فقد ذهب الحنابلة إلى أن لها مهر المثل ما لم يطلقها، فإن طلقها، فقد اختلف الحنابلة في ذلك إلى قولين:

القول الأول: القول قول من يدعي مهر المثل منهما بيمينه.

القول الثاني: القول قول الزوج، ولها المتعة.

---

[1] الهداية: المرغيناني 213/2.

[2] مغني المحتاج: الشربيني 242/3، نهاية المحتاج: الرملي 366/6.

[3] حاشية رد المحتار: ابن عابدين 148/3، الهداية: المرغيناني 213/2، مغني المحتاج: الشربيني 242/3، نهاية المحتاج: الرملي 366/6.

[4] المغني: ابن قدامه 45/8.

القضية الثالثة: الاختلاف في مقدار المهر المسمى

صورة القضية: أن يتفق الزوجان على أصل التسمية ويختلفان في مقدار المهر المسمى بأن تدعي الزوجة مهراً ويدعي الزوج مهراً أقل منه.

اختلف الفقهاء في هذه القضية على النحو الآتي:

المذهب الأول: ذهب الحنفية والحنابلة في رواية[1] إلى أن القول قول من يدعي مهر المثل منهما فإن ادعت الزوجة مهر مثلها أو أقل منه فالقول قولها، وإن ادعى مهر المثل أو أكثر منه فالقول قوله، وذلك قياساً على المنكر في سائر الدعاوى، وعلى المودع إذا ادعى التلف أو الرد ولأنه عقد لا ينفسخ بالتحالف، فلا يشرع فيه كالعفو عن دم العمد.

المذهب الثاني: ذهب الحنابلة في رواية وأبو يوسف من الحنفية[2] إلى أن القول قول الزوج بكل حال إلا أن يدعي مستنكراً، وهو أن يدعي مهراً لا يتزوج بمثله في العادة، لأنه منكر للزيادة ومدعى عليه فيدخل تحت عموم قوله عليه الصلاة والسلام " ولكن اليمين على المدعى عليه ".

المذهب الثالث: ذهب المالكية[3] إلى القول بأنه إذا كان الخلاف قبل الدخول تحالفا وفسخ النكاح، وإن حلف أحدهما ونكل الآخر كان القول قول الحالف، وإن نكلا جميعا كان بمنزلة ما إذا حلفا جميعا، وإن كان بعد الدخول فالقول قول الزوج مع يمينه، وذلك كالبيع فإنه يفرق في التحالف بين ما قبل القبض وما بعده، ولأنها إذا أسلمت نفسها بغير إشهاد فقد رضيت بأمانته.

ويجاب عنه بأن النكاح ليس كالبيع، فإن البيع ينفسخ ويرجع كل واحد منهما في ماله، وأما القول بأنها استأمنته لا يصح، فإنها لم تجعله أمينا ولو كان أمينا لها لوجب أن تكون أمينة له حين لم يشهد عليها، على أنه لا يلزم من الاختلاف عدم الإشهاد فقد تكون بينهما بينة فتموت أو تغيب أو تنسى الشهادة.

المذهب الرابع: ذهب الشافعية[4] إلى القول بأنهما يتحالفان، فإن حلف أحدهما ونكل الآخر ثبت ما قاله، وإن حلفا وجب مهر المثل، لأنهما اختلفا في العوض المستحق في العقد ولا بينة

---

[1] حاشية رد المحتار: ابن عابدين 148/3، الهداية: المرغيناني 212/2، مغني المحتاج: الشربيني 242/3، نهاية المحتاج: الرملي 366/6، المغني: ابن قدامه 39/8_40.

[2] المغني: ابن قدامه 40/8.

[3] بداية المجتهد: ابن رشد 30/2، الكافي: القرطبي 557/2، المغني: ابن قدامه 39/8_40.

[4] مغني المحتاج: الشربيني 242/3، نهاية المحتاج: الرملي 366/6، بداية المجتهد: ابن رشد 30/2.

فيتحالفا قياسا على المتبايعين إذا اختلفا في الثمن، أما إذا كان مدعي الزيادة الزوج فلا تحالف لأنه معترف بما يدعيه ويبقى الزائد في يده.

القضية الرابعة: الاختلاف في وصف المقبوض

صورة القضية: أن يختلف الزوجان في المقبوض على حساب المهر، فيقول الزوج من المهر، وتقول الزوجة بل هو هدية وهبة.

ينظر في هذه المسألة إلى كلا الزوجين على أن كلاً منهما مدعياً ومدعىً عليه، والحكم لمن يأتي بالبينة، فمن أقام البينة على دعواه حكم له، لأنه أثبت دعواه بالبينة دون معارض، فإن أقام كل منهما بينة على دعواه كانت بينتها هي الراجحة، لأنها تثبت خلاف الظاهر، والبينات شرعت لإثبات خلاف الظاهر، والظاهر مع الزوج، وليس مع الزوجة، إذ هو يسعى لإسقاط ما في ذمته من المهر.

وإن عجز كل منهما عن إقامة البينة، حكمنا العرف، فمن شهد له العرف، فالقول قوله بيمينه، وحكم له إذا حلف اليمين، وإن نكل عن اليمين حكم للآخر بدعواه، لأن النكول عن اليمين إقرار بدعوى الخصم.

وإذا لم يوجد عرف، أو كان العرف مشتركاً، بأن يسوغ أن يكون ما قدمه إليها مهراً، وأن يكون هدية، فالقول قوله مع يمينه لكونه المعطي، فهو أدرى بما أعطاه إن كان مهراً أو هدية، إلا إذا كان ما قدمه إليها مما يستنكر في العرف أن يكون مهراً كالطعام المهيأ للأكل، فلا يكون القول قوله، بل قولها بيمينها، لأن الظاهر يكذبه، والقول لمن يشهد له الظاهر مع يمينه، ولذلك كان للفقهاء في هذه المسألة الأحكام الآتية:

المذهب الأول: ذهب الحنفية[1] إلى أن القول قول الزوج في غير الطعام المهيأ للأكل إذ القول قولها، لأنه هو المملك، فكان أعرف بجهة التمليك إذ أنه يسعى لإسقاط الواجب إلا في الطعام المهيأ للأكل، فالقول قولها استحساناً لجريان العرف بإهدائها، فكان الظاهر شاهداً لها.

المذهب الثاني: ذهب المالكية[2] إلى القول أنه إن كان مما جرت العادة بهديته كالثوب والخاتم، فالقول قولها، لأن الظاهر معها وإلا فالقول قوله.

---

[1] البحر الرائق: ابن نجيم 197/3، الهداية: المرغيناني 213/2.
[2] المغني: ابن قدامه 44/8.

المذهب الثالث: ذهب الشافعية[1] إلى أن القول قول الزوج بيمينه، وإن لم يكن المعطى من جنس الصداق، لأنه أعرف بكيفية إزالة ملكه.

المذهب الرابع: ذهب الحنابلة[2] إلى أن القول قول الزوج إن كان المدفوع إليها من جنس الواجب عليه، وإلا فعليها رد عوضه وتطالبه بالصداق.

القضية الخامسة: صداق السر وصداق العلن

صورة القضية: أن يتفق الزوجان على مهر في السر وآخر في العلانية، ثم يختلفان في المهر الواجب عل الزوج لزوجته هل هو المهر العلن أم مهر السر.

إذا تفق الزوجان على مهر في السر وآخر في العلانية، وأن مهر العلانية صوري للشهرة والسمعة، فلا عبرة به، ويطالب الزوج بمهر السر، أما إذا اختلفا، وعجز كل من الطرفين عن إثبات دعواه، فقد اختلف الفقهاء في هذه الحالة على النحو التالي:

القول الأول: ذهب الشافعية في المذهب والحنابلة في رأي[3] إلى القول بأن المهر الواجب ما انعقد به النكاح.

القول الثاني: ذهب المالكية والشافعية في قول والحنابلة في رأي ومحمد بن الحسن وأبو يوسف من الحنفية[4] إلى القول بأن المهر الواجب هو ما اتفق عليه الزوجان في السر، لأن العلانية ليس بعقد، ولا يتعلق به وجوب شيء.

القول الثالث: ذهب الحنفية في الراجح الحنابلة في قول[5] إلى أن المهر الواجب هو المهر المعلن، لأنه وجد منه بذل الزائد على مهر السر، فيجب ذلك عليه كما لو زادها على صداقها.

مسألة: ما الحكم إذا مات الزوجان واختلف الورثة في المهر ؟

ذهب الفقهاء[6] إلى أنه إذا مات الزوجان أو أحدهما وحصل الخلاف بين الورثة، أو بين أحد الزوجين وورثة الآخر، قام الورثة مقام الزوجين في ذلك عند إلا أن من يحلف منهم على الإثبات يحلف على البت، ومن يحلف على النفي يحلف على نفي العلم، لأنه يحلف على نفي

---

[1] مغني المحتاج: الشربيني 244/2.

[2] المغني: ابن قدامه43/8

[3] مغني المحتاج: الشربيني 228/3، المغني: ابن قدامه 82/8.

[4] شرح الخرشي: الخرشي 273/3، المغني: ابن قدامه 82/8، حاشية رد المحتار: ابن عابدين 162/3.

[5] حاشية رد المحتار: ابن عابدين 161/3، المغني: ابن قدامه 81/8ـ82.

[6] الهداية: المرغيناني 213/2، مغني المحتاج: الشربيني 242/3، المغني: ابن قدامه 44/8.

فعل الغير، وخالف أبو حنيفة[1] ذلك في صورة واحدة وهي: إذا مات الزوجان وكان الخلاف بين الورثة حيث قال لا يجب مهر المثل ولا يحكم به، لأن مهر المثل تعتبر فيه الصفات والأوقات، ولا يمكن معرفته، فإن كان لأحدهما بينة ثبت مدعاه، وإن كان لكليهما بينة تهاترت البينتان ولم يحكم بشيء.

رأي القانون

أولاً: قانون الأحوال الشخصية الأردني:

أخذ قانون الأحوال الشخصية الأردني[2] برأي الحنفية عند الاختلاف بين الزوجين في أصل التسمية حيث نصت المادة (57) على أنه: " إذا وقع خلاف في تسمية المهر، ولم تثبت التسمية يلزم مهر المثل، ولكن إذا كان الذي ادعى التسمية هي الزوجة، فالمهر يجب ألا يتجاوز المقدار الذي ادعته، أما إذا كان المدعي هو الزوج، فالمهر لا يكون دون المقدار الذي ادعاه ".

أما بالنسبة لمقدار المهر فقد أخذ القانون[3] برأي الإمام أبو يوسف من الحنفية القائل بأن القول قول الزوج بيمينه حيث جاء في المادة (58) ما نصه: " إذا اختلف الزوجان في مقدار المهر المسمى، فالبينة على الزوجة، فإن عجزت كان القول للزوج بيمينه إلا إذا ادعى ما لا يصلح أن يكون مهراً لمثلها عرفاً فيحكم بمهر المثل، وكذلك الحكم عند الاختلاف بين أحد الزوجين وورثة الآخر ".

وأما بالنسبة لصداق السر وصداق العلن فقد أخذ القانون[4] برأي الشافعية في المذهب والحنابلة في رأي القائل بأن المهر الواجب ما جرى عليه العقد ما لم يثبت خلاف ذلك بسند كتابي حيث جاء في المادة (59) ما نصه: " عند اختلاف الزوجين في المهر الذي جرى عليه العقد لا تسمع الدعوى إذا خالفت وثيقة العقد المعتبرة ما لم يكن هناك سند كتابي يتضمن اتفاقهما على مهر آخر غير ما ذكر في الوثيقة ".

ثانياً: قانون الأحوال الشخصية المصري:

أخذ قانون الأحوال الشخصية المصري عند الاختلاف في مقدار المهر برأي الإمام أبو يوسف من الحنفية القائل بأن القول قول الزوج بيمينه حيث ما نصت المادة (19) من القانون

---

[1] الهداية: المرغيناني 213/2.

[2] مجموعة التشريعات: الظاهر ص 55.

[3] مجموعة التشريعات: الظاهر ص 115.

[4] مجموعة التشريعات: الظاهر ص 116.

المصري[1] رقم 25 لسنة 1929م على أنه: " إذا اختلف الزوجان في مقدار المهر، فالبينة على الزوجة، فإن عجزت كان القول للزوج بيمينه إلا إذا ادعى ما لا يصلح أن يكون مهراً لمثلها عرفاً فيحكم بمهر المثل، وكذلك الحكم عند الاختلاف بين أحد الزوجين وورثة الآخر ".

ثالثاً: مشرع قانون الأحوال الشخصية الإماراتي:

لم ينظر القانون الإماراتي إلى الاختلاف بين الزوجين في أصل المسمى ومقداره وكذلك الاختلاف في صداق السر والعلن ما دامت وثيقة الزواج قد اشتملت على ذلك حيث جاء في المادة (57) ما نصه: " إذا اشتملت وثيقة الزواج على ذكر المهر أصلاً أو مقداراً كان المعمول عليه ما دون بها في جميع حالات الاختلاف المشار إليها في المادتين (55) و (56)، وكذلك في حالة الاختلاف في مهر السر والعلانية ".

أما عند الاختلاف في أصل التسمية وعجز المدعي عن الإثبات قضى بالمسمى في حالة النكول وبمهر المثل عند الحلف حيث جاء في المادة (55) " 1. إذا اختلف الزوجان في أصل تسمية المهر بعد وجود ما يؤكده، وعجز المدعي عن الإثبات قضى بالمسمى عند النكول، وبمهر المثل عند الحلف بشرط ألا يزيد على ما ادعته الزوجة، ولا ينقص عملا ادعاه الزوج

2. وكذلك الحكم عند الاختلاف بين أحد الزوجين وورثة الآخر.

3. أما إذا كان الاختلاف بين ورثة الزوجين فيقضى بالمسمى إن ثبتت التسمية وإلا قضى بمهر المثل عند النكول.

4. وإن كان الاختلاف قبل وجود ما يؤكد المهر قضى بنصف المسمى إن ثبتت التسمية، وبالمتعة إن لم تثبت، بشرط ألا تزيد على نصف ما تدعيه الزوجة ولا تنقص عن نصف ما يدعيه الزوج ".

وأما عند الاختلاف في مقدار المهر فقد أخذ القانون[2] برأي الإمام أبي يوسف من الحنفية وقول عند الحنابلة القائل بأن القول قول الزوج بيمينه حيث جاء في المادة (56) ما نصه " أ. إذا اختلف الزوجان في مقدار المهر، فالبينة على الزوجة، فإن عجزت كان القول للزوج بيمينه إلا إذا ادعى ما لا يصلح أن يكون مهراً لمثلها عرفاً فيحكم بمهر المثل.

2. وكذلك الحكم عند الاختلاف بين ورثة أحد الزوجين وورثة الآخر أو بين ورثتهما ".

---

[1] موسوعة النصوص الشرعية: العمروسي ص44.

[2] مشروع القانون الإماراتي: وزارة العدل ص 18.

ربعاً: مشروع قانون الأحوال الشخصية الكويتي:

أما مشروع قانون الأحوال الشخصية الكويتي[1] فقد وافق مشروع القانون الإماراتي في هذه القضايا حيث نص في المادة (67) على أنه:

" أ. لا تسمع عند الإنكار دعوى ما يخالف ما جاء بوثيقة الزواج من أصل المهر أو مقداره.

وإذا خلت الوثيقة من بيان المهر طبقت المادتان (68) و (69) ".

وجاء في المادة (68) ما نصه " أ. إذا اختلف الزوجان في أصل تسمية المهر بعد تأكيده، وعجز المدعي عن الإثبات قضى بالمسمى عند النكول، وبمهر المثل عند الحلف بشرط ألا يزيد على ما ادعته الزوجة، ولا ينقص عملا ادعاه الزوج.

ب. ويسري ذلك عند الاختلاف بين أحد الزوجين وورثة الآخر.

ج. وإذا كان الاختلاف بين ورثة الزوجين قضى بالمسمى إن ثبتت التسمية وإلا فبمهر المثل.

د. وإذا كان الاختلاف قبل تأكيد المهر قضى بنصفه إن ثبتت التسمية، وبالمتعة إن لم تثبت، بشرط ألا تزيد على نصف ما تدعيه الزوجة ولا تنقص عن نصف ما يدعيه الزوج ".

كما جاء في المادة (69) ما نصه: " إذا اختلف الزوجان في مقدار المهر المسمى، فالبينة على الزوجة، فإن عجزت كان القول للزوج بيمينه إلا إذا ادعى ما لا يصلح أن يكون مهراً لمثلها عرفاً فيحكم بمهر المثل، على ألا يزيد على ما ادعته الزوجة، وكذلك الحكم عند الاختلاف بين ورثة أحد الزوجين وورثة الآخر أو بين ورثتهما ".

الفرع الثامن

الجهاز وأثاث البيت

هناك مسائل وقضايا عديدة تتعلق بالجهاز وأثاث البيت نذكر منها:

المسألة الأولى: تعريف الجهاز وأثاث البيت

الجهاز وأثاث البيت: هو كل ما يحضره الزوجان أو أحدهما قبل أو بعد الدخول مما يلزم استعماله في بيت الزوجية.

[1] مشروع القانون الكويتي.

وقد عرف قانون الأحوال الشخصية السوداني[1] الجهاز في المادة (43) حيث جاء فيها ما نصه: " الأمتعة الزوجية هي ما كانت موجودة في محل سكنى الزوجية من أثاث ولباس وحلي وآنية ونحو ذلك بما فيه الدواب ".

وعرف مشروع قانون الأحوال الشخصية الإماراتي[2] الجهاز في الفقرة أ من المادة 60) حيث جاء فيها ما نصه: " الجهاز هو كل ما اتفق عليه الزوجان، أو جرى العرف على إعداده للزوجة وتجهيز بيت الزوجية به، بمناسبة الزواج ولو بعد الزفاف للانتفاع به في حياتهما اليومية ".

المسألة الثانية: هل يجب على المرأة تجهيز نفسها من المهر ؟

هناك رأيان متعارضان في الفقه الإسلامي حول هذه المسألة:

الرأي الأول: رأي الحنفية:

ذهب الحنفية إلى القول بأنه لا يجب على الزوجة أن تجهز نفسها أو بيت الزوجية من مهرها، إذ إن الزوجة تستحق المهر مقابل تمكين الزوج من الاستمتاع بها، ولأن المهر نحلة وعطية بلا عوض، كما أن نفقة المسكن تجب على الزوج وإعداد البيت من المسكن، ويجوز لها أن تزف إلى بيت زوجها بغير جهاز أصلاً، وليس للزوج أن يطالبها بالجهاز أو بشيء منه[3].

الرأي الثاني: رأي المالكية:

ذهب المالكية إلى القول بأن الزوجة ملزمة بتجهيز نفسها من المهر المقبوض جهازاً يناسب مثلها لمثل زوجها، فإن لم تكن قبضت شيئاً من المهر فليس عليها جهاز، إلا إذا كان العرف يوجب عليها جهازاً، أو كان قد شرط ذلك عليها، حيث جرى العرف بأن تعد المرأة

---

[1] قانون الأحوال الشخصية السوداني: ص 17.

[2] مشروع قانون الأحوال الشخصية الإماراتي: ص 16.

[3] الأحوال الشخصية: أبو زهرة ص 263، الأحوال الشخصية: عبد الحميد ص 172، شرح قانون الأحوال الشخصية: الصابوني 349/1، عقد الزواج وأثاره: الصابوني ص 234، الفقه الإسلامي: الجزيري 176/4، نظام الأسرة: عقلة 260/2.

البيت من المهر المقبوض دون زيادة عليه إلا إذا اشترط الزوج ذلك أو جرت به العادة، فالشرط يلزم المتعاقدين[1].

الترجيح

أميل إلى ترجيح مذهب الحنفية القائل بأنه لا يجب على المرأة تجهيز البيت، وذلك لأن إعداد البيت وتجهيزه جزء من المسكن ونفقة المسكن تجب على الزوج، كما أن المال المدفوع للزوجة ملك خالص لها وهو حقها على الزوج في مقابل الاستمتاع بها، كما أنه تكريم لها ولتقوم بتجهيز نفسها منه فلو أنفقته على جهاز للبيت لم يبقى منه شيئاً، ولم يتحقق الهدف منه.

رأي القانون

أخذ قانون الأحوال الشخصية السوداني[2] برأي الحنفية حيث بين أنه لا يجب على المرأة تجهيز البيت، وإن أعدت شيئاً فهو ملك لها حيث جاء في (الفقرة 1 من المادة 44) ما نصه: "الزوج ملزم بإعداد جهاز منزل الزوجية، فإن أعدت الزوجة شيئاً منه، فيكون ملكاً لها".

كما أخذ مشروع قانون الأحوال الشخصية الكويتي[3] برأي الحنفية حيث جاء في المادة (72) ما نصه: " لا تلزم الزوجة بشيء من جهاز منزل الزوجية، فإذا أحضرت شيئاً منه كان ملكاً لها ".

المسألة الثالثة: على من يجب الجهاز إذا قدم الزوج مع المهر مبلغاً من المال لتجهيز البيت ؟

الخلاف السابق في حالة إذا قدم الزوج للزوجة مهراً مطلقاً مجرداً، أما إذا قدم لها مع المهر مبلغاً إضافياً لتقوم بإعداد البيت وتجهيزه فإنها ملزمة بذلك عملاً بالشرط، أو رد المال.

أما إذا زادها في المهر مقداراً من المال ولم يعينه في مقابل تجهيز البيت ففي المسألة رأيان:

أحدهما: لا يجب الجهاز عليها، وذلك لأن الزيادة لحقت بالأصل فصارت جزءاً منه، وأصبح الجميع خالص حقها.

---

[1] الشرح الصغير: الدردير 2/458ـ459، حاشية الصاوي: الصاوي 2/458ـ459، الأحوال الشخصية: أبو زهرة ص 263، الفقه الإسلامي: الجزيري 178/4.

[2] قانون الأحوال الشخصية السوداني: ص 15.

[3] مشروع قانون الأحوال الشخصية الكويتي.

ثانيهما: يجب الجهاز عليها، فإن لم تقم بتجهيز البيت، فيجب مهر المثل لها فقط، وذلك كحالة ما إذا سمى الزوج مهراً وشرط منفعة له، فإن تخلفت المنفعة وجب مهر المثل، ولا يزيد على المسمى[1].

الترجيح

أرى بأنه في هذه الحالة يجب على المرأة أن تقوم بتجهيز البيت من المبلغ الزائد عن مهر المثل، لأن الزيادة وجدت من أجل الجهاز، فإن لم تقم بالتجهيز، وجب لها مهر المثل فقط على أن لا يزيد عن المهر المسمى

المسألة الرابعة: متى تملك الزوجة الجهاز ؟

إذا قامت المرأة بتجهيز البيت أصبح الجهاز ملكاً للزوجة باتفاق الفقهاء، أو اشتراه من له الولاية عنها أو من وكلته بالشراء نيابة عنها.

فإن اشترى الأب الجهاز من مالها فهو ملك لها بمجرد الشراء، وإن اشتراه من ماله وكانت بالغة عاقلة ملكته بالقبض، وإن كانت صغيرة ملكته بمجرد شرائه له باسمها، ومتى تملكت البنت الجهاز لا يجوز لأبيها ولا لأحد غيره أن يسترده كله أو بعضه، لأن البنت ذات قرابة محرمية، والقرابة المحرمية تمنع من الرجوع في الهبة، وقد تمت الهبة بالقبض أو الشراء فيمتنع الرجوع فيها.

يتبين لنا مما سبق أن الأب إذا اشترى الجهاز من ماله الخاص وهو في حالة الصحة ملكته الزوجة بمجرد الشراء إن كانت صغيرة أو القبض إن كانت كبيرة ملكاً نافذاً غير متوقف على إجازة أحد، وإن كان الأب وقت الشراء أو التسليم مريضاً مرض الموت ملكت ابنته الجهاز ملكاً موقوفاً على إجازة الورثة، لأن التبرع في مرض الموت يعتبر وصية، والوصية للوارث لا تنفذ إلا بإجازة باقي الورثة سواء أكان الموصى به أقل من الثلث أو مساوياً له أو أكثر منه.

---

[1] الأحوال الشخصية: أبو زهرة ص 264، شرح قانون الأحوال الشخصية: الصابوني 350/1، عقد الزواج وأثاره: الصابوني ص 235، نظام الأسرة: عقلة 260/2.

وإذا بقي شيء من ثمن الجهاز ديناً، فإن الأب يطالب به في حال حياته إن كان صحيحاً وقت الشراء، ويؤخذ من التركة بعد الوفاة إن كان مريضاً مرض الموت عند الشراء وأجازه الورثة، وليس لأحد أن يرجع على البنت بشيء منه[1].

رأي القانون

أخذ قانون الأحوال الشخصية السوداني[2] بما ذهب إليه الفقهاء في الوقت الذي تمتلك به الزوجة الجهاز حيث جاء في المادة (45) ما نصه: " تتملك البالغة الجهاز، الذي يجهزها به الأب حال صحته، بالقبض فإن جهزها حال مرضه، فلا تمتلكه إلا بإجازة الورثة ".

والمادة (46) ما نصه: " تتملك القاصرة الجهاز، الذي يجهزها به الأب بمجرد شرائه له، ولو لم تقبضه ".

أما قانون الأحوال الشخصية الإماراتي[3] فقد حكم العرف في امتلاك الجهاز حيث جاء في (الفقرة 2 من المادة 60) ما نصه: " والجهاز ملك للزوج أو الزوجة بحسب العرف ما لم يتفق على غير ذلك في العقد ".

وبين أن الزوجة تملك الجهاز على سبيل الهبة بمجرد القبض من الأب، إما من غير فلا بجد من إقامة الدليل على أنه هبة حيث جاء في المادة (61) ما نصه:

" 1. إذا جهز أحد الأبوين ابنته من ماله وسلمها الجهاز ملكته على سبيل الهبة.

2. وإذا جهزها غير الأبوين لا يعتبر هبة إلا إذا قام دليل على قصد التبرع ".

المسألة الخامسة: هل يجب على الزوجة تمكين زوجها من الانتفاع بجهازها ؟

قلنا بأن الجهاز الذي تشتريه المرأة من المهر ملك خالص لها، فهل يحق للزوج الانتفاع به ؟ والجواب على ذلك بأنه لا يحق للزوج أن يجبر زوجته على أن تبيح له استعماله، ولا أن تبيح لضيوفه استعماله، أما إذا أذنت له بأن ينتفع به كان له ذلك، لأن الجهاز من مسؤولياته شرعاً، وحين لم يقم بالتجهيز، ورضي بتجهيزها البيت فقط أسقط حقه، فلا يملك الانتفاع بالجهاز إلا برضاها.

---

[1] الأحوال الشخصية: أبو زهرة ص 265ـ266، الأحوال الشخصية: عبد الحميد ص 173ـ174، شرح قانون الأحوال الشخصية: الصابوني350/1ـ351، عقد الزواج وأثاره: الصابوني ص 235ـ236، نظام الأسرة: عقلة 260/2ـ261.

[2] قانون الأحوال الشخصية السوداني: ص 18.

[3] قانون الأحوال الشخصية الإماراتي ص 19.

ولو اغتصب الزوج شيئاً من الجهاز أو استهلكه كان للزوجة أن تطالبه به أو ببدله من المثل أو القيمة.

وذهب مالك إلى أنه يجوز للزوج أن ينتفع بجهاز زوجته بالصورة التي يسمح بها العرف، ولو لم تأذن الزوجة[1].

رأي القانون

أخذ قانون الأحوال الشخصية السوداني[2] برأي الإمام مالك حيث أجاز للزوج الانتفاع بالجهاز المملوك للزوجة، فإن أتلفه متعمداً ضمن حيث جاء في المادة (44) ما نصه: " 2. يجوز للزوج الانتفاع بالجهاز المملوك للزوجة ما دامت الزوجية قائمة، فإن أتلفه متعمداً، فيضمنه ".

وأخذ مشروع قانون الأحوال الشخصية الإماراتي[3] برأي الإمام مالك حيث جاء في المادة (62) ما نصه: " 1. للزوجين الانتفاع بالجهاز في حاجات الزوجية وفقاً للعرف ما دامت الزوجية قائمة.

2. ويكون الزوج مسؤولاً عن تصرفه في أعيان الجهاز أو استهلاكها دون الهلاك أو التلف بالاستعمال العادي ".

وأضاف القانون في المادة (63) ما نصه: " مع مراعاة أحكام المادة السابقة ـ 62 ـ: تصح الكفالة بتسليم أعيان الجهاز، كما تصح الكفالة بضمان قيمتها، صرح بإضافتها إلى سبب الضمان أو لم يصرح.

---

[1] الأحوال الشخصية: عبد الحميد ص 173، نظام الأسرة: عقلة 261/2.

[2] قانون الأحوال الشخصية السوداني: ص 15.

[3] مشروع قانون الأحوال الشخصية الإماراتي: ص 19.

* نصت المادة (58) على أنه: "1. تصح الكفالة بالمهر قبل الدخول وبعده ممن هو أهل للتبرع بشرط قبول الزوجة الكفالة في المجلس ولو دلالة، ومنه عدم الرد.

2. وللزوجة أن تطالب الكفيل أو الأصيل أو هما معاً، ويطالب الكفيل بكل ما يطالب به الأصيل ويرجع الكفيل على الزوج إن كفل بإذنه.

3. والكفالة في مرض موت الكفيل يجري عليها حكم الوصية.

4. لا تنقضي الكفالة المالية بموت المكفول له أو المكفول عنه أو الكفيل ".

والمادة (59) أنه: " يصح تعليق الكفالة بالشرط الملائم بأن كان شرطاً في لزوم المكفول به أو مكان استيفائه أو تعذر الاستيفاء ".

وتسري أحكام المادتين (58) و (59) على الكفالة في الجهاز* ".

كما أخذ مشروع قانون الأحوال الشخصية الكويتي[1] برأي المالكية حيث جاء في (الفقرة ب من المادة 72): " للزوج أن ينتفع بما تحضره الزوجة من جهاز، ما دامت الزوجية قائمة، ولا يكون مسؤولاً عنه إلا في حالة التعدي ".

المسألة السادسة: الخلاف بين الزوجة وأبيها الذي جهزها من ماله

صورة المسألة: أن يجهز الأب ابنته من ماله، ولم يبين وقت تجهيزها أنه ملكها الجهاز أو أعارها إياه، ثم يختلفان في ملكيته، فيقول الأب أنه أعطاها إياه عارية، وتقول هي إنه هبة، لا يحق له الرجوع فيها.

الحكم في هذه المسألة: إن كل من الأب والبنت مدع، ويترتب على ذلك أنه لو أقام أحدهما بينة على صدق دعواه، وقبلت البينة حكم له بما يدعيه، وإن أقام كل منهما بينة على صدق دعواه، فالبينة التي يحكم بها هي التي لا يشهد لها الظاهر، وإن لم يقم أحدهما بينة على صدق دعواه، فيحكم في هذه الحالة لمن يشهد له العرف بيمينه.

والحكم في هذه المسألة واحد سواء أكان الخلاف بين الأب وابنته، أو بين الأم وابنتها، أو بين الجد وابنة ابنه، وسواء أكان الخلاف بين أحدهما وورثة الآخر، أو بين ورثتيهما[2].

رأي القانون

حكم قانون الأحوال الشخصية السوداني[3] عرف البلد عند الاختلاف بين الأب والبنت في الجهاز هل هو عارية أم هبة ؟ حيث جاء في المادة (47) ما نصه: " إذا جهز الأب ابنته، وسلمها إلى الزوج بجهازها، ثم ادعى هو أو ورثته أن ما سلمه إليها، أو بعضه عارية وادعت هي أو ورثتها أنه تمليك، فينظر إلى عرف البلد، فإن:

" أ. غلب عرف البلد أن الأب يدفع مثل المتاع المتنازع فيه جهازاً، لا عارية، فيكلف الأب أو ورثته البينة، فإن ثبتت الدعوى فيقضى بها، وإلا فالقول قولها بيمينها، أو قول ورثتها باليمين، إن كانت متوفاة.

[1] مشروع قانون الأحوال الشخصية الكويتي.

[2] الأحوال الشخصية: أبو زهرة ص 267، الأحوال الشخصية: عبد الحميد ص 174-175.

[3] قانون الأحوال الشخصية السوداني: ص 18.

ب.كان العرف مشتركاً بين ذلك، أو كان الجهاز أكثر مما يجهز به مثلها، فتكلف هي، أو ورثتها البينة فإن ثبتت الدعوى قضى بها، وإلا فالقول قول الأب، أو ورثته باليمين ".

وجاء في المادة (48) ما نصه: " تأخذ الأم حكم الأب في قضايا الجهاز ".

المسألة السابعة: الخلاف بين الزوج والزوجة حول ملكية الجهاز

صورة المسألة: أن يدعي الزوج أن هذا الجهاز ملكه، وتدعي الزوجة أنه ملكها

الحكم في هذه المسألة: يعد كل من الزوج والزوجة مدع، ويترتب على ذلك أنه لو أقام أحدهما بينة على صدق دعواه، وقبلت البينة حكم له بها مطلقاً.

وأما إذا أقام كل واحد منهما بينة على صدق دعواه، ينظر في هذه الحالة إلى المتاع، فإن كان مما لا يصلح إلا للرجال كالكتب قبلت بينة الزوجة التي لا يشهد لها الظاهر، وإن كان مما لا يصلح إلا للنساء قبلت بينة الزوج التي لا يشهد للها الظاهر، وذلك لأن البينات إنما شرعت لإثبات خلاف الظاهر، وإن كان مما يصلح للطرفين أسقطت البينتان، وحكم للزوج بيمينه، فإن نكل حكم للزوجة.

وإن لم يقم أحد منهما بينة على صدق دعواه نظر إلى المتاع أيضاً: فإن كان مما لا يصلح إلا للرجال كالكتب، فالقول قول الزوج بيمينه، فإن نكل حكم للزوجة، وإن كان مما لا يصلح إلا للنساء كأدوات الخياطة، فالقول قول الزوجة بيمينها، فإن نكلت حكم للزوج، وإن كان مما يصلح للطرفين كالسجاجيد والخزانات والأسرة، **فقد اختلف فقهاء الحنفية فيها على النحو التالي:**

أولاً: ذهب أبو حنيفة ومحمد إلى أن القول قول الزوج مع يمينه، لأن المسكن مسكنه، فهو مالك لكل ما يحتويه، والمرأة حافظة.

ثانياً: ذهب أبو يوسف إلى أن القول قول الزوجة مع يمينها فيما جرت به العادة أن يكون ملكاً للمرأة، فإن نكلت حكم للزوج، وأما القدر الزائد عن العادة فالقول فيه للزوج مع يمينه.

ثالثاً: ذهب زفر إلى أن الجهاز بينهما مناصفة، إن لم يكن بينة لأحدهما، لأنه ما دامت الزوجية قائمة، فيدهما معاً ثابتة على كل ما في البيت، واليد دليل الملكية ظاهراً، فتثبت الملكية لهما ما لم يوجد مرجح لأحدهما من بينة مثبتة، أو ظاهر آخر[1].

---

[1] الأحوال الشخصية: أبو زهرة ص 267ـ268، الأحوال الشخصية: عبد الحميد ص 176ـ178، شرح قانون الأحوال الشخصية: الصابوني 352/1، عقد الزواج وآثاره: الصابوني 236ـ237، نظام الأسرة: عقلة 261/2ـ262.

رأي القانون

أخذ قانون الأحوال الشخصية السوداني[1] بما ذهب إليه الفقهاء في هذه المسألة، وبرأي الإمام زفر من الحنفية في حالة الاختلاف في المتاع الذي يصلح للرجال والنساء، ولا يوجد لأحدهما بينة على صدق دعواه حيث جاء في المادة (50) ما نصه:

" 1. إذا اختلف الزوجان، حال قيام الزوجية أو بعد الفرقة في متاع البيت، فأيهما أقام لأحدهما دون الآخر، وعجزا عن إقامة البينة، فيقضى للزوجة بيمينها بما يصلح للنساء، وللزوج بيمينه بما يصلح للرجال.

2. إذا اختلف الزوجان، حال قيام الزوجية أو بعد الفرقة في متاع البيت، فأيهما أقام البينة تقبل منه، ويقضى له بها، ولو كان المتاع المتنازع فيه مما يصلح للرجال.

3. إذا اختلف الزوجان، أو ورثتهما في المتاع الذي يصلح لأحدهما دون الآخر، وأقاما البينة تقبل منه، فترجح بينة من يثبت خلاف الظاهر.

4. إذا اختلف الزوجان، أو ورثتهما في متاع البيت الذي يصلح لهما، وعجزا عن إقامة البينة، فيقضى بالمتاع المتنازع فيه بالمناصفة بينهما بأيمانهما.

5. إذا اختلف الزوجان، أو ورثتهما في متاع البيت الذي يصلح لهما، وأقاما البينة، فيقضى بالمتاع المتنازع فيه بالمناصفة بينهما.

6. إذا مات أحد الزوجين ووقع النزاع في متاع البيت، بين الحي وورثة الميت، فالذي يصلح للرجل والمرأة معاً، يكون للحي منهما بيمينه، عند إقامتهما البينة، أو عجزهما عن الإثبات.

ونص في المادة (49) على حالة الاختلاف بين الزوجين في المصاغ الذي أحضره الزوج على أنه عارية أو هبة حيث جاء فيها: " إذا اختلف الزوجان في المصاغ الذي أحضره الزوج، فادعى هو العارية، أو إحضاره للزينة، وادعت هي الهبة، فتكلف الزوجة البينة، فإن أقامتها قضي لها، وإلا فالقول قول الزوج بيمينه ".

وأخذ بذلك قانون الأحوال الشخصية التونسي، وقانون الأحوال الشخصية المغربي، حيث جاء في الفصل (26) من مجلة الأحوال الشخصية التونسية[2]، والفصل (39) من مدونة الأحوال

[1] قانون الأحوال الشخصية السوداني: ص 19ـ20.

[2] موسوعة التشريعات العربية: تونس

الشخصية المغربية[1] ما نصه: " إذا اختلف الزوجان في متاع البيت ولا بينة لهما فالقول للـزوج بيمينـه في المعتـاد للرجال، وللزوجة بيمينها في المعتاد للنساء، وإن كان من البضائع التجارية فهو لمن يتعاطى التجارة مـنهما بيمينـه، أمـا في المعتاد للرجال والنساء معاً فيحلف فيه كل منهما ويقتسمانه ".

وجاء في الفصل (27) مـن مجلـة الأحـوال الشخصـية التونسـية[2]، والفصـل (40) مـن مدونـة الأحـوال الشخصـية المغربية[3] ما نصه: " إذا مات أحد الزوجين ووقع النزاع في متاع البيت بـين الحـي وورثـة الميـت كـان حكـم الـوارث حكـم المورث في الفصل المتقدم ".

أما مشروع قانون الأحوال الشخصية الإماراتي[4] فقد أخذ بما ذهب إليه المالكية، حيث جاء في المادة (64) ما نصه:

" 1. إذا اختلف الزوجان في متاع البيت حال الزوجيـة أو بعـد الفرقـة، ولا دليـل لأحـدهما، فـالقول لكـل مـنهما بيمينه فيما يصلح له خاصة، أما ما يصلح لهما، فالقول للزوجة فيما يجهز به مثلها عادة وللزوج فيما عدا ذلك ".

2. وكذلك الحكم إذا كان الاختلاف بين أحد الزوجين وورثة الآخر، أو بين ورثتيهما ".

كما أخذ مشروع قانون الأحوال الشخصية الكويتي[5] بما ذهب إليه المالكية، حيث جاء في المـادة (73) مـا نصـه: " إذا اختلف الزوجان في متاع البيت ولا بينة لهما، فالقول للزوجة مع يمينها فيما يعرف للنساء، وللرجل مع يمينه فـيما عـدا ذلك.

ويسري هذا الحكم عند الاختلاف بين أحد الزوجين وورثة الآخر، أو بين ورثتيهما.

[1] مدونة الأحوال الشخصية المغربية: ص17.

[2] موسوعة التشريعات العربية: تونس

[3] مدونة الأحوال الشخصية المغربية: ص17.

[4] مشروع قانون الأحوال الشخصية الإماراتي: ص 20.

[5] مشروع قانون الأحوال الشخصية الكويتي.

المطلب السادس

النفقة الزوجية

الفرع الأول

تعريف النفقة وحكمها

المسألة الأولى: تعريف النفقة

أولاً: النفقة لغة:

اسم من الإنفاق، وهو بذل المال في وجه من وجوه الخير، وما يفرض للزوجة على زوجها من مال للطعام والكساء والسكنى والحضانة ونحوها، والجمع نفقات ونفاق، وسميت بذلك لأنها مشتقة من النفوق وهو الهلاك يقال نفقت الدراهم أي نفذت، ونفقت الدابة نفوقاً أي ماتت، أو من النفاق وهو الرواج يقال نفقت البضاعة نفاقاً أي راجت ورغب فيها، ونفقت المرأة أي كثر خطابها، وأنفق المال افتقر وذهب ماله[1].

ثانياً: النفقة اصطلاحاً:

عرف الحنفية النفقة بقولهم: " وهي الطعام والكسوة والسكنى "[2].

وعرف المالكية النفقة بقولهم: " ما به قوام معتاد حال الآدمي دون سرف "[3].

وعرف الحنابلة النفقة بقولهم: " هي كفاية من يمونه خبزاً وإداماً وكسوة ومسكناً وتوابعها "[4].

وفي معجم لغة الفقهاء: " ما يجب من المال لتأمين الضروريات للبقاء "[5].

ثالثاً: النفقة عرفاً:

تطلق كلمة النفقة في العرف ويراد بها خصوص الطعام[6]، فيقولون يجب على الزوج لزوجته النفقة والكسوة والسكنى، ويقصد بالنفقة هنا الطعام حيث يعطفون عليها الكسوة والسكنى، والأصل في العطف أن يكون المعطوف غير المعطوف عليه لا نفسه.

---

[1] المعجم الوسيط: إبراهيم مصطفى وآخرون 950،951/2، المصباح المنير: الفيومي 294/2.

[2] حاشية رد المحتار: ابن عابدين 572/3.

[3] حاشية الصاوي: الصاوي 729/2، الخرشي: الخرشي 183/4.

[4] الروض المربع: البهوتي 359/2.

[5] معجم لغة الفقهاء: قلعجي 485.

[6] حاشية رد المحتار: ابن عابدين 572/3.

المسألة الثانية: أقسام النفقة

تقسم النفقة الواجبة على الإنسان إلى قسمين هما: [1]

القسم الأول: نفقة الإنسان على نفسه

وهي واجبة عليه إذا قدر عليها، ويجب أن يقدمها على نفقة غيره، والدليل على ذلك ما روي عن جابر رضي الله عنه أنه قال: ﴿ ابدأ بنفسك فتصدق عليها فإن فضل شيء فلأهلك﴾[2].

القسم الثاني: نفقة الإنسان على غيره: وأسباب وجوبها ثلاثة هي

أولاً: الزوجية: تجب النفقة للزوجة على الزوج بمقتضى عقد الزواج الصحيح لقاء احتباسه لها عن الزواج بغيره وقيامها بواجباتها.

ثانياً: القرابة: تجب نفقة القريب على قريبه بسبب الرحم المحرمية الواصلة بينهما.

ثالثاً: الملك: تجب نفقة العبد على سيده بسبب الملكية.

رابعاً: الالتزام: أضاف المالكية الالتزام على أنه سبب من أسباب وجوب النفقة، وهو ما يلزم به الإنسان نفسه من النفقة، وعلل تركه بأن المراد بيان ما يجب في أصل الشرع[3].

وقد نصت بعض القوانين على أسباب الملكية حيث جاء في الفصل (37) من القانون السوداني[4]، والفصل (116) من القانون المغربي[5]، و (الفقرة ب من المادة 47) من مشروع القانون العربي[6] ما نصه: " أسباب النفقة هي: الزوجية، والقرابة، والالتزام ".

يؤخذ على هذا القانون أنه لم يذكر بقية أسباب النفقة وهي الملك ونفقة الإنسان على نفسه.

---

[1] البحر الرائق: ابن نجيم 188/4، حاشية رد المحتار: ابن عابدين 572/3، حاشية الصاوي: الصاوي 729/2، الشرح الصغير: الدردير 729/2، الإقناع: الشربيني 188/2، كفاية الأخيار 87/2، مغني المحتاج: الشربيني 425/3،

[2] صحيح مسلم: مسلم 90/4.

[3] حاشية الصاوي: الصاوي 729/2، حاشية العدوي: العدوي 183/4.

[4] موسوعة التشريعات العربية: تونس

[5] مدونة الأحوال الشخصية المغربية ص 42.

[6] المجلة العربية: الأمانة العامة ص 22.

المسألة الثالثة: تعريف النفقة الزوجية

أولاً: تعريف النفقة الزوجية شرعاً:

هي اسم للمال الذي يجب للزوجة على زوجها لأجل معيشتها من طعام وشراب وكسوة وخدمة وعلاج[1].

ثانياً: تعريف النفقة الزوجية قانوناً:

1. عرف قانون الأحوال الشخصية الأردني[2] في المادة (66)، وقانون الأحوال الشخصية السوري[3] في (الفقرة أ من المادة 71)، وقانون الأحوال الشخصية العراقي[4] في (الفقرة 2 من المادة 24) النفقة الزوجية بنصه على أن: " نفقة الزوجة تشمل الطعام والكسوة والسكن والتطبيب بالقدر المعروف، وخدمة الزوجة التي يكون لأمثالها خدم ".

2. عرف قانون الأحوال الشخصية السوداني[5] في المادة (65)، ومشروع القانون العربي الموحد[6] في (الفقرة أ من المادة 47)، ومشروع قانون الأحوال الشخصية بدول مجلس التعاون الخليجي[7] في المادة (45) النفقة الزوجية بقوله: " تشمل النفقة الطعام والكسوة والمسكن والتطبيب، وكل ما به مقومات حياة الإنسان، حسب العرف ".

3. عرق قانون الأحوال الشخصية المصري[8] رقم 44 لسنة 1977 في (المادة 1)، ومشروع قانون الأحوال الشخصية الإماراتي[9] في المادة (65) النفقة الزوجية بقوله: " تشمل النفقة الغذاء والكسوة والمسكن ومصاريف العلاج وغير ذلك مما يقضي به العرف ".

---

[1] شرح أحكام الأحوال الشخصية: شقفة 378، شرح قانون الأحوال الشخصية: السباعي 224/1، نظام الأسرة: عقلة 263/2.

[2] مجموعة التشريعات: الظاهر ص 117، القرارات القضائية: عمرو ص 371.

[3] قانون الأحوال الشخصية المعدل: وزارة العدل ص 34، قانون الأحوال الشخصية: الكويفي ص 41.

[4] الأحوال الشخصية: الكبيسي 405/2.

[5] قانون الأحوال الشخصية السوداني لسنة 1991: ص 24.

[6] المجلة العربية: الأمانة العامة ص 22.

[7] جريدة الخليج: ص 11.

[8] أحكام الأسرة: فراج 301/2ـ302.

[9] مشروع قانون الأحوال الشخصية الإماراتي:وزارة العدل ص 20.

4. عرق مشروع قانون الأحوال الشخصية الكويتي[1] في المادة (75) النفقة الزوجية بقوله: " تشمل النفقة الطعام، والكسوة، والسكن، وما يتبع ذلك من تطبيب وخدمة، وغيرهما حسب العرف ".

5. عرفت مدونة الأحوال الشخصية المغربية[2] في الفصل (117) بقولها: " تشمل نفقة الزوجة السكنى والطعام والكسوة والتمريض بالقدر المعروف وما يعتبر من الضروريات في العرف والعادة "

المسألة الرابعة: حكم النفقة الزوجية

اتفق الفقهاء[3] على أن نفقة الزوجة على زوجها واجبة، وقد ثبت وجوبها بالكتاب والسنة والإجماع والقياس.

أولاً: الأدلة من الكتاب:

1. قال الله تعالى: ﴿ وعلى المولود له رزقهن وكسوتهن بالمعروف﴾[4]، والمولود له هو الزوج، فيكون المراد إيجاب النفقة على الزوج لزوجته.

2. قال الله تعالى: ﴿ لينفق ذو سعة من سعته، ومن قدر عليه رزقه فلينفق مما أتاهالله﴾[5]، وقال الله تعالى: تعالى: ﴿ أسكنوهن من سكنتم من وجدكم ﴾[6].

وجه الدلالة: أوجب الله تعالى النفقة والسكنى في هاتين الآيتين للمعتدة من طلاق، فمن باب أولى أن تجب النفقة للزوجة التي لا تزال زوجيتها قائمة.

3. قال الله تعالى لآدم عليه السلام: ﴿ فلا يخرجنكما من الجنة فتشقى ﴾[7].

---

[1] مشروع قانون الأحوال الشخصية الكويتي.

[2] مدونة الأحوال الشخصية المغربية ص 118.

[3] الاختيار: الموصلي 3/4، الهداية: المرغيناني 39/2، بداية المجتهد: ابن رشد 54/2، الخرشي: الخرشي 183/4، الشرح الصغير: الدردير 729/2، الإقناع: الشربيني 189/2، كفاية الأخيار: الحصني 89/2، مغني المحتاج: الشربيني 426/3، الشرح الكبير: المقدسي 229، المغني 229/9، الروضة الندية: القنوجي 109/2 المحلى: ابن حزم 249/9.

[4] سورة البقرة: آية 233.

[5] سورة الطلاق: آية 7.

[6] سورة الطلاق: آية 6.

[7] سورة طه: آية 117.

وجه الدلالة: استنبط بعض الفقهاء من هذه الآية وجوب النفقة على الزوج، حيث قال الله تعالى " فتشقى " ولم يقل فتشقيان، فدل على أن آدم عليه السلام يتعب لتحمله تبعة الإنفاق على نفسه وزوجه وأبنائهما[1].

ثانياً: الأدلة من السنة النبوية

1. عن جابر بن عبد الله أن رسول الله صلى الله عليه وسلم قال في خطبة حجة الوداع: **﴿ اتقوا الله في النساء، فإنكم أخذتموهن بأمان الله، واستحللتم فروجهن بكلمة الله، ولكم عليهن ألا يوطئن فرشكم أحداً تكرهونه فإن فعلن فاضربوهن ضرباً غير مبرح، ولهن عليكم رزقهن وكسوتهن بالمعروف ﴾**[2].

وجه الدلالة: الحديث الشريف صريح الدلالة في وجوب النفقة للزوجة على زوجها بالمعروف.

2. عن عائشة أن هند بنت أبي سفيان قالت يا رسول الله إن أبا سفيان رجل شحيح وليس يعطيني ما يكفيني وولدي إلا ما أخذت منه وهو لا يعلم فقال: **﴿ خذي ما يكفيك وولدك بالمعروف ﴾**[3].

وجه الدلالة: يدل الحديث الشريف على وجوب النفقة للزوجة على زوجها، وأن ذلك مقدر بكفايتها وبالمعروف، فلو لم تكن واجبة على الزوج لم يأذن الرسول عليه السلام لهند بأن تأخذ من مال أبي سفيان دون علمه، حيث ينهى عن الاعتداء على أموال الناس

ثالثاً: الإجماع

انعقد إجماع المسلمين منذ عصر الرسول عليه الصلاة والسلام حتى وقتنا الحاضر على وجوب نفقة الزوجة على زوجها[4].

---

[1] مغني المحتاج: الشربيني 426/3.

[2] صحيح مسلم: مسلم 432/4.

[3] صحيح البخاري: البخاري 117/7، سبل السلام: الصنعاني 225/3.

[4] كفاية الأخيار: الحصني 91/2، بداية المجتهد: ابن رشد 54/2، الشرح الكبير: المقدسي 230/9، المغني: ابن قدامه 230/9.

رابعاً: القياس

إن المرأة محبوسة على الزوج يمنعها من التصرف والاكتساب، فلا بد من أن ينفق عليه لأن من كان محبوساً بحق لغيره كانت نفقته عليه كالقاضي والعامل والعبد سيده[1].

رأي القانون

أخذت قوانين الأحوال الشخصية بما عليه الفقهاء من وجوب نفقة الزوجة على زوجها، ومن ذلك:

1. نص قانون الأحوال الشخصية الأردني[2] في المادة (35) على أنه: " إذا وقع العقد صحيحاً لزم به للزوجة على الزوج المهر والنفقة ...".

والمادة (67) على أنه: " تجب النفقة للزوجة على الزوج مع اختلاف الدين من حين العقد الصحيح ...."

2. نص قانون الأحوال الشخصية السوداني[3] في المادة (51) على أن من: " حقوق الزوجة على زوجها النفقة ".

والمادة (69) على أنه: " تجب نفقة الزوجة على زوجها من حين العقد الصحيح ".

3. نص قانون الأحوال الشخصية السوري[4] في (الفقرة 2 من المادة 71) على أنه: " يلزم الزوج بدفع النفقة إلى زوجته إذا امتنع عن الإنفاق أو ثبت تقصيره ".

و(الفقرة 1 من المادة 72) على أنه: " تجب النفقة للزوجة على الزوج مع اختلاف الدين من حين العقد الصحيح ...."

4. قانون الأحوال الشخصية المغربي[5] حيث نص في الفصل (35) على أن: " من حقوق المرأة على الزوج: 1. النفقة الشرعية من طعام وكسوة وتمريض وإسكان ".

والفصل (115): " نفقة كل إنسان في ماله إلا الزوجة فنفقتها على زوجها ".

5. نص قانون الأحوال الشخصية المصري[6] في المادة (1)، ومشروع قانون الأحوال الشخصية الإماراتي في المادة (66)، (66)، ومشروع قانون الأحوال الشخصية الكويتي[7] في المادة

---

[1] الهداية: المرغيناني 38/2، الشرح الكبير: المقدسي 230/9، المغني: ابن قدامه 230/9.

[2] مجموعة التشريعات: الظاهر ص 110، 117، القرارات القضائية: عمرو ص 365، 371.

[3] قانون الأحوال الشخصية السوداني: ص 20، 25.

[4] قانون الأحوال الشخصية السوري: وزارة العدل ص35، قانون الأحوال الشخصية السوري: الكويفي ص 41.

[5] مدونة الأحوال الشخصية المغربية ص 15،42.

[6] قانون الأحوال الشخصية المصري رقم 44 لسنة 1979، أحكام الأسرة: فراج 301/2ـ302.

[7] مشروع قانون الأحوال الشخصية الكويتي.

(74) حيث نصت على أنه: " تجب النفقة للزوجة على زوجها بالعقد الصحيح، ولو كانت موسرة، أو مختلفة معه في الدين، إذا سلمت نفسها إليه ولو حكماً ".

6. نص قانون الأحوال الشخصية العراقي[1] في المادة (23) على أنه: " تجب النفقة للزوجة على الزوج من حين العقد الصحيح 00000"

7. نص مشروع القانون العربي الموحد[2] في المادة (42)، ومشروع قانون الأحوال الشخصية الخليجي[3] في المادة (38) (38) على أن: " من حقوق الزوجة على زوجها: 1. النفقة ".

و (الفقرة أ من المادة 52) من القانون العربي، والمادة (50) من القانون الخليجي على أنه: " تجب نفقة الزوجة على زوجها من حين العقد الصحيح ".

الفرع الثاني

متى تجب النفقة الزوجية ؟

المسألة الأولى: سبب استحقاق النفقة الزوجية

اختلف الفقهاء في سبب استحقاق النفقة على النحو التالي:

المذهب الأول: ذهب جمهور الفقهاء[4] إلى أن سبب استحقاق النفقة الزوجية هو التمكين التام لا العقد، فلو مكنت زوجها من الاستمتاع بها أو عرضت التمكين عليه فقد وجبت نفقتها، وإن امتنعت من التمكين أو مكنته تمكيناً ناقصاً أو منعها أولياؤها من التمكين، فلا نفقة لها ولو تم العقد بينهما ولم يطلب منها زوجها التمكين ولم تبذله فلا نفقة لها.

المذهب الثاني: ذهب الحنفية[5] إلى أن سبب استحقاق النفقة الزوجية هو العقد الصحيح والاحتباس، فليس سببها العقد الصحيح فحسب كما هو الحال في المهر، بل لا بد مع العقد الصحيح من شرط الاحتباس لمنفعة الزوج طبقاً للقاعدة الشرعية: " كل من حبس لمصلحة

---

[1] الأحوال الشخصية: الكبيسي 405/2.

[2] المجلة العربية: الأمانة العامة ص 21،22.

[3] جريدة الخليج: ص 11.

[4] بداية المجتهد: ابن رشد 54/2، حاشية الخرشي: الخرشي 183/3، حاشية العدوي: العدوي 183/3، كفاية الأخيار: الحصني 8/2، مغني المحتاج: الشربيني /435، الشرح الكبير: المقدسي 230/9، المغني: ابن قدامه 230/9.

[5] الاختيار: الموصلي 3/4، حاشية رد المحتار: ابن عابدين 572/3.

غيره ومنفعته فنفقته واجبة على من كان حبسه لمصلحته ومنفعته ". وبناءً على ذلك أن الزوجة إذا كانت محبوسة لحق زوجها ومنفعته ولو لم تنتقل إلى بيته إذا لم يطلبها للانتقال إليه، فإنها تستحق النفقة بمجرد العقد.

المذهب الثالث: ذهب الظاهرية[1] إلى أن سبب استحقاق النفقة هو عقد الزواج، فيجب للزوجة على زوجها النفقة من حين عقد الزواج دعى إلى البناء أو لم يدع، ناشزاً كانت أو غير ناشز غنية كانت أو فقيرة، ذات أب كانت أو يتيمة، بكراً أو ثيباً، حرة أو أمة.

الترجيح:

نرجح رأي الحنفية القائل بأن الزوجة تستحق النفقة متى وجد العقد والتسليم، سواء سلمت نفسها حقيقة بأن انتقلت إلى بيت الزوجية أو حكماً، بأن يكون لديها الاستعداد، وبأن لا تمتنع عن الانتقال إلا بعذر شرعي، فإن امتنعت عن الانتقال بغير عذر شرعي سقط حقها في النفقة، أما إذا كان امتناعها بعذر كعدم تقديم المهر المعجل فإنها تستحق النفقة.

مما تقدم يتبين لنا أن المفهوم الخاطئ عند أغلبية الناس من أن الزوجة لا تستحق النفقة إلا بعد الزفاف والانتقال إلى بيت الزوجية مفهوم خاطئ، وأنها تستحقها حتى ولو كانت في بيت أبيها ما دام لديها الاستعداد للانتقال، وكان التقصير من جهة الزوج بعدم دعوته لها، أو أنه لم يوف حقوقها الشرعية.

رأي القانون

اختلفت قوانين الأحوال الشخصية في سبب استحقاق النفقة الزوجية على النحو التالي:

أولاً: أخذت بعض قوانين الأحوال الشخصية برأي الحنفية ومنها:

1. قانون الأحوال الشخصية الأردني[2] في المادة (67) وقانون الأحوال الشخصية السوري[3] في (الفقرة 1 من المادة 72) وقانون الأحوال الشخصية العراقي[4] في (الفقرة 1 من المادة 23) على أنه: " تجب النفقة للزوجة على الزوج ولو مع اختلاف الدين من حين العقد الصحيح ولو كانت مقيمة في بيت أهلها إلا إذا طالبها بالنقلة وامتنعت بغير حق شرعي ".

---

[1] المحلى: ابن حزم 249/9.

[2] مجموعة التشريعات: الظاهر ص 117، القرارات القضائية: عمرو 371.

[3] قانون الأحوال الشخصية السوري: وزارة العدل ص 34، قانون الأحوال الشخصية السوري: الكويفي ص41.

[4] الأحوال الشخصية: الكبيسي 405/2.

2. قانون الأحوال الشخصية السوداني[1] في المادة (69) حيث نص على أنه: " تجب نفقة الزوجة على زوجها من حين العقد الصحيح ".

وقد استثنى القانون في المادة (75) حالات نص على أنها لا تستحق النفقة منها: " امتناعها عن الانتقال إلى بيت الزوجية دون عذر شرعي ".

وهذا يشير إلى أن القانون السوداني أخذ برأي الحنفية من أنها تستحق النفقة من حين العقد بشرط الاحتباس لمنفعة الزوج ومصلحته.

ثانياً: وأخذت بعض القوانين برأي الجمهور ومنها:

1. قانون الأحوال الشخصية المصري[2] لسنة 1979 حيث نص في المادة (2) على أنه: "تجب النفقة للزوجة على زوجها من حين العقد الصحيح إذا سلمت نفسها إليه ولو حكماً موسرة كانت أو مختلفة معه في الدين".

2. قانون الأحوال الشخصية المغربي[3] حيث نص في الفصل (117) على أنه تجب نفقة الزوجة بمجرد الدخول بها وكذلك إذا دعته للدخول بعد أن يكون قد عقد عليها عقداً صحيحاً ".

مشروع قانون الأحوال الشخصية الإماراتي[4] حيث نص في المادة (66) ومشروع قانون الأحوال الشخصية الكويتي[5] في المادة (74) على أنه: " تجب النفقة للزوجة على الزوج ولو كانت غنية أو مختلفة معه في الدين إذا سلمت نفسها إليه ولو حكماً ".

3. مشروع قانون مجلس التعاون الخليجي[6] حيث نص في المادة (50) على أنه: " تجب النفقة للزوجة على زوجها زوجها إذا سلمت نفسها إليه ولو حكماً ".

ثانياً: ذهبت بعض القوانين إلى أن النفقة الزوجية تجب للزوجة المدخول بها ومنها:

1. قانون الأحوال الشخصية التونسي[7] حيث جاء في الفصل (38) من مجلة الأحوال الشخصية التونسية ما نصه: " يجب على الزوج أن ينفق على زوجته المدخول بها وعلى مفارقته لها مدة عدتها ".

---

[1] قانون الأحوال الشخصية السوداني: ص 25، 217.

[2] أحكام الأسرة: فراج 301/2ـ302، قانون الأحوال الشخصية المصري رقم 44 لسنة 1979.

[3] مدونة الأحوال الشخصية المغربية: ص 42.

[4] مشروع قانون الأحوال الشخصية الإماراتي: وزارة العدل ص 21.

[5] مشروع قانون الأحوال الشخصية.

[6] جريدة الخليج: ص 11.

[7] موسوعة التشريعات العربية: تونس.

المسألة الثانية: شروط استحقاق النفقة الزوجية

تجب النفقة للزوجة على زوجها إذا توافرت الشروط التالية:

الشرط الأول: العقد الصحيح: يشترط لوجوب النفقة أن يكون بين الزوجين عقد نكاح صحيح ولو مع اختلاف الدين بينهما، فالمرأة المعقود عليها بعقد فاسد، والمرأة المدخول بها بناء على شبهة لا نفقة لهما، لأن النفقة لقاء الاحتباس والتسليم ولا احتباس للزوج على زوجته في العقد الفاسد والدخول بناء على شبهة، بل يجب عليه مفارقتها منعاً للفساد، وإذا لم يفارقها من تلقاء نفسه فرق القاضي بينهما.

أما إذا تم العقد بين الزوجين ثم تبين أن العقد كان فاسداً كأن يتزوج من امرأة ثم يتبين أنها أخته بالرضاعة، فلا نفقة عليه، فإن أنفق عليها بحكم القاضي كان له حق الرجوع بما أنفق عليها، لأنه كان يعطيها النفقة مقابل الاحتباس والتسليم في عقد صحيح ثم تبين فساد العقد، وقد تبين فساد العقد، وليس متبرعاً، لأن القضاء ألزمه بالنفقة وإن كان يعطيها النفقة من تلقاء نفسه، ثم تبين فساد العقد فلا يرجع عليها بما أنفق لأنه متبرع[1].

الشرط الثاني: أن تكون الزوجة صالحة للاستمتاع والمعاشرة الزوجية، وقادرة على القيام بالواجبات المنزلية[2]، لأن هذه أهم مقاصد الزواج، فإن فاتت هذه لم يبق للاحتباس موجب، فيفوت سبب النفقة.

الشرط الثالث: التمكين التام من نفسها: بمعنى أن لا تفوت عليه حق الاحتباس بمبرر غير مشروع، أو بسبب لا يعود إليه، فإن منعت نفسها أو منعها أولياؤها أو تساكتا بعد العقد، فلم تبذل ولم يطلب فلا نفقة لها وإن أقاما زمناً[3].

أما الظاهرية[4] فلم يشترطوا إلا الشرط الأول وهو عقد الزواج، فقد أوجبوا النفقة للزوجة من حين العقد.

---

[1] الهداية: المرغيناني 9/3، كفاية الأخيار: الحصني 89/2، المهذب: الشيرازي 165/2،160،150، المغني: ابن قدامه 229/9ـ230.

[2] الشرح الصغير: الدردير 729/2ـ730، حاشية الصاوي: الصاوي 729/2ـ730، الكافي: القرطبي 559/2، المغني: ابن قدامه 281/9.

[3] الاختيار: الموصلي 3/4، الهداية: المرغيناني 39/2، الشرح الصغير: الدردير 729/2ـ730، حاشية الصاوي: الصاوي 729/2ـ730، الكافي: القرطبي 559/2، مغني المحتاج: الشربيني 435/3، الشرح الكبير: 230/9، المغني: ابن قدامه 282/9،230ـ281.

[4] المحلى: ابن حزم 249/9.

المسألة الثالثة: الحالات التي لا تستحق الزوجة النفقة فيها

بناء على الشروط السالفة الذكر هناك حالات لا تستحق الزوجة فيها النفقة هي:

الحالة الأولى: المنكوحة بعقد فاسد والموطوءة وطء شبهة

لا نفقة للمرأة التي عقد زواجها عقداً فاسداً، والمرأة المدخول بها بناء على شبهة، لأن النفقة مقابل احتباس الزوجة لمنفعة زوجها، وهذه لا احتباس للزوج عليها، لأن الواجب التفريق بينهما لفساد العقد.

وإن أعطاها نفقة ثم ظهر فساد العقد، فإن أعطاها بناء على حكم القاضي رجع بها، لأنه مضطر إلى ذلك لحكم القاضي، ولأن القاضي أعطاها النفقة بناء على أنها مستحقة لها، فإذا ظهر خطأ في حكمه رجع فيما أعطاها، وإن أعطاها من غير حكم قاض، فليس له الرجوع، لأن النفقة صلة فلا يرجع فيها[1].

رأي القانون

أخذت قوانين الأحوال الشخصية برأي الفقه في عدم وجوب النفقة للمنكوحة بعقد زواج فاسد ومن ذلك القانون الأردني[2] في المادة (42) والقانون السوداني في المادتين[3] (63و64)، والقانون التونسي[4] في الفصل (22)، والقانون المغربي[5] في الفصل (37)، ومشروع القانون الإماراتي[6] في المادة (41) ومشروع القانون الكويتي[7] في المادة (50).

وقد أوجب قانون الأحوال الشخصية السوري[8] في (الفقرة 3 من المادة 51)، ومشروع القانون العربي الموحد[9] في (الفقرة د من المادة 94)، ومشروع القانون الموحد الخليجي[10] في

[1] الهداية: المرغيناني 9/3، كفاية الأخيار: الحصني 89/2، المهذب: الشيرازي 165/2،160،150، المغني: ابن قدامه 293/9ـ294.

[2] مجموعة التشريعات: الظاهر ص 42.

[3] قانون الأحوال الشخصية السوداني: ص 23ـ24.

[4] موسوعة التشريعات العربية: تونس.

[5] مدونة الأحوال الشخصية: ص 16.

[6] مشروع قانون الأحوال الشخصية الإماراتي: وزارة العدل ص 14.

[7] مشروع قانون الأحوال الشخصية الكويتي.

[8] قانون الأحوال الشخصية السوري: وزارة العدل ص 30، قانون الأحوال الشخصية السوري: الكوفي ص 36.

[9] المجلة العربية: الأمانة العامة ص 22.

[10] جريدة الخليج: ص 11.

(الفقرة ج من المادة 43) على الزواج الفاسد بعد الدخول النفقة ما دامت المرأة جاهلة فساد العقد.

الحالة الثانية: الزوجة الصغيرة:

تنقسم هذه الحالة إلى ثلاثة أقسام هي[1]:

القسم الأول: صغيرة لا يمكن الانتفاع بها لا في الخدمة ولا في الاستئناس، فلا نفقة لها بإجماع الفقهاء.

القسم الثاني: صغيرة يمكن الدخول بها، فإن لها النفقة كالكبيرة، لأن أحكام الزواج يمكن استيفاؤها منها.

القسم الثالث: صغيرة يمكن الانتفاع بها في الخدمة أو المؤانسة، ولكن لا يمكن الدخول بها فقد اختلف الفقهاء فيها على قولين:

الأول: ذهب جمهور الفقهاء إلى أنه لا نفقة لها، لأن المقصود من العقد لا يمكن استيفاؤه.

الثاني: ذهب الشافعية في قول وأبو يوسف من الحنفية إلى وجوب النفقة لها لإمكان الانتفاع بالخدمة والاستئناس قياساً على الحائض والنفساء والمريضة والرتقاء فإنها لا يستمتع بها ولها النفقة.

أما إذا كانا صغيرين لا يقدران على الجماع، فلا نفقة لها، لأن العجز من قبلها، فصار كالمجبوب والعنين إذا كان تحته صغيرة.

وأما إذا كانت الزوجة كبيرة والزوج صغير، فقد اختلف الفقهاء في وجوب النفقة لها إذا سلمت نفسها على قولين:

القول الأول: ذهب الجمهور ـ الحنفية والحنابلة والشافعية في قول إلى أن لها النفقة في ماله، لأنها سلمت نفسها والاستمتاع بها ممكن، وإنما تعذر من جهة الزوج كما لو تعذر التسليم لمرضه أو غيبته.

---

[1] الاختيار: الموصلي 5/4، حاشية رد المحتار: ابن عابدين 574/3، الهداية: المرغيناني 40/2، بداية المجتهد: ابن رشد 54/2، الشرح الصغير: الدردير 729/2ـ730، حاشية الصاوي: الصاوي 729/2ـ730، الكافي: القرطبي 559/2، الخرشي: الخرشي 183/4، الإقناع: الشربيني 189/2، مغني المحتاج: الشربيني 435/3 438، المغني: ابن قدامه 281/9.

القول الثاني: ذهب المالكية والشافعية في قول آخر إلى أنه لا نفقة لها، لأن الزوج لا يتمكن من الاستمتاع بها، فلم تلزمه نفقتها كما لو كانت غائبة صغيرة[1].

رأي القانون

أخذت قوانين الأحوال الشخصية ومنها -القانون الأردني[2] والقانون التونسي[3] والقانون السوري[4] والقانون المغربي[5] ومشروع القانون العربي[6] ومشروع القانون الإماراتي[7] ومشروع القانتون الخليجي[8]- برأي ابن شبرمة وأبي بكر الأصم في عدم زواج الصغير والصغيرة مطلقاً، لذلك لم تتعرض لحكم نفقة الزوجة الصغيرة.

الحالة الثالثة: الزوجة التي بها عيب يمنع من المعاشرة الزوجية كالرتق والقرن

اختلف الفقهاء في هذه الحالة على مذهبين:

المذهب الأول: ذهب جمهور الفقهاء[9] ـ الحنفية والشافعية والحنابلة ـ إلى أن لها النفقة، لأنه يمكن الاستمتاع بها.

المذهب الثاني: ذهب المالكية[10] إلى أن الزوجة التي بها عيب يمنع من الوصول إليها كالرتق لا نفقة لها إلا إذا كان الزوج عالماً بعيبها واستمتع بها بغير وطء.

رأي القانون

لم تتطرق القوانين لحكم النفقة في هذه الحالة، فيعمل بالراجح من المذهب المعتمد عند هذه القوانين.

---

[1] بداية المجتهد: ابن رشد 54/2، الخرشي: الخرشي 183/4، المهذب: الشيرازي 159/2، المغني: ابن قدامه 283/9ـ284.

[2] أنظر المادة (5) من القانون الأردني

[3] أنظر الفصل (5،6) من مجلة الأحوال الشخصية التونسية.

[4] أنظر المادة (15،16) من القانون السوري.

[5] أنظر الفصل (6،8) من مدونة الأحوال الشخصية المغربية.

[6] أنظر المادة (12) من مشروع القانون العربي الموحد.

[7] أنظر المادة (20) من مشروع القانون الإماراتي.

[8] أنظر المادة (9،10) من مشروع القانون الخليجي.

[9] حاشية رد المحتار: ابن عابدين 574/3، مغني المحتاج: الشربيني 437/3، المغني: ابن قدامه 284/9.

[10] الخرشي: الخرشي 195/3.

الحالة الرابعة: الزوجة المريضة مرضاً يمنع من الوطء:

اختلف الفقهاء في هذه الحالة على النحو التالي:

المذهب الحنفي: ذهب الحنفية[1] إلى أن للزوجة نفقة على زوجها إن مرضت في بيته، لأن الاحتباس بحقها قائم، والانتفاع بها ممكن كحفظ البيت والاستئناس ونحوه. وإذا مرضت في ببيته وانتقلت بإذنه إلى بيت أهلها، فلها النفقة إلا إذا طالبها بالانتقال لبيته، وامتنعت عن الانتقال لغير عذر فلا نفقة لها لنشوزها، أما إن كانت غير قادرة على الانتقال بأية وسيلة، فلها النفقة لأنها سلمت نفسها لزوجها فلا تكون ناشزة إلا إذا امتنعت عن الانتقال لغير عذر.

وأما إذا مرضت الزوجة قبل تسليم نفسها لزوجها، وكانت غير قادرة على الانتقال بأية وسيلة، فلا نفقة لها، لأنها لم تسلم نفسها له، وإن أمكنها الانتقال، فلها النفقة إلا إذا طالبها بالانتقال فامتنعت.

وفي رواية الإمام أبو يوسف[2] أنها إذا سلمت نفسها ثم مرضت تجب النفقة لتحقيق التسليم، ولو مرضت ثم سلمت نفسها لا تجب النفقة، لأن التسليم لم يصح.

المذهب الشافعي: ذهب الشافعية[3] إلى أنها تستحق النفقة ما لم تمتنع عن الانتقال إلى بيت الزوجية.

المذهب المالكي: ذهب المالكية[4] إلى القول بأنه تجب النفقة للزوجة مع المرض الخفيف الذي يمكن معه الاستمتاع، والمرض الشديد الذي لا يمكن معه الاستمتاع، ولم يبلغ صاحبه حد النزاع، أما إذا بلغ المرض حد النزاع، وكان قبل الدخول إذا دعيت للدخول، فلا نفقة لها، أما إذا كان المرض بعد الدخول، فتجب لها النفقة.

وقال سحنون[5] بأن الزوجة المريضة التي لم تبلغ حد النزاع، ولا يمكن منها الاستمتاع، فلا نفقة لها.

---

[1] الاختيار: الموصلي 5/4، حاشية رد المحتار: ابن عابدين 575/3، الهداية: المرغيناني 40/2.

[2] الاختيار: الموصلي 5/4، حاشية رد المحتار: ابن عابدين 575/3، الهداية: المرغيناني 40/2.

[3] مغني المحتاج: الشربيني 438/3.

[4] الشرح الصغير: الدردير 729/2ـ730، حاشية الصاوي: الصاوي 729/2ـ730، الكافي: القرطبي 559/2، الخرشي: الخرشي 183/4

[5] الخرشي: الخرشي 183/4ـ184.

المذهب الحنبلي: ذهب الحنابلة[1] إلى أن المريضة تستحق النفقة سواء أكان مرضها قبل الدخول والانتقال إليه إن بذلت نفسها لإمكانية الاستمتاع بها، أم حصل بعد الدخول والانتقال إلى بيت الزوجية، لأن الاستمتاع ممكن، ولا تفريط من جهتها، وإن منع من الوطء.

رأي القانون

نص قانون الأحوال الشخصية المصري رقم 44 لسنة 1979، ومشروع قانون الأحوال الشخصية الإماراتي على أن مرض الزوجة لا يسقط حق الزوجة في النفقة حيث جاء في المادة (2) من القانون المصري[2] ما نصه: " لا يمنع مرض الزوجة من استحقاقها للنفقة ".

وجاء في المادة (68) من القانون الإماراتي[3] ما نصه: " إذا مرضت الزوجة قبل الزفاف، ولم تمتنع منه أو مرضت بعده، أو زفت إليه وهي مريضة، وقبل الزوج ذلك، أو خرجت من بيته بعد المرض، ولم تستطع العودة استحقت النفقة ".

أما بقية القوانين، فلم تتطرق لنفقة المريضة، فيؤخذ بالراجح من المذهب المعتمد عند هذه القوانين.

الحالة الخامسة: الزوجة الناشز:

المرأة الناشز: لغة: العاصية للزوج المبغضة له.

أما اصطلاحاً: فهي عند الحنفية[4]:

الزوجة الخارجة من بيت زوجها بغير حق، أو الممتنعة عن الانتقال إلى بيت زوجها بغير حق.

وعند الشافعية والمالكية[5]: الخارجة عن طاعة زوجها بمنعه من الجماع أو دواعيه أو الخارجة من بيته من غير إذن لغير عذر.

وعند الحنابلة[6]: معصية الزوجة لزوجها فيما له عليها مما أوجبه له النكاح.

---

[1] المغني: ابن قدامه 285/9.

[2] قانون الأحوال الشخصية المصري رقم 44 لسنة 1979، أحكام الأسرة: فراج 302/2.

[3] مشروع قانون الأحوال الشخصية الإماراتي وزارة العدل ص 66.

[4] رد المحتار: ابن عابدين 574/3.

[5] مغني المحتاج: الشربيني 436/3 ـ437، الشرح الصغير: الدردير 740/2.

[6] المغني: ابن قدامه 295/9.

تسقط نفقة المرأة إذا نشزت في قول عامة أهل العلم[1]، وذهب قوم منهم الظاهرية والحكم وابن القاسم[2] إلى أن لها النفقة، وحجتهم قول **الله تعالى:** ﴿ وعلى المولود له رزقهن وكسوتهن بالمعروف﴾[3].

قال ابن المنذر: لا أعلم أحداً خالف هؤلاء إلا الحكم ولعله يحتج بأن نشوزها لا يسقط المهر وكذلك النفقة[4].

وقد أجيب على ذلك بأن النفقة إنما تجب في مقابلة تمكينها بدليل أنها لا تجب قبل تسليمها إليه فإذا منعته التمكين كان له منعها من النفقة كما قبل الدخول، ويخالف المهر، فإنه يجب بمجرد العقد، ولذلك لو مات أحدهما قبل الدخول وجب المهر دون النفقة[5].

والنشوز قد يوجد قبل الدخول أو بعده:

من صور النشوز قبل الدخول امتناع الزوجة عن الانتقال إلى بيت الزوجية بعد أن طلب الزوج منها ذلك، وكان امتناعها لغير عذر، أو لعذر غير مقبول شرعاً، كامتناعها حتى يطلق ضرتها مع عدم اشتراط ذلك.

أما صور النشوز بعد الدخول منها: خروج الزوجة من بيت زوجها دون إذنه ودون مبرر شرعي، وكذلك إذا سافرت بغير إذن زوجها أو مع غير محرم. ومنعها زوجها من دخول بيتها الذي يقيمان فيه برضاها دون أن تطلب منه الانتقال إلى منزل يعده، وتترك له فرصة لإعداده ونقلها إليه.

ومن صور النشوز منع المرأة نفسها من زوجها من غير حق أو مسوغ شرعي، بل إن فقهاء الشافعية اعتبروا منعها له من لمسها أو تقبيلها أو غير ذلك من مقدمات الجماع نشوزاً مسقطاً للنفقة[6].

---

[1] رد المحتار: ابن عابدين 574/3، مغني المحتاج: الشربيني 436/3 ـ437، الشرح الصغير: الدردير 740/2، المغني: ابن قدامه 295/9،.

[2] المحلى: ابن حزم 249/9، بداية المجتهد: ابن رشد 55/2، الكافي: القرطبي 559/2، المغني: ابن قدامه295/9.

[3] سورة البقرة: آية 233.

[4] المغني: ابن قدامه 295/9.

[5] المغني: ابن قدامه 295/9.

[6] مغني المحتاج: الشربيني 437/3.

إذا عادت الناشز عن نشوزها والزوج حاضر عادت نفقتها لزوال المسقط لها ووجود التمكين المقتضي لها، أما إذا عادت الناشز للطاعة والزوج غائب، فلا تجب النفقة حتى يمضي زمان لو سافر فيه لقدر على الوصول والاستمتاع بها، وذلك بعد أن يكتب إليه الحاكم يخبره بطاعة زوجته[1].

رأي القانون

بحثت قوانين الأحوال الشخصية النشوز في موادها، ومن ذلك:

أولاً: قانون الأحوال الشخصية الأردني[2]:

تناول القانون النشوز بالبيان في المادة (69) منه حيث جاء فيها ما نصه: " إذا نشزت الزوجة فلا نفقة لها، والناشز هي التي تترك منزل الزوجية بلا مسوغ شرعي، أو تمنع الزوج من الدخول إلى بيتها قبل طلبها النقلة إلى بيت آخر، ويعتبر من المسوغات المشروعة لخروجها من السكن إيذاء الزوج لها بالضرب وسوء المعاشرة ".

والمادة (81) على أنه: " ليس للمطلقة في نشوزها نفقة عدة ".

ثانياً: قانون الأحوال الشخصية السوداني[3]:

بين القانون السوداني حالات النشوز حيث جاء في المادة (93) ما نصه: " تعتبر الزوجة ناشزاً في أي من الحالات الآتية وهي:

"أ. امتناعها عن تنفيذ الحكم النهائي بالطاعة

ب. الحالات التي تعد نشوزاً المذكورة في المادة (75) ".

وجاء في المادة (75) ما نصه: " لا نفقة للزوجة في أي من الحالات الآتية وهي:

أ. امتناعها عن الانتقال إلى بيت الزوجية، دون عذر شرعي.

ب. تركها بيت الزوجية دون عذر شرعي.

ج. منعها للزوج من الدخول إلى بيت الزوجية دون عذر شرعي.

د. عملها خارج البيت دون موافقة زوجها، ما لم يكن متعسفاً في منعها من العمل.

---

[1] رد المحتار: ابن عابدين 576/3، الهداية: المرغيناني 40/2، الكافي: القرطبي 559/2، مغني المحتاج: الشربيني 438/3، المغني: ابن قدامه 296/9.

[2] القرارات القضائية: عمرو ص 371، 374، مجموعة التشريعات: الظاهر ص 118، 121.

[3] قانون الأحوال الشخصية السوداني لسنة 1991م: ص 34، 27ـ 28.

هـ امتناعها من السفر مع زوجها، دون عذر شرعي ".

ثالثاً: قانون الأحوال الشخصية السوري[1]:

وضح القانون السوري المقصود بالمرأة الناشز، وبين أنه لا نفقة لها، حيث جاء في المادة (74): " إذا نشزت المرأة، فلا نفقة لها مدة النشوز ".

والمادة (75): " الناشز هي التي تترك دار الزوجية بلا مسوغ شرعي أو تمنع زوجها من الدخول إلى بيتها قبل طلبها النقل إلى بيت آخر ".

وبين القانون أن من صور النشوز قبل الدخول امتناعها عن النقلة إلى بيت الزوجية بغير حق حيث جاء في المادة (72): " 1. تجب النفقة للزوجة على زوجها ... ولو كانت مقيمة في بيت أهلها إلا إذا طالبها بالنقلة وامتنعت بغير حق.

2. يعتبر امتناعها بحق ما دام الزوج لم يدفع لها معجل المهر أو لم يهيئ المسكن الشرعي ".

رابعاً: قانون الأحوال الشخصية المصري[2]:

اقتصر القانون على ذكر صورة واحدة من صور النشوز التي لا تستحق فيها الزوجة النفقة في المادة (2) وهي: امتناع الزوجة عن تسليم نفسها مختارة دون وجه حق.

ولم يعتبر خروج الزوجة من مسكن الزوجية ـ دون إذن الزوج ـ في الأحوال التي يباح فيها ذلك بحكم الشرع، أو يجري بها العرف أو عند الضرورة سبباً مسقطاً للنفقة.

خامساً: مشروع قانون الأحوال الشخصية الإماراتي ومشروع قانون الأحوال الشخصية الكويتي[3]:

ذكر القانونان بعض صور النشوز التي لا تستحق فيها الزوجة النفقة حيث جاء في المادة (84) من القانون الإماراتي، والمادة (87) من القانون الكويتي:

" 1. إذا امتنعت الزوجة عن الانتقال إلى بيت الزوجية بغير حق أو منعته من الدخول عليها في منزلها الذي يسكنان فيه، ولم يكن قد أبى نقلها منه سقط حقها في النفقة مدة

---

[1] قانون الأحوال الشخصية السوري: وزارة العدل ص 34، قانون الأحوال الشخصية السوري: الكويفي ص 42.

[2] قانون الأحوال الشخصية المصري رقم 44 لسنة 1979م، أحكام الأسرة: ابن معجوز: 302/2.

[3] مشروع قانون الأحوال الشخصية الإماراتي: وزارة العدل ص 26، مشروع قانون الأحوال الشخصية الكويتي.

الامتناع الثابت قضاءً -وأضاف القانون الإماراتي قوله: سواء أكان محكوماً عليها بالمتابعة أم لا-. أما القانون الكويتي فقد نص عل أنه لا يثبت نشوز الزوجة إلا بامتناعها عن تنفيذ الحكم النهائي بالطاعة.

2. يعتبر امتناع الزوجة بحق إذا لم يدفع الزوج معجل المهر أو لم يهيئ لها المسكن الشرعي الذي تأمن فيه على نفسها ومالها، أو لم يكن أميناً عليها في ذلك.

3. وكذلك إذا خرجت من بيت الزوجية المحكوم عليها بالمتابعة فيه بسبب امتناعه عن الإنفاق عليها، ولم تستطع تنفيذ حكم نفقتها لعدم وجود مال ظاهر له ".

وجاء في المادة (85) من القانون الإماراتي: " يعتبر امتناع الزوجة عن تنفيذ الحكم بالمتابعة بدون حق مضارة للزوج تجيز طلب التفريق، كما يترتب عليه سقوط حقها في النفقة مدة هذا الامتناع ".

سادساً: مشروع القانون الأحوال الشخصية العربي الموحد ومشروع قانون الأحوال الشخصية الموحد بدول مجلس التعاون الخليجي[1]:

بين القانونان بعض صور النشوز التي لا تستحق فيها الزوجة النفقة حيث جاء في المادة (57) من القانون العربي، والمادة (54 من القانون الخليجي ما نصه: " لا نفقة للزوجة في الأحوال التالية:

1. إذا تركت بيت الزوجية دون مبرر شرعي.
2. إذا منعت الزوج من الدخول إلى بيت الزوجية من دون مبرر شرعي.
3. إذا امتنعت من السفر مع زوجها من دون عذر شرعي.
4. أضاف القانون الخليجي قوله: إذا منعت نفسها من الزوج أو امتنعت عن الانتقال إلى بيت الزوجية دون عذر شرعي ". كما أضاف القانون العربي الموحد قوله: إذا عملت خارج البيت دونه موافقة زوجها ما لم يكن متعسفاً في منعها من العمل ".

سابعاً: قانون الأحوال الشخصية المغربي[2]:

أخذ القانون المغربي برأي الظاهرية ومن معهم بأن المرأة الناشز تستحق النفقة، حيث بين أن نشوز المرأة الحامل وغير الحامل لا يسقط نفقتها، إلا أنه يجوز للحاكم أن يسقط نفقة

[1] المجلة العربية: الأمانة العامة ص 23، جريدة الخليج: ص 11.
[2] مدونة الأحوال الشخصية المغربية: ص 42.

الناشز غير الحامل إذا امتنعت بعد الحكم عليها عن الرجوع إلى بيت الزوجية. فالاستئناف لا يؤثر في إيقاف النفقة ما لم يقض بإلغاء الحكم، كما نص عليه الفصل (123) حيث جاء فيه:

"1. نشوز الحامل لا يسقط نفقتها.

2. نشوز غير الحامل لا يسقط نفقتها غير أن للقاضي إيقاف نفقتها إذا حكم عليها بالرجوع لبيت الزوجية أو الفراش أو امتنعت.

ولا يؤثر الاستئناف في إيقاف النفقة ما لم يقض بإلغاء الحكم ".

يتضح مما سبق أن نشوز الزوجة الحامل لا يسقط نفقتها، وأن نشوز الزوجة غير الحامل لا ينتج عنه سقوط نفقتها، وإنما يجب على الزوج إن أراد إيقاف نفقة زوجته الناشز أن يطلب أولا من القاضي إرجاع الزوجة إلى بيت الزوجية، وفي حالة عدم امتثالها يجب عليه ثانياً أن يلتمس من القاضي الحكم له ـ من خلال دعوى ثانية ـ بإيقاف نفقة زوجته الناشز.

وقد نص القانون المغربي على حالة واحدة يسقط فيها حق النفقة للزوجة الناشز، وهي نفقة المرأة المطلقة رجعيا من وقت خروجها من بيت عدتها من غير عذر ولا رضى الزوج، حيث جاء في الفصل (122): " تسقط نفقة الزوجة: بخروج المطلقة رجعياً من بيت عدتها بدون عذر ولا رضى زوجها ".

الحالة السادسة: الزوجة المحبوسة في الدين

اختلف الفقهاء في حكم النفقة للزوجة المحبوسة فقد ذهب الحنفية[1] إلى أنه إذا حبست الزوجة ولو ظلماً، فلا نفقة لها، لأن النفقة مقابل الاحتباس، وقد فات الاحتباس المقصود من النكاح بسبب من غير جهة الزوج.

وذهب المالكية وأبو يوسف من الحنفية[2] إلى أن للزوجة المحبوسة النفقة، ولو حبست بحق عليها لأن المانع ليس من جهتها.

أما إذا حبس الزوج بدين أو حق بقي حق الزوج في النفقة، لأن المانع ليس من جهتها[3].

---

[1] رد المحتار: ابن عابدين 578/3، الهداية: المرغيناني 40/2، نظام الأسرة: عقلة 273/2.

[2] الخرشي: الخرشي 195/4، جواهر الإكليل: 404/1.

[3] رد المحتار: ابن عابدين 578/3، الخرشي: الخرشي 195/4، جواهر الإكليل: 404/1.

الحالة السابعة: الزوجة المغصوبة

اختلف الفقهاء في حكم النفقة للزوجة المغصوبة، فقد ذهب الحنفية[1] إلى أنه إذا خطفت الزوجة، فلا نفقة لها، لأن النفقة مقابل الاحتباس، وقد فات الاحتباس المقصود من النكاح بسبب من غير جهة الزوج.

وذهب المالكية وأبو يوسف من الحنفية[2] إلى أن للزوجة المغصوبة النفقة، لأنها مكرهة مضطرة ولا يد لها في الغصب، ويستثنى من ذلك ما إذا كانت الزوجة راضية بالغصب، فلا نفقة لها.

رأي القانون

بين قانون الأحوال الشخصية العراقي[3] أنه لا نفقة للزوجة المحبوسة في جريمة أو دين حيث جاء في المادة (25) ما نصه: " لا نفقة للزوجة في الأحوال الآتية: ومنها: إذا حبست عن جريمة أو دين ".

و يفهم من قانون الأحوال الشخصية المصري رقم 44لسنة 1979م أنه لا نفقة للزوجة المحبوسة في دين وكذلك الزوجة المغصوبة، وإن اضطرت إلى منع تسليم نفسها، ولها النفقة إذا كان المنع بسبب من جهة الزوج حيث جاء في المادة (2) من القانون ما نصه: " لا تجب النفقة للزوجة إذا اضطرت إلى ذلك ـ أي عدم تسليم نفسها ـ بسبب ليس من قبل الزوج ".

أما بقية القوانين، فلم تنص على حكم نفقة الزوجة المغصوبة والزوجة المحبوسة، فيعمل بالراجح من المذهب المعتمد في كل من هذه القوانين.

الحالة الثامنة: الزوجة المسافرة

إذا سافرت المرأة لوحدها أو مع غير محرم، فهي عاصية سواء كان سفرها قبل الانتقال إلى بيت الزوجية أو بعده بإذن الزوج أو دون إذنه، وإن أذن لها الزوج فهو آثم، ولا نفقة لها.

وإذا سافرت مع محرم قبل الانتقال إلى بيت الزوجية سواء كان سفرها لأمر ديني كالحج أو دنيوي كالتجارة، فلا نفقة لها باتفاق الفقهاء، لأنها فوتت حقه في التسليم بامتناعها منه بعد وجوبه.

---

[1] رد المحتار: ابن عابدين 578/3، الهداية: المرغيناني 40/2، نظام الأسرة: عقلة 273/2.

[2] الخرشي: الخرشي 195/4، جواهر الإكليل: 404/1.

[3] الأحوال الشخصية: الكبيسي 405/2.

أما إذا سافرت بعد الانتقال إلى بيت الزوجية مع محرم لها، فإن كان سفرها بغير إذن الزوج سقطت نفقتها، لأنها ناشز سواء أكان حاضراً أم غائباً، وكذلك إذا انتقلت من منزله بغير إذنه.

وإن كان سفرها بإذن الزوج لقضاء حاجته، فلها النفقة باتفاق الفقهاء، لأنها سافرت لفرضه فلا موجب لسقوط نفقتها.

وأما إن كان سفرها بإذنه لحاجتها، ففي المسألة عند الشافعية والحنابلة قولان:

الأول: لها النفقة لأنها مسافرة بإذنه، فأشبه ما لو سافرت لحاجته.

الثاني: لا نفقة لها لأنها فوتت حق التمكين، وسواء في ذلك سفر التجارة وزيارة الأقارب.

وأما إذا سافرت مع زوجها وجبت نفقتها، لأنها ما خرجت عن قبضته ولا طاعته[1].

مسألة: ما حكم النفقة إذا سافرت الزوجة لأداء فريضة الحج ؟

قد يكون سفر الزوجة مع غير الزوج، وقد يكون سفرها مع زوجها، وقد بينا بأن سفر المرأة وحدها أو مع غير محرم معصية، ولا نفقة لها أما إذا سافرت مع محرم فقد اختلف الفقهاء في ذلك على النحو التالي:

المذهب الأول: ذهب الحنفية والشافعية إلى أنه إذا سافرت الزوجة لأداء فريضة الحج مع غيره فلا نفقة لها، لأنها فوتت حق الاحتباس بسبب من جهتها، وذلك بخروجها من بيت الزوجية. وللشافعية رأيان إن سافرت بإذن الزوج، كما لو سافرت بإذنه لحاجتها.

المذهب الثاني: ذهب المالكية والحنابلة وأبو يوسف من الحنفية إلى أن لها النفقة، لأن سفرها لضرورة دينية، فلا تسقط نفقتها، ولأن التسليم قد حصل بالانتقال إلى بيت الزوجية، ثم فات بعارض أداء الفرض، فلا تبطل نفقتها، كما لو صامت رمضان. وإن سافرت مع زوجها، فلها النفقة باتفاق الفقهاء.

---

[1] الاختيار: الموصلي 5/4، جواهر الإكليل: الزهري 404/1، كفاية الأخيار: الحصني 91/2، مغني المحتاج: الشربيني 437/3، المغني: ابن قدامه 286/9، الأحوال الشخصية: عبد الحميد ص 189، الفقه على المذاهب الربعة: الجز يري 565/4ـ571، نظام الأسرة: عقلة 274/2ـ275.

وإن سافرت لحج نافلة بغير إذنه، فلا نفقة لها، وإن سافرت بإذنه، فلها النفقة عند المالكية، وفي وجوب نفقتها قولان عند الشافعية والحنابلة، وإن منعت نفسها بصوم رمضان أو قضائه، لم تسقط نفقتها، لأن ما وجب بالشرع لا حق للزوج في زمانه[1].

مسألة: ما حكم نفقة الزوجة إذا سافر الزوج ؟

إذا كان الزوج هو الذي سافر فللزوجة النفقة بغض النظر عن سبب سفره أو ملابساته، ولها أن تطالبه عند قصد السفر بنفقة المستقبل إلى عودته ليدفعها لها معجلة، أو يقيم لها كفيلاً على حسب ما كان الزوج يدفع لها.

رأي القانون

لم تتعرض معظم القوانين لحكم نفقة المرأة المسافرة، بينما تعرضت بعضها لبعض مسائل سفر المرأة، فما لم يرد به نص يعمل بالراجح من المذهب المعتمد، ويؤخذ بالنص فيما ورد به نص، ومن القوانين التي تعرضت لبعض المسائل: مشروع قانون الأحوال الشخصية الإماراتي، ومشروع قانون الأحوال الشخصية الكويتي[2] حيت تعرضتا لمسألة سفر المرأة مع محرم لأداء فريضة الحج حيث أوجبا لها نفقة الحضر مدة السفر، ولو لم يأذن الزوج، فقد جاء في المادة (89) من القانون الإماراتي، والمادة (91) من القانون الكويتي: " للزوجة أن تسافر مع محرم لأداء فريضة الحج، ولو بدون إذن زوجها، وتستمر لها نفقة الحضر مدة السفر ".

الحالة التاسعة: الزوجة المحترفة

المحترفة: هي التي تعمل لقاء أجر كالمعلمة والممرضة والقابلة والخياطة وغيرها.

للزوج الحق في منع زوجته من العمل، فإذا خرجت للعمل دون إذنه فليس لها نفقة، لأن خروجها للعمل يجعل تسليم نفسها ناقصاً، لعدم التسليم فترة العمل، وإن أذن لها بالعمل، فله حق الرجوع عن الإذن متى شاء -بشرط أن لا يكون متعسفاً في استعمال هذا الحق وإلا كان آثماً-

---

[1] رد المحتار: ابن عابدين 579/3، الهداية: المرغيناني 40/2، الخرشي: الخرشي 195/4، كفاية الأخيار: الحصني 91/2، مغني المحتاج: الشربيني 437/3-439، المهذب: الشيرازي 16/2، المغني: ابن قدامه 286/9، الأحوال الشخصية: عبد الحميد ص 189، الفقه على المذاهب الربعة: الجزيري 565/4-571، نظام الأسرة: عقلة 274/2-275.

[2] مشروع قانون الأحوال الشخصية الإماراتي: وزارة العدل ص 27، مشروع قانون الأحوال الشخصية الكويتي.

لأن تنازله عن حقه بعض الوقت لا يسقط حقه بالكلية، وإن امتنعت كانت ناشزاً وسقط حقها في النفقة.

رأي القانون

ذهبت قوانين الأحوال الشخصية إلى القول بأنه لا نفقة للزوجة التي تعمل خارج البيت بدون موافقة الزوج، حيث نصت المادة (68) من القانون الأردني[1] على أنه: " تستحق الزوجة التي تعمل خارج البيت نفقة بشرطين:

أ. أن يكون العمل مشروعاً.

ب. موافقة الزوج على العمل صراحة أو دلالة، ولا يجوز له الرجوع عن موافقته إلا لسبب مشروع، ودون أن يلحق بها ضرراً ".

ونص القانون السوداني[2] في (الفقرة د من المادة 75) ومشروع القانون العربي الموحد[3] في (الفقرة 3 من المادة 57) على أنه: " لا نفقة للزوجة في أي من الحالات الآتية: ومنها: عملها خارج البيت دون موافقة زوجها ما لم يكن متعسفاً في منعها من العمل ".

ونص القانون السوري[4] في المادة (73) على أنه: " يسقط حق الزوجة في النفقة إذا عملت خارج البيت دون إذن زوجها ".

أما القانون المصري رقم 44 لسنة 1979، فقد نص على أنها تستحق النفقة إذا خرجت للعمل بشروط هي:

1. أن تشترط على زوجها العمل.

2.أن يكون العمل مشروعاً.

3.أن لا تتعسف أو تسيء استعمالها لهذا الحق.

4.أن لا يكون العمل منافياً لمصلحة الأسرة.

5.أن لا يطلب منها الزوج الامتناع عن هذا العمل.

---

[1] قانون الأحوال الشخصية المعدل رقم (82) لسنة2001، المنشور في الجريدة الرسمية.

[2] قانون الأحوال الشخصية السوداني لسنة 1991: ص 27.

[3] المجلة العربية: الأمانة العامة ص 23.

[4] قانون الأحوال الشخصية السوري المعدل: وزارة العدل ص 34.

فإذا تحققت هذه الشروط وجبت النفقة لها، أما إذا اختل شرط من هذه الشروط فلا نفقة لها حيث جاء في المادة (2) ما نصه: " ولا يعتبر سببا لسقوط نفقة الزوجة .... ولا خروجها للعمل المشروع ما لم يظهر أن استعمالها لهذا الحق المشروط مشوب بإساءة الحق أو مناف لمصلحة الأسرة، وطلب منها الزوج الامتناع عنه ".

كما نص مشروع القانون الكويتي[1] على أن الزوجة العاملة تستحق النفقة، ولا يعتبر عملها نشوزاً إلا إذا طرأت أسباب تجعل عملها منافياً لمصلحة الأسرة حيث جاء في المادة(89) ما نصه: " لا يكون نشوزاً خروج الزوجة لما هو مشروع، أو لعمل مباح، ما لم يكن منافياً لمصلحة الأسرة ".

الحالة العاشرة: الانتقال بالزوجة

الأصل في الزوجة أن تقيم مع زوجها حيث أقام، فإذا أراد أن ينقلها إلى مكان آخر، لزمها أن تنتقل معه، لأنه أدرى بمواطن رزقه ومنافعه، وميسور حياته، وهي مكلفة بأن تسكن معه في المسكن الشرعي حيث يكون، ولكن ضمن الشروط التالية:

1. أن لا تكون قد اشترطت عليه عدم الانتقال.
2. أن يكون الانتقال لقصد مقبول كالتجارة أو العمل.
3. أن لا يعرضها السفر للضرر في جسمها أو راحتها، أو يعرضها للأخطار.
4. أن يكون الزوج مأموناً عليها، وأن لا يكون نقله لها بقصد الإضرار بها.
5. أن يكون قد أوفاها معجل صداقها.

فإذا امتنعت المرأة عن الانتقال مع تحقق هذه الشروط، فهي ناشز لا نفقة لها، أما إن تخلف شيئاً منها، فلا يكون امتناعها عن الانتقال نشوزاً يسقط حقها في النفقة[2].

رأي القانون

نصت بعض قوانين الأحوال الشخصية على أن امتناع الزوجة عن الانتقال مع زوجها دون عذر شرعي مسقط للنفقة ومنة ذلك القانون السوداني[3] في المادة (75)، والقانون العراقي[4]

---

[1] مشروع قانون الأحوال الشخصية الكويتي.

[2] الأحوال الشخصية: عبد الحميد ص 191، نظام الأسرة: عقلة 274/2.

[3] قانون الأحوال الشخصية السوداني لسنة 1991م ص 27ـ 28.

[4] الأحوال الشخصية: الكبيسي 405/2.

في المادة (25)، ومشروع القانون العربي[1] في المـادة (57)، ومشروع القـانون الخليجـي[2] في المـادة (54): " لا نفقـة للزوجة في أي من الحالات الآتية وذكرت منها: امتناعها عن السفر مع زوجها، دون عذر شرعي ".

وقد نص قانون الأحوال الشخصية الأردني[3] في المادة (37) على أنه يجب على الزوجة أن تسافر مع زوجها إذا تحققت مجموعة من الشروط، فإن امتنعت سقط حقها في النفقة حيث جاء فيها: " على الزوجة بعد قبضها مهرها المعجل الانتقال مع الزوج إلى أي جهة أرادها ولو خارج المملكة بشرط أن يكون مأموناً عليها، وأن لا يكون في وثيقة العقد شرط يقتضي غير ذلك، وإذا امتنعت عن الطاعة يسقط حقها في النفقة ".

وهناك بعض القوانين ألزمت الزوجة بالسفر دون أن تتطرق لموضوع النفقة، ومن هذه القوانين: القانون السوري[4] في المادة (69)، فقد ألزم الزوجة بالسفر مع زوجها، إلا إذا اشترطت البقاء في بلد أهلها، ورضي بهذا الشرط، أو تقدمت بأعذار تمنعها من السفر، واقتنع القاضي بها،، وإلا اعتبرت ناشزاً، حيث جاء فيها ما نصه: " تجبر الزوجة على السفر مع زوجها إلا إذا اشترط في العقد غير ذلك أو وجد القاضي مانعاً من السفر ".

وألزم مشروع القانون الإماراتي[5] الزوجة أن تسافر مع زوجها، إلا إذا اشترطت غير ذلك، أو قصد المضارة بها وكيده، أو وجدت المحكمة سبباً مقنعاً لعدم السفر، حيث جاء في المادة (88) ما نصه: " على الزوجة أن تنتقل مع زوجها إلا إذا اشترطت في العقد غير ذلك، أو قصد بطلب النقلة المضارة، أو وجدت المحكمة مانعاً من السفر ".

أما مشروع القانون الكويتي[6] فقد ألزم الزوجة بالسفر مع زوجها، إلا إذا رأت المحكمة أن المصلحة في عدم انتقالها حيث جاء في المادة (90) ما نصه: " للزوجة أن تسافر مع زوجها إلا إذا رأت المحكمة أن المصلحة في عدم انتقالها ".

---

[1] المجلة العربية: الأمانة العامة ص 23.

[2] جريدة الخليج: ص 11.

[3] مجموعة التشريعات: الظاهر ص 110.

[4] قانون الأحوال الشخصية السوري: وزارة العدل ص 33، قانون الأحوال الشخصية السوري: الكويفي ص41.

[5] مشروع القانون الإماراتي: وزارة العدل ص 27.

[6] مشروع قانون الأحوال الشخصية الكويتي.

الفرع الثالث

تقدير النفقة

المسألة الأولى: نوعا النفقة

النفقة الزوجية نوعان هما: نفقة تمكين ونفقة تمليك.

النوع الأول: نفقة تمكين

الأصل في وجوب النفقة أن يوفر الزوج لزوجته ما تحتاج إليه من طعام وكسوة ومسكن، ويهيئ لها ما تحتاج إليه بالرضا والاتفاق، وتتصرف الزوجة بما وضعه الزوج بين يديها حسب حاجتها بصدق وأمانة، وهذه هي الصورة الحقيقية العلاقة الزوجية القائمة على الثقة المحبة والود والوفاق. وهذا ما يطلق عليه نفقة التمكين.

وما دام الزوج مؤدياً لواجباته، والزوجة تعيش معه، وقد هيأ لها المسكن والطعام واللباس، وهي تتناول منه قدر كفايتها، وتأكل معه كما هي عادة الناس، فليس لها الحق في أن تطلب من القاضي بفرض النفقة، وتسقط نفقتها في هذه الحالة من غير تمليك ولا طلب عوض، وعلة سقوطها جريان العادة في زمن الرسول صلى الله عليه وسلم وبعده من غير نزاع ولا إنكار، ولم ينقل أن امرأة طالبت بنفقة بعده.

النوع الثاني: نفقة تمليك

أما إذا ترك الزوج زوجته بلا نفقة، أو قصر بخل في توفير النفقة الزوجية لها من غير حق شرعي بحيث يلحق بها الضرر، فلها الحق في هذه الحالة أن تطلب من القاضي أن يفرض لها نفقة، ومتى ثبت للقاضي قيام الزوجية بينهما، وتركه لها دون نفقة أو تقصيره في النفقة دون مبرر شرعي، فرض لها نفقة عليه، إما عينية كمقادير من الطعام واللباس، أو نقدية كمبلغ من المال لتتولى هي الإنفاق على نفسها.

ويفرض القاضي لها من النفقة ما يكفيها بالمعروف وحسب الأحوال غلاء ورخصاً، فيفرض لها عليه ما يحقق كفايتها وحالته، ويعتبر المعروف في ذلك، وهو فوق التقتير ودون الإسراف، لأنه مأمور بمراعاة مصلحة كل من الزوجة والزوج معاً[1].

[1] الاختيار: الموصلي 4/4، مغني المحتاج: الشربيني 428/3، الخرشي: الخرشي 4/ 184، الأحوال الشخصية: أبو زهرة 280، الأحوال الشخصية: عبد الحميد ص 192، نظام الأسرة: عقلة 315/2ـ 316.

المسألة الثانية: أساس تقدير النفقة

اختلف الفقهاء في أساس تقدير النفقة على النحو التالي:

المذهب الأول: ذهب الكرخي من الحنفية وهو ظاهر الرواية عندهم الشافعية والظاهرية[1] إلى أن النفقة تقدر حسب حال الزوج يسراً وعسراً بغض النظر عن حالة الزوجة.

وقد استدلوا على ذلك بما يلي:

1. قال الله تعالى: **﴿لينفق ذو سعة من سعته ومن قدر عليه رزقه فلينفق مما آتاه الله﴾**.[2]

وجه الدلالة: اعتبرت الآية الكريمة حال الزوج فقط، حيث فرقت بين نفقة المعسر ونفقة الموسر، فينفق الزوج حسب حاله يسراً وإعساراً فلو كلفنا المعسر بنفقة المسرين لكان ذلك تكليفاً فوق الوسع وهو مخالف للنص.

2. عن عمرو بن الأحوص رضي الله عنه عن النبي صلى الله عليه وسلم قال: **﴿ألا وحقهن عليكم أن تحسنوا إليهن في كسوتهن وطعامهن﴾**[3].

3. إن الزوجة الموسرة عندما تزوجت المعسر رضيت مقدماً بنفقة المعسرين.

المذهب الثاني: ذهب بعض الحنفية[4] إلى أن النفقة تقدر بحسب حال الزوجة وقدر كفايتها، **وقد استدلوا على ذلك بما يلي:**

1. قال الله تعالى: **﴿ وعلى المولود له رزقهن وكسوتهن بالمعروف﴾**[5]. والمعروف الكفاية، فتجب بحال الزوجة، ولحديث عائشة ـ رضي الله عنها ـ أن هند بنت أبي سفيان قالت يا رسول الله إن أبا سفيان رجل شحيح وليس يعطيني ما يكفيني وولدي إلا ما أخذت منه وهو لا يعلم فقال: **﴿ خذي ما يكفيك وولدك بالمعروف﴾** [6]، فالحديث الشريف اعتبر كفايتها دون النظر إلى حال الزوج.

---

[1] رد المحتار: ابن عابدين 575/3، الهداية: المرغيناني 39/2، الإقناع: الشربيني 189/2، مغني المحتاج: 426/3، المهذب: الشيرازي 161/2، المحلى: ابن حزم 250/9.

[2] سورة الطلاق: آية 7.

[3] سنن الترمذي: الترمذي 387/2، التاج: ناصف 314/2.

[4] رد المحتار: ابن عابدين 574/3.

[5] سورة البقرة: آية 233.

[6] صحيح البخاري: البخاري 117/7، سبل السلام: الصنعاني 225/3.

2. إن نفقة الزوجة واجبة لدفع حاجتها، فكان الاعتبار بما تندفع به حاجتها. ولأنه واجب على الزوج بحكم الزوجية لم يقدره الشرع فكان معتبراً بها كالمهر والكسوة.

المذهب الثالث: ذهب الخصاف من الحنفية وهو القول المفتى به عندهم والحنابلة[1] إلى النفقة تقدر بحسب حال الزوجين معاً، وقد استدلوا على ذلك بما يلي:

1. قال الله تعالى: **﴿ لينفق ذو سعة من سعته ومن قدر عليه رزقه فلينفق مما آتاه الله ﴾**[2]، قال رسول الله صلى الله عليه وسلم لهند بنت أبي سفيان: **﴿ خذي ما يكفيك وولدك بالمعروف ﴾**[3].

وجه الدلالة: اعتبرت الآية الكريمة حال الزوج، واعتبر الحديث الشريف حال الزوجة، وجمعاً بين الأدلة وإعمالاً لها يقتضي اعتبار حال الزوجين، وهذا أولى من العمل ببعض الأدلة دون البعض الآخر.

المذهب الرابع: ذهب المالكية[4] إلى أن النفقة تقدر بحسب حال الزوجين، وحال بلدهما والأسعار رخصاً وغلاءً.

رأي القانون:

اختلفت قوانين الأحوال الشخصية في أساس تقدير النفقة تبعاً لاختلاف الفقهاء في ذلك وذلك على النحو التالي:

أولاً: أخذت بعض القوانين بظاهر الرواية عند الحنفية حيث نصت على أن النفقة تقدر بحسب حال الزوج - وهو- ومنها: القانون الأردني[5] في المادة (70)، والقانون السوري[6] في المادة (76)، والقانون المصري[7] رقم 49 لسنة 1977 في المادة (16)، ومشروع القانون الإماراتي[8] في (الفقرة 1 من المادة 71) ومشروع القانون الكويتي[9] في المادة (76) على أنه:

---

[1] رد المحتار: ابن عابدين 575/3، الهداية: المرغيناني 39/2، الشرح الكبير: ابن قدامه 230/9، المغني: ابن قدامه 230/9.

[2] سورة الطلاق: آية 7.

[3] صحيح البخاري: البخاري 117/7، سبل السلام: الصنعاني 225/3.

[4] الخرشي: الخرشي 184/4، الشرح الصغير: الدردير 732/2.

[5] مجموعة التشريعات: الظاهر ص 118،القرارات القضائية: عمرو ص 372.

[6] قانون الأحوال الشخصية: وزارة العدل ص 34، قانون الأحوال الشخصية: الكويفي ص 42.

[7] قانون الأحوال الشخصية رقم 49 لسنة 1977: أحكام الأسرة: فراج ص 305.

[8] مشروع قانون الأحوال الشخصية: وزارة العدل ص 21.

[9] مشروع قانون الأحوال الشخصية الكويتي.

"تفرض نفقة الزوجة بحسب حال الزوج يسراً وعسراً، وتجوز زيادتها ونقصانها تبعاً لحالته على أن لا تقل عن الحد الأدنى من القوت والكسوة الضروريين للزوجة ".

ثانياً: أخذ القانون السوداني[1] في المادة (66) بظاهر الرواية عند الحنفية في أن أساس تقدير النفقة حسب حال المنفق، وربطه بالوضع الاقتصادي زماناً ومكاناً، حيث نص على أنه: " يراعى في تقدير النفقة، سعة المنفق، والوضع الاقتصادي زماناً ومكاناً ".

ثالثاً: أخذ القانون العراقي برأي الحنابلة ومن معهم حيث نص في المادة (27) على أنه: " تقدر النفقة للزوجة على زوجها بحسب حالتيهما يسراً وعسراً "[2].

رابعاً: أخذت القوانين الأخرى برأي المالكية حيث نصت على أن النفقة تقدر بحسب حال الزوجين والوضع الاقتصادي زماناً ومكاناً: ومنها: القانون التونسي[3] في الفصل (52) والقانون المغربي[4] في الفقرة 1 من الفصل 119) ومشروع ومشروع القانون العربي الموحد[5] في المادة (48) ومشروع القانون الخليجي[6] في المادة (46): " يراعى في تقدير النفقة سعة سعة المنفق، وحال المنفق عليه، والوضع الاقتصادي زماناً ومكاناً ". وفي نص آخر: يراعى في تقدير النفقة وتوابعها يسر الزوج وحال الزوجة وعادة أهل البلد وحال الوقت والأسعار مع اعتبار التوسط".

المسألة الثالثة: مقدار النفقة

اختلف الفقهاء في مقدار النفقة على النحو التالي

المذهب الأول: ذهب جمهور الفقهاء من الحنفية والمالكية والحنابلة[7] إلى أن النفقة مقدرة بالكفاية.

---

[1] قانون الأحوال الشخصية السوداني لسنة 1991 ص 24،

[2] الأحوال الشخصية: الكبيسي 405/2.

[3] موسوعة التشريعات: تونس.

[4] مدونة الأحوال الشخصية: الرباط ص 42.

[5] المجلة العربية للفقه والقضاء: الأمانة العامة ص 22.

[6] جريدة الخليج ص 11.

[7] البحر الرائق: ابن نجيم 190/3، بداية المجتهد: ابن رشد 54/2، الخرشي: الخرشي 184/3، جواهر الإكليل: الأزهري 402/1، الشرح الكبير: المقدسي 331/9، المغني: ابن قدامه 331/9،، زاد المعاد " ابن قيم الجوزية 364/5 وما بعدها، الروضة الندية: القنوجي 111/2.

واستدلوا على ذلك بما يلي:

1. قال الله تعالى: **﴿ وعلى المولود له رزقهن وكسوتهن بالمعروف ﴾**[1]، وليس من المعروف أن تعطى المرأة مقداراً لا يكفيها، ومن المعروف أن تعطى ما يكفيها ولو كان أقل من مد.

2. قال رسول الله صلى الله عليه وسلم لهند بنت أبي سفيان: **﴿ خذي ما يكفيك وولدك بالمعروف ﴾** [2]، أمر الرسول عليه الصلاة والسلام زوجة أبي سفيان أن تأخذ ما يكفيها بالمعروف من غير تقدير، وترك الاجتهاد في ذلك إليها.

3. أنكروا على الشافعية قياس النفقة على الكفارة، للفارق بينهما، فالكفارة لا يعتبر فيها اليسار والإعسار بخلاف النفقة[3].

المذهب الثاني: ذهب الشافعية[4] إلى أن النفقة مقدرة بمقدار معين، وأنها تجب على الموسر ـ وهو الذي يقدر على على النفقة بماله أو كسبه ـ في كل يوم مدان*، وعلى المعسر ـ وهو الذي لا يقدر على النفقة بمال ولا كسب ـ في كل يوم مد، وعلى المتوسط في كل يوم مد ونصف.

وقد استدلوا على ذلك بما يلي:

قياس النفقة على الكفارة بجامع أن كلاً منهما مال يجب بالشرع ويستقر بالذمة، وأكثر ما يجب في الكفارة مدان لكل مسكين في كفارة الأذى في الحج، وأقل ما يجب مد لكل مسكين في كفارة الظهار.

المذهب الثالث: ذهب القاضي من الحنابلة[5] إلى أنها مقدرة بمقدار لا يختلف في القلة والكثرة، وقال: بأن الواجب الواجب رطلان من الخبز في كل يوم في حق الموسر والمعسر اعتباراً

---

[1] سورة البقرة: آية 233.

[2] صحيح البخاري: البخاري 117/7، سبل السلام: الصنعاني 225/3.

[3] المغني: ابن قدامه 233/9.

[4] مغني المحتاج: الشربيني 426/3، المهذب: الشيرازي 161/2، زاد المعاد: ابن قيم الجوزية 366/5، الروضة الندية: القنوجي 111/2.

* المد: مائة وثلاثة وسبعون درهماً وثلث درهم، ويقدر بملء اليدين المتوسطتين.

[5] الشرح الكبير: المقدسي 231/9، المغني: ابن قدامه 231/9، زاد المعاد: ابن قيم الجوزية 366/5.

بالكفارات، ويختلف الموسر عن المعسر في الجودة فقط لا في المقدار، وذلك لأن الموسر والمعسر سواء في قدر المأكول وفيما تقوم به البنية.

رأي القانون:

وقد أخذت قوانين الأحوال الشخصية[1] برأي جمهور الفقهاء القائل بأنها مقدرة بالكفاية، حيث نصت في موادها على أن لا تقل عن حد الكفاية في حالة العسر.

المسألة الرابعة: تعجيل النفقة

تجب النفقة على الزوج في صدر نهار كل يوم إذا طلعت الشمس، لأنه أول وقت الحاجة، وتدفع بحسب حال الزوج والأيسر، فإن كان عاملاً فرضت مياومة، وإن كان موظفاً فرضت عليه النفقة في كل شهر، وإن كان مزارعاً فرضت كل سنة إلا إذا تضررت المرأة من ذلك، فإنها تفرض في مدة لا تتضرر بها الزوجة، فإن اتفقا على تأخيرها أو تعجيلها جاز كالدين، وليس في ذلك بين أهل العلم خلاف، لأن الحق لهما لا يخرج عنهما، فجاز من تعجيله وتأخيره ما اتفقا عليه، فإن عجل لها نفقة شهر أو عام ثم طلقها أو ماتت قبل انقضائه أو بانت منه بفسخ أو إسلام أحدهما أو ردته، فللزوج أن يسترجع نفقة ما بقي من الشهر عند الشافعية والحنابلة والظاهرية ومحمد بن الحسن من الحنفية، لأنه سلم إليها النفقة سلفاً عما يجب، فإذا وجد ما يمنع الوجوب ثبت الرجوع كما لو أسلفها إياها فنشزت.

وذهب أبو حنيفة وأبو يوسف إلى أنه لا يسترجعها، لأنها صلة، فإذا قبضتها لم يكن له الرجوع فيها كصدقة التطوع[2].

رأي القانون

نصت بعض القوانين على حكم تعجيل النفقة واسترجاعها حيث أخذت برأي الإمام أبي حنيفة وأبي يوسف في أنه لا يجوز استرجاع ما عجله من النفقة إذا حدثت وفاة أو طلاق،

---

[1] انظر قوانين الأحوال الشخصية: المواد السابقة وغيرها.

[2] الهداية: المرغيناني 42/2، رد المحتار: ابن عابدين 591/2،581، جواهر الإكليل: الأزهري 403/1، الخرشي: الخرشي 189/4، الشرح الصغير: الدردير 738/2، مغني المحتاج: الشربيني 435/3، المهذب: الشيرازي 161/2، الشرح الكبير: المقدسي 249/9، المغني: ابن قدامه 240/9.

ومنها: القانون الأردني[1] حيث نص في المادة (72) على أن: " النفقة تكون معجلة بالتعجيل وإذا حدثت وفاة أو طلاق بعد استيفاء الزوجة لها، فلا يجوز استردادها ".

بينما أخذت بعض القوانين برأي الجمهور ومنها القانون التونسي[2] حيث نص في الفصل (50) على أنه: " تسقط النفقة بزوال سببها، ويرد إلى المنفق ما أجبر على دفعه دون سبب ".

ولم تتطرق بقية القوانين لهذه المسألة، فيعمل بالراجح من المذهب المعتمد في كل منها.

المسألة الخامسة: تعديل النفقة

لا تدوم النفقة على حال واحدة، وإنما تتغير بتغير الأسعار رخصاً وغلاء وحال الزوجين يسراً وعسراً، فلو ادعت الزوجة أن النفقة لا تكفيها، أو أن الأسعار ارتفعت وثبتت دعواها عدل القاضي تقدير النفقة.

ولو ادعى الزوج أن النفقة فوق كفايته، أو أن الأسعار رخصت وثبتت دعواه عدل القاضي التقدير.

ولو حكم على الزوج بنفقة المعسرين ثم أيسر وطلبت الزوجة زيادتها وثبتت دعواها، عدل القاضي النفقة بفرض نفقة الموسرين عليه، لأن النفقة تجب شيئاً فشيئاً،، فيعتبر حاله في كل وقت، ولأن نفقة الإعسار فرضت لعذر العسرة، فإذا زال العذر بطل الفرض.

ولو تصالح الزوجان على النفقة قبل تقديرها قضاءً أو رضاءً على مال من جنس النفقة كالنقود، وطلبت الزوجة زيادتها لعدم كفايتها، أو لأن الأسعار ارتفعت فأصبح المقدار المفروض غير كاف زيدت إن أثبتت الزوجة دعواها.

وإذا ادعى الزوج أن النفقة فوق كفاية الزوجة أو أن الأسعار نقصت وثبت ذلك عدل القاضي التقدير أيضاً، وإن تصالحا على مال من غير جنس النفقة كأن اصطلحا أن يعطيها عقاراً عن نفقة سنة وكان ذلك قبل التقدير جاز زيادة النفقة وإنقاصها، أما لو حصل بعد التقدير فلا يجوز ذلك[3].

رأي القانون

---

[1] مجموعة التشريعات: الظاهر 119، القرارات القضائية: عمرو ص 372.

[2] موسوعة التشريعات: تونس.

[3] رد المحتار: ابن عابدين 593/3، مغني المحتاج: الشربيني 426/3، الأحوال الشخصية: أبو زهرة ص 282، نظام الأسرة: عقلة 318/2.

أخذت قوانين الأحوال الشخصية برأي الفقه القائل بأنه لا يجوز تعديل النفقة زيادة أو نقصاناً قبل مضي مدة معينة إلا لأسباب استثنائية كارتفاع الأسعار. ولكنها اختلفت في تحديد المدة التي يجوز بعدها طلب الزيادة والنقصان على النحو التالي:

أولاً: ذهبت بعض القوانين بأنه لا يجوز طلب زيادة النفقة ونقصانها إلا بعد مضي ستة أشهر ومن هذه القوانين:

1. **قانون الأحوال الشخصية الأردني**[1] في المادة (71) حيث جاء فيها ما نصه: " لا تسمع دعوى الزيادة أو النقص في النفقة المفروضة قبل مضي ستة أشهر على فرضها ما لم تحدث طوارئ استثنائية كارتفاع الأسعار ".

2. **قانون الأحوال الشخصية السوداني[2] في المادة (67) ومشروع قانون الأحوال الشخصية العربي الموحد[3] في المادة (49)** حيث جاء فيهما ما نصه:

" 1. يجوز زيادة النفقة وإنقاصها تبعاً لتغير الأحوال.

2. لا تسمع دعوى الزيادة، أو الإنقاص، قبل مضي ستة أشهر على فرض النفقة، إلا في ظروف استثنائية.

3. يحكم بزيادة النفقة، أو إنقاصها، من تاريخ رفع الدعوى ".

3. **قانون الأحوال الشخصية السوري**[4] في المادة (77) حيث جاء فيها ما نصه:

" 1. تجوز زيادة النفقة ونقصها، بتبدل حال الزوج وأسعار البلد.

2. لا تسمع دعوى الزيادة أو النقص في النفقة المفروضة قبل مضي ستة أشهر على فرضها، إلا في الطوارئ الاستثنائية ".

4. **مشروع قانون الأحوال الشخصية الإماراتي**[5] في المادة (72) حيث جاء فيها ما نصه:

" 1. تجوز أن تطلب زيادة النفقة ونقصها، لتغير حال الزوج وأسعار البلد أو ظهور ما لم يكن ظاهراً من حال الزوج عند الفرض بالقضاء أو التراضي.

---

[1] مجموعة التشريعات: الظاهر ص 118، القرارات القضائية: عمرو ص 372.

[2] قانون الأحوال الشخصية السوداني ص 35.

[3] المجلة العربية: الأمانة العامة ص 22.

[4] قانون الأحوال الشخصية السوري: وزارة العدل ص 35، قانون الأحوال الشخصية السوري: الكويفي ص42.

[5] مشروع قانون الأحوال الشخصية الإماراتي: وزارة العدل ص 22.

2. ولا تقبل دعوى الزيادة أو النقص في النفقة المفروضة قبل مضي ستة أشهر على فرضها، إلا في الطوارئ الاستثنائية ".

ثانياً: ذهب البعض الآخر من القوانين إلى أنه لا يجوز طلب زيادة النفقة ونقصانها إلا بعد مضي سنة كاملة على فرضها، ومن هذه القوانين

1. قانون الأحوال الشخصية المغربي[1] في الفصل (120) حيث جاء فيه ما نصه: " لا يقبل طلب الزيادة أو النقص في النفقة المفروضة قبل مضي سنة على فرضها، إلا في الظروف الاستثنائية ".

2. مشروع قانون الأحوال الشخصية الكويتي[2] في المادة (77) حيث جاء فيه ما نصه:

" أ. تجوز زيادة النفقة ونقصها بتغير حال الزوج أو أسعار البلد.

ب. ولا تسمع دعوى الزيادة أو النقص في النفقة المفروضة قبل مضي سنة على فرض النفقة، إلا في الحالات الاستثنائية الطارئة".

ج. وتكون الزيادة أو النقص من تاريخ الحكم ".

3. مشروع قانون الأحوال الشخصية بدول مجلس التعاون الخليجي[3] في المادة (47) حيث جاء فيها ما نصه:

" أ. يجوز زيادة النفقة وإنقاصها تبعاً لتغير الأحوال.

ب. لا تسمع دعوى الزيادة أو النقصان قبل مضي سنة على فرض النفقة، إلا في ظروف استثنائية ".

ج. تحتسب بزيادة النفقة ونقصانها من تاريخ المطالبة القضائية ".

ثالثاً: أما قانون الأحوال الشخصية العراقي، فقد نص على جواز تعديل النفقة المفروضة دون تحديد مدة معينة، وإنما قيد ذلك بتبدل حالة الزوجين المالية وأسعار البلد. أو عند حدوث طوارئ تقتضي ذلك، حيث جاء في المادة (28) ما نصه: "

أ. تجوز زيادة النفقة ونقصها بتبدل حالة الزوجين المالية وأسعار البلد

---

[1] مدونة الأحوال الشخصية: الرباط ص 120.

[2] مشروع قانون الأحوال الشخصية الكويتي.

[3] جريدة الخليج: ص 11.

ب. ب. تقبل دعوى الزيادة أو النقص في النفقة المفروضة عند حدوث طوارئ تقتضي ذلك".

المسألة السادسة: سريان النفقة

اختلف الفقهاء في حكم سريان النفقة على النحو التالي:

المذهب الأول: ذهب جمهور الفقهاء[1] -المالكية والشافعية والحنابلة في أظهر الروايتين- إلى أن الزوجة تستحق النفقة من قبل فرضها، فلو طالبت بنفقة عن مدة ماضية، وثبت عدم إنفاق الزوج عليها خلالها، حكم لها، وقد استدلوا على ذلك بما يلي:

1. أن عمر بن الخطاب رضي الله عنه كتب إلى أمراء الأجناد في رجال غابوا عن نسائهم يأمرهم أن ينفقوا أو يطلقوا، فإن طلقوا بعثوا بنفقة ما مضى.
2. النفقة عندهم دين قوي لا تسقط إلا بالأداء أو الإبراء.
3. ولأن النفقة مال يجب على سبيل البدل في عقد معاوضة، فلا تسقط بمضي الزمن كالثمن والأجرة والمهر.

المذهب الثاني: ذهب الحنفية والحنابلة في الرواية الثانية[2] إلى أن الزوجة تستحق النفقة من تاريخ الفرض، ولا تستحق الزوجة شيئاً منها قبل فرضها قضاءً أو رضاءً، لأن النفقة عندهم صلة لا تتأكد إلا بالفرض، وفي رواية عند الحنفية إذا كانت المدة التي مضت أقل من شهر، فإنها تستحق النفقة عنها، لأنها مدة قصيرة يصعب التحرز عنها.

رأي القانون:

اختلفت قوانين الأحوال الشخصية في حكم سريان النفقة على النحو التالي:

أولاً: أخذت بعض القوانين العربية برأي الجمهور القائل بأن الزوجة تستحق النفقة عن المدة الماضية ولا تسقط بمضي المدة، ومن هذه القوانين:

1. **القانون التونسي**[3] حيث نص في الفصل (42) على أنه: " لا تسقط نفقة الزوجة بمضي المدة ".
2. **القانون العراقي**[4] حيث نص في الفصل (121) على أنه: " يحكم للزوجة بالنفقة من تاريخ إمساك الزوج عن الإنفاق الواجب عليه، ولا تسقط بمضي المدة ".

---

[1] الخرشي: الخرشي 195/4، جواهر الإكليل: الأزهري 405/1، مغني المحتاج: الشربيني 441/3، المهذب: الشيرازي 164/2، المغني: ابن قدامه 249/9.

[2] رد المحتار: ابن عابدين 594/3، الهداية: المرغيناني 41/2، المغني: ابن قدامه 249/9.

[3] موسوعة التشريعات: تونس

[4] مدونة الأحوال الشخصية: الرباط ص 120.

ثانياً: أخذت بعض القوانين برأي الحنفية ومن معهم القائل بأن الزوجة تستحق النفقة من تاريخ الفرض، ولا تستحق شيئاً قبل ذلك، ومن هذه القوانين:

القانون الأردني[1] *حيث نص في المادة (70) على أنه: " وتلزم النفقة إما بتراضي الزوجين على قدر معين أو بحكم القاضي، وتسقط نفقة المدة التي سبقت التراضي أو الطلب ".

ثالثاً: وقفت القوانين الأخرى موقفاً وسطاً بين المذهبين، حتى لا تثقل كاهل الزوج بالنفقة عن المدة السابقة مهما بلغت، ومن هذه القوانين:

أولاً. القانون السوري[2] حيث نص في المادة (78) على أنه:

" 1. يحكم للزوجة بالنفقة من تاريخ امتناع الزوج عن الإنفاق الواجب عليه.

2. لا يحكم بنفقة أكثر من أربعة أشهر سابقة للإدعاء ".

ثانياً. قانون الأحوال الشخصية المصري[3] حيث نص في المادة (2) على أنه:

" وتعتبر نفقة الزوجة ديناً على الزوج من تاريخ امتناعه عن الإنفاق مع وجوبه، ولا يسقط بالأداء أو الإبراء.

ولا تسمع الدعوى بها عن مدة ماضية لأكثر من سنة نهايتهما تاريخ رفع الدعوى ".

ثالثاً. مشروع القانون الكويتي[4] حيث نص في المادة (77) على أنه:

" أ. تعتبر نفقة الزوجة من تاريخ الامتناع عن الإنفاق مع وجوبه ديناً على الزوج لا يتوقف على القضاء أو التراضي، ولا يسقط بالأداء أو الإبراء، مع مراعاة الفقرة الآتية:

ب. ولا تسمع الدعوى بها عن مدة سابقة تزيد على سنتين نهايتهما تاريخ رفع الدعوى، إلا إذا كانت مفروضة بالتراضي.

ج. وإذا كان الزوج غير مقر بهذا التراضي، فلا يثبت إلا بالكتابة ".

---

[1] مجموعة التشريعات: الظاهر ص 118، القرارات القضائية: عمرو ص 372.

[2] قانون الأحوال الشخصية السوري: وزارة العدل ص 35، قانون الأحوال الشخصية السوري: الكويفي ص42.

[3] قانون الأحوال الشخصية المصري رقم 44 لسنة 1979، أحكام الأسرة: فراج ص 302.

[4] مشروع القانون الكويتي.

رابعاً. مشروع القانون العربي[1] حيث نص في المادة (53) على أنه: " لا يحكم للزوجة بأكثر من نفقة سنتين سابقتين على المطالبة القضائية، ما لم يتفق الزوجان على خلاف ذلك ".

خامساً. القانون السوداني[2]، حيث نص في المادة (70) على أنه:

" 1. لا يحكم للزوجة بأكثر من نفقة ثلاث سنوات، سابقة على تاريخ رفع الدعوى ما لم يتفق الزوجان على خلا ف ذلك.

2. يشترط يسار الزوج للحكم بالنفقة الزوجية السابقة ".

سادساً. مشروع القانون الإماراتي[3] حيث نص في المادة (73) على أنه:

" 1. تعتبر نفقة الزوجة من تاريخ الامتناع عن الإنفاق مع وجوبه ديناً على الزوج لا يتوقف على القضاء أو التراضي، ولا يسقط بالأداء أو الإبراء، مع مراعاة الفقرة الآتية:

2. ولا تسمع الدعوى بها عن مدة تزيد على ثلاث سنوات نهايتها تاريخ رفع الدعوى، إلا إذا كانت مفروضة بالتراضي ".

المسألة السابعة: الأمور التي تشتمل عليها النفقة الزوجية

تتضمن النفقة الزوجية الطعام والكسوة والسكنى والعلاج وخدمة الزوجة التي يكون لأمثالها خدم وذلك على النحو التالي:

أولاً: الطعام

يختلف فرض النفقة عن وجوبها، فالنفقة تجب للزوجة بالعقد الصحيح أو التمكين -كما بينا سابقاً- لكنها لا تفرض حسب رغبة الزوجة، فللزوج أن يتولى الإنفاق على زوجته، فإذا كان صاحب مائدة وطعام كثير تستطيع الزوجة أن تنال منها كفايتها منه فلا تفرض لها النفقة، وإذا اشتكته وطلبت من القاضي أن يفرض لها نفقة لعدم إنفاقه أو مطله، فلا يستجيب القاضي لطلبها إلا إذا ظهر له صدق دعواها، وأن زوجها ليس صاحب مائدة. وقد اختلفوا في أصناف الطعام الواجبة على النحو التالي:

---

[1] المجلة العربية: الأمانة العامة ص 23.

[2] قانون الأحوال الشخصية السوداني ص 26.

[3] مشروع قانون الأحوال الشخصية الإماراتي: وزارة العدل ص 22.

المذهب الأول: ذهب الحنفية[1] إلى أن للقاضي أن يفرض لها أصنافاً من الطعام كالحبوب والخضر- واللحم ونحو ذلك مما جرى به العرف. ولكن هل الواجب إعطاؤها خبزاً مهيئاً وطعاماً ناضجاً ؟ والجواب على ذلك عندهم يتبع حال الزوجة، فإن كان العرف جارياً بأن أمثال هذه المرأة لا تخدم نفسها، وامتنعت عن الخبز والطهي والخدمة وجب أن يأتيها بطعام جاهز، وإن كانت ممن تخدم نفسها وجب عليها تجهيزه، وعليه توفير مستلزمات ذلك، وقد استدلوا على ذلك بقول الله تعالى: ﴿ ولهن مثل الذي عليهن بالمعروف﴾، بمعنى عليهن من الواجبات والحقوق مثل الذي لهن بحسب المتعارف بين الناس، ويؤيد ذلك أن الرسول صلى الله عليه وسلم قسم أعمال الحياة بين علي وفاطمة، فجعل على علي ـ كرم الله وجهه ـ أعمال الخارج، وعلى فاطمة أعمال الداخل، وقد كانت أعمال المنزل شاقة، لأنهم كانوا يطحنون على الرحى.

وللقاضي أن يقوم النفقة ويفرضها نقوداً.

المذهب الثاني: ذهب المالكية[2] إلى أن للقاضي أن يفرض لها الطعام سواء كان خبزاً أو أدماً أو لحماً بحسب ما جرت به العادة.، ويفرض لها جميع الآنية والأدوات اللازمة للطبخ والخبز.

المذهب الثالث: ذهب الشافعية[3] إلى أن للقاضي أن يفرض النفقة من غالب قوت البلد التي هي فيه مثل القمح أو الشعير أو الأرز أو التمر وغيرها، فإن لم يكن قوت غالب أو كان أكثر من نوع واحد وجب الطعام الذي يتناسب مع حال الزوج.

والأصل أن تملك الزوجة الطعام حباً إن كان هو القوت الغالب، وإذا عرض عليها غير ذلك، فلها أن تمتنع، ويجوز لها أن تأخذ عوضاً عنه دراهم أو دنانير أو أي شيء آخر بشرط رضا زوجها، وعدم الوقوع في الربا، فلا يجوز لها أن تأخذ خبزاً أو دقيقاً بدلاً من البر، فإن الاعتياض بهما رباً في المذهب، وفي رواية أخرى يجوز، لأنها تستحق الحب والإصلاح، فإذا أخذت ما ذكر فقد أخذت حقها لا عوضه.

---

* تشير إلى ذلك أيضاً المواد: 73، 74، 76.

[1] رد المحتار: ابن عابدين 579/3ـ58584، الفقه على المذاهب الأربعة: الجزيري 554/5.

[2] الخرشي: الخرشي 185/4، الشرح الصغير: الدردير 732/2، الفقه على المذاهب الأربعة: الجزيري 557/4.

[3] الإقناع: الشربيني 190/2، مغني المحتاج: الشربيني 427/3.

ويجوز الاعتياض عن النفقة الماضية والحاضرة، أما النفقة المستقبلة، ففي الاعتياض عنها وجهان: الجواز والمنع، والأصح عندهم المنع، كما لا يجوز الاعتياض عن النفقة المستقبلة والحالية لغير الزوج.

وعليه مؤنة الطحن والعجن والخبز ولو أكلته حباً.

وعلى الزوج أن يقدم لزوجته ما جرت به العادة من الإدام من غالب أُدُم بلدها، فإن لم يكن إدام غالب فما يليق بالزوج، ويختلف الإدام باختلاف فصول السنة، كما يختلف مقداره باختلاف اليسار والإعسار.

وإن أكلت مع زوجها برضاها سقطت نفقتها إن كانت رشيدة، وإن كانت غير رشيدة لا تسقط النفقة إلا إذا أذن لها وليها بالأكل.

المذهب الرابع: ذهب الحنابلة[1] إلى أن الواجب الخبز والأدم حسب حالهما وأمثالهما في البلد الذي تسكنه الزوجة، فللموسرة على الموسر قدر كفايتها من أرفع الخبز والإدام على ما جرت به عادة أمثالها، واستدلوا على ذلك بقول الله تعالى: ﴿ **من أوسط ما تطعمون أهليكم** ﴾[2]، حيث فسرها ابن عباس **رضي الله عنه** بقوله: الخبز والزيت. وفسرها ابن عمر **رضي الله عنه** بقوله: الخبز والسمن والخبز والزيت والخبز والتمر، ففسر إطعام الأهل بالخبز مع غيره من الأدم. فلو طلب أحد الزوجين من الآخر بدل الخبز دراهم أو حباً أو دقيقاً، لم يجبر الآخر على ذلك، ولو تراضيا على غير الخبز جاز، لأنها معاوضة. وإن رضيت بالحبوب لزمته أجرة طحنها وخبزها.

ثانياً: الماء

اختلف الفقهاء في تأمين الماء على النحو التالي:

المذهب الأول: ذهب الحنفية[3] إلى أنه يجب على الزوج نفقة الماء، فإن كانت في بلد اعتادت نساؤها أن تحضر الماء بنفسها كان عليها إحضاره كما في القرى الصغيرة التي تنقل فيها النساء الماء بأنفسهن، وإن أذن لها في استحضاره، وإلا وجب عليه أن يحضر لها الماء بالوسائل المعتادة من سقاء، أو شركات المياه عن طريق الحنفيات، وعليه أن يحضر لها الماء الكافي للغسل والوضوء والنظافة، وأن يحضر لها الآلات اللازمة لذلك كالزير والكوز.

---

[1] زاد المعاد: ابن قيم الجوزية 378/5، الشرح الكبير: المقدسي 233/9 ـ 234، المغني: ابن قدامه 233/9ـ234.

[2] سورة المائدة: آية 185.

[3] رد المحتار: ابن عابدين 579/3، الفقه على المذاهب الأربعة: الجزيري 555/5.

المذهب الثاني: ذهب المالكية والشافعية والحنابلة [1] إلى أنه يجب على الزوج إحضار الماء الكافي للشرب والوضوء والنظافة والاغتسال منه. أما الاغتسال بسبب غيره كالحيض والاحتلام، فلا يجب عليه عند الشافعية، ويجب عند المالكية والحنابلة والشافعية.

وتجب عليه الآلات اللازمة للشرب والاغتسال والنظافة بحسب ذلك الزمان.

المذهب الثالث: ذهب الشافعية إلى أنه يجب عليه نفقة الماء اللازم للشرب والنظافة والاغتسال منه، أما الاغتسال بسبب غيره كالحيض والاحتلام فلا يجب عليه، وتجب عليه الآلات اللازمة.

ثالثاً: الكسوة

أجمع الفقهاء على أن نفقة الكسوة واجبة على الزوج.

وقد استدلوا على ذلك بما يلي:

1. قال الله تعالى:: **﴿ وعلى المولود له رزقهن وكسوتهن بالمعروف ﴾** [2].

2. عن بهز بن حكيم بن معاوية عن أبيه عن جده معاوية القشيري قال: أتيت رسول الله صلى الله عليه وسلم قال: فقلت: ما تقول في نسائنا قال:**﴿أطعموهن مما تأكلون، واكسوهن مما تكتسون﴾**[3]

3. عن عمرو بن الأحوص رضي الله عنه عن النبي صلى الله عليه وسلم قال: **﴿ ألا وحقهن عليكم أن تحسنوا إليهن في كسوتهن وطعامهن﴾**[4].

4. لأن الزوجة تحتاج إلى الكسوة لحفظ البدن على الدوام.

وقد اختلف الفقهاء في الكسوة الواجبة للزوجة على النحو التالي:

أولاً: مذهب الحنفية: للحنفية في المسألة ثلاثة أراء، كأرائهم في النفقة وهي[5]:

الرأي الأول: النفقة تقدر حسب حال الزوج يسراً وعسراً بغض النظر عن حالة الزوجة، وبه قال الكرخي من الحنفية وهو ظاهر الرواية عندهم، وهو موافق لرأي الشافعية.

---

[1] الخرشي: الخرشي 185/4، الشرح الصغير: الدردير 732/2، مغني المحتاج: الشربيني 431/3، الفقه على المذاهب الأربعة: الجزيري 557/5ـ562.

[2] سورة البقرة: آية 233.

[3] سنن أبي داود: أبي داود 245/2.

[4] سنن الترمذي: الترمذي 387/2، التاج: ناصف 314/2.

[5] رد المحتار: ابن عابدين 574/3 ـ 575، الهداية: المرغيناني 39/2.

الرأي الثاني: النفقة تقدر بحسب حال الزوجة وقدر كفايتها، وهو رأي بعض الحنفية.

الرأي الثالث: النفقة تقدر بحسب حال الزوجين معاً، وبه قال الخصاف من الحنفية وهو موافق لرأي الحنابلة.

ويراعى في تقدير النفقة عند الحنفية العادات والأماكن والأوقات، وللقاضي أن يقدرها أصنافاً من الثياب، ويأمره بدفعها، وله أن يقومها، ويأمره بدفعها نقداً[1].

ثانياً: مذهب المالكية: ذهب المالكية[2] إلى القول بأنه إذا طالبت الزوجة زوجها بأن يكسوها حريراً أو خزاً أو ثوباً مخرجاً فإنه لا يلزمه ذلك، وإن كان متسع الحال وجرت العادة بلبسه. وفي رواية أن ذلك خاص بأهل المدينة المنورة لقناعتهم، وأما سائر الأمصار، فعلى حسب أحوال المسلمين كالنفقة.

ثالثاً: مذهب الشافعية: ذهب الشافعية[3] إلى أنه يجب لها كسوة تكفيها، وتختلف كفايتها بطولها وقصرها وسمنها وهزلها، واختلاف البلاد في الحر والبرد، وأمثال أهل بلدتها في عددها، وحالة الزوج يسراً وعسراً في جودتها ورداءتها وعادة أمثاله في جنسها، وقالوا بأنها تجب مرة في الصيف وأخرى في الشتاء، وعليه أجرة خياطتها والأدوات اللازمة للخياطة.

رابعاً: مذهب الحنابلة: ذهب الحنابلة[4] إلى أنه تجب عليه نفقة الكسوة على قدر كفايتها بحسب حال الزوجين وما جرت به عادة أمثالهما من الكسوة، فللموسرة تحت الموسر من أرفع ثياب البلد من الكتان والقطن والخز، وللمعسرة تحت المعسر غليظ الكتان والقطن، وللمتوسطة تحت المتوسط من ذلك.

مسألة: استبدال الزوجة للكسوة أو بيعها

يجب على الزوج دفع الكسوة إلى الزوجة عند المالكية والشافعية في كل ستة أشهر مرة، فتكسى في الشتاء ما يناسبه، وفي الصيف ما يناسبه، وعند الحنابلة في كل عام مرة، واستدل كل منهم بالعرف والعادة، ويكون الدفع إليها في أوله، لأنه أول وقت الوجوب.

---

[1] رد المحتار: ابن عابدين 574/3 ـ 588.

[2] الخرشي: الخرشي 184/4، الشرح الصغير: الدردير 732/2.

[3] مغني المحتاج: 429/3، المهذب: الشيرازي 162/3.

[4] الشرح الكبير: المقدسي 235/9، المغني: ابن قدامة 236/9.

وإذا بليت الكسوة فهل يجب على الزوج إبدالها ؟

أولاً: إذا بليت الكسوة قبل الوقت الذي يبلى فيه مثلها لكثرة دخولها وخروجها أو استعمالها لم يلزمه إبدالها، لأنه ليس بوقت الحاجة إلى الكسوة في العرف.

ثانياً: إذا بليت في الوقت الذي يبلى فيه مثلها وجب إبدالها عند الحنابلة، ولا يجب عند الشافعية قياساً على نفقة الطعام، فإنها إذا نفذت قبل الوقت لم يجب بدلها.

ثالثاً: إذا انقضت المدة والكسوة باقية في ذلك وجهان عند الشافعية والحنابلة:

الأول: لا يلزمه بدلها، لأنها غير محتاجة إلى الكسوة.

الثاني: يلزمه تبديلها -وهو الصواب- لأن الاعتبار بمضي الزمان دون حقيقة الحاجة، بدليل أنها لو بليت قبل ذلك لم يلزمه بدلها.

ولو أهدي إليها كسوة لم تسقط كسوتها. وإن كساها ثم طلقها قبل أن تبلى فهل له أن يسترجعها ؟ فيه وجهان: الأول: له ذلك، لأنه دفعها للزمان المستقبل. والثاني: ليس له الاسترجاع لأنه دفع إليها الكسوة بعد وجوبها عليه، فلم يكن له الرجوع فيها.

وإذا دفع إليها الكسوة، فأرادت بيعها أو استبدالها بأخرى أو التصدق بها، وكان ذلك يضر بها أو يخل بتجملها أو بسترتها، لم يجز لها ذلك. وإن لم يكن في ذلك ضرر وجهان: **الأول**: الجواز، لأنها تملكه، **والثاني:** المنع، لأن له استرجاعها لو طلقها في أحد الوجهين بخلاف النفقة[1].

رابعاً: العلاج

اختلف الفقهاء القدامى والمحدثين في حكم نفقة العلاج على النحو التالي

أولاً: ذهب عامة الفقهاء[2] -الحنفية والمالكية والشافعية والحنابلة- إلى أنه ليس للزوجة على الزوج نفقة علاج، فلا يدفع أجرة الطبيب ولا ثمن الدواء، لأن العلاج يراد به إصلاح الجسد، فلا تجب على الزوج قياساً على الدار المستأجرة من قبل المستأجر، كما أنه لم يرد نص من القرآن والسنة النبوية يلزم الزوج بنفقة العلاج.

---

[1] المهذب: الشيرازي 163/2، الشرح الكبير: المقدسي 249/9، المغني: ابن قدامه 241/9ـ242.

[2] رد المحتار: ابن عابدين 575/3، الشرح الصغير: الدردير 732/2، الخرشي: الخرشي 187/4، الإقناع: الشربيني 191/2، مغني المحتاج: الشربيني 431/3، الروضة الندية: القنوجي 116/2، المغني: ابن قدامه 235/9.

ثانياً: ذهب المالكية[1] إلى أنه يجب على الزوج أن يعالج زوجته بقيمة النفقة التي تجب عليه، وهي سليمة.

ثالثاً: ذهب الزيدية إلى أن النفقة تشمل أجرة الطبيب وثمن العلاج، لأن المراد بهما دوام الحياة واستظهره الإمامية[2].

أما أجرة القابلة فهي على من استأجرها من زوج أو زوجة، ولو جاءت من غير استئجار قيل على الزوج، وقيل على الزوجة[3].

الترجيح

أرى بأن الحياة في زماننا قد تغيرت عن الماضي، حيث كانت تتميز بالبساطة، وقلة التعقيد وبالتالي قلة الأمراض، ولذلك لم تكن هناك حاجة ماسة للمداواة وطلب العلاج، ومن هنا لم يلزم الفقهاء الزوج بنفقة العلاج.

أما في وقتنا الحاضر فقد ازدادت تعقيدات الحياة، وخرجت المرأة للعمل، وأصبح لها مال تتصرف فيه كما تشاء، وكثرت الأمراض، وأصبحت أجرة الطبيب وتكاليف العلاج مرتفعة جداً، لذا فإني أرى بأنه إذا كان للزوجة مال يغطي نفقات الطبيب وثمن العلاج لزمها علاج نفسها ودفع ما يترتب على ذلك من نفقات، فإن لم يكن لها مال أو كان المال لا يكفي نفقات العلاج وجب على الزوج أن يعالج زوجته ويدفع أجرة الطبيب وتكاليف العلاج.

أما إذا كانت الزوجة في حاجة إلى الطبيب أو القابلة من أجل الولادة، فإن أجرة الطبيب أو القابلة، وما يتبع ذلك من نفقات تستلزمها الولادة تجب على الزوج، لأنها بسبب منه.

خامساً: الخادم

اتفق الفقهاء[4] على أنه يجب على الزوج أن يوفر لزوجته خادماً بشروط هي:

1ـ أن تكون الزوجة ممن يخدمن في بيوتهن لكونها من ذوات الأقدار أو مريضة.

---

[1] الخرشي: الخرشي 185/4ـ186، الشرح الصغير: الدردير 732/2، الفقه على المذاهب الأربعة: الجزيري 558/4.

[2] انظر المذكرة الإيضاحية للقانون الكويتي في شرح المادة (75) من القانون.

[3] الخرشي: الخرشي 185/4، رد المحتار: ابن عابدين 579/9

[4] الاختيار: الموصلي 4/4، رد المحتار: ابن عابدين 588/3، الهداية: المرغيناني 41/2، الشرح الصغير: الدردير 734/2، الخرشي: الخرشي 186/4، مغني المحتاج: الشربيني 432/3، الإقناع: الشربيني 191/2، كفاية الأخيار: الحصني 90/2، الشرح الكبير: المقدسي 236/9، المغني 237/9.

2ـ أن يكون الزوج موسراً، فإن كان معسراً لا يلزم بنفقة الخادم في الرواية الصحيحة عند الحنفية والمالكية، وتجب عليه نفقة الخادم عند الحنفية في رواية والشافعية.

3ـ أن لا يكون الخادم مشغولاً بخدمة غيرها، أو لا شغل له لكنه لا يخدمها، لأن نفقة الخادم مقابل الخدمة

4ـ أن يكون الخادم امرأة أو من ذوي الأرحام، لأنه يحرم اختلاء الأجنبي واختلاطه بها والنظر إليها.

5ـ أن يكون مسلماً عند الجمهور.

أما الزوجة التي لا تنطبق عليها الشروط السابقة كأن تكون ممن لا يخدمن في بيوتهن، فيجب عليها خدمة نفسها وبيتها، وقال المالكية بأنه يجب على الزوجة أن تقوم بخدمة البيت الباطنة كالعجن والكنس والفرش والطبخ والتنظيف، ولا تجب عليها الخدمة الظاهرة كالنسج والغزل والخياطة ولو جرت به العادة، فهي واجبة عليه لها، لأنها من أنواع التكسب، وليس عليها أن تتكسب له إلا أن تتطوع بذلك[1].

مسألة: ما الحكم إذا طلبت الزوجة أكثر من خادم ؟

اختلف الفقهاء في هذه المسألة على النحو التالي:

المذهب الأول: ذهب جمهور الفقهاء[2] ـ الحنفية والمالكية والشافعية والحنابلة ـ إلى القول بأنه لا يجب لها أكثر من خادم، لأن الخادم الواحد يكفيها لنفسها، والزيادة تراد لحفظ ملكها أو للتجمل، وليس عليه ذلك.

المذهب الثاني: ذهب الإمام مالك وأبو يوسف وأبو ثور[3] إلى القول بأنه إذا كانت تحتاج لأكثر من خادم، فيجب على الزوج، لأنها قد تحتاج لخادم لمصالح الداخل وآخر لمصالح الخارج.

---

[1] الخرشي: الخرشي 187/4، الشرح الصغير: الدردير 316/2، حاشية الصاوي: الصاوي 316/2، جواهر الإكليل: الأزهري 403/1.

[2] حاشية الخرشي: الخرشي 186/4، حاشية الصاوي: الصاوي 734/2، مغني المحتاج: الشربيني 433/3، الشرح الكبير: المقدسي 237/9، المغني 237/9.

[3] الاختيار: الموصلي 4/4، رد المحتار: ابن عابدين 588/3، الهداية: المرغيناني 41/2، الشرح الصغير: الدردير 734/2، حاشية الصاوي: الصاوي 734/2، حاشية الخرشي: الخرشي 186/4

مسألة: ما الحكم إذا أراد الزوج أن يخدم زوجته بنفسه ؟

اختلف الفقهاء في هذه المسألة على النحو التالي:

المذهب الأول: ذهب بعض الحنفية والشافعية في الصحيح والمالكية والحنابلة في رأي[1] إلى أنه لا يلزمها لأنها تحتشمه، وفيه غضاضة عليها لكون زوجها خادماً.

المذهب الثاني: ذهب الشافعية في قول الحنابلة في وجه[2] إلى أنه يلزمها الرضى به لأن الكفاية تحصل به.

أما إذا قالت الزوجة أنا أخدم نفسي وآخذ أجر الخادم، لم يلزم الزوج قبول ذلك، لأن في إخدامها توفيرها على حقوقه وترفيهها ورفع قدرها وذلك يفوت بخدمة نفسها.

سادساً: أدوات التزيين والتنظيف

تجب على الزوج أدوات التنظيف من مشط وصابون وما تغتسل به ويعود عليها بالنظافة، لأن ذلك يراد للتنظيف. أما أدوات التزيين كالكحل والحناء، فإن طلبها الزوج من زوجته تحمل نفقتها، وإن لم يطلبها لا تجب عليه نفقتها[3]. وقال المالكية[4] إن كانت الزينة تتضرر بتركها كالكحل لعينها والدهن لشعرها والحناء لرأسها وبدنها الجاري به العادة، وليس عليه طيب ولا زعفران ولا خضاب ليديها إذ لا يضر بها تركه، فإن الزوج يلزم بها.

سابعاً: السكن

يجب للزوجة على الزوج السكنى لقول الله تعالى:**﴿ أسكنوهن من حيث سكنتم من وجدكم ﴾**[5]، فإن وجبت النفقة للمطلقة فللتي من صلب النكاح من باب أولى، ولقول الله تعالى **﴿ وعاشروهن بالمعروف﴾**[6]، ومن المعروف أن يسكنها في مسكن، ولأنها لا تستغني عن المسكن للاستتار عن العيون وفي التصرف والاستمتاع وحفظ المتاع.

---

[1] الهداية: 41/2، كفاية الأخيار: الحصني 90/2، حاشية الخرشي: الخرشي 186/4، الشرح الكبير: المقدسي 238/9، المغني 238/9.

[2] كفاية الأخيار: الحصني 90/2، الشرح الكبير: المقدسي 238/9، المغني 238/9

[3] رد المحتار: ابن عابدين 579/9ـ580، الإقناع: الشربيني 191/2، مغني المحتاج: الشربيني 430/3ـ431، الشرح الكبير: المقدسي 235/9ـ236، المغني 235/9.

[4] الخرشي: الخرشي 186/4، الشرح الصغير: الدردير 734/2.

[5] سورة الطلاق: آية 6.

[6] سورة النساء: آية 19.

والمسكن من الضروريات في نظر الإسلام، حيث نجد الخليفة عمر بن عبد العزيز رضي الله عنه قد كتب إلى عماله: أن اقضوا عن الغارمين فكُتِب إليه إنا نجد الرجل له المسكن والخادم، وله الفرس، وله الأثاث في بيته، فكتب عمر: لا بد للرجل من المسلمين من مسكن يأوي إليه رأسه، وخادم يكفيه مهنته، وفرس يجاهد عليه عدوه، وأثاث في بيته، ومع ذلك فهو غارم فاقضوا عنه ما عليه من دين. هكذا الحال في عهد عمر بن عبد العزيز يعتبر المسكن والخادم والفرس والأثاث من الضروريات التي لا غنى للإنسان عنها، ولا يلزم ببيعها وفاءً لدينه، ما دام بيت مال المسلمين يستطيع أن يقضي عنه ديونه[1].

لذلك لا بد من بحث القضايا التالية:

القضية الأولى: تقدير نفقة المسكن الشرعي

اختلف الفقهاء في تقدير نفقة المسكن الشرعي كاختلافهم في تقدير نفقة الطعام على النحو التالي:

المذهب الأول: ذهب الحنفية والحنابلة[2] إلى أنه يشترط في المسكن الشرعي أن يكون مناسباً لحال الزوجين، وأضاف الحنفية إلى أنه يجب أن يراعى في ذلك حال أهل زمانه وبلده، حيث جاء في حاشية ابن عابدين نقلاً عن ملتقط أبي القاسم قوله: " إن ذلك يختلف باختلاف الناس، فالشريفة تسكن في دار مستقلة، ومتوسطة الحال يكفيها بيت من دار، وذات الإعسار يكفيها بيت مع إحمائها "[3].

المذهب الثاني: ذهب الشافعية[4] إلى أنه يشترط في المسكن الشرعي أن يكون لائقاً بالزوجة سواء كان داراً أو حجرة أو من دار خشب أو قصب أو شعر مملوكاً أو مستأجراً أو مستعاراً، وهو رأي الخصاف من الحنفية.

المذهب الثالث: ذهب الكرخي من الحنفية[5] إلى أن يشترط في المسكن الشرعي أن يكون مناسباً لحال الزوج يسراً يسراً وعسراً بغض النظر عن حالة الزوجة.

---

[1] مجلة الوعي الإسلامي: التعدد 233 جمادي الأولى 1404هـ فبراير 1984م ص 64.

[2] الاختيار: الموصلي 4/4، رد المحتار: ابن عابدين 600/3ـ602، الهداية: المرغيناني 39/2، الشرح الكبير: ابن قدامه 236/9، المغني: ابن قدامه 237/9.

[3] رد المحتار: ابن عابدين 601/3.

[4] الإقناع: الشربيني 191/2، مغني المحتاج: الشربيني 432/3.

[5] الاختيار: الموصلي 4/4، الهداية: المرغيناني 39/2، الإقناع: الشربيني 189/2، مغني المحتاج: 426/3، المهذب: الشيرازي 161/2، المحلى: ابن حزم 250/9.

المذهب الرابع: ذهب المالكية[1] إلى أن يشترط في المسكن الشرعي أن يكون مناسباً لحال الزوجين، وحال بلدهما والأسعار رخصاً وغلاءً.

كما يلحق بنفقة المسكن الشرعي ما يحتاج إليه من مرافق ولوازم وأدوات، فيجب أن يكون المسكن الشرعي مشتملاً على كافة مرافق ولوازم المسكن الشرعي كالمطبخ والحمام بصورة مستقلة تحفظ على المرأة كرامتها وتصون شرفها وعفتها، وكذلك الأدوات والمواد التي يحتاجها من أدوات الطبخ كالقدور والصحون وكذا سائر أدوات البيت كالفرش للنوم والجلوس، كما ينبغي أن تتوفر فيه المؤونة اللازمة للبيت بحيث لا تحتاج الزوجة إلى سؤال الجيران حاجاتهم بصورة متكررة تبعث على الضيق والحرج[2].

ولا يشترط في المسكن الشرعي أن يكون ملكاً، بل يجوز أن يكون مستأجراً أو مستعاراً[3].

القضية الثانية: انفراد الزوجة في المسكن

أن تستقل الزوجة في المسكن، فلا يساكنها فيه غير زوجها وأولادها منه، فلا يصح أن يسكن معه أهله وإخوانه البالغين لما في ذلك من تقييد لحريتها وتضييق عليها.

ويصح أن يسكن معها ابنه من غيرها إذا كان غير مميز، وليس لها أن تمنعه من ذلك، كما يصح أن يسكن أبويه إن لم يكن لهما مسكناً مستقلاً، وكانا عاجزين عن الكسب، وليس لهما ابناً آخر غيره ينفق عليهما، ولا يستطيع الإنفاق عليهما في بيت مستقل.

أما الزوجة فليس لها أن تسكن أحداً من أقاربها في بيت زوجها بغير رضاه، لأن المسكن ملك له، ولا يمنعهم كلامها والنظر إليها، لأن في ذلك قطيعة الرحم.

ولا يكون المسكن شرعياً بوجود ضرتها فيه، لأنها قد تسبب لها الضرر، ولها الحق في المطالبة بإبعادها، لأن مجرد وجودها يبعث الغيرة والكراهية، كما يحق لها المطالبة بإبعادها عنها ولو كانت جارتها إن تضررت بذلك.

وعليه أن يساوي بين زوجاته في المسكن إن كان له أكثر من زوجة، لأن ذلك مما يقتضيه العدل الظاهري بين الزوجات.

---

[1] الخرشي: الخرشي 184/4، الشرح الصغير: الدردير 731/2 ـ 732.

[2] رد المحتار: ابن عابدين 600/3، حاشية الخرشي: الخرشي 185/3، الشرح الصغير: الدردير 733/2، الإقناع: الشربيني 190/2ـ191، مغني المحتاج: الشربيني 432/3،430، المغني: ابن قدامه 236/9.

[3] الإقناع: الشربيني 191/2، مغني المحتاج: الشربيني 432/3.

هذا ويجب أن يكون السكن بين جيران صالحين تأمن الزوجة على نفسها بقربهم، ويدفعون عنها الأذى فيما لو خرج الزوج لعمله، أو غاب عنها في سفر أو نحوه، فلا يسكنها في مكان منقطع عن الناس أو مخيف، وإلا وجب عليه أن يحضر لها مؤنسة أو ينقلها إلى مسكن آمن[1].

رأي القانون

بحثت قوانين الأحوال الشخصية العربية مسألة نفقة السكن بشكل مفصل، لذلك لا بد من ذكر نصوص المواد المتعلقة بمسألة نفقة السكن كما وردت في هذه القوانين، ومنها:

أولاً: الأموال التي تشتمل عليها النفقة كما جاءت في قوانين الأحوال الشخصية:

1. **قانون الأحوال الشخصية الأردني وقانون الأحوال الشخصية السوري [2]:**

نص القانون الأردني في المادة (66) والقانون السوري في المادة (71) على أن: " أ. نفقة الزوجة تشمل الطعام والكسوة والسكنى والتطبيب بالقدر المعروف وخدمة الزوجة التي يكون لأمثالها خدم ".

ب. يلزم الزوج بدفع النفقة إلى زوجته أو امتنع عن الإنفاق عليها أو ثبت تقصيره ".

ونصت المادة (78) من القانون الأردني على أن " أجرة القابلة والطبيب الذي يستحضر لأجل الولادة عند الحاجة وثمن العلاج والنفقات التي يستلزمها الولادة على الزوج بالقدر المعروف حسب حاله سواء كانت الزوجية قائمة أو غير قائمة ".

كما نصت المادة (81) على أن نفقات التجهيز والتكفين على الزوج ".

2. **قانون الأحوال الشخصية التونسي[3]:**

نص القانون في الفصل (50) على أنه: " تشمل النفقة الطعام والكسوة والمسكن والتعليم وما يعتبر من الضروريات في العرف والعادة ".

---

[1] الاختيار: الموصلي 8/4، رد المحتار: ابن عابدين 600/3 ـ602، الشرح الصغير: الدردير 736/2، الأحوال الشخصية: السرطاوي 203/1، شرح قانون الأحوال الشخصية السوري: الصابوني 379/1، نظام الأسرة عقلة 320/2.

[2] مجموعة التشريعات: الظاهر ص 118، قانون الأحوال الشخصية السوري: وزارة العدل ص 34، قانون الأحوال الشخصية السوري: الكويفي ص 41.

[3] موسوعة التشريعات: تونس

3. **قانون الأحوال الشخصية السوداني والقانون المغربي ومشروع قانون الأحوال الشخصية العربي الموحد ومشروع قانون مجلس التعاون الخليجي[1]:**

نص القانون السوداني في المادة (65) والقانون المغربي في الفصل (118) والقانون العربي في (الفقرة أ من المادة 47) والقانون الخليجي في المادة (45) على أن: " النفقة تشمل الطعام والكسوة والتطبيب وكل ما به مقومات حياة الإنسان حسب العرف ".

4. **قانون الأحوال الشخصية العراقي[2]:**

نص القانون في الفقرة 2 من المادة 24) على أنه: " تشمل النفقة الطعام والكسوة والسكن ولوازمها وأجرة التطبيب بالقدر المعروف وخدمة الزوجة التي يكون لأمثالها خدم معين ".

5. **قانون الأحوال الشخصية المصري[3]:**

نص القانون في المادة (2) على أنه: " تشمل النفقة الغذاء والكسوة والمسكن ومصاريف العلاج وغير ذلك مما يقضي به العرف ".

6. **مشروع قانون الأحوال الشخصية الإماراتي[4]:**

نص القانون في المادة (65) على أنه: " تشمل النفقة الزوجية الغذاء والكسوة والسكن والخدمة ومصاريف العلاج وغير ذلك مما يقضي به العرف ".

7. **مشروع قانون الأحوال الشخصية الكويتي[5]:**

نص القانون في المادة (74) على أنه: " تشمل النفقة الطعام والكسوة والسكن، وما يتبع ذلك من تطبيب وخدمة، وغيرهما حسب العرف ".

---

[1] قانون الأحوال الشخصية السوداني لسنة 1991م ص 24، مدونة الأحوال الشخصية المغربية: الرباط ص 115، المجلة العربية: الأمانة العامة ص 22، جريدة الخليج: ص 11.

[2] الأحوال الشخصية: الكبيسي 405/2.

[3] قانون الأحوال الشخصية المصري رقم 44 لسنة 1979م، أحكام الأسرة: فراج ص 302.

[4] مشروع قانون الأحوال الشخصية الإماراتي: وزارة العدل ص 20.

[5] مشروع قانون الأحوال الشخصية الكويتي.

ثانياً: قضايا السكن في قوانين الأحوال الشخصية

تطرقت قوانين الأحوال الشخصية لذكر شروط المسكن، وأساس اعتباره، وحكم إسكان الغير في بيت الزوجية على التفصيل التالي:

1ـ قانون الأحوال الشخصية الأردني[1]:

نصت المادة (36) على أنه: " يهيئ الزوج المسكن المحتوي على اللوازم الشرعية حسب حاله وفي محل إقامته وعمله ".

والمادة (37) على أنه: " على الزوجة بعد قبض مهرها المعجل الطاعة والإقامة في مسكن زوجها الشرعي والانتقال معه إلى أية جهة أرادها الزوج، ولو خارج المملكة بشرط أن يكون مأموناً عليها، وأن لا يكون في وثيقة العقد شرط يقضي غير ذلك، وإذا امتنعت عن الطاعة يسقط حقها في النفقة ".

والمادة (38) على أنه: " ليس للزوج أن يسكن أهله وأقاربه أو ولده المميز معه بدون رضاء زوجته في المسكن الذي هيأه لها ويستثنى من ذلك أبواه الفقيران العاجزان إذا لم يمكنه الإنفاق عليهما استقلالاً، وتعين وجودهما عنده دون أن يحول ذلك من المعاشرة الزوجية كما أنه ليس للزوجة أن تسكن معها أولادها من غيره أو أقاربها بدون رضاء زوجها ".

والمادة (40) على أن: " على من له أكثر من زوجة أن يعدل ويساوي بينهن في المعاملة وليس له إسكانهن في دار واحدة إلا برضاهن ".

2. قانون الأحوال الشخصية السوري [2]:

نصت المادة (65) على أنه: " على الزوج إسكان زوجته في مسكن أمثاله ".

والمادة (66) على أنه: " على الزوجة بعد قبض معجلها أن تسكن مع زوجها ".

والمادة (67) على أنه: " ليس للزوج أن يسكن مع زوجته ضرة لها في دار واحدة بغير رضاها ".

والمادة (68) على أنه: " عند تعدد الزوجات يجب على الزوج التسوية بينهن في المساكن "

---

[1] مجموعة التشريعات: الظاهر ص 110 ـ 111.

[2] قانون الأحوال الشخصية السوري: وزارة العدل ص 33، قانون الأحوال الشخصية السوري: الكويفي،ص40ـ41.

والمادة (69) على أنه: " ليس للزوج إسكان أحد من أقاربه مع زوجته سوى ولده الصغير غير المميز إذا ثبت إيذاؤهم لها ".

والمادة (70) على أنه: " تجبر الزوجة على السفر مع زوجها إلا إذا اشترط في العقد غير ذلك أو وجد القاضي مانعاً من السفر ".

3. قانون الأحوال الشخصية السوداني[1]:

نصت المادة (77) على أنه: " يجب على الزوج أن يهيئ لزوجته مسكناً آمناً يتناسب مع حالته "

والمادة(78) على أنه: " تسكن الزوجة مع زوجها في السكن الذي أعده وتنتقل منه بانتقاله إلا إذا اشترطت في العقد خلاف ذلك أو قصد من الانتقال الإضرار بها ".

والمادة (79) على أنه: " لا يجوز للزوج أن يسكن مع زوجته ضرة لها في دار واحدة، إلا إذا رضيت بذلك، ويكون لها الحق في العدول متى شاءت ".

4. قانون الأحوال الشخصية العراقي[2]:

نصت المادة (26) على أنه: " ليس للزوج أن يسكن مع زوجته ضرتها في دار واحدة بغير رضاها، وليس له إسكان أحد أقاربه معها إلا برضاها، سوى ولده الصغير غير المميز ".

5. مشروع قانون الأحوال الشخصية الإماراتي[3]:

نصت المادة (81) على أنه: " 1. على الزوج إسكان زوجته في مسكن أمثاله.

1. على الزوجة بعد قبض معجل صداقها أن تسكن مع زوجها فيه متى طلبها ما لم تكن قد اشترطت عليه في العقد ألا يخرجها من منزلها الذي تقيم فيه.
2. وإذا اشترطت عليه ذلك، فليس لها أن تمنعه من السكنى معها أو الدخول عليها.

والمادة (82) على أنه: " 1. ليس للزوج أن يسكن مع زوجته ضرة لها في دار واحدة بغير رضاها.

3. ويعتبر في استقلال المسكن حال الزوج وعرف البلد وعدم مضارة الزوجية ".

والمادة (83) على أنه: " للزوج أن يسكن مع زوجته:

---

[1] قانون الأحوال الشخصية السوداني لسنة 1991م ص 28.

[2] الأحوال الشخصية: الكبيسي 405/2.

[3] مشروع قانون الأحوال الشخصية الإماراتي: وزارة العدل ص 80.

أ. أولاده منها

ب. أولاده من غيرها ذكوراً وإناثاً ولو كانوا بالغين، وأبويه، ومحارمه من النساء بشرط أن يكون إسكانهم واجباً عليه شرعاً، وأن يتسع المسكن لسكناهم، وألا يلحق الزوجة من ذلك ضرر ".

6. مشروع قانون الأحوال الشخصية الكويتي[1]:

نصت المادة (84) على أنه: " أ. على الزوج إسكان زوجته في مسكن أمثاله.

ب. وعليها بعد قبض معجل المهر أن تسكن معه ".

والمادة (85) على أنه: " ليس للزوج أن يسكن مع زوجته ضرة لها في مسكن واحد بغير رضاها ".

والمادة (76) على أنه: " ليس للزوج أن يسكن مع زوجته سوى أولاده غير المميزين، ومن تدعو الضرورة إلى إسكاته معه من أولاده الآخرين، ووالديه، بشرط ألا يلحق الزوجة من هؤلاء ضرر ".

7. مشروع قانون الأحوال الشخصية الخليجي ومشروع قانون الأحوال الشخصية العربي الموحد[2]:

نصت المادة (56) من القانون الخليجي، والمادة (59) من القانون العربي على أنه: " على الزوج أن يهيئ لزوجته في محل إقامته مسكناً ملائماً يتناسب وحالتيهما ".

والمادة (57) من القانون الخليجي، والمادة (60) من القانون العربي على أنه: " تسكن الزوجة مع زوجها في المسكن الذي أعده، وتنتقل معه بانتقاله، إلا إذا اشترطت في العقد خلاف ذلك أو قصد من الانتقال الإضرار بها ".

والمادة (58) من القانون الخليجي، والمادة (61) من القانون العربي: " أ. يحق للزوج أن يسكن مع زوجته في بيت الزوجية أبويه وأولاده من غيرها متى كان مكلفاً بالإنفاق عليهم، بشرط أن لا يلحقها ضرر من ذلك.

---

[1] مشروع قانون الأحوال الشخصية الكويتي.

[2] جريدة الخليج: ص 11، المجلة العربية: الأمانة العامة ص 23..

ب. لا يحق للزوجة أن تسكن معها في بيت الزوجية أولادها من غيره إلا إذا لم يكن لهم حاضن غيرها، أو يتضررون من مفارقتها، أو رضي الزوج بذلك صراحة أو ضمناً، ويحق له العدول متى لحقه ضرر من ذلك ".

والمادة (59) من القانون الخليجي، والمادة (62) من القانون العربي على أنه: " لا يحق للزوج أن يسكن مع زوجته ضرة لها في مسكن واحد، إلا إذا رضيت بذلك، ويحق لها العدول متى لحقها ضرر من ذلك ".

الفرع الرابع

نفقة المعتدة

المسألة الأولى: نفقة المعتدة من طلاق

لا خلاف بين الفقهاء في أن المطلقة قبل الدخول لا نفقة لها، لأنه لا عدة عليها، ولا خلاف بينهم في أن للمطلقة رجعياً بعد الدخول النفقة في زمن العدة، لأن الزوجية باقية والتمكين من الاستمتاع موجود.

ولا خلاف بين الفقهاء أيضاً في أن للمطلقة طلاقاً بائناً أو بخلع أو بانت بفسخ، وكانت حاملاً لها النفقة، وقد استدلوا على ذلك بما يلي:

1. قال الله تعالى: ﴿ وإن كن أولات حمل فأنفقوا عليهن حتى يضعن حملهن ﴾[1].

2. ورد في بعض روايات حديث فاطمة بنت قيس التي طلقها زوجها ثلاثاً: **﴿ لا نفقة لك إلا أن تكوني حاملاً ﴾**[2].

3. لأن النفقة تجب جزاء الاحتباس، والحامل محبوسة على الزواج صيانة لحملها. ولأن الحمل ولده، فيلزمه الإنفاق عليه، ولا يمكنه الإنفاق عليه إلا بالإنفاق عليها[3].

واختلف الفقهاء في المطلقة بائناً وهي حائل ـ غير حامل ـ هل لها النفقة أم لا على مذهبين:

---

[1] سورة الطلاق: آية 6.

[2] سنن أبي داود: أبي داود

[3] المغني: ابن قدامه 288/9.

المذهب الأول: ذهب الحنفية[1] إلى أن لها النفقة بما فيها نفقة السكن.

وقد استدلوا على ذلك بما يلي:

1. قال الله تعالى: ﴿ يا أيها النبي إذا طلقتم النساء فطلقوهن لعدتهن وأحصوا العدة، واتقوا الله ولا تخرجوهن من بيوتهن إلا أن يأتين بفاحشة مبينة، وتلك حدود الله، ومن يتعد حدود الله فقد ظلم نفسه ﴾[2]، **وقال الله تعالى:** ﴿ أسكنوهن من حيث سكنتم من وجدكم﴾[3]. فقد أوجب الله تعالى للمطلقة النفقة والسكنى، ولم يفرق بين الرجعي والبائن،

2. قول عمر بن الخطاب بخصوص حديث فاطمة بنت قيس: **" لا نترك كتاب ربنا وسنة نبينا لقول امرأة لا ندري لعلها حفظت أو نسيت، لها السكنى والنفقة قال الله عز وجل: ﴿ لا تخرجوهن من بيوتهن ولا يخرجن إلا أن يأتين بفاحشة مبينة﴾[4].**

3. لأن النفقة تجب جزاء الاحتباس لحقه صيانة لمائه، وهذا المعنى موجود في المبتوتة، ولو لم تجب لها النفقة لكان في ذلك ضرراً لحبسها في بيت الزوجية مع منعها من النفقة و الله سبحانه وتعالى يقول: ﴿ ولا تضاروهن لتضيقوا عليهن ﴾[5]

المذهب الثاني: ذهب جمهور الفقهاء ـ المالكية والشافعية والحنابلة[6] ـ إلى أنه لا نفقة لها، واختلفوا في نفقة السكنى على قولين:

الأول: ذهب المالكية والشافعية والحنابلة في الرواية الصحيحة[7] إلى أن لها السكنى، لعموم قول الله تعالى: ﴿ أسكنوهن من حيث سكنتم من وجدكم ﴾[8].

الثاني: ذهب الحنابلة في رواية ثانية إلى أنه لا سكنى لها[9].

---

[1] رد المحتار: ابن عابدين 609/3، الهداية: المرغيناني 44/2،

[2] سورة الطلاق: آية 1.

[3] سورة الطلاق: آية 1.

[4] سنن أبي داود: أبي داود.

[5] سورة الطلاق: آية 1.

[6] جواهر الإكليل: الزهري 404/1، الشرح الصغير: الدردير 740/2، الخرشي: الخرشي 192/3، زاد المعاد: ابن قيم الجوزية 387/5، 391، المغني: ابن قدامه 288/9.

[7] مغني المحتاج: الشربيني 440/3، المهذب: الشيرازي 164/2، الهداية: المرغيناني 44/2، زاد المعاد: ابن قيم الجوزية 391/5، المغني: ابن قدامه 288/9

[8] سورة الطلاق: آية 6.

[9] زاد المعاد: ابن قيم الجوزية 391/5، المغني: ابن قدامه 288/9

وقد استدلوا على عدم وجوب النفقة بما يلي:

1. ما روته فاطمة بنت قيس: " **أن زوجها طلقها البتة وهو غائب، فأرسل إليها وكيله بشعير فسخطته، فقال: و الله ما لك علينا من شيء، فجاءت رسول الله صلى الله عليه وسلم تذكر ذلك له، فقال:** ﴿ ليس لك عليه نفقة ولا سكنى، فأمرها أن تعتد في بيت أم شريك ﴾[1].

وهذا نص صريح عن النبي صلى الله عليه وسلم وهو المبين عن الله عز وجل، وأعلم بتأويل قول الله تعالى: ﴿ أسكنوهن من حيث سكنتم من وجدكم﴾[2].

2. ما روي عن علي وابن عباس وغيرهما من الصحابة أن لها النفقة، وهذا يعارض قول عمر، ثم إنه لم يصح ما نقل عن عمر في شأن حديث فاطمة بنت قيس.

رأي القانون

ذهبت قوانين الأحوال الشخصية إلى القول بأن لمعتدة من طلاق لها نفقة العدة، حيث نصت المادة (79) من القانون الأردني[3] والمادة (83) من القانون السوري[4] والمادة (72) من القانون السوداني[5] والمادة (55) من مشروع القانون العربي[6] على أنه: " تجب على الزوج نفقة معتدته من طلاق أو تفريق أو فسخ ".

ونصت المادة (38) من القانون التونسي[7] على أنه: " يجب على الزوج أن ينفق على زوجته المدخول بها وعلى مفارقته مدة عدتها ".

كما نصت المادة (162) مشروع القانون الكويتي[8] والمادة (52) ومشروع القانون الخليجي[9] على أنه: " تجب النفقة للمعتدة من طلاق أو فسخ أو من دخول في زواج فاسد أو شبهة ".

---

[1] سورة الطلاق: آية 6.
[2] سورة الطلاق: آية 6.
[3] مجموعة التشريعات: الظاهر ص 120، القرارات القضائية: عمرو ص 373.
[4] قانون الأحوال الشخصية السوري: وزارة العدل ص 36، قانون الأحوال الشخصية السوري: الكويفي ص44.
[5] قانون الأحوال الشخصية السوداني ص 26.
[6] المجلة العربية: الأمانة العامة ص 23.
[7] موسوعة التشريعات: تونس.
[8] مشروع قانون الأحوال الشخصية الكويتي.
[9] جريدة الخليج: ص 11.

أما مشروع القانون الإماراتي[1] فقد نص في المادة (195) على أنه: " تجب النفقة للمعتدة من طلاق أو فسخ ولو كان بسبب من جهتها إلا في حالة بقائها على الشرك مع إسلام الزوج، وذلك بدون إخلال بأحكام الخلع والتطليق ".

وأما بالنسبة لنفقة المخالعة فقد نصت القوانين على عدم سقوطها إلا إذا نص عليها صراحة في عقد المخالعة حيث جاء في المادة (108) من القانون الأردني ما نصه: " نفقة العدة لا تسقط إلا إذا نص عليها صراحة في عقد المخالعة ".

والمادة (101) من القانون السوري[2] ما نصه: " نفقة العدة لا تسقط، ولا يبرأ الزوج المخالع منها إلا إذا نص عليها صراحة ".

والمادة (150) من القانون السوداني[3] على أنه: " لا يسقط الطلاق على مال أو الإبراء منه إلا ما نص صراحة أنع عوض عن الطلاق ".

المسألة الثانية: نفقة المعتدة من وفاة

اختلف الفقهاء في وجوب نفقة العدة للمتوفى عنها زوجها على النحو التالي:

المذهب الأول: ذهب الحنفية[4] إلى أنه لا نفقة ولا سكنى للمتوفى عنها زوجها حاملاً كانت أم حائلاً، لأن احتباسها احتباسها عبادة وجبت حقاً للشرع ولأن نفقة الحمل في نصيبه من مال مورثه.

المذهب الثاني: ذهب المالكية[5] إلى أنه لا نفقة ولا مسكن للمتوفى عنها زوجها إذا كانت حائلاً، ولها المسكن فقط دون النفقة إن كانت حاملاً، لأنه حق تعلق بذمته فلا يسقطه الموت، سواء كان المسكن له أم لا.

المذهب الثالث: ذهب الشافعية[6] إلى أنه لا نفقة للمتوفى عنها زوجها حاملاً كانت أم حائلا، وفي وجوب السكنى قولان:

الأول: لا سكنى لها حائلاً كانت أم حاملاً قياساً على النفقة

---

[1] مشروع قانون الأحوال الشخصية الإماراتي: وزارة العدل ص 49.

[2] قانون الأحوال الشخصية السوري: وزارة العدل ص 39، قانون الأحوال الشخصية السوري: الكويفي ص49.

[3] قانون الأحوال الشخصية السوداني ص 54.

[4] رد المحتار: ابن عابدين 610/3، الهداية: المرغيناني 45/2،.

[5] حاشية الخرشي: الخرشي 192/4ـ193، الشرح الصغير: الدردير 741/2.

[6] مغني المحتاج: الشربيني 441/3، المهذب: الشيرازي 165/2

الثاني: لها السكنى لما روت فريعة بنت مالك أن النبي صلى الله عليه وسلم قال:﴿ **امكثي في بيتك أربعة أشهر وعشراً حتى يبلغ الكتاب أجله**﴾[1].

المذهب الرابع: ذهب الحنابلة[2] إلى أنه لا نفقة ولا سكنى للمعتدة من وفاة إن كانت حائلاً، لأن النكاح قد زال بالموت. وأما إن كانت حاملاً، ففي وجوب نفقتها روايتان عندهم:

الأولى: لها السكنى والنفقة لأنها حامل من زوجها، فكانت لها السكنى والنفقة كالمفارقة في الحياة.

والثانية: لا سكنى لها ولا نفقة، لأنه لا يجب على الميت حق، ولا يلزم بذلك الورثة، وإن كان للميت ميراث فنفقته من نصيبه، وإن لم يكن له ميراث لم يلزم وارث الميت الإنفاق على حمل امرأته.

مما سبق يتبين لنا اتفاق الفقهاء على أنه لا نفقة للمتوفى عنها زوجها إن كانت حائلاً، أما إذا كانت حاملاً فقد ذهب الجمهور ـ الحنفية والمالكية والشافعية والحنابلة في قول إلى أنه لا نفقة لها، وذهب الحنابلة في القول الثاني إلى أن لها النفقة.

أما بالنسبة للسكن فقد ذهب الجمهور -الحنفية والشافعية في قول والحنابلة في رأي- إلى أنه لا سكنى لها سواء أكانت حائلاً أم حاملاً.

وذهب الشافعية في القول الثاني والحنابلة في الرأي الآخر إلى أن لها السكنى حائلاً كانت أم حاملاً.

وذهب المالكية إلى أنه لا سكنى للمتوفى عنها زوجها إن كانت حائلاً، ولها السكنى إن كانت حاملاً.

رأي القانون

اختلفت القوانين العربية في حكم نفقة عدة المتوفى عنها زوجها على النحو التالي:

أولاً: أخذت بعض القوانين برأي الحنفية في عدم وجوب نفقة عدة للمتوفى عنها زوجها سواء كانت حاملاً أو حائلاً، ومنها: القانون الأردني[3] في المادة (144) حيث نص على أنه: "ليس للمرأة التي توفي زوجها سواء كانت حاملاً أو غير حامل نفقة عدة".

---

[1] سنن النسائي: النسائي، كتاب الطلاق.

[2] المغني: ابن قدامه 291/9.

[3] مجموعة التشريعات: الظاهر ص 136، القرارات القضائية ص 387.

ثانياً: وأخذت بعض القوانين بأحد قولي الشافعية القائل بأن للمتوفى عنها زوجها السكنى مدة العدة، ومنها: القانون السوداني[1] في المادة (74) ومشروع القانون العربي[2] في المادة (56) حيث نص على أنه: " تستحق معتدة الوفاة، السكنى في بيت الزوجية مدة العدة، ما لم تخرج منه برضاها ".

ومشروع القانون الخليجي[3] حيث نص في المادة (53) على أنه: " لا نفقة لمعتدة الوفاة وتستحق السكنى في بيت الزوجية مدة العدة ".

ثالثاً: كما أخذت القوانين الأخرى برأي الشافعية القائل بأنه ليس للمتوفى عنها زوجها نفقة ولا سكنى، ومنها: مشروع القانون الإماراتي[4] حيث نص في المادة (161) على أنه: " لا تجب لمن توفي عنها زوجها نفقة عدة ولو كانت حاملاً ".

ومشروع القانون الكويتي[5] حيث نص في المادة (164) على أنه: " لا نفقة لمعتدة من وفاة ولو كانت حاملاً ".

المسألة الثالثة: نفقة المعتدة من نكاح فاسد والموطوءة بشبهة

اختلف الفقهاء في حكم نفقة المعتدة من نكاح فاسد والموطوءة بشبهة على النحو التالي:

المذهب الأول: ذهب الحنفية إلى أن المعتدة من نكاح فاسد أو من وطء شبهة لا نفقة لها، واستثنى من ذلك العقد بلا شهود، فقد أوجبوا النفقة به، لأنه مختلف فيه[6].

المذهب الثاني: ذهب الحنابلة والشافعية إلى أنه لا نفقة ولا سكنى للمعتدة من نكاح فاسد إن كانت حائلاً، لأنه إذا لم يجب ذلك قبل التفريق، فبعده أولى، وإن كانت حاملاً ففي وجوبها قولان: الأول: لا نفقة لها، والثاني لها النفقة[7].

---

[1] قانون الأحوال الشخصية السوداني ص 27.

[2] المجلة العربية: الأمانة العامة ص 23.

[3] جريدة الخليج: ص 11.

[4] مشروع قانون الأحوال الشخصية الإماراتي: وزارة العدل ص 50.

[5] مشروع قانون الأحوال الشخصية الكويتي.

[6] رد المحتار: ابن عابدين 609/3.

[7] القولان مبنيان على هل النفقة للحمل أم للحامل ؟

أ- النفقة للحمل لا للحامل.

ب- النفقة للحامل لا للحمل.

أنظر مغني المحتاج: الشربيني 440/3، المهذب: الشيرازي 164/2، المغني: ابن قدامه 291/9 ـ293.

وكل معتدة من نكاح غير صحيح، كالموطوءة بشبهة وغيرها إن كان يلحق الواطئ نسب ولدها، فهي كالموطوءة في النكاح الفاسد، وإن كان لا يلحقه نسب ولدها كالزاني، فليس عليه نفقتها حاملاً كانت أو حائلاً، لأنه لا نكاح بينهما، ولا ينسب الولد إليه[1].

رأي القانون

أخذت بعض قوانين الأحوال الشخصية برأي الحنفية في أن المعتدة من زواج فاسد أو وطء شبهة لا نفقة لها ولا سكنى، ومن ذلك القانون الأردني[2] حيث استثنت المادة (42) النكاح الفاسد من أحكام المادة (79) عندما نصت على أن: " الزواج الفاسد الذي لم يقع به دخول لا يفيد حكماً أصلاً أما إذا وقع به دخول، فيلزم به المهر والعدة، ويثبت النسب وحرمة المصاهرة، ولا تلزم بقية الأحكام كالإرث **والنفقة** قبل التفريق أو بعده ".

وأخذ بعضها الآخر برأي الشافعية والحنابلة في أن لها نفقة العدة ومنها القانون السوري حيث نصت المادة (83) من القانون السوري[3] المادة (72) من القانون السوداني[4] والمادة (55) من مشروع القانون العربي[5] على أنه: " تجب على الزوج نفقة معتدته من طلاق أو تفريق أو فسخ ".

ونصت المادة (51) من القانون السوري على أن 1. الزواج الفاسد قبل الدخول في حكم الباطل.

2. ويترتب على الوطء فيه النتائج التالية منها: عدة الفراق في حالتي المفارقة أو موت الزوج ونفقة العدة دون التوارث بين الزوجين ".

ونصت المادة (38) من القانون التونسي[6] على أنه: " يجب على الزوج أن ينفق على زوجته المدخول بها وعلى مفارقته مدة عدتها.

---

[1] مغني المحتاج: الشربيني 440/3، المهذب: الشيرازي 164/2، المغني: ابن قدامه 291/9 ـ293.

[2] مجموعة التشريعات: الظاهر ص 112، القرارات القضائية: عمرو ص 366.

[3] قانون الأحوال الشخصية السوري: وزارة العدل ص 36، قانون الأحوال الشخصية السوري: الكويفي ص44.

[4] قانون الأحوال الشخصية السوداني ص 26.

[5] المجلة العربية: الأمانة العامة ص 23.

[6] موسوعة التشريعات: تونس.

كما نصت المادة (162) مشروع القانون الكويتي[1] والمادة (52) ومشروع القانون الخليجي[2] على أنه: " تجب النفقة للمعتدة من طلاق أو فسخ أو من دخول في زواج فاسد أو شبهة ".

أما مشروع القانون الإماراتي[3] فقد نص في المادة (195) على أنه: " تجب النفقة للمعتدة من طلاق أو فسخ ولو كان بسبب من جهتها إلا في حالة بقائها على الشرك مع إسلام الزوج، وذلك بدون إخلال بأحكام الخلع والتطليق ".

المسألة الرابعة: المعتدة من عدة بسبب معصية

إذا وقعت الفرقة بين الزوجين بسبب معصية من جهة الزوجة توجب التفريق بينهما كردتها وتقبيل ابن زوجها، فلا نفقة لها، لأنها حبست نفسها بغير حق فصارت كالناشز، بل أبعد، لأنها أزالت الحل بينهما

وإذا وقعت الفرقة بينهما بسبب من جهة الزوج كاللعان أو الإيلاء أو العنة أو الجب، فلها النفقة أثناء العدة، لأن الفرقة بسبب من جهة الزوج.

وإذا ارتدت المبتوتة في زمن العدة سقطت نفقتها، وإذا مكنت ابن زوجها من نفسها في أثناء العدة، وهي بائن من الزوج لم تسقط نفقتها، لأن الحرمة بينها وبين الزوج ثبتت بالطلاق البائن، ولا تأثير للردة ولا التمكين، غير أن المرتدة تحبس ولا نفقة للمحبوسة، والممكنة لا تحبس. وإذا سقطت النفقة للردة، فرجعت عن ردتها رجعت لها النفقة كالناشز[4]. كالناشز[4].

رأي القانون

نصت قوانين الأحوال الشخصية السوداني[5] على أنه إذا كانت الفرقة بسبب معصية من جهة الزوجة، فلا نفقة لها، لها، فقد جاء في المادة (72) ما نصه: " يجب على الزوج نفقة معتدة من طلاق أو تطليق أو فسخ، ما لم يكن الفسخ بسبب محظور من قبل الزوجة ".

---

[1] مشروع قانون الأحوال الشخصية الكويتي.

[2] جريدة الخليج: ص 11.

[3] مشروع قانون الأحوال الشخصية الإماراتي: وزارة العدل ص 49.

[4] رد المحتار: ابن عابدين 611/3،609، الهداية: المرغيناني 45/2.

[5] قانون الأحوال الشخصية السوداني: ص 26.

أما مشروع قانون الأحوال الشخصية الإماراتي[1] فقد نص على أنه لا نفقة عدة للمطلقة بسبب معصية إلا في حالة واحدة، حيث جاء في المادة (159) ما نصه: " تجب النفقة للمعتدة من طلاق أو فسخ ولو كان بسبب من جهتها إلا في حالة بقائها على الشرك مع إسلام الزوج، وذلك بدون إخلال بأحكام الخلع والتطليق ".

الفرع الخامس

قضايا النفقة

المسألة الأولى: نفقة زوجة المعسر

اختلف الفقهاء في حكم نفقة زوجة المعسر الذي لا يملك شيئاً، ولا يستطيع إنفاق شيء، ولا كسب له على النحو التالي:

المذهب الأول: ذهب الظاهرية وهو رأي عمر بن الخطاب[2] رضي الله عنه إلى أن نفقة زوجة المعسر تسقط، وأضاف الظاهرية بأنها إذا كانت غنية كلفت بالنفقة على زوجها، ولا ترجع عليه بشيء إن أيسر.

وقد استدلوا على ذلك بقول الله تعالى:**﴿ وعلى المولود له رزقهن وكسوتهن بالمعروف لا تكلف نفس إلا وسعها لا تضار والدة بولدها ولا مولود له بولده وعلى الوارث مثل ذلك﴾**[3]. فالزوجة وارثة، فعليها النفقة بنص القرآن.

وقد أجاب ابن قيم الجوزية على هذا الدليل بقوله: " لو تأمل أبا محمد سياق الآية، لتبين له خلاف ذلك فإن الله تعالى قال: **﴿ وعلى المولود له رزقهن وكسوتهن بالمعروف ﴾**[4]، وهذا ضمير الزوجات بلا شك، ثم قال: **﴿ وعلى الوارث مثل ذلك ﴾**، فجعل سبحانه على وارث المولود له، أو وارث الولد من رزق الوالدات وكسوتهن بالمعروف مثل ما على الموروث، فأين في الآية نفقة غير الزوجات "[5].

---

[1] مشروع قانون الأحوال الشخصية: وزارة العدل ص 49.

[2] المحلى: ابن حزم 254/9، زاد المعاد: ابن قيم الجوزية 384/5، الأحوال الشخصية: أبو زهرة ص 286 الهامش.

[3] سورة البقرة: آية 233.

[4] سورة البقرة: آية 233

[5] زاد المعاد: ابن قيم الجوزية 384/5.

المذهب الثاني: ذهب عامة الفقهاء ـ الحنفية والمالكية والشافعية والحنابلة[1] ـ إلى أن نفقة زوجة المعسر لا تسقط، ولكنهم اختلفوا في أن لها طلب الطلاق أو الصبر على زوجها على النحو التالي:

القول الأول: ذهب الحنفية ورواية عن الإمام أحمد والمزني من الشافعية وعطاء والزهري وابن شبرمة[2] إلى أن الزوجة لا تملك طلب التفريق للإعسار بالنفقة، ولها الحق في أن تطالب بها، فإذا طالبت بالنفقة، فإنها تؤمر بأن تستدين على حساب زوجها، والنفقة المستدانة بأمر القاضي لا تسقط إلا بالأداء أو الإبراء، وللدائن الرجوع على الزوج أو الزوجة، ولا تكون النفقة مستدانة على حساب الزوج إلا إذا صرحت بالاستدانة أو نوتها، وإذا أنكر الزوج استدانتها على حسابه، فالبينة على الزوجة، فإن عجزت، فالقول للزوج بلا يمين لأن الاطلاع على نيتها متعذر من جانبه، فلا يمكنه الحلف على عدم نيتها بالاستدانة.

أما إذا لم تجد من تستدين منه فإن نفقتها تجب على من يجب عليه أن ينفق عليها لو لم تكن متزوجة، ويرجع به على الزوج إذا أيسر، ويحبس قريبها إذا امتنع عن الإنفاق عليها، وهذا كله إذا كانت معسرة، أما إذا كانت موسرة فتجب عليها في مالها، وتكون ديناً على الزوج إذا أيسر.

وقد استدلوا على ذلك بما يلي:

1. قال الله تعالى: **﴿ وإن كان ذو عسرة فنظرة إلى ميسرة﴾**[3]

وجه الدلالة: تنص الآية الكريمة على أن المعسر منظر، وهذا عام يدخل تحته كل معسر ومنه إعسار الزوج بالنفقة، والمطالبة بالفرقة يناقض القول بالإمهال لحين اليسار.

وقد أجيب على الاستدلال بأن الآية تنص على الأمر بالتأخير والإمهال في حالة سداد الدين، إن وجد المدين ضيقاً في الأداء في الوقت المحدد، فوجب على الدائن الإمهال إلى حين اليسار أو إسقاط الدين بالكامل، ونحن نتحدث عن إعسار النفقة وهو لا يحتمل التأجيل.

---

[1] الاختيار: الموصلي 6/4، رد المحتار: ابن عابدين 591/3ـ592، الهداية: المرغيناني 41/2، الشرح الكبير: المقدسي 263/9، المغني: ابن قدامه 243/9.

[2] الاختيار: الموصلي 6/4، رد المحتار: ابن عابدين 591/3ـ592، الهداية: المرغيناني 41/2، الشرح الصغير: الدردير 745/2ـ746، حاشية الصاوي: الصاوي 745/2، الخرشي: الخرشي 196/3، الكافي: القرطبي 560/2ـ561، الإقناع: الشربيني 192/2ـ193، كفاية: الأخيار: الحصني 92/2، مغني المحتاج: الشربيني 442/3ـ445، الشرح الكبير: المقدسي 263/9، المغني: ابن قدامه 243/9.

[3] سورة البقرة: آية 280.

2. قال الـلـه تعالى:**﴿ لينفق ذو سعة من سعته ومن قدر عليه رزقه فلينفق مما آتاه الـلـه لا يكلف الـلـه نفساً إلا مال آتاها سيجعل الـلـه بعد عسر يسراً ﴾**[1].

وجه الدلالة: نصت الآية الكريمة على أن الإنفاق يكون على قدر الوسع والقدرة، ولا يكلف الـلـه نفساً فوق طاقتها، وأن من لم يقدر على النفقة لا يكلف بالإنفاق، فلا يجب عليه الإنفاق في هذه الحالة. وأن القول بجواز الفسخ للإعسار تكليف المعسر ما لا يطيق، وهو مرفوض بنص الآية الكريمة.

وقد أجيب على هذا الاستدلال: إن الآية جاءت لبيان أن المعسر لا يكلف أكثر من نفقة المعسرين، وأن الموسر مكلف بنفقة الموسرين، فلو عجز الزوج عن الإنفاق، ولو بمستوى نفقة المعسرين، فإنه يكون خارجاً عن مدلول الآية.

3. لأن في فسخ الزواج إبطال لحق الزوج بالكلية، وفي الأمر بالاستدانة تأخير لحق الزوجة وهو أخف ضرراً من الإبطال بالكلية، فكان أولى.

القول الثاني: ذهب عبيد الـلـه بن الحسن العنبري[2] قاضي البصرة إلى أن الزوج يحبس إلى أن ينفق.

وقد أجاب ابن قيم الجوزية على هذا الرأي بقوله: " ويا لله العجب ! لأي شيء يسجن ويجمع بين عذاب السجن وعذاب الفقر، وعذاب البعد عن الأهل ؟ سبحانك هذا بهتان عظيم، وما أظن من شم رائحة العلم يقول هذا "[3].

القول الثالث: ذهب جمهور الفقهاء[4] ـ المالكية والشافعية والحنابلة ـ إلى أنه إذا أعسر الزوج، فلم يستطع الإنفاق على زوجته، فإن للزوجة أن تطلب التفريق بينها وبين زوجها أو أن تصبر عليه.

وقد استدلوا على ذلك بما يلي:

---

[1] سورة الطلاق: آية 7.

[2] زاد المعاد: ابن قيم الجوزية 384/5، الشرح الكبير: المقدسي 263/9، المغني: ابن قدامه 243/9.

[3] زاد المعاد: ابن قيم الجوزية 384/5.

[4] الشرح الصغير: الدردير 745/2ـ746، حاشية الصاوي: الصاوي 745/2، الخرشي: الخرشي 196/3، الكافي: القرطبي 560/2ـ561، الإقناع: الشربيني 192/2ـ193، كفاية الأخيار: الحصني 92/2، مغني المحتاج: الشربيني 442/3ـ445، زاد المعاد: ابن قيم الجوزية 378/5 وما بعدها، الشرح الكبير: المقدسي 263/9، المغني: ابن قدامه 243/9.

1. قال اللـه تعالى: ﴿ **فإمساك بمعروف أو تسريح بإحسان**﴾[1].

وجه الدلالة: بينت الآية الكريمة أن استمرار الحياة الزوجية يكون بالمعاشرة بالمعروف، وإلا فالتفريق بإحسان، وإن من المعاشرة بالمعروف القيام بواجبات الزوجة كاملة بما فيها النفقة، وليس من الإمساك بالمعروف أن يترك زوجته دون نفقة فتعين التسريح بإحسان.

2. عن أبي هريرة رضي اللـه عنه قال: قال رسول اللـه صلى اللـه عليه وسلم : ﴿ **أفضل الصدقة ما كان عن ظهر غنى، واليد العليا خير من اليد السفلى، وابدأ بمن تعول، تقول المرأة إما أن تطعمني وإما أن تطلقني** ﴾[2].

وجه الدلالة: يدل الحديث الشريف على أن حق الزوجة على زوجها أن يطعمها، وينفق عليها، لأنها مسؤولة منه وإعالتها عليه، وإذا قصر وامتنع عن الإنفاق كان لها أن تطالب مفارقته بناء على التخيير الوارد في النص.

وقد أجيب عن هذا الاستدلال: أنهم قالوا لأبي هريرة سمعت هذا من رسول اللـه صلى اللـه عليه وسلم قال، لا، هذا من كيس أبي هريرة. ولأنه ليس فيه إلا حكاية قول المرأة أطعمني أو فارقني، وليس فيه ما يدل على أن الفراق واجب إذا طلبت الزوجة ذلك[3].

3. عن أبي الزناد قال سألت سعيد بن المسيب عن الرجل لا يجد ما ينفق على امرأته، أيفرق بينهما ؟ قال: نعم، قلت: سنة ؟ قال: سنة. وهذا ينصرف إلى سنة رسول اللـه صلى اللـه عليه وسلم [4].

وقد أجيب عن هذا الاستدلال: بأن سعيد بن المسيب لم يقل سنة رسول اللـه صلى اللـه عليه وسلم ، وحتى لو قال فإنه من مراسيل سعيد بن المسيب، ولا حجة فيه[5].

4. ثبت أن عمر الخطاب كتب إلى أمراء الأجناد في رجال غابوا عن نسائهم، فأمرهم بأن ينفقوا أو يطلقوا، فإن طلقوا بعثوا بنفقة ما مضى[6].

وقد أجيب عن ذلك: بأن الكتاب موجه إلى القادرين على النفقة لذلك أمرهم بالنفقة الماضية، كما أنه ليس فيه ذكر المعسر، بل صح عنه إسقاط طلبها بالفسخ[7].

---

[1] سورة البقرة: آية 231.

[2] البخاري: صحيح البخاري.

[3] المحلى: ابن حزم 257/9.

[4] زاد المعاد: ابن قيم الجوزية 380/5.

[5] زاد المعاد: ابن قيم الجوزية 380/5، المحلى: ابن حزم 358/9.

[6] السنن الكبرى: البيهقي، المغني: ابن قدامه 243/9.

[7] المحلى: ابن حزم 257/9.

5. لأنه إذا ثبت لها الفسخ بالعجز عن الوطء والضرر فيه أقل، لأنه إنما هو فقد لذة وشهوة يقوم البدن بدونه، فلأن يثبت بالعجز عن النفقة التي لا يقوم البدن إلا بها.

وأجيب عن ذلك: بأنه لا يصح القياس على العجز عن الوطء لأنه يفوت بذلك مقصود النكاح وهو التوالد، والمال تابع فلا يلحق بما هو أصل، والنفقة لا تفوت، بل تكون ديناً في ذمته، وتستدين عليه.

وإذا رضيت الزوجة بإعسار الزوج، ثم بدا لها التفريق بينها وبين زوجها، فلها ذلك عند الشافعية والحنابلة، لأن الضرر يتجدد، وليس لها طلب التفريق عند المالكية والحنابلة في رواية لأنها رضيت به [1].

كما اختلفوا في حكم التفريق بين الزوجين للإعسار على النحو التالي:

الرأي الأول: ذهب المالكية[2] إلى أنه طلاق، فلا بد من الرفع إلى القاضي حتى يلزمه أن ينفق عليها أو يطلقها، فإن أبى طلق الحاكم عليه طلقة رجعية، ولا يحق له أن يراجعها إلا إذا أيسر وأصبح قادراً على النفقة عليها.

الرأي الثاني: ذهب الشافعية والحنابلة[3] إلى أنه فسخ، فلا بد من الرفع إلى القاضي ليثبت الإعسار، فإن ثبت الإعسار خيرت المرأة بين المقام والفسخ، فإن اختارت الفسخ، وطلق الزوج بأمر من القاضي فهو طلاق رجعي، وإن لم يطلق الزوج وفرق الحاكم بينهما، فهو فسخ لا رجعة فيه، وذلك لأن الفرقة لعجزه عن الواجب لها عليه أشبهت فرقة العنة.

الترجيح

بعد التأمل في أصول الشريعة وقواعدها، وما اشتملت عليه من المصالح ودرء المفاسد، ودفع أعلى المفسدتين باحتمال أدناهما يتبين لنا ترجيح مذهب الحنفية القائل **بأنه ليس للزوجة أن تطلب التفريق بينها وبين زوجها لعدم قدرته على النفقة، ولها أن تطالب بالنفقة، وتؤمر بأن تستدين على حساب زوجها، ويبقى ديناً في ذمته. إذ ليس من العشرة بالمعروف أن تطلب**

---

[1] الإقناع: الشربيني 193/2، مغني المحتاج: الشربيني 445/3، زاد المعاد: ابن قيم الجوزية 381/5، الشرح الكبير: المقدسي 265/9، المغني: ابن قدامه 248/9.

[2] الخرشي: الخرشي 196/3ـ198، حاشية الصاوي: الصاوي 745/2ـ747، الشرح الصغير: الدردير 745/2ـ747، زاد المعاد: ابن قيم الجوزية 381/5..

[3] زاد المعاد: ابن قيم الجوزية 381/5، المغني: ابن قدامه 247/9.

الزوجة التفريق بينها وبين زوجها لإعساره بالنفقة، بل إن من العشرة بالمعروف أن تصبر على ذلك، وتعين زوجها على مجاوزة هذه المحنة التي مر بها الزوج.

هذا وقد أمر الـلـه سبحانه وتعالى في الآية الكريمة صاحب الـدين:**﴿ وإن كـان ذو عسـرة فنظـرة إلى ميسـرة ﴾**[1]، صاحب الدين أن ينظر المعسر إلى الميسرة، وغاية النفقة أن تكون ديناً، والمرأة مأمورة بإنظار الزوج إلى الميسر ة بنص الآية الكريمة، هذا إن قيل: تثبت النفقة في ذمة الزوج، وإن قيل تسقط بمضي الزمان، فالفسخ أبعد وأبعد.

وليس لصاحب الحق إلا أن يصبر على المعسر أو يتصدق عليه، وما عدا ذلك ظلم وجـور، والزوجـة صـاحبة حـق، وليس لها إلا أن تصبر على زوجها إلى الميسرة أو تتصدق عليه، ولا حق لها فيما عدا ذلك.

بالإضافة إلى ما سبق فإننا لم نجد بأن رسول الـلـه **صلى الـلـه عليه وسلم** قد مكن امـرأة مـن التفريـق بينها وبين زوجها لإعساره، ولا أخبرها أن التفريق حق لها، فـإن شـاءت صـبرت، وإن شـاءت فسـخت، مـع كـثرة الصحابة المعسرين، وهو الذي يشرع الأحكام عن الـلـه تعالى بأمره

كما أن الفقر والغنى ليس بيد الإنسان فقد يستغني الرجل زمناً ويفتقر زمناً آخـر، فلـو أن كـل مـن افتقـر، كـان لزوجته أن تطلب التفريق بينهما، لعم البلاء، وكثر الفساد، وانتشر الشر، وكان الفراق بيد أكثر النساء، لأن الكثير من الناس يصبه الفقر ويعجز عن النفقة.

بل إن التفريق بين الزوجين للإعسار يترتب عليه مفسدة أعظـم مـن العجـز عـن النفقـة، حيـث يـؤدي ذلـك إلى تشتت الأسرة وبالتالي ضياع الأبناء وانحرافهم بسبب هـذا الفـراق، بـل إن الأمـر اكـثر مـن ذلـك، فقـد يلجـأ الزوجـان إلى الانحراف من أجل إشباع الغريزة الجنسية وخاصة أن كلاً منهما بحاجة إلى المال، فيكون الانحراف طريقاً سهلاً لجمع المال وإشباع الغريزة الجنسية، وأي مفسدة أعظم وأكبر من هذه المفسدة.

لذلك فإن القول بأنه ليس للزوجة أن تطلب التفريق بينها وبين زوجها بسبب إعساره هو الرأي الصواب، فكيـف يؤمر الزوج بالنفقة على زوجته المريضة مرضاً يمنعه من الاستمتاع بها وإن طـال المـرض نفقـة كاملـة مـع إعسـار زوجتـه بالوطء، ثم يسمح لها بالتفريق بسبب إعساره عن النفقة التي غايتها أن تكون عوضاً عن الاستمتاع ؟

[1] سورة البقرة: آية 280.

المسألة الثانية: امتناع الزوج عن النفقة على زوجته مع يساره

إذا كان الزوج موسراً وامتنع عن الإنفاق على زوجته، فإن كان له مال ظاهر أخذت منه قدر حاجتها ولا خيار لها، لأن الرسول صلى الله عليه وسلم أمر هنداً أن تأخذ من مال أبي سفيان ما يكفيها وولدها بالمعروف بقوله: ﴿ **خذي ما يكفيك وولدك بالمعروف**﴾[1].

وإن لم يكن له مال تأخذ منه رفعت أمرها إلى القاضي، فيأمره القاضي بالنفقة ويجبره عليها، فإن أبى حبسه حتى ينفق، فإن صبر على الحبس، أخذ الحاكم النفقة من ماله، فإن لم يجد إلا عروضاً أو عقاراً باع منها الحاكم، ودفع لها النفقة عند جمهور الفقهاء والصاحبان من الحنفية، لحديث هند زوجة أبي سفيان، ولأن ذلك مال له فتؤخذ منه النفقة كالدراهم والدنانير، وللحاكم ولاية عليه إذا امتنع بدليل ولايته على الدراهم والدنانير. وقال أبو حنيفة النفقة سن ماله من الدنانير والدراهم، ولا يبيع عرضاً إلا بتسليم، لأن بيع مال الإنسان لا ينفذ إلا بإذنه أو إذن وليه، ولا ولاية على الرشيد.

رأي القانون في الامتناع أو الإعسار بالنفقة

أولاً: قانون الأحوال الشخصية الأردني[2]:

تناولت المواد (66) و (73) و (74) و (75) و (127) و (129) من القانون أحكام نفقة الزوج الحاضر الممتنع عن النفقة سواء كان موسراً أو معسراً أو مقصراً بالبيان كما يلي:

المادة (66 فقرة ب): " يلزم الزوج بدفع النفقة إلى زوجته إذا امتنع عن الإنفاق عليها أو ثبت تقصيره ".

المادة (73): " إذا امتنع الزوج الحاضر عن الإنفاق على زوجته وطلبت الزوجة النفقة يقدر القاضي نفقتها اعتباراً من يوم الطلب، ويأمر بدفعها سلفاً للأيام التي يعينها ".

المادة (74): " إذا عجز الزوج عن الإنفاق على زوجته وطلبت الزوجة نفقة لها يقدرها القاضي من يوم الطلب على أن تكون ديناً في ذمته، ويأذن للزوجة أن تستدين على حساب الزوج ".

المادة (75): " إذا حكم للزوجة بنفقة على الزوج وتعذر تحصيلها منه يلزم بالنفقة من تجب عليه نفقتها فيما لو فرضت غير ذات زوج ويكون له حق الرجوع بها على الزوج ".

---

[1] سبق تخريجه.

[2] مجموعة التشريعات: الظاهر ص 117، 119،131، القرارات القضائية: عمرو ص 371، 372، 382.

المادة (129): " تطليق القاضي لعدم الإنفاق يقع رجعياً إذا كان بعد الدخول أما إذا كان قبل الدخول يقع بائناً، وإذا كان الطلاق رجعياً فللزوج مراجعة زوجته أثناء العدة إذا ثبت يساره بدفع نفقة ثلاثة أشهر مما تراكم عليه من نفقتها وباستعداده للإنفاق فعلاً في أثناء العدة فإذا لم يثبت يساره بدفع النفقة ولم يستعد للإنفاق فلا تصح الرجعة ".

ثانياً: قانون الأحوال الشخصية التونسي[1]:

ورد في الفصل (39) من القانون ما نصه: " لا يلزم الزوج بالنفقة إذا أعسر إلا أن الحاكم يتلوم له شهرين فإن عجز بعد إتمامهما عن الإنفاق طلقت عليه زوجته وإذا كانت الزوجة عاملة بعسره حين العقد فلا حق لها في طلب الطلاق ".

ثالثاً: قانون الأحوال الشخصية السوداني:

بحثت المواد (71) و (174) و (181) [2]أحكام نفقة الزوج الحاضر الممتنع عن النفقة سواء كان موسراً أو معسراً أو مقصراً كما يلي:

المادة (71 فقرة 2): " يجب على القاضي أن يأذن للزوجة باستدانة النفقة الزوجية ".

المادة (174): " يجوز للزوجة طلب التطليق من زوجها لعدم الإنفاق عليها إذا لم يكن له مال ظاهر وامتنع عن الإنفاق عليها وثبت إعساره ".

المادة (181): " يقع الطلاق للإعسار أو لعدم الإنفاق رجعياً ".

رابعاً: قانون الأحوال الشخصية السوري[3]:

بينت المواد (71) و (80) و (110) و (111) أحكام نفقة الزوج الحاضر الممتنع عن النفقة سواء كان موسراً أو معسراً أو مقصراً على النحو التالي:

المادة (71 فقرة 2): " يلزم الزوج بدفع النفقة إلى زوجته إذا امتنع عن الإنفاق عليها أو ثبت تقصيره ".

---

[1] موسوعة التشريعات: تونس

[2] قانون الأحوال الشخصية السوداني ص 26،61،64.

[3] قانون الأحوال الشخصية السوري: وزارة العدل ص 35، 42، قانون الأحوال الشخصية السوري: الكويفي ص 41،43،51.

المادة (80): " 1. إذا حكم للزوجة بنفقة على الزوج وتعذر تحصيلها منه يلزم من يكلف بنفقتها فيما لو فرضت غير ذات زوج أن ينفق عليها بالقدر المفروض ويكون له حق الرجوع بها على الزوج.

2. إذا أذن لها بالاستدانة ممن ليس مكلفاً بنفقتها فله الخيار بين الرجوع على الزوج أو الرجوع عليها وهي ترجع على زوجها ".

المادة (110): " 1. يجوز للزوجة طلب التفريق إذا امتنع الزوج الحاضر عن الإنفاق على زوجته ولم يكن له مال ظاهر ولم يثبت عجزه عن النفقة.

2. إن ثبت عجزه أو كان غائبا أمهله القاضي مدة مناسبة لا تتجاوز ثلاثة أشهر فإن لم ينفق فرق القاضي بينهما ".

المادة (111): " تفريق القاضي لعدم الإنفاق يقع رجعياً وللزوجة أن يراجع زوجته في العدة بشرط أن يثبت يساره ويستعد للإنفاق ".

خامساً: قانون الأحوال الشخصية العراقي[1]:

فصلت المواد (29) و (30) و (45) من القانون) أحكام نفقة الزوج الحاضر الممتنع عن النفقة سواء كان موسراً أو معسراً أو مقصراً على النحو التالي:

المادة (29): " إذا ترك الزوج زوجته بلا نفقة ن واختفى أو تغيب أو فقد حكم لها القاضي بالنفقة من تاريخ إقامة الدعوى بعد إقامة البينة على الزوجية وتحليف الزوجة بان الزوج لم يترك لها نفقة وأنها ليست ناشزاً ولا مطلقة انقضت عدتها، ويأذن لها القاضي بالاستدانة باسم الزوج لدى الحاجة ".

المادة (30): " إذا كانت الزوجة معسرة ومأذونة بالاستدانة حسب المادة السابقة فإن وجد من تلزمه نفقتها (لو كانت ليست بذات زوج) فيلزم بإقراضها عند الطلب والمقدرة وله حق الرجوع على الزوج فقط. وإذا استدانت من أجنبي فالدائن بالخيار في مطالبة الزوجة أو الزوج وإن لم يوجد من يقرضها وكانت غير قادرة على عمل التزمت الدولة بالإنفاق عليها ".

المادة (45): " 1. للزوجة أن ترفع الدعوى بطلب التفريق من زوجها في الحالتين الآتيتين:

---

[1] الأحوال الشخصية: الكبيسي 405/2، 409.

" أ.امتناع الزوج عن الإنفاق عليها دون عذر مشروع بعد إمهاله مدة أقصاها ستون يوماً.

ب. تعذر تحصيل النفقة من الزوج بسبب تغيبه أو فقده أو اختفائه أو الحكم عليه بالحبس مدة تزيد على السنة

2. يعتبر تفريق القاضي في الحالتين المتقدمتين طلاقاً رجعياً ".

خامساً: قانون الأحوال الشخصية المغربي[1]:

نصت مدونة الأحوال الشخصية المغربية في الفصل (53) على أحكام نفقة الزوج الحاضر الممتنع عن النفقة سواء كان موسراً أو معسراً أو مقصراً، حيث جاء فيه ما نصه:" 1. يجوز للزوجة أن تطلب من القاضي تطليقها من زوجها الحاضر إذا امتنع من الإنفاق عليها فأن كان له مال ظاهر نفذ الحكم عليه فإن لم يكن له مال ظاهر ولم يقل أنه موسر أو معسر ولكن أصر على عدم الإنفاق طلق عليه القاضي في الحال وإن ادعى العجز وأثبته أمهله القاضي مدة مناسبة لا تتجاوز ثلاثة أشهر فإن لم ينفق طلقها عليه فإن لم يثبته أمره بالإنفاق أو الطلاق فإن لم يفعل طلق عليه.

2. التطليق من أجل الإنفاق يقع رجعياً وللزوج أن يراجع زوجته في العدة بشرط أن يثبت يساره ويظهر استعداده للإنفاق ".

سادسا: قانون الأحوال الشخصية المصري[2]:

وضح قانون الأحوال الشخصية المصري رقم 25 لسنة 1929 في المواد (4) و (6) أحكام نفقة الزوج الحاضر الممتنع عن النفقة سواء كان موسراً أو معسراً أو مقصراً كما يلي:

المادة (4): " إذا امتنع الزوج عن الإنفاق على زوجته فإن كان له مال ظاهر نفذ الحكم عليه فإن لم يكن له مال ظاهر ولم يقل أنه معسر أو موسر ولكن أصر على عدم الإنفاق طلق عليه القاضي في الحال وإن ادعى العجز فإن لم يثبته أمهله مدة لا تزيد على شهر فإن لم ينفق طلق عليه بعد ذلك ".

---

[1] مدونة الأحوال الشخصية: الرباط ص 25،، أحكام الأسرة: ابن معجوز ص 362، الوثائق العدلية: العراقي ص 136.

[2] موسوعة النصوص الشرعية: العمروسي ص 39،40.

المادة (6): " تطليق القاضي لعدم الإنفاق يقع رجعياً وللزوج أن يراجع زوجته إذا ثبت إيساره واستعد للإنفاق في أثناء العدة فإن لم يثبت إيساره ولم يستعد للإنفاق لم تصح الرجعة ".

سابعاً: مشروع قانون الأحوال الشخصية الإماراتي[1]:

شرحت المواد (74) و (109) من القانون أحكام نفقة الزوج الحاضر الممتنع عن النفقة سواء كان موسراً أو معسراً أو مقصراً على النحو التالي:

المادة (74): " 1. إذا تعذر على الزوجة الحصول على نفقتها من الزوج بسبب الإعسار أو غيره وكان لها مال تمكن النفقة منه، قرر لها القاضي نفقة الكفاية وأذنها بأن تنفق على نفسها ليكون ديناً على الزوج.

2. فإن لم يكن لها مال وجب على من تجب نفقتها عليه عند عدم الزوج إعطاؤها نفقة الكفاية المقدرة، ويكون له حق الرجوع على الزوج، فإن لم يوجد من تجب نفقتها عليه أو كان من تجب عليه النفقة غير قادر على أدائها كاملة حكمت المحكمة بوجوبها كلها أو بعضها في بيت المال (خزانة الدولة).

3. فرض النفقة للزوجة بالقضاء أو التراضي يبيح لها حق الاقتراض ممن تشاء عند الحاجة ويكون للمقرض حق الرجوع على الزوج ".

المادة (109): " إذا امتنع الزوج الحاضر عن الإنفاق على زوجته ن ولم يكن له مال ظاهر يكن التنفيذ فيه بالنفقة الواجبة في مدة قريبة جاز لزوجته طلب التطليق.

2. فإن قال أنه معسر ولم يثبت إعساره طلق عليه القاضي في الحال وكذلك إن لم يقل إنه موسر أو معسر أو قال إنه موسر وأصر على عدم الإنفاق.

وإن ثبت إعساره أمهله القاضي مدة لا تزيد على شهر، فإن لم ينفق طلق عليه القاضي".

ثامناً: مشروع قانون الأحوال الشخصية الكويتي[2]:

تطرقت المواد (120) و (121) و (122) من القانون لبيان أحكام نفقة الزوج الحاضر الممتنع عن النفقة سواء كان موسراً أو معسراً أو مقصراً كما يلي:

---

[1] مشروع قانون الأحوال الشخصية الإماراتي: وزارة العدل ص 22، 33.

[2] مشروع قانون الأحوال الشخصية الكويتي.

المادة (120): " 1. إذا امتنع الزوج الحاضر عن الإنفاق على زوجته، وليس له مال ظاهر ولم يثبت إعساره فلزوجته طلب التطليق ويطلق القاضي عليه في الحال وله أن يتوقى بدفع نفقتها الواجبة من تاريخ رفع الدعوى.

ب. إذا أثبت الزوج إعساره أو كان غائباً في مكان معلوم أو محبوساً، وليس له مال ظاهر امهله القاضي مدة لا تقل عن شهر ولا تتجاوز ثلاثة أشهر مضافاً إليها المواعيد المقررة للمسافة ليؤدي النفقة المذكورة فغن لم ينفق طلقها عليه ".

المادة (121): " تطليق القاضي لعدم الإنفاق يقع رجعياً.

وللزوج أن يراجع زوجته في العدة إذا اثبت للمحكمة إيساره بحيث يقدر على مداومة نفقتها، واستعد للإنفاق ".

المادة (122): " إذا تكرر رفع الدعوى لعدم الإنفاق اكثر من مرتين ن وطلبت الزوجة التطليق للضرر طلقها القاضي عليه بائناً ".

تاسعاً: مشروع قانون الأحوال الشخصية بدول مجلس التعاون الخليجي[1]:

ناقش الفصل (108) من القانون أحكام نفقة الزوج الحاضر الممتنع عن النفقة سواء كان موسراً أو معسراً أو مقصراً، حيث جاء فيه ما نصه: " أ. للزوجة طلب التطليق إذا امتنع زوجها عن الإنفاق عليها، أو تعذر استيفاء النفقة منه وليس له مال ظاهر، ولم يثبت إعساره، ولا تطلق عليه إلا بعد إمهاله مدة يحددها له القاضي.

ب. لا تطلق الزوجة لإعسار الزوج إذا علمت بعسره قبل الزواج ورضيت بذلك.

ج. لا تطلق الزوجة الموسرة على زوجها المعسر ".

عاشراً: مشروع قانون الأحوال الشخصية العربي الموحد:

ذكرت المواد (115) و (116) من القانون أحكام نفقة الزوج الحاضر الممتنع عن النفقة سواء كان موسراً أو معسراً أو مقصراً كما يلي:

المادة (115): " " أ. للزوجة طلب التطليق إذا امتنع زوجها عن الإنفاق عليها، وليس له مال ظاهر، ولم يثبت إعساره.

ب. لا تطلق الزوجة علي زوجها إلا بعد منحه أجلاً لا يتجاوز ثلاثة أشهر.

[1] جريدة الخليج: ص 11.

ج. لا تطلق الزوجة إذا كان الإعسار بسبب خارج عن إرادة الزوج إذا علمت بعسره قبل الزواج ورضيت بذلك ".

المادة (116): "يعتبر التطليق لعدم الإنفاق رجعياً، فإن تكررت الشكوى بسببه كان بائناً".

المسألة الثالثة: نفقة زوجة الغائب

إذا غاب الزوج عن زوجته غيبة طويلة، أو كان موجوداً في نفس البلد غير أنه متخف بحيث يتعذر إحضاره إلى القضاء، ولم يترك لها نفقة، ورفعت أمرها إلى القاضي، فرض لها القاضي النفقة، بعد أن يتحقق بالبينة ويمين الزوجة أن الزوج لم يترك لها نفقة وأنها ليست ناشزة ولا مطلقة انقضت عدتها، وأن زوجها لم يترك لها نفقة معجلة قبل غيابه، ويطلب منها كفيلاً على ذلك، حفظاً لمصلحة الغائب بحيث لو عاد وأثبت عدم صدقها استرد ما حكم لها به من نفقة، فإذا ثبت له استحقاقها للنفقة فرضها من ماله من الدراهم والدنانير، أو في ماله من الطعام والكسوة. ويدفعها وكيل الزوج أو مودعه أو مدينه المقرين بالمال للزوج وبالزوجية، ولا يبيع عروضه من غير جنس ما يستحقون عند الحنفية، لأن بيع العروض لا يصح إلا بإذنه[1].

وذهب المالكية[2] إلى أن القاضي يفرض لها النفقة في مال زوجها الغائب أو في وديعته أو في دينه على الناس بعد أن يتأكد من استحقاقها للنفقة، وأنه لم يترك لها مالاً ولا نفقة، وتباع داره في نفقتها إن لم يكن له مال غيرها.

وإذا لم يترك الزوج الغائب مالاً وطلبت الزوجة فرض النفقة لها عليها وإذنها بالاستدانة لا يجيبها القاضي لطلبها، لأنه لا يجوز القضاء على الغائب عند الحنفية غير زفر فقد أجاز ذلك كله نظراً لمصلحة المرأة، ولأنه لا ضرر على الغائب، فإنه إن حضر وصدقها أو أقامت البينة أو نكل عن اليمين فقد أخذت حقها، وإن ظهر أنها غير محقة رجع الغائب على المرأة أو الكفيل[3].

---

[1] رد المحتار: ابن عابدين 604/3ـ607،مغني المحتاج: الشربيني 442/3، المغني: ابن قدامه282/9ـ283.

[2] حاشية الخرشي: الخرشي 199/3، الشرح الصغير: الدردير 747/32.

[3] رد المحتار: ابن عابدين 607/3.

رأي القانون

أخذت قوانين الأحوال الشخصية بآراء الفقهاء في حكم نفقة زوجة الغائب وذلك على النحو التالي:

أولاً: قانون الأحوال الشخصية الأردني[1]: فقد نص القانون في المادة (76)على أنه: " إذا تغيب الزوج وترك زوجته بلا نفقة أو سافر إلى محل قريب أو بعيد فقد يقدر القاضي نفقتها من يوم الطلب بناء على البينة التي تقيمها الزوجة على قيام الزوجية بينهما بعد أن يحلفها اليمين على أن زوجها لم يترك لها نفقة، وعلى أنها ليست ناشزة ولا مطلقة انقضت عدتها ".

والمادة (77) على أنه: " يفرض القاضي من حين الطلب نفقة لزوجة الغائب في ماله منقولاً أو غير منقول أو على مدينه أو على مودعه المقرين بالمال والزوجة أو غير المنكرين لهما أو لأحدهما بعد إثبات مواقع الإنكار بالبينة الشرعية وبعد تحليفها في جميع الحالات اليمين الشرعية السابقة ".

والمادة (128) على أنه: " إذا كان الزوج غائباً غيبة قريبة فإن كان له مال يمكن تنفيذ حكم النفقة فيه نفذ حكم النفقة في ماله وإن لم يكن أعذر إليه القاضي وضرب له أجلاً فإن لم يرسل ما تنفق منه الزوجة على نفسها أو لم يحضر للإنفاق عليها طلق عليه القاضي بعد الأجل المضروب وإن كان بعيد الغيبة لا يسهل الوصول إليه أو كان مجهول المحل وثبت أنه لا مال له تنفق منه طلق عليه القاضي بلا إعذار وضرب أجل وتسري أحكام هذه المادة على المسجون الذي يعسر بالنفقة ".

ثانيا: قانون الأحوال الشخصية التونسي[2]: نصت مجلة الأحوال الشخصية التونسية في الفصل (40) على أنه ": إذا غاب الزوج عن زوجته ولم يكن له مال ولم يترك لها نفقة ولم يقم أحد بالإنفاق عليها حال غيابه ضرب له الحاكم أجلا مدة شهر عسى أن يظهر ثم طلق عليه بعد ثبوت ما سلف وحلف المرأة على ذلك ".

والفصل (41): " إذا أنفقت الزوجة على نفسها بقصد الرجوع على زوجها الغائب فلها مطالبته بذلك ".

---

[1] مجموعة التشريعات: الظاهر: ص 119، 131.

[2] موسوعة التشريعات: تونس.

ثالثاً: قانون الأحوال الشخصية السوري[1]: فقد جاء في المادة (80) من القانون ما نصه: " 1. إذا حكم للزوجة بنفقة على الزوج وتعذر تحصيلها منه يلزم من يكلف بنفقتها فيما لو فرضت غير ذات زوج أن ينفق عليها بالقدر المفروض ويكون له حق الرجوع بها على الزوج.

2. إذا أذن لها بالاستدانة ممن ليس مكلفاً بنفقتها فله الخيار بين الرجوع على الزوج أو الرجوع عليها وهي ترجع على زوجها ".

و (الفقرة 2 من المادة110): " إن ثبت عجزه أو كان غائبا أمهله القاضي مدة مناسبة لا تتجاوز ثلاثة أشهر فإن لم ينفق فرق القاضي بينهما ".

رابعاً: قانون الأحوال الشخصية العراقي[2]: حيث نص في المادة (29) على أنه: " إذا ترك الزوج زوجته بلا نفقة، واختفى أو تغيب أو فقد حكم لها القاضي بالنفقة من تاريخ إقامة الدعوى بعد إقامة البينة على الزوجية وتحليف الزوجة بان الزوج لم يترك لها نفقة وأنها ليست ناشزاً ولا مطلقة انقضت عدتها، ويأذن لها القاضي بالاستدانة باسم الزوج لدى الحاجة ".

والمادة (30): " إذا كانت الزوجة معسرة ومأذونة بالاستدانة حسب المادة السابقة فإن وجد من تلزمه نفقتها (لو كانت ليست بذات زوج) فيلزم بإقراضها عند الطلب والمقدرة وله حق الرجوع على الزوج فقط. وإذا استدانت من أجنبي فالدائن بالخيار في مطالبة الزوجة أو الزوج وإن لم يوجد من يقرضها وكانت غير قادرة على عمل التزمت الدولة بالإنفاق عليها ".

والمادة (45): " 1. للزوجة أن ترفع الدعوى بطلب التفريق من زوجها في الحالتين الآتيتين: "

أ.امتناع الزوج عن الإنفاق عليها دون عذر مشروع بعد إمهاله مدة أقصاها ستون يوماً.

ب. تعذر تحصيل النفقة من الزوج بسبب تغيبه أو فقده أو اختفائه أو الحكم عليه بالحبس مدة تزيد على السنة

خامساً: قانون الأحوال الشخصية المصري[3]: فقد نص في المادة (5): " إذا كان الزوج غائباً غيبة قريبة فإن كان له مال ظاهر نفذ الحكم عليه بالنفقة في ماله وإن لم يكن له مال

---

[1] قانون الأحوال الشخصية السوري: وزارة العدل ص 35،42 قانون الأحوال الشخصية السوري: الكويفي ص43، 51.

[2] الأحوال الشخصية: الكبيسي 405،409/2.

[3] قانون الأحوال الشخصية المصري رقم 25 لسنة 1929، موسوعة النصوص الشرعية: العمروسي ص 41.

ظاهر أعذر إليه القاضي بالطرق المعروفة وضرب له أجلاً فإن لم يرسل ما تنفق منه الزوجة على نفسها أو لم يحضر للإنفاق عليها طلق عليه القاضي بعد مضي الأجل فإن كان بعيد الغيبة لا يسهل الوصول إليه أو كان مجهول المحل، أو كان مفقوداً وثبت أنه لا مال له تنفق منه طلق عليه القاضي.

وتسري أحكام هذه المادة على المسجون الذي يعسر بالنفقة ".

سادساً: مشروع قانون الأحوال الشخصية الإماراتي[1]: حيث نص في المادة (110) على أنه: " 1. إذا كان الزوج غائباً في مكان معلوم فإن كان له مال ظاهر نفذ عليه الحكم بالنفقة من ماله، وإن لم يكن له مال ظاهر اعذره القاضي وأمهله مدة مناسبة مضافاً إليها مواعيد المسافة المقررة، فإن لم ينفق ولم يحضر النفقة طلق عليه القاضي بعد مضي المدة ويسري هذا الحكم على المحبوس.

2. وإن كان غائباً في مكان مجهول، أو لا يسهل الوصول إليه، أو كان مفقوداً، وثبت أنه لا مال له يمكن أخذ النفقة منه، طلق عليه القاضي ".

سابعاً: مشروع قانون الأحوال الشخصية الكويتي[2]: فقد جاء في المادة (120) ما نصه: " ب. إذا أثبت الزوج إعساره أو كان غائباً في مكان معلوم أو محبوساً، وليس له مال ظاهر أمهله القاضي مدة لا تقل عن شهر ولا تتجاوز ثلاثة أشهر مضافاً إليها المواعيد المقررة للمسافة ليؤدي النفقة المذكورة، فإن لم ينفق، طلقها عليه ".

ج. إذا كان الزوج غائباً في مكان مجهول، أو كان مفقوداً وليس له مال ظاهر طلق عليه القاضي بلا إمهال ".

المسألة الرابعة: صفة دين النفقة

لا خلاف بين الفقهاء في أن نفقة الزوجة تجب على زوجها بمجرد العقد الصحيح، ولكن الخلاف في وقت اعتبارها دينا في ذمة الزوج وفي صفته على النحو التالي:

---

[1] قانون الأحوال الشخصية الإماراتي: وزارة العدل ص 34.

[2] مشروع قانون الأحوال الشخصية الكويتي.

المذهب الأول: ذهب جمهور الفقهاء[1] إلى أن النفقة تصير ديناً في ذمة الزوج منذ امتناعه عن الإنفاق بعد وجوبها عليه، وإن لم تكن النفقة مفروضة بالتراضي أو بحكم القاضي، ولذلك فهي دين قوي لا يسقط إلا بأحد أمرين هما الأداء أو الإبراء. وقد استدلوا على ذلك بقول الله تعالى: **﴿لينفق ذو سعة من سعته﴾**[2]، وقوله سبحانه وتعالى: **﴿وعلى المولود له رزقهن﴾**[3]، فقد جاء الأمر في الآيتين بالإنفاق على الزوجة مطلقاً عن الوقت. وذلك لأن النفقة عوض لا شبه لها بالصلة، ولذا فهي دين كسائر الديون تثبت من وقت استحقاقها.

المذهب الثاني: ذهب الحنفية والحنابلة في رواية[4] إلى أن النفقة لا تصير دينا في ذمة الزوج بمجرد الامتناع بعد الوجوب، وإنما تصير ديناً بأحد أمرين هما: حكم القاضي بالنفقة أو التراضي بين الزوجين على تقديرها، ومعنى ذلك أنه ليس للزوجة الحق في المطالبة بنفقة سابقة إلا إذا صدر حكم قضائي بها أو بناءً على التراضي بينها وبين زوجها على تقدير هذه النفقة. وفي غير هاتين الحالتين تسقط المطالبة بالنفقة الزوجية بمرور شهر أو أكثر على استحقاقها.

وإذا أصبحت النفقة ديناً بالقضاء أو التراضي، فهي دين ضعيف يسقط بالأداء أو الإبراء أو النشوز، وتسقط بالطلاق البائن على قول عند الحنفية، والصحيح إنها لا تسقط.

وتسقط النفقة بموت أحد الزوجين، لأن النفقة صلة، والصلات تسقط بالموت كالهبة والجزية هذا إذا لم يكن القاضي قد أمرها بالاستدانة، فإن كان قد أمرها بالاستدانة لم تسقط بموت أحدهما، لأن لها شبه بالدين، والديون لا تسقط بالموت.

ولا تصير النفقة ديناً قوياً بعد فرضها أو الاتفاق عليها إلا إذا أمرها القاضي أو الزوج بالاستدانة، واستدانت فعلاً.

أساس الاختلاف هو: هل نفقة الزوجة من الواجب المقدر أم غير المقدر ؟ فقد ذهب الجمهور إلى القول بأنها من الواجب المقدر، لذلك قالوا بأنها تثبت من وقت الوجوب.

وذهب الحنفية إلى القول بأنها من غير المقدر، فلا تجب إلا بالمطالبة أو القضاء[5].

---

[1] الخرشي: الخرشي 195/4، جواهر الاكليل: الأزهري 405/1، مغني المحتاج: الشربيني 441/3، المهذب: الشيرازي 164/2، المغني: ابن قدامه 249/9.

[2] سورة الطلاق: آية 7.

[3] سورة البقرة: آية 233.

[4] رد المحتار: ابن عابدين 591/3 ـ 596، الهداية: المرغيناني 41/2، المغني: ابن قدامه 249/9.

[5] أصول الفقه: أبو زهرة 35، علم اصول الفقه: عبد الوهاب 110.

رأي القانون

اختلفت قوانين الأحوال الشخصية في وقت اعتبار النفقة ديناً في ذمة الزوج على النحو التالي:

أولاً: أخذت بعض القوانين العربية برأي الجمهور القائل النفقة تصبح ديناً في ذمة الزوج منذ امتناعه عن الإنفاق بعد وجوبها عليه، ومن هذه القوانين: قانون الأحوال الشخصية المغربي[1] حيث نص في الفصل (121) على أنه: " يحكم للزوجة بالنفقة من تاريخ إمساك الزوج عن الإنفاق الواجب عليه ولا تسقط بمضي المدة ".

ثانياً: أخذت بعض القوانين برأي الحنفية القائل بأن تصبح ديناً في ذمة الزوج بحكم القاضي أو التراضي بين الزوجين على مقدارها، ومن هذه القوانين: قانون الأحوال الشخصية الأردني[2] حيث نص في المادة (70) على أنه: " وتلزم النفقة إما بتراضي الزوجين على قدر معين أو بحكم القاضي، وتسقط نفقة المدة التي سبقت التراضي أو الطلب ".

والمادة (74) على أنه: " إذا عجز الزوج عن الإنفاق على زوجته وطلبت الزوجة نفقة لها يقدرها القاضي من يوم الطلب على أن ديناً في ذمته ويأذن للزوجة أن تستدين على حساب الزوج ".

ثالثاً: وقفت القوانين الباقية موقفاً وسطاً حيث نصت على أن النفقة تصبح ديناً في ذمة الزوج منذ امتناعه عن الإنفاق، على أن لا تزيد عن مدة معينة إذا لم يكن هناك اتفاق بين الزوجين عليها، ولكنهم اختلفوا في مقدارها، ومن هذه القوانين:

1. قانون الأحوال الشخصية السوري[3] حيث نص في المادة (78) على أنه: " 1. يحكم للزوجة بالنفقة من تاريخ امتناع الزوج عن الإنفاق الواجب عليه.

2. لا يحكم بنفقة أكثر من أربعة أشهر سابقة للإدعاء ".

3. قانون الأحوال الشخصية المصري[4] حيث نص في المادة (2) على أنه:

" وتعتبر نفقة الزوجة ديناً على الزوج من تاريخ امتناعه عن الإنفاق مع وجوبه، ولا يسقط بالأداء أو الإبراء.

---

[1] مدونة الأحوال الشخصية: الرباط ص 120.

[2] مجموعة التشريعات: الظاهر ص 118، القرارات القضائية: عمرو ص 372.

[3] قانون الأحوال الشخصية السوري: وزارة العدل ص 35، قانون الأحوال الشخصية السوري: الكويفي ص42.

[4] قانون الأحوال الشخصية المصري رقم 44 لسنة 1979، أحكام الأسرة: فراج ص 302.

ولا تسمع الدعوى بها عن مدة ماضية لأكثر من سنة نهايتهما تاريخ رفع الدعوى ".

4. مشروع قانون الأحوال الشخصية الكويتي[1] حيث نص في المادة (77) على أنه:

" أ. تعتبر نفقة الزوجة من تاريخ الامتناع عن الإنفاق مع وجوبه ديناً على الزوج لا يتوقف على القضاء أو التراضي، ولا يسقط بالأداء أو الإبراء، مع مراعاة الفقرة الآتية:

ب. ولا تسمع الدعوى بها عن مدة سابقة تزيد على سنتين نهايتهما تاريخ رفع الدعوى، إلا إذا كانت مفروضة بالتراضي.

ج. وإذا كان الزوج غير مقر بهذا التراضي، فلا يثبت إلا بالكتابة ".

5. مشروع القانون العربي[2] حيث نص في المادة (53) على أنه: " لا يحكم للزوجة بأكثر من نفقة سنتين سابقتين على المطالبة القضائية، ما لم يتفق الزوجان على خلاف ذلك ".

6. قانون الأحوال الشخصية السوداني[3]، حيث نص في المادة (70) على أنه:

" 1. لا يحكم للزوجة بأكثر من نفقة ثلاث سنوات، سابقة على تاريخ رفع الدعوى، ما لم يتفق الزوجان على خلاف ذلك.

2. يشترط يسار الزوج للحكم بالنفقة الزوجية السابقة ".

7. مشروع قانون الأحوال الشخصية الإماراتي[4] حيث نص في المادة (73) على أنه:

" 1. تعتبر نفقة الزوجة من تاريخ الامتناع عن الإنفاق مع وجوبه ديناً على الزوج بلا توقف على القضاء أو التراضي، ولا تسقط بالأداء أو الإبراء، مع مراعاة الفقرة الآتية:

2. ولا تسمع الدعوى بها عن مدة تزيد على ثلاث سنوات نهايتها تاريخ رفع الدعوى، إلا إذا كانت مفروضة بالتراضي

كما اختلفت قوانين الأحوال الشخصية في صفة دين النفقة بناءً على الخلاف السابق في وقت اعتبارها ديناً في ذمة الزوج، وذلك على النحو التالي:

---

[1] مشروع القانون الكويتي.

[2] المجلة العربية: الأمانة العامة ص 23.

[3] قانون الأحوال الشخصية السوداني ص 26.

[4] مشروع قانون الأحوال الشخصية الإماراتي: وزارة العدل ص 22.

أولاً: أخذت بعض القوانين برأي الجمهور في أن دين النفقة دين قوي لا يسقط إلا بالأداء أو بالإبراء، ومن هذه القوانين:

1. قانون الأحوال الشخصية السوري[1] حيث نص في المادة (79) على أن: " النفقة المفروضة قضاءً أو رضاءً لا تسقط إلا بالأداء أو الإبراء ".

2. قانون الأحوال الشخصية المصري[2] حيث نص في المادة (2) على أنه: " وتعتبر نفقة الزوجة ديناً على الزوج من تاريخ امتناعه عن الإنفاق مع وجوبه، ولا يسقط بالأداء أو الإبراء.

ولا تسمع الدعوى بها عن مدة ماضية لأكثر من سنة نهايتهما تاريخ رفع الدعوى ".

3. قانون الأحوال الشخصية العراقي[3] في المادة (32) على أنه: " لا يسقط المقدار المتراكم من النفقة بالطلاق أو بوفاة أحد الزوجين ".

4. مشروع قانون الأحوال الشخصية الكويتي[4] حيث نص في المادة (77) على أنه: " أ. تعتبر نفقة الزوجة من تاريخ الامتناع عن الإنفاق مع وجوبه ديناً على الزوج لا يتوقف على القضاء أو التراضي، ولا يسقط إلا بالأداء أو الإبراء، مع مراعاة الفقرة الآتية:

ب. ولا تسمع الدعوى بها عن مدة سابقة تزيد على سنتين نهايتهما تاريخ رفع الدعوى، إلا إذا كانت مفروضة بالتراضي.

ج. وإذا كان الزوج غير مقر بهذا التراضي، فلا يثبت إلا بالكتابة ".

ثانياً: أخذت القوانين الأخرى برأي الحنفية في أن دين النفقة لا يصبح ديناً في ذمة الزوج إلا بأحد أمرين هما: حكم القاضي بالنفقة أو التراضي على تقديرها. ولذلك فهي دين ضعيف يسقط في غير هاتين الحالتين بمرور شهر على الأقل، كما يسقط بالأداء أو الإبراء أو الموت أو النشوز، ومن هذه القوانين:

1. قانون الأحوال الشخصية السوداني في المادة (76) ومشروع القانون الخليجي[5] في المادة (55) حيث نصت على أنه: " ينقضي الالتزام بنفقة الزوجة في أي من الحالات الآتية وهي:

---

[1] قانون الأحوال الشخصية السوري: وزارة العدل ص 35، قانون الأحوال الشخصية السوري: الكويفي ص43.

[2] قانون الأحوال الشخصية المصري رقم 44 لسنة 1979، أحكام الأسرة: فراج ص 302.

[3] الأحوال الشخصية: الكبيسي 406/2.

[4] مشروع القانون الكويتي.

[5] جريدة الخليج: ص 11.

1. الأداء.

2. الإبراء.

3. وفاة أحد الزوجين.

2. مشروع قانون الأحوال الشخصية العربي الموحد حيث نص في المادة (58) على أنه: " تسقط نفقة الزوجة:

1. بالأداء.

2. بالإبراء

3. بوفاة الزوج ".

3. قانون الأحوال الشخصية المغربي[1] حيث نص في الفصل (122) على أنه: " تسقط نفقة الزوجة:

1. بوفاة الزوج.

2. بالإبراء منها.

3. بخروج المطلقة رجعيا من بيت عدتها دون عذر ولا رضى زوجها ".

4. مشروع قانون الأحوال الشخصية الإماراتي[2]: فقد نص في المادة (73) على أنه:

" 1. تعتبر نفقة الزوجة من تاريخ الامتناع عن الإنفاق مع وجوبه ديناً على الزوج بلا توقف على القضاء أو التراضي، ولا تسقط إلا بالأداء أو الإبراء، مع مراعاة الفقرة الآتية:

2. ولا تسمع الدعوى بها عن مدة ماضية تزيد على ثلاث سنوات نهايتها تاريخ رفع الدعوى، إلا إذا كانت مفروضة بالتراضي ".

وهناك حالات لم يرد ذكرها في هذه المواد مثل النشوز، فيرجع إليها في موضوع الحالات التي لا تستحق فيها الزوجة النفقة بهذا الكتاب، والتي لم يرد ذكرها، فيعمل بالراجح من المذهب المعتمد في هذه القوانين.

---

[1] مدونة الأحوال الشخصية: الرباط ص 42.

[2] مشروع قانون الأحوال الشخصية الإماراتي: وزارة العدل ص 22.

المسألة الخامسة: ضمان النفقة

المذهب الأول: ذهب الحنفية[1] إلى القول بأنه لا يجبر الزوج على تقديم كفيل بنفقة زوجية ما دام حاضراً لإمكان الزوجة المطالبة بها، أما إذا اتفقا على إحضار كفيل يكفل لها النفقة، فإنه يصح بشرط تحديد مبلغ النفقة الذي يكفل بها.

أما إذا أراد السفر، وطلبت منه إحضار كفيل لمدة مقبلة، أجبر على ذلك إن كانت مدة غيابه معلومة، وإن كانت غير معلومة أجبر على تقديم كفيل لمدة شهر واحد.

ولو كان للزوجة نفقة متراكمة، وأراد زوجها السفر وطلبت منه كفيلاً بها أجبر على ذلك، ولا تصح الكفالة بالنفقة قبل فرضها، لأن الزوجة لا تستحق نفقة المدة التي سبقت الفرض.

المذهب الثاني: ذهب المالكية[2] إلى أنه لا يجبر الزوج على تقديم كفيل لزوجته في زمن الحضر، أما إذا تراضيا على تقديم كفيل زمن الحضر يكفل لها النفقة فإنه يصح ويلزم بها.

وليس لها أن تطالب زوجها بكفيل يضمن لها النفقة في حالة السفر المعتاد، ولكن لها أن تطالبه بأن يدفع لها النفقة مقدماً عند عزمه السفر طيلة مدة غيابه، أما إذا اتهم بأنه يريد أن يسافر سفراً طويلاً فإن لها أن تطالبه بأن يدفع لها نفقة السفر المعتاد، ويأتيها بكفيل يكفل لها ما زاد على السفر المعتاد ليعطيها ما كان ينفق عليها زوجها بحسب حالهما، ويلزم الزوج بإحضار الكفيل، لأنه حق من حقوقها.

المذهب الثالث: ذهب الشافعية[3] إلى القول بأنه يصح تقديم كفيل لضمان ما وجب من النفقة وفي ضمان المستقبل وجهان: بناء على أن النفقة هل تجب بالعقد أو بالتمكين، ومبنى الخلاف على ضمان ما لم يجب إذا كان مآله إلى الوجوب، فعند الجمهور يصح وعند الشافعية في لا يصح.

المذهب الرابع: ذهب الحنابلة[4] إلى القول بأنه يصح تقديم كفيل لضمان النفقة ما وجب منها وما يجب في المستقبل.

---

[1] رد المحتار: 582/3 ـ 585.

[2] الفقه على المذاهب الأربعة: الجزيري 579/4ـ580.

[3] المغني: ابن قدامه 250/9.

[4] المغني: ابن قدامه 250/9.

رأي القانون

لم تطرق معظم القوانين العربية لبحث الكفالة في النفقة، لذا يرجع إلى الراجح من المذهب المعتمد لده هذه القوانين، ومن القوانين التي تطرقت لموضوع الكفالة:

أولاً: مشروع قانون الأحوال الشخصية الإماراتي[1]، حيث أخذت برأي الحنابلة في صحة تقديم كفيل بالنفقة الماضية والحاضرة والمستقبلة، فقد جاء في المادة: (79) ما نصه:

" 1. تصح الكفالة بنفقة الزوجية الماضية ولا يطالب الكفيل قضاءً إلا بما يطالب به الأصيل.

2. وتصح كذلك بالنفقة الحاضرة والمستقبلة فرضت بالتقاضي أو التراضي أو لم تفرض.

3. تبقى الكفالة ما بقيت الزوجية وآثارها، ولو لم ينص في صيغتها على التأبيد صراحة إذا كان فيها ما يدل عليه.

4. لا تنسحب الكفالة بنفقة الزوجية المنقضية على النفقة في زواج جديد ".

والمادة (80) على أنه: " تسري أحكام المادتين (58،59)* على الكفالة بالنفقة ".

ثانياً: مشروع قانون الأحوال الشخصية الكويتي[2]، حيث أخذ برأي الحنابلة أيضاً فقد جاء في المادة (82) على أنه:

" أ. تصح الكفالة بنفقة الزوجية ماضية كانت أو حاضرة أو مستقبلة سواء أفرضت قضاء أو رضاء أم لم تفرض ".

ب. تسري أحكام المادتين: (70، 71)* على الكفالة بالنفقة ".

---

[1] مشروع قانون الأحوال الشخصية الإماراتي: وزارة العدل ص 25.

* نصت المادة (58) من القانتون الإماراتي على أنه: " 1. تصح الكفالة بالمهر قبل الدخول وبعده ممن هو أهل للتبرع بشرط قبول الزوجة الكفالة في المجلس ولو دلالة ومنهلا عدم الرد. 2. وللزوجة أن تطالب الكفيل أو الأصيل أو هما معاً، ويطالب الكفيل بكل ما يطالب به الأصيل ويرجع الكفيل على الزوج إن كفل بإذنه. 3. والكفالة في مرض الموت يجري عليها أحكام الوصية. 4. لا تنقضي الكفالة المالية بموت المكفول له أو المكفول عنه أو الكفيل ".

ونصت المادة (59) على أنه: " يصح تعليق الكفالة بالشرط الملائم بأن كان شرطاً في لزوم المكفول به أو إمكان استيفائه أو تعذر الاستيفاء ".

[2] مشروع قانون الأحوال الشخصية الكويتي.

المسألة السادسة: الإبراء من النفقة

بناء على الخلاف السابق في دين النفقة، فقد اختلف الفقهاء في صحة الإبراء من النفقة على النحو التالي[1]:

المذهب الأول: ذهب الجمهور إلى أنه يجوز الإبراء من النفقة قبل فرضها، لأنها تثبت عندهم ديناً في ذمة الزوج بمجرد انعقاد الزواج صحيحاً.

المذهب الثاني: ذهب الحنفية إلى أنه لا يصح الإبراء من النفقة قبل فرضها، لأنها ليست ديناً في ذمة الزوج، ويصح الإبراء من المتجمد منها، لأنها تصير ديناً بفرضها، كما يصح الإبراء عن مدة واحدة مستقبلة كشهر أو أسبوع إذا دخل الشهر أو الأسبوع، إن كانت مفروضة شهرياً أو أسبوعياً، لأن النفقة تدفع سلفاً للمدة المستقبلة.

المسألة السابعة: المقاصة بدين النفقة

إذا كانت الزوجة دائنة لزوجها بالنفقة، وكان زوجها دائناً لها بدين ما، فهل يجوز إجراء المقاصة بين دين النفقة ودين الزوج أم لا يجوز ذلك ؟

للإجابة على ذلك نقول بأن من القواعد الفقهية المقررة أن الدينين إذا تساويا في القوة جازت المقاصة بينهما، أما إذا كان أحد الدينين أقوى من الآخر، فلا تجوز المقاصة إلا إذا طلب صاحب الدين الأقوى ذلك، لأنه رضي بذهاب دينه القوي بالدين الضعيف.

أما إذا كان الذي طلب المقاصة صاحب الدين الضعيف، فإنها لا تتم إلا برضى الآخر، لأنهما لم يتساويا.

وقد بينا بأن الجمهور ذهبوا إلى أن دين النفقة دين قوي لا يسقط إلا بالإبراء أو الأداء. وذهب الحنفية إلى أن دين النفقة في غير الاستدانة، دين ضعيف، لأنه يسقط بالموت والنشوز والطلاق.

---

* نصت المادة (70) من القانون الكويتي على أنه: " أ. تصح الكفالة بالمهر ممن هو أهل للتبرع بشرط قبولها في المجلس ولو ضمناً. ب. للزوجة أن تطالب الكفيل أو الأصيل أو هما معاً، ويطالب الكفيل بكل ما يطالب به الأصيل ويرجع الكفيل على الزوج إن كفل بإذنه. ج. الكفالة في مرض موت الكفيل في حكم الوصية ".

ونصت المادة (71) على أنه: " يصح تعليق الكفالة بالشرط الملائم ولا تنقضي بموت الكفيل أو المكفول له أو المكفول عنه ".

[1] المراجع السابقة.

وبناء على هذا الخلاف: ذهب الأحناف إلى أن الزوج إذا طلب المقاصة أجيب إلى طلبه لأن دينه قوي، أما الزوجة إذا طلبت ذلك، فلا تجاب إلا إذا رضي الزوج.

وذهب المالكية والحنابلة إلى أن المقاصة تجري إذا كانت بطلب من الزوجة، ولا تجري إذا كانت بطلب من الزوج إلا إذا رضيت، أو ثبت أنها موسرة تستطيع أداء الدين من مالها، وإذا كانت معسرة فلا يجاب الزوج إلى طلبه المقاصة، لأن الله تعالى أمر بإنظار المعسر، فيجب إنظارها بما عليها[1].

رأي القانون

لم تطرق معظم قوانين الأحوال الشخصية لموضوع المقاصة بدين النفقة، لذا يعمل بالراجح من المذهب المعتمد لدى هذه القوانين، بينما تطرقت بعض القوانين لبحث موضوع المقاصة بدين النفقة، وقد أخذت برأي المالكية والحنابلة، ومن هذه القوانين:

أولاً: قانون الأحوال الشخصية المصري[2] رقم 44 لسنة 1977:

نصت المادة (2) من القانون على أنه: " ولا يقبل من الزوج التمسك بالمقاصة بين نفقة الزوجة وبين دين له عليها إلا فيما يزيد على ما يفي حاجتها الضرورية ".

ثانياً: مشروع قانون الأحوال الشخصية الإماراتي[3]:

نصت المادة (77) من القانون على أنه: " إذا طلبت الزوجة مقاصة دين نفقتها مما عليها لزوجها أجيبت إلى طلبها ولو لم يرض ".

والمادة (78) على أنه: " 1. إذا طلب الزوج المقاصة بين نفقة الزوجة ودين له عليها لا يجاب إلى طلبه إلا فيما يزيد على ما يفي نفقتها من المفروض دون ضرر إذا كانت فقيرة ولو كان ما يفي كل المفروض.

2. وتقع المقاصة بين دين الزوج ودين نفقتها الماضية ".

---

[1] المراجع السابقة، حاشية الخرشي: الخرشي 190/3، المغني: ابن قدامه 247/9، الأحوال الشخصية: أبو زهرة ص 301 شرح قانون الأحوال الشخصية السوري: الصابوني 376/1.

[2] أحكام الأسرة: فراج 302/2.

[3] مشروع قانون الأحوال الشخصية الإماراتي: وزارة العدل ص 22،23.

ثالثاً: مشروع قانون الأحوال الشخصية الكويتي[1]:

نصت المادة (80) من القانون على أنه: " إذا طلبت الزوجة مقاصة دين نفقتها مما عليها لزوجها أجيبت إلى طلبها ولو لم يرض ".

والمادة (81) على أنه: " إذا طلب الزوج المقاصة بين نفقة الزوجة ودين له عليها لا يجاب إلى طلبه إلا إذا كانت موسرة قادرة على أداء الدين من مالها ".

المسألة الثامنة: الاختلاف في النفقة

قد يحصل خلاف بين الزوجين في قضايا ذات صلة بالنفقة، وسنبين هذا الخلاف في ما يلي[2]:

أولاً: الاختلاف في قبض النفقة:

إذا اختلف الزوجان في قبض النفقة، فادعى الزوج أنها قبضتها، وأنكرت الزوجة، فالقول قولها مع يمينها، لحديث الرسول صلى الله عليه وسلم " البينة على من ادعى واليمين على من أنكر "، ولأن الأصل عدم القبض.

ثانياً: الاختلاف في التمكين الموجب للنفقة أو في وقته:

إذا اختلف الزوجان في التمكين الموجب للنفقة أو في وقته فقالت: كان ذلك من شهر، وقال: بل من أسبوع، فالقول قول الزوج، لأنه منكر، والأصل معه، وهو عدم التمكين، وبراءة الذمة من النفقة.

ثالثاً: الاختلاف في يسار الزوج وإعساره:

إذا اختلف الزوجان في يساره وإعساره، فادعت الزوجة يساره ليفرض لها نفقة الموسرين، وأنكر الزوج ذلك، فإن عرف له مال، فالقول قولها، لأن الأصل بقاء المال، وإلا فالقول قول الزوج لأن الأصل عدم المال.

---

[1] مشروع قانون الأحوال الشخصية الكويتي.

[2] المهذب: الشيرازي 162/2 ـ 164، المغني: ابن قدامه 253/9.

رابعاً: الاختلاف في فرض النفقة أو في وقتها:

إذا اختلف الزوجان في فرض الحاكم للنفقة أو في وقتها، فقال الزوج: فرضها منذ شهر، وقالت الزوجة: بل فرضها منذ ستة أشهر، فالقول قول الزوج عند الجمهور، لأن قوله يوافق الأصل فقدم، وقال مالك: إن كان مقيماً معها، فالقول قوله، وإن كان غائباً عنها، فالقول قولها، من يوم رفعت أمرها إلى القاضي.

خامساً: الاختلاف في جهة التمليك:

إذا اختلف الزوجان في جهة التمليك بأن كان الزوج مديناً للزوجة بنفق ومهر وأعطاها مالاً ثم اختلفا فيه، فقالت الزوجة: أعطيتني بدين النفقة، وقال الزوج: بدين المهر، فالقول قول الزوج بيمينه، والبينة على الزوجة، لأنه هو المملك والمحتاج إلى تفريغ ذمته.

سادساً: الاختلاف في المال أو الكسوة الذي بعثه لها:

إذا بعث الزوج لزوجته مالاً أو كسوة، فقالت الزوجة: إنما هو هدية وتبرعاً، وقال الزوج: بل وفاء للواجب علي من النفقة أو الكسوة، فالقول قوله، لأنه أعلم بنيته، والبينة على الزوجة.

سابعاً: الاختلاف في وقت الوضع بعد الطلاق:

إذا طلق الزوج زوجته طلاقاً رجعياً، وكانت حاملاً، فوضعت، واتفقا على وقت الطلاق، واختلفا في وقت الولادة، فقال الزوج: طلقتك قبل الوضع، فانقضت عدتك بوضع الحمل، ولا رجعة لي عليك، ولا نفقة لك علي، وقالت الزوجة: بل طلقتني بعد الوضع، فلك علي الرجعة ولي عليك النفقة، فالقول قول الزوج أنه لا رجعة لي عليك، لأنه حق له فقبل إقراره فيه، والقول قول الزوجة في وجوب العدة، لأنه حق عليها فكان القول قولها، والقول قولها مع يمينها في وجوب النفقة لأن الأصل بقاؤها.

المسألة التاسعة: النفقة الوقتية ـ إسلاف النفقة الزوجية ـ

نظرت القوانين العربية إلى حال الزوجة وحاجتها للنفقة أثناء سير دعوى المطالبة بالنفقة الزوجية، فقد يطول الفصل في هذه الدعوى والزوجة بحاجة إلى النفقة، لذلك استحدثت هذه القوانين ما يسمى بالنفقة الوقتية حيث أجازت للقاضي أن يأمر الزوج بإسلاف الزوجة مبلغاً من المال، ويمكن تجديدها مرة بعد مرة حتى انتهاء الدعوى، وذلك دفعاً لما تقع فيه الزوجة من

حرج، بسبب حاجتها إلى ما تنفق منه على نفسها، وللحد من إطالة أمد التقاضي التي لا تتواءم وطبيعة دعاوى النفقة.

وهذا الحكم ظاهر الحكمة ليس في حاجة إلى بيان، ويحقق الرفق بالزوجات، ولا ضرر فيه على الأزواج.

ومن هذه القوانين:

أولاً: قانون الأحوال الشخصية السوداني[1] حيث نص في المادة (71) على أنه: " يجوز للقاضي أثناء نظر دعوى النفقة أن يقرر بناء على طلب من الزوجة نفقة مؤقتة لها بعد ثبوت موجباتها، ويكون قراره مشمولاً بالنفاذ المعجل بقوة القانون ".

ثانياً: قانون الأحوال الشخصية السوري[2] حيث نص فغي المادة (82) على أنه: " 1. للقاضي أثناء النظر بدعوى النفقة وبعد تقديرها أن يأمر الزوج باسلاف زوجته مبلغاً على حساب النفقة لا يزيد عن نفقة شهر واحد ويمكن تجديد الإسلاف بعده.

2. ينفذ هذا الأمر فوراً كالأحكام القطعية ".

ثالثاً: قانون الأحوال الشخصية العراقي[3] حيث نص في المادة (31) على أنه: " 1. للقاضي أثناء النظر في دعوى النفقة يقر تقدير نفقة مؤقتة للزوجة على زوجها، ويكون هذا القرار قابلاً للتنفيذ.

2. يكون القرار المذكور تابعاً لنتيجة الحكم الأصلي من حيث احتسابه أو رده ".

رابعاً: مشروع قانون الأحوال الشخصية الإماراتي[4] حيث نص في المادة (76) على أنه: "

1.يجوز للقاضي في حالة التسليم بسبب استحقاق النفقة وشروطه أن يفرض للزوجة نفقة مؤقتة إلى أن يحكم بالنفقة نهائياً.

2. ويكون هذا الفرض واجب النفاذ فوراً.

3. وللزوج أن يحط قدر ما أداه من النفقة المؤقتة مما يحكم به عليه نهائياً ".

---

[1] قانون الأحوال الشخصية السوداني لسنة 1991 ص 26.

[2] قانون الأحوال الشخصية السوري: وزارة العدل ص 36، قانون الأحوال الشخصية السوري: الكويفي ص43.

[3] الأحوال الشخصية: الكبيسي 406/2.

[4] مشروع قانون الأحوال الشخصية الإماراتي: وزارة العدل ص 23.

خامساً: مشروع قانون الأحوال الشخصية الكويتي[1] حيث نص على أنه: " للقاضي في أثناء نظر دعوى النفقة أن يأمر الزوج بأداء نفقة مؤقتة إلى الزوجة إذا طلبت ذلك، وتتحدد شهرياً حتى يفصل نهائياً في الدعوى. ويكون هذا الأمر واجب التنفيذ فوراً.

2. وللزوج أن يحط أو يسترد قدر ما أداه طبقاً للحكم النهائي ".

سادساً: مشروع قانون الأحوال الشخصية العربي الموحد[2] في المادة (54) ومشروع قانون الأحوال الشخصية الخليجي[3] في المادة (51) حيث نصت على أنه: " للقاضي أثناء نظر دعوى النفقة أن يقرر بناء على طلب من الزوجة نفقة مؤقتة لها، ويكون قراره مشمولاً بالنفاذ المعجل بقوة القانون ".

---

[1] مشروع قانون الأحوال الشخصية الكويتي.

[2] المجلة العربية: الأمانة العامة ص 23.

[3] جريدة الخليج ص 11.

المراجع

أولاً: كتب القرآن الكريم وعلومه

1. **القرآن الكريم**

2. الجصاص: **أحكام القرآن:** أبو بكر أحمد بن علي الرازي الجصاص الحنفي، طبعة دار الكتبي العربي ـ بيروت ـ لبنان، وطبعة مطبعة الأوقاف الإسلامية ـ القسطنطينية.

3. الصابوني: **صفوة التفاسير:** محمد علي الصابوني ـ الطبعة السابعة ـ دار القرآن الكريم ـ بيروت ـ لبنان 1402هـ/1981م.

4. الصابوني: **مختصر تفسير ابن كثير:** اختصار وتحقيق محمد علي الصابوني ـ الطبعة السابعة ـ دار القرآن الكريم ـ بيروت ـ لبنان 1402هـ/1981م.

5. الطبري: **جامع البيان عن تأويل القرآن:** أبو جعفر محمد بن جرير الطبري حقق وعلق حواشيه: محمود محمد شاكر ـ راجعه وخرج أحاديثه أحمد محمد شاكر ـ دار المعارف ـ مصر.

6. القرطبي: **الجامع لأحكام القرآن:** أبو عبد الله محمد بن أحمد الأنصاري القرطبي ـ طبعة مصورة عن طبعة دار الكتب المصرية ـ دار الكتاب العربي ـ القاهرة ـ مصر.

7. النسفي: **تفسير النسفي:** أبو البركات عبد الله بن أحمد بن محمود النسفي ـ دار إحياء الكتب العربية ـ عيسى- البابي الحلبي وشركاه

ثانياً: كتب الحديث الشريف وعلومه

1. ابن أبي شيبة: مصنف ابن أبي شيبة: أبو بكر عبد الله بن محمد بن أبي شيبة العبسي صححه الشيخ: مختار أحمد الندوي ـ إدارة القرآن والعلوم الإسلامية ـ باكستان ـ 1406هـ/1986م.

2. أبو داود: **سنن أبي داود:** الإمام الحافظ أبي داود سليمان بن الأشعث السجستاني الأزدي ـ مراجعة وضبط وتعليق محمد محي الدين عبد الحميد ـ دار الفكر.

3. البخاري: **صحيح البخاري** ـ الإمام أبي عبد الله محمد بن إسماعيل بن إبراهيم بن المغيرة بن بردزيه البخاري الجعفي ـ عالم الكتب ـ بيروت ـ لبنان. =

4. البيهقي: **السنن الكبرى:** لإمام المحدثين أبي بكر أحمد بن الحسين بن علي البيهقي ـ دار الفكر ـ بيروت ـ لبنان. =

5. الترمذي: **سنن الترمذي:** ـ الإمام أبي عيسى محمد بن عيسى بن سورة ـ طبعة حقق أصولها المرحومان: أحمد شاكر وفؤاد عبد الباقي ـ وأكملها الشيخ عبد القادر عرفان العشا حسونة ـ مراجعة وتدقيق وضبط: صدقي محمد جميل العطار ـ دار الفكر ـ بيروت ـ لبنان ـ 1414هـ/1994م.
6. الشوكاني: **نيل الأوطار من أحاديث سيد الأخيار شرح منتقى الأخبار** الإمام محمد بن علي بن محمد الشوكاني دار الجيل 1973م.
7. الصنعاني: **سبل السلام شرح بلوغ المرام من أدلة الأحكام:** الإمام محمد بن إسماعيل الكحلاني الصنعاني المعروف بالأمير ـ طبعة الرابعة ـ دار إحياء التراث العربي 1960م. =
8. الصنعاني: **المصنف:** الحافظ أبي بكر عبد الرزاق بن همام الصنعاني، الطبعة الأولى ـ المكتب الإسلامي ـ بيروت ـ لبنان.
9. مسلم: **صحيح مسلم بشرح النووي:** مسلم بن الحجاج الثقفي ـ حققه وخرج أحاديثه وفهرسه: عصام الصبابطي، حازم محمد، عماد عامر ـ الطبعة الأولى ـ طبع على نفقة الشيخ محمد بن راشد آل مكتوم ـ دار أبي حيان للطباعة ـ 1415هـ/1995م.
10. المنذري: **الترغيب والترهيب:** الإمام الحافظ زكي الدين عبد العظيم بن عبد القوي المنذري، ضبط أحاديثه وعلق عليه مصطفى محمد عمارة ـ الطبعة الثالثة ـ دار إحياء التراث العربي ـ بيروت ـ لبنان ـ 1388هـ/1968م.
11. ناصف: **التاج الجامع لفصول في أحاديث الرسول:** الشيخ منصور علي ناصف ـ الطبعة الثالثة ـ دار إحياء الكتب العربية ـ عيسى البابي الحلبي وشركاه.
12. النووي: **شرح النووي** ـ مطبوع مع صحيح مسلم ـ حققه وخرج أحاديثه وفهرسه: عصام الصبابطي، حازم محمد عماد عامر ـ الطبعة الأولى ـ طبع على نفقة الشيخ محمد بن راشد آل مكتوم ـ دار أبي حيان للطباعة ـ 1415هـ/1995م.

ثالثاً: كتب الفقه:

1ـ كتب الفقه الحنفي

1. ابن عابدين: **حاشية رد المحتار على الدر المختار شرح تنوير الأبصار:** لخاتمة المحققين محمد أمين الشهير بابن عابدين مع تكملة ابن عابدين لنجل المؤلف دار الفكر ـ بيروت ـ لبنان ـ 1992/1412.

2. ابن عابدين: **منحة الخالق على البحر الرائق**: لخاتمة المحققين محمد أمين الشهير بابن عابدين، مطبوع مع البحر الرائق ـ الطبعة الثانية ـ دار المعرفة ـ بيروت ـ لبنان.
3. ابن نجيم: **البحر الرائق شرح كنز الدقائق**: العلامة زين الدين ابن نجيم الحنفي ـ الطبعة الثانية ـ دار المعرفة ـ بيروت ـ لبنان. =
4. السرخسي: **المبسوط**: شمس الدين السرخسي: الطبعة الأولى ـ دار الكتب العلمية ـ بيروت ـ لبنان ـ 1414هـ/1993م.
5. الكاساني: **بدائع الصنائع في ترتيب الشرائع**: أبو بكر بن مسعود الكاساني الحنفي ـ الطبعة الثانية ـ دار الكتاب العربي ـ بيروت ـ لبنان ـ 1402هـ/1982م.
6. المرغيناني: **الهداية شرح بداية المبتدئ**: شيخ الإسلام برهان الدين أبي الحسن علي بن أبي بكر بن عبد الجليل الرشداني المرغيناني ـ الطبعة الأخيرة ـ شركة ومطبعة مصطفى البابي الحلبي بمصر.
7. الموصلي: **الاختيار لتعليل المختار**: عبد الله بن محمود بن مودود الموصلي الحنفي ـ وعليه تعليقات الشيخ: محمود أبو دقيقة ـ الطبعة الثالثة ـ دار المعارف ـ 1395هـ/1975م.

2ـ كتب الفقه المالكي

1. ابن تيمية: **مجموعة الفتاوى شيخ الإسلام تقي الدين أحمد بن تيمية الحراني**: اعتنى بها وخرج أحاديثها عامر الجزار و أنور الباز ـ دار الوفاء ـ الطبعة الأخيرة ـ المنصورة ـ مصر 1418هـ/1997م.
2. ابن رشد: **بداية المجتهد ونهاية المقتصد**: الإمام أبي الوليد محمد بن أحمد بن رشد القرطبي ـ دار المعرفة ـ بيروت ـ لبنان ـ 1402هـ/1982م.
3. ابن رشد: المقدمات الممهدات: الإمام أبي الوليد محمد بن أحمد بن رشد القرطبي ـ دار الغرب الإسلامي ـ بيروت ـ لبنان ـ 1408هـ / 1988م.
4. ابن عبد البر: **الكافي في فقه أهل المدينة المالكي**: شيخ الإسلام أبي عمر يوسف بن عبد البر النمري القرطبي ـ تحقيق وتقديم وتعليق: الدكتور محمد أحيد ولد ماديك الموريتاني -الطبعة الأولى - مكتبة الرياض الحديثة ـ الرياض ـ السعودية ـ 1398هـ/1978م.
5. الأزهري: **جواهر الإكليل شرح مختصر الشيخ خليل**: الشيخ عبد السميع الآبي الأزهري ـ دار المعرفة ـ بيروت ـ لبنان.

6. الخرشي: **الخرشي على مختصر سيدي خليل:** وبهامشه حاشية الشيخ العدوي ـ دار صادر ـ بيروت ـ لبنان.

7. الدردير: **الشرح الصغير على أقرب المسالك إلى مذهب الإمام مالك:** العلامة أبي البركات أحمد بن محمد بن أحمد الدردير ـ خرج أحاديثه وفهرسه وقرر عليه بالمقارنة بالقانون الحديث: الدكتور مصطفى كمال وصفي ـ دار المعارف بمصر ـ 1392هـ.

8. الصاوي: **حاشية الصاوي:** العلامة الشيخ أحمد بن محمد الصاوي المالكي ـ مطبوع مع الشرح الصغير ـ دار المعارف بمصر ـ 1392هـ.

9. القرافي: **الذخيرة:** شهاب الدين أحمد بن إدريس القرافي ـ تحقيق محمد بو خبزة ـ الطبعة الأولى ـ دار الغرب الإسلامي ـ بيروت ـ لبنان ـ 1994م.

10. العدوي: **حاشية العدوي:** الشيخ علي العدوي ـ مطبوع مع الخرشي ـ دار صادر ـ بيروت ـ لبنان.

11. مالك: **المدونة الكبرى:** الإمام مالك بن أنس الأصبحي ـ الطبعة الأولى ـ دار الكتب العلمية ـ بيروت ـ لبنان ـ 1405هـ/1994م.

12. الموريتاني: **تبيين المسالك لتدريب السالك إلى أقرب المسالك:** محمد الشيباني بن محمد بن أحمد النجمي الشنقيطي الموريتاني ـ الطبعة الأولى ـ دار الغرب الإسلامي ـ بيروت ـ لبنان ـ 1409هـ/1988م.

3ـ كتب الفقه الشافعي

1. الأنصاري: شرح منهج الطلاب: أبو يحي زكريا الأنصاري ـ مطبوع مع

2. البجيرمي: حاشية البجيرمي على المنهج المسماة التجريد لنفع العبيد سليمان بن محمد البجيرمي الشافعي ـ مطبوع مع شرح المنهج ـ الطبعة الأخيرة ـ شركة ومطبعة مصطفى البابي الحلبي وأولاده بمصر ـ 1369هـ/1950م.

3. الحصني: **كفاية الأخيار في حل غاية الاختصار:** الإمام تقي الدين أبي بكر بن محمد الحسيني الحصني الدمشقي الشافعي ـ الطبعة الثانية ـ دار المعرفة ـ بيروت ـ لبنان.

4. الرملي: **نهاية المحتاج إلى شرح المنهاج:** شهاب الدين محمد بن أبي العباس أحمد بن حمزة بن شهاب الدين الرملي الشهير بالشافعي الصغير، ومعه حاشية أبي الضياء الشبراملسي وحاشية أحمد بن عبد الرزاق ـ الطبعة الأخيرة ـ دار الفكر ـ بيروت ـ لبنان ـ 1404هـ/1984م.

5. الزبيدي: **إتحاف السادة المتقين بشرح إحياء علوم الدين:** العلامة السيد محمد بن محمد الحسيني الزبيدي الشهير بمرتضى ـ دار الفكر.

6. الشافعي: **الأم:** الإمام محمد بن إدريس الشافعي.

7. الشربيني: **الإقناع في حل ألفاظ أبي شجاع:** الشيخ محمد الشربيني الخطيب ـ مكتبة دار إحياء الكتب العربية ـ مصر.

8. الشربيني: **مغني المحتاج إلى معرفة ألفاظ المنهاج:** شرح الشيخ محمد الشربيني الخطيب علة متن منهاج الطالبين ت للإمام أبي زكريا بن شرف النووي مع تعليقات الشيخ جويلي بن إبراهيم الشافعي ـ دار الفكر.

9. الشرواني: **حاشية الشرواني:** العلامة الشيخ عبد الحميد الشروان ـ ضبطه وصححه محمد عبد العزيز الخالدي ـ الطبعة الأولى ـ دار الكتب العلمية ـ بيروت ـ لبنان ـ 1416هـ / 1986م.

10. الشيرازي: **المهذب في فقه الإمام الشافعي:** أبو إسحاق إبراهيم بن علي بن يوسف الفيروز أبادي الشيرازي، ضبطه وصححه ووضع حواشيه الشيخ زكريا عميرات ـ الطبعة الأولى ـ دار الكتب العلمية ـ بيروت ـ لبنان 1416هـ/1986م.

11. الكوهجي: **زاد المحتاج بشرح المنهاج:** الشيخ عبد الله بن الشيخ حسن الحسن الكوهجي ـ حققه وراجعه: عبد الله بن إبراهيم الأنصاري ـ الطبعة الثانية ـ دار إحياء التراث الإسلامي ـ 1407هـ/1987م.

12. الغزالي: **إحياء علوم الدين:** أبو حامد محمد بن أحمد الطوسي ـ مطبوع بهامش إتحاف السادة المتقين ـ دار الفكر.

13. الماوردي: **الحاوي الكبير:** الإمام أبي الحسن علي بن محمد بن حبيب الماوردي حققه وخرج أحاديثه الدكتور محمود سطرجي ـ دار الفكر ـ بيروت لبنان ـ 1414هـ/1994م.

14. النووي: **روضة الطالبين وعمدة المفتين:** الإمام النووي ـ إشراف زهير الشاويش ـ الطبعة الثانية ـ المكتب الإسلامي ـ بيروت ـ دمشق ـ 1405هـ/1985م.

4ـ كتب الفقه الحنبلي

1. ابن تيمية: **مجموعة الفتاوى**: شيخ الإسلام تقي الدين أحمد بن تيميه الحراني ـ الطبعة الأولى ـ دار الوفاء ـ المنصورة 1418هـ / 1997م وطبعة الرئاسة العامة لشؤون الحرمين.
2. ابن قدامه: **المغني:** الإمام العلامة موفق الدين أبي عبد الله ابن أحمد بن محمد بن قدامه على مختصر أبي القاسم عمر بن الحسين بن عبد الله بن أحمد الخرقي ـ دار الكتب العلمية ـ بيروت ـ لبنان.
3. ابن قيم الجوزية: **زاد المعاد في هدي خير العباد:** للإمام أبي عبد الله محمد بن أبي بكر الزرعي الدمشقي ـ حقق نصوصه وخرج أحاديثه وعلق عليه: محمد بيومي، د. عمر الفرماوي، عبد الله المنشاوي. ـ الطبعة الأولى ـ مكتبة الإيمان ـ المنصورة ـ مصر ـ 1420هـ/1999م.
4. أبو البركات: **المحرر في الفقه على مذهب الإمام أحمد بن حنبل:** الإمام مجد الدين أبو البركات ـ الطبعة الثانية ـ مكتبة المعارف ـ الرياض ـ السعودية 1ذ404هـ/ 1984م
5. أبو النجا: **الإقناع في فقه الإمام أحمد بن حنبل:** شيخ الإسلام أبو النجا شرف الدين موسى الحجاوي المقدسي تصحيح وتعليق عبد اللطيف محمد موسى السبكي ـ دار المعرفة ـ بيروت ـ لبنان.
6. بلطة جي: **المعتمد في فقه الإمام أحمد بن حنبل:** أعده وعلق عليه علي عبد الحميد بلطة جي ومحمد وهبي سليمان، دققه وقدم له: محمود الأرناؤوط ـ الطبعة الأولى ـ دار الخير ـ بيروت ـ دمشق 1412هـ/1991م.
7. البهوتي: **كشاف القناع عن متن الإقناع:** الشيخ منصور بن يونس بن إدريس البهوتي ـ طبعة عالم الكتب ـ بيروت ـ لبنان، طبعة مطبعة أنصار السنة المحمدية ـ 1366هـ/1947م.
8. الرحيباني: **مطالب أولي النهى في شرح غاية المنتهى:** الشيخ مصطفى الرحيباني ـ المكتب الإسلامي ـ دمشق ـ سوريا
9. المرداوي: **الإنصاف في معرفة الراجح من الخلاف على مذهب الإمام أحمد بن حنبل الشيباني:** العلامة أبو الحسن علي بن سليمان المرداوي الحنبلي ـ صححه وحققه محمد

حامد الفقي ـ الطبعة الأولى ـ دار التراث العربي ومؤسسة التاريخ العربي ـ بيروت ـ لبنان.

10. المقدسي: **الشرح الكبير على متن المقنع:** الإمام العالم شمس الدين أبي الفرج عبد الرحمن بن أبي عمر بن أحمد بن قدامه المقدسي ـ مطبوع مع المغني ـ دار الكتب العلمية ـ بيروت ـ لبنان.

11. المقدسي: **العدة شرح العمدة:** بهاء الدين عبد الرحمن بن إبراهيم المقدسي المكتبة العصرية ـ صيدا، بيروت ـ لبنان ـ 1418هـ/1997م.

5ـ كتب المذاهب الأخرى

1. ابن حزم: **المحلى بالآثار:** الإمام أبو محمد علي بن أحمد بن سعيد بن حزم الأندلسي ـ تحقيق عبد الغفار سليمان البنداري ـ دار الكتب العلمية ـ بيروت ـ لبنان. =

2. ابن حزم: **مراتب الإجماع:** الإمام أبو محمد علي بن أحمد بن سعيد بن حزم الأندلسي.

3. القنوجي: **الروضة الندية شرح الدرر البهية:** السيد الإمام أبي الطيب صديق بن حسن بن علي الحسين القنوجي البخاري ـ حققه وراجعه عبد الله بن إبراهيم الأنصاري ـ طبع على نفقة الشئون الدينية بدولة قطر.

رابعاً: كتب عامة في الفقه والشريعة والقانون

1. ابن معجوز: **أحكام الأسرة في الشريعة الإسلامية وفق مدونة الأحوال الشخصية:** محمد بن معجوز ـ الطبعة الثانية ـ 1406هـ/1971م.

2. أبو زهرة: **الأحوال الشخصية:** الأستاذ محمد أبو زهرة ـ الطبعة الثالثة ـ دار الفكر العربي.

3. أبو زهرة: **أصول الفقه:** محمد أبو زهرة ـ الإمام محمد أبو زهرة ـ دار الفكر العربي.

4. أبو زهرة: **تنظيم الإسلام للمجتمع:** الأستاذ محمد أبو زهرة ـ دار الفكر العربي.

5. أبو زهرة: **عقد الزواج وآثاره:** الأستاذ محمد أبو زهرة.

6. جانم: **التدابير الشرعية للحد من الطلاق التعسفي والعدول عن الخطبة في الفقه والقانون:** الدكتور جميل فخري جانم ـ رسالة دكتوراه ـ إشراف الدكتور إبراهيم عبد الرحمن إبراهيم ـ جامعة النيلين ـ الخرطوم ـ السودان. 1420هـ/1999م.

7. الجزيري: **الفقه على المذاهب الأربعة** ـ عبد الرحمن الجزيري ـ دار الفكر ودار الكتب العلمية ـ بيروت ـ لبنان ـ 1406هـ/1986.

8. الجوهري: **الأخوات المسلمات وبناء الأسرة القرآنية** ـ محمد عبد الحكيم، محمود محمد الجوهري ـ دار الدعوة ـ الإسكندرية.

9. رضا: **حقوق النساء في الإسلام**: محمد رشيد رضا ـ تعليق ناصر الدين الألباني ـ المكتب الإسلامي.

10. حسب الله: **أصول التشريع الإسلامي:** علي حسب الله ـ الطبعة الرابعة ـ 1391هـ / 1971م ـ دار المعارف بمصر.

11. خلاف: **علم أصول الفقه:** عبد الوهاب خلاف ـ الطبعة الثانية عشرة ـ 1398هـ / 1978م ـ دار القلم.

12. سابق: **فقه السنة**: السيد سابق ـ دار الكتاب العربي ـ بيروت ـ لبنان ـ الطبعة الثالثة 1397هـ/1977م.

13. السباعي: **شرح قانون الأحوال الشخصية ـ الزواج وانحلاله ـ**: الدكتور مصطفى السباعي ـ مكتبة دار الثقافة ـ عمان ـ الأردن.

78. السرطاوي: **شرح قانون الأحوال الشخصية الأردني ـ القسم الأول عقد الزواج وآثاره** : الدكتور محمود السرطاوي ـ الطبعة الأولى ـ دار العدوي ـ عمان ـ الأردن 1402هـ/1981م.

79. الشافعي: **أحكام الأسرة في ضوء مدونة الأحوال الشخصية**: محمد الشافعي ـ الطبعة الأولى ـ المنشورات الجامعية المغاربية 1993.

80. الصابوني: **شرح قانون الأحوال الشخصية:** الدكتور عبد الرحمن الصابوني ـ مطبعة الداودي ـ دمشق ـ سوريا 1395ـ1396هـ/ 1975ـ1976م.

81. الصابوني: **عقد الزواج في الفقه الإسلامي ـ مشروع قانون الأحوال الشخصية في دولة الإمارات العربية المتحدة ـ**: الدكتور عبد الرحمن الصابوني ـ جامعة الإمارات العربية المتحدة.

82. الصابوني: **مدى حرية الزوجين في الطلاق في الشريعة الإسلامية ـ بحث مقارن**: الدكتور عبد الرحمن الصابوني ـ رسالة دكتوراه ـ الطبعة الأولى ـ مكتبة البيان ـ دمشق ـ سوريا ـ 1402هـ/1982م.

83. الظاهر: **مجموعة التشريعات الخاصة بالمحاكم الشرعية**: إعداد القاضي راتب عطا الله الظاهر 1409هـ/1989م.

84. عبد الحميد: **الأحوال الشخصية في الشريعة الإسلامية**: محمد محي الدين عبد الحميد ـ الطبعة الأولى ـ دار الكتاب العربي ـ 1405هـ/ 1984م.

85. العراقي: **الوثائق العدلية وفق مدونة الأحوال الشخصية**: حماد العراقي، أحمد الحمياني، الحاج أحمد زروق، عبد الرحمن، أحمد الدراجي، رضوان الستازي ـ دار الرشاد الحديثة ـ البيضاء ـ المغرب.

عقلة: نظام الأسرة

86. عمرو: **القرارات القضائية في الأحوال الشخصية حتى عام 1990**: جمع وترتيب وتعليق الشيخ عبد الفتاح عايش عمرو ـ دار الإيمان ـ عمان ـ الأردن 1990.

87. العمروسي: **موسوعة النصوص الشرعية والملية المعدلة ـ قوانين الأحوال الشخصية للمسلمين وغير المسلمين اللائحة الشرعية ولوائح التنفيذ والمأذونين والموثقين بالقوانين الإجرائية والموضوعية المكملة والمذكرات التفسيرية والمنشورات**: جمعها وراجعها وضبط حواشيها: أنور العمروسي ـ الطبعة الأولى ـ ملحق لكتاب أصول المرافعات الشرعية في مسائل الأحوال الشخصية ـ الناشر عالم الكتب

88. فراج: أحكام الأسرة في الإسلام: أحمد فراج حسين ـ جامعة بيروت العربية ـ الدار الجامعية ـ بيروت ـ لبنان ـ 1988م.

89. الكبيسي: **الأحوال الشخصية في الفقه والقضاء والقانون ـ الزواج والطلاق وآثارهما** ـ: الدكتور أحمد الكبيسي ـ مطبعة الإرشاد ـ بغداد ـ العراق.

90. الكويفي: **قانون الأحوال الشخصية الصادر بالمرسوم التشريعي رقم 59 لعام 1953م، ومذكرته الإيضاحية المعدل بالقانون رقم 34 لعام 1975 م وأسبابه الموجبة** ـ مع مختارات من اجتهادات محكمة النقض السورية في قضايا الأحوال الشخصية: المحامي إبراهيم الكويفي ـ الطبعة الأولى ـ1984م.

91. محيي الدين: **الأحوال الشخصية في الشريعة الإسلامية**: محمد محيي الدين عبد الحميد ـ الطبعة الأولى ـ دار الكتاب العربي بيروت ـ لبنان ـ 1984/1404.

92.وزارة العدل: **قانون الأحوال الشخصية المعدل**: وزارة العدل السورية ـ مطبعة الجريدة الرسمية.

خامساً: الدوريات

1- الأمانة العامة: **المجلة العربية للفقه والقضاء**: الأمانة العامة لمجلس وزراء العرب ـ المملكة المغربية ـ العدد الثاني ـ السنة الثانية ـ أكتوبر /تشرين أول ـ 1985م ـ مطبعة النجاح الجديد ـ الدار البيضاء.

2- تونس: **موسوعة التشريعات العربية**: أحوال شخصية ـ تونس.

3- **جريدة الخليج**: الصادرة بدولة الإمارات العربية المتحدة ـ العدد 6378 ـ يوم الأحد 22 جمادى الآخرة 1417هـ/ 3نوفمبر 1996م.

4- مجلة الوعي الإسلامي: العدد 233 جمادي الأولى 1404هـ / فبراير 1984م.

سادساً: كتب اللغة والمصطلحات

1- ابن منظور: **لسان العرب**: جمال الدين محمد بن مكرم بن منظور الإغريقي المصري، قدم له العلامة الشيخ عبد الله العلايلي ـ إعداد وتصنيف: يوسف خياط ـ دار لسان العرب ـ بيروت ـ لبنان.

2- الرازي: مختار الصحاح: محمد بن أبي بكر بن عبد القادر الرازي ـ دار القلم ـ بيروت ـ لبنان.

3- قلعة جي: **معجم لغة الفقهاء**: دواس قلعة جي ـ حامد صادق قنيبي ـ الطبعة الأولى ـ دار النفائس ـ بيروت ـ لبنان ـ 1405هـ/1985م.

4- مجمع اللغة العربية: **المعجم الوسيط**، قام بإخراجه: إبراهيم مصطفى، أحمد الزيات، حامد عبد القادر، محمد علي النجار ـ المكتبة العلمية ـ طهران.

سابعاً: القوانين العربية

1- قانون الأحوال الشخصية الأردني رقم 61 لسنة 1976، المنشور بالجريدة الرسمية على الصفحة 2756 عدد رقم 2668 الصادر بتاريخ 1976/12/1، والذي أصبح قانوناً دائماً بموجب الإعلان المنشور بالجريدة الرسمية على الصفحة 3158 عدد 4149 تاريخ 1996/9/16، المعدل بالقانون المؤقت رقم (82) لسنة 2001م.

2- قانون الأحوال الشخصية التونسي لسنة 1956م وتعديلاته ـ الصادر باسم مجلة الأحوال الشخصية في موسوعة التشريعات العربية ـ

3- قانون الأحوال الشخصية السوداني رقم 42 لسنة 1991م.

4- قانون الأحوال الشخصية السوري رقم 59 لسنة 1953الصادر بتاريخ 1953/9/17م، والمعدل بالقانون رقم 34 لسنة 1975م الصادر بتاريخ 1975/12/31م.

5- قانون الأحوال الشخصية العراقي رقم 188 لسنة 1959م المعدل بالقانون رقم 11 لسنة 1963م، والقانون رقم 21 لسنة 1978م.

6- قانون الأحوال الشخصية المصري رقم 25 لسنة 1929م.

7- قانون الأحوال الشخصية المصري رقم 41 لسنة 1977م.

8- قانون الأحوال الشخصية المصري رقم 44 لسنة 1979.

9- قانون الأحوال الشخصية المغربي ـ الصادر باسم مدونة الأحوال الشخصية المغربية ـ رقم 34307501 لسنة 1957م، المنشور بالجريدة الرسمية عدد رقم 2354 سنة 1377هـ/1957م.

10- مشروع قانون الأحوال الشخصية الإماراتي ـ مشروع اتحادي رقم () لسنة أعد هذا القانون عام 1979م وأحيل إلى مجلس الوزراء في عام 1982م.

11- مشروع قانون الأحوال الشخصية الكويتي ومذكرته الإيضاحية المنشور في الجريدة الرسمية.

12- مشروع القانون العربي الموحد للأحوال الشخصية.

13- مشروع القانون الموحد للأحوال الشخصية بدول مجلس التعاون الخليجي لسنة 1996م.

Printed in the United States
By Bookmasters